# Das Bilderbuch

Ben Dammers · Anne Krichel ·
Michael Staiger
(Hg.)

# Das Bilderbuch

Theoretische Grundlagen und
analytische Zugänge

*Hg.*
Ben Dammers
Institut für deutsche Sprache und
Literatur II, Universität zu Köln
Köln, Deutschland

Anne Krichel
Institut für deutsche Sprache und
Literatur II, Universität zu Köln
Köln, Deutschland

Michael Staiger
Institut für deutsche Sprache und
Literatur II, Universität zu Köln
Köln, Deutschland

ISBN 978-3-476-05823-2    ISBN 978-3-476-05824-9  (eBook)
https://doi.org/10.1007/978-3-476-05824-9

Die Deutsche Nationalbibliothek verzeichnet diese Publikation in der Deutschen Nationalbibliografie; detaillierte bibliografische Daten sind im Internet über http://dnb.d-nb.de abrufbar.

© Springer-Verlag GmbH Deutschland, ein Teil von Springer Nature 2022
Das Werk einschließlich aller seiner Teile ist urheberrechtlich geschützt. Jede Verwertung, die nicht ausdrücklich vom Urheberrechtsgesetz zugelassen ist, bedarf der vorherigen Zustimmung des Verlags. Das gilt insbesondere für Vervielfältigungen, Bearbeitungen, Übersetzungen, Mikroverfilmungen und die Einspeicherung und Verarbeitung in elektronischen Systemen.
Die Wiedergabe von allgemein beschreibenden Bezeichnungen, Marken, Unternehmensnamen etc. in diesem Werk bedeutet nicht, dass diese frei durch jedermann benutzt werden dürfen. Die Berechtigung zur Benutzung unterliegt, auch ohne gesonderten Hinweis hierzu, den Regeln des Markenrechts. Die Rechte des jeweiligen Zeicheninhabers sind zu beachten.
Der Verlag, die Autoren und die Herausgeber gehen davon aus, dass die Angaben und Informationen in diesem Werk zum Zeitpunkt der Veröffentlichung vollständig und korrekt sind. Weder der Verlag noch die Autoren oder die Herausgeber übernehmen, ausdrücklich oder implizit, Gewähr für den Inhalt des Werkes, etwaige Fehler oder Äußerungen. Der Verlag bleibt im Hinblick auf geografische Zuordnungen und Gebietsbezeichnungen in veröffentlichten Karten und Institutionsadressen neutral.

Umschlagabbildung: © *Le loup tombé du livre*/Éditions Mijade/Grégoire Mabire

Planung/Lektorat: Ferdinand Pöhlmann
J.B. Metzler ist ein Imprint der eingetragenen Gesellschaft Springer-Verlag GmbH, DE und ist ein Teil von Springer Nature.
Die Anschrift der Gesellschaft ist: Heidelberger Platz 3, 14197 Berlin, Germany

# Vorwort

Das Bilderbuch ist ein vielschichtiges und semiotisch komplexes Erzählmedium, das in den vergangenen Jahrzehnten einen tiefgreifenden Wandel durchlaufen hat. So finden sich seit den 1980er Jahren zunehmend innovative ästhetische Formen, die im Zeichen (post-)moderner Kunst sowie des medialen Wandels stehen und es bilden sich neue, experimentelle Formen des multimodalen und transmedialen Erzählens heraus. Mit der zunehmenden gestalterischen Komplexität und dem gesteigerten künstlerisch-ästhetischen Anspruch hat sich das Bilderbuch ferner von seinen herkömmlich ‚kindgerechten' Stoffen emanzipiert, es fokussiert immer häufiger ehemals tabuisierte Themen und zeigt gesellschafts- und kulturkritische Perspektiven auf. Auf diese Weise hat sich das Bilderbuch inzwischen von einer vornehmlich an jüngere Rezipient/innen adressierten Form der Kinderliteratur zu einem Crossover-Medium weiterentwickelt, das auch Jugendliche und Erwachsene anzusprechen vermag.

Mit dem ästhetischen Wandel einer geht eine Ausdifferenzierung der Forschungslandschaft: Inzwischen beschäftigt sich nicht mehr nur die Kinder- und Jugendliteraturforschung oder die Elementar- und Grundschulpädagogik mit dem Bilderbuch als Forschungsgegenstand, seit der Jahrtausendwende hat sich vielmehr eine international vernetzte und interdisziplinär ausgerichtete Bilderbuchforschung *(picturebook studies)* mit einer spezifischen *scientific community* entwickelt. Diese steht einerseits im engen Austausch mit den Kultur-, Sprach-, Literatur- und Medienwissenschaften und öffnet sich anderseits jüngeren Forschungsdisziplinen wie den Game Studies oder den Bildwissenschaften. Das gestiegene Forschungsinteresse am Bilderbuch im deutschsprachigen Raum dokumentieren nicht nur die zahlreichen Tagungen in den vergangenen Jahren sowie die Vielzahl einschlägiger fachwissenschaftlicher Studien und unterrichtspraxisbezogener Publikationen für alle Schulstufen und -formen, sondern nicht zuletzt auch die Lehrveranstaltungen zum Thema Bilderbuch, die regelmäßig an zahlreichen Hochschulen angeboten werden.

**Zum Konzept und Aufbau:** Dieser Band versteht sich zum einen als Beitrag zur Bilderbuchforschung im Hinblick auf Bilderbuchtheorie und Bilderbuchanalyse, zum anderen soll er für die Arbeit in Bilderbuchseminaren eine breit angelegte Textgrundlage anbieten. Er richtet sich also in erster Linie an Lehrende und Studierende an Hochschulen (insbesondere in Lehramtsstudiengängen, in der Kindheits- und Elementarpädagogik sowie der Kinder- und Jugendliteraturwissenschaft) und an Lehramtsanwärter/innen sowie an alle, die sich theoriebasiert mit Bilderbüchern auseinandersetzen möchten. Wir würden uns freuen, wenn die Modellanalysen in diesem Band den Studierenden in Bilderbuchseminaren als Inspiration beim Verfassen ihrer eigenen Hausarbeiten dienen würden!

Teil I dieses Bandes widmet sich der grundlegenden Einführung in die Theorie und Geschichte des Bilderbuchs. Im Zentrum steht hierbei ein Analysemodell, das 2014 entwickelt und für diesen Band überarbeitet und erweitert wurde. In den Teilen II bis IV finden sich fünfzehn Modellanalysen von Bilderbüchern mit jeweils unterschiedlichen Fokussierungen. Das Spektrum reicht hier von Aspekten der bildlichen und sprachlichen Gestaltung von Bilderbüchern über ausgewählte Gattungen, Themen und Figuren bis hin zu dem Geflecht an Referenzen und Wechselbeziehungen, in dem jedes Bilderbuch steht. In den Modellanalyse-Kapiteln (s. Kap. 3–17) werden zum einen die für den jeweiligen Analyseschwerpunkt relevanten fachlich-theoretischen Grundlagen vermittelt, zum anderen wird beispielhaft eine Bilderbuchanalyse vorgestellt. Am Ende dieses Bandes finden sich schließlich eine Auswahlbibliografie und Hinweise zu weiteren Ressourcen der Bilderbuchforschung.

**Zur Entstehung:** Dieser Band ist das Ergebnis der Zusammenarbeit zahlreicher Bilderbuchforscher/innen. Wir danken allen Beteiligten für das Einbringen ihrer bilderbuchanalytischen Expertise und die gute Zusammenarbeit. Unser Dank gilt darüber hinaus dem J. B. Metzler Verlag, insbesondere unseren Lektor/innen, Ute Hechtfischer und Ferdinand Pöhlmann, sowie Dilara Demirdögen und Lisa De Petris, die uns als studentische Mitarbeiterinnen tatkräftig bei der Druckvorbereitung unterstützt haben.

Köln  
im April 2021

Ben Dammers  
Anne Krichel  
Michael Staiger

# Inhaltsverzeichnis

**Teil I  Grundlagen**

**1  Kategorien der Bilderbuchanalyse – ein sechsdimensionales Modell** . . . . . . . . . . . . . . . . . . . . . . . . . . . . . . . . . . . . . . . . . . . . . . .  3
Michael Staiger
   1.1    Grundlagen . . . . . . . . . . . . . . . . . . . . . . . . . . . . . . . . . . . . . . .  3
   1.2    Die sechs Dimensionen . . . . . . . . . . . . . . . . . . . . . . . . . . . . .  11
   1.3    Grenzen und Erweiterungen des Modells . . . . . . . . . . . . . . . .  23
   1.4    Fazit . . . . . . . . . . . . . . . . . . . . . . . . . . . . . . . . . . . . . . . . . . . .  23
   Literatur . . . . . . . . . . . . . . . . . . . . . . . . . . . . . . . . . . . . . . . . . . . . .  24

**2  Geschichte des Bilderbuchs und seiner Gattungen** . . . . . . . . . . . . .  29
Bettina Kümmerling-Meibauer
   2.1    Von der Frühen Neuzeit bis zur Aufklärung . . . . . . . . . . . . . . .  29
   2.2    Von der Romantik bis zur Jahrhundertwende: Wandel des Kindheitsbildes . . . . . . . . . . . . . . . . . . . . . . . . . . . . . . . . .  32
   2.3    Vom Beginn des 20. Jahrhunderts bis zum Ende des Zweiten Weltkriegs . . . . . . . . . . . . . . . . . . . . . . . . . . . . . .  34
   2.4    Nachkriegszeit bis zum Ende der 1960er Jahre . . . . . . . . . . . . .  37
   2.5    Vom Ende der 1960er Jahre bis zum Beginn der 1980er Jahre: Die 68er-Bewegung und ihre Folgen . . . . . . . . . . .  41
   2.6    Postmoderne im Bilderbuch: von den 1980er Jahren bis zum Ende des 20. Jahrhunderts . . . . . . . . . . . . . . . . . . . . . . . . . . . .  47
   2.7    Neue Tendenzen im 21. Jahrhundert . . . . . . . . . . . . . . . . . . . . .  50
   2.8    Ausblick: Bilderbuchforschung und Bilderbuchpreise . . . . . . . .  56
   Literatur . . . . . . . . . . . . . . . . . . . . . . . . . . . . . . . . . . . . . . . . . . . . .  57

## Teil II  Modellanalysen: Gestaltung und Sprache

**3 Paratexte der Bild-Schrift-Erzählung** .......... 65
Katrin Dammann-Thedens
3.1 Theoretische Grundlagen .......... 65
3.2 Modellanalyse: *Fuchs* (Margaret Wild/Ron Brooks, 2003) ..... 72
3.3 Fazit .......... 80
Literatur .......... 81

**4 Bild-Schrifttext-Beziehungen im Bilderbuch** .......... 83
Ben Dammers und Michael Staiger
4.1 Theoretische Grundlagen .......... 83
4.2 Modellanalyse: Die Hut-Trilogie (Jon Klassen, 2012–2017) ... 91
4.3 Fazit .......... 99
Literatur .......... 100

**5 Sprache im Bilderbuch** .......... 103
Jörg Meibauer
5.1 Theoretische Grundlagen .......... 103
5.2 Modellanalyse: *Schwi-Schwa-Schweinehund* (Karoline Kehr, 2001) .......... 106
5.3 Fazit .......... 115
Literatur .......... 116

**6 Typografie und Layout im Bilderbuch** .......... 119
Karin Vach
6.1 Theoretische Grundlagen .......... 119
6.2 Modellanalysen: *Mein Vater, der Pirat* (Davide Calì/Maurizio A.C. Quarello, 2014) und *Crazy Hair* (Neil Gaiman/Dave McKean, 2009) .......... 124
6.3 Fazit .......... 134
Literatur .......... 134

**7 Digitales Bilderbuch** .......... 137
Christian Müller
7.1 Theoretische Grundlagen .......... 137
7.2 Modellanalyse: *Ich warte* (Serge Bloch/Davide Calì, 2013) .... 143
7.3 Fazit .......... 148
Literatur .......... 148

## Teil III  Modellanalysen: Gattungen, Themen, Figuren

**8 Märchenbilderbuch** .......... 153
Johanna Duckstein, Alexandra Ritter und Michael Ritter
8.1 Theoretische Grundlagen .......... 153
8.2 Modellanalysen: *Hänsel und Gretel* (Markus Lefrançois, 2011) und *Rotkäppchen hat keine Lust* (Sebastian Meschenmoser, 2016) .......... 158

|  |  |  | |
|---|---|---|---|
|  | 8.3 | Fazit | 166 |
|  | Literatur | | 167 |
| **9** | **Sachbilderbuch** | | **169** |
|  | Peter Rinnerthaler | | |
|  | 9.1 | Theoretische Grundlagen | 169 |
|  | 9.2 | Modellanalyse: *Ich bau mir einen großen Bruder* (Anaïs Vaugelade, 2017) | 176 |
|  | 9.3 | Fazit | 182 |
|  | Literatur | | 182 |
| **10** | **Spielbilderbuch** | | **185** |
|  | Eva-Maria Dichtl | | |
|  | 10.1 | Theoretische Grundlagen | 185 |
|  | 10.2 | Modellanalysen: *Tupfst du noch die Tränen ab?* (Jörg Mühle, 2017) und *DIE NIMMTES-NIMMTES-FRAU* (Květa Pacovská, 2018) | 191 |
|  | 10.3 | Fazit | 198 |
|  | Literatur | | 199 |
| **11** | **Thema Familie im Bilderbuch** | | **201** |
|  | Gabriela Scherer | | |
|  | 11.1 | Theoretische Grundlagen | 201 |
|  | 11.2 | Modellanalysen: *Alles Familie!* (Alexandra Maxeiner/Anke Kuhl, 2010) und *Bösemann* (Gro Dahle/Svein Nyhus, 2003) | 205 |
|  | 11.3 | Fazit | 216 |
|  | Literatur | | 217 |
| **12** | **Figurenanalyse im Bilderbuch** | | **219** |
|  | Lena Hoffmann | | |
|  | 12.1 | Theoretische Grundlagen | 219 |
|  | 12.2 | Modellanalyse: *Der Tod auf dem Apfelbaum* (Kathrin Schärer, 2015) | 226 |
|  | 12.3 | Fazit | 235 |
|  | Literatur | | 236 |

**Teil IV  Modellanalysen: Referenzen und Wechselbeziehungen**

|  |  |  | |
|---|---|---|---|
| **13** | **Metafiktionalität im Bilderbuch** | | **239** |
|  | Antje Arnold | | |
|  | 13.1 | Theoretische Grundlagen | 239 |
|  | 13.2 | Modellanalyse: *Der Wolf, der aus dem Buch fiel* (Thierry Robberecht/Grégoire Mabire, 2015) | 249 |
|  | 13.3 | Fazit | 254 |
|  | Literatur | | 255 |

| 14 | **Werkkontext** | | 257 |
|---|---|---|---|
| | Ben Dammers | | |
| | 14.1 | Theoretische Grundlagen | 257 |
| | 14.2 | Modellanalyse: *The Lost Thing* (Shaun Tan, 2000) | 261 |
| | 14.3 | Fazit | 273 |
| | Literatur | | 273 |
| 15 | **Lyrik im Bilderbuch** | | 277 |
| | Marlene Zöhrer | | |
| | 15.1 | Theoretische Grundlagen | 277 |
| | 15.2 | Modellanalyse: *Der Panther* (Rainer Maria Rilke/ Julia Nüsch, 2018) | 281 |
| | 15.3 | Fazit | 290 |
| | Literatur | | 292 |
| 16 | **Serialität im Bilderbuch** | | 295 |
| | Anne Krichel | | |
| | 16.1 | Theoretische Grundlagen | 295 |
| | 16.2 | Modellanalyse: Die Jahreszeiten-Wimmelbuchserie (Rotraut S. Berner, 2003–2008) | 300 |
| | 16.3 | Fazit | 308 |
| | Literatur | | 309 |
| 17 | **Intermedialität im Bilderbuch** | | 311 |
| | Marc Kudlowski | | |
| | 17.1 | Theoretische Grundlagen | 311 |
| | 17.2 | Modellanalyse: *Die Streithörnchen* (Rachel Bright/ Jim Field, 2018) | 317 |
| | 17.3 | Fazit | 322 |
| | Literatur | | 322 |
| 18 | **Anhang:** **Ausgewählte Ressourcen zur Bilderbuchanalyse und Bilderbuchforschung** | | 325 |
| | Michael Staiger | | |
| | 18.1 | Bibliografien, Datenbanken und Kataloge | 326 |
| | 18.2 | Online-Rezensionen | 326 |
| | 18.3 | Empfehlungslisten und Auszeichnungen | 327 |
| | 18.4 | Zeitschriften | 328 |
| | 18.5 | Bilderbuchforschung | 328 |

**Sachregister** ............................................................. 333

**Personenregister** ....................................................... 341

# Herausgeber/innen und Autor/innen

## Über die Herausgeber/innen

**Ben Dammers** ist Wissenschaftlicher Mitarbeiter in der Arbeitsgruppe „Literatur – Bild – Medium" an der Universität zu Köln. Seine Arbeitsschwerpunkte sind Narratologie, Rezeption und Didaktik des Bilderbuchs.

**Dr. Anne Krichel** ist Wissenschaftliche Mitarbeiterin in der Arbeitsgruppe „Literatur – Bild – Medium" an der Universität zu Köln. Ihre Arbeitsschwerpunkte liegen in den Bereichen der (textlosen) Bilderbuchtheorie und -didaktik sowie der digitalen Kinderliteratur für die Primarstufe.

**Prof. Dr. Michael Staiger** ist Professor für Neuere deutsche Literatur und ihre Didaktik und Leiter der Arbeitsgruppe „Literatur – Bild – Medium" an der Universität zu Köln. Seine Arbeitsschwerpunkte sind integrative Literatur- und Mediendidaktik, Narratologie der grafischen Literatur (insbesondere des Bilderbuchs), Filmanalyse und Filmdidaktik sowie digitale Kinderliteratur.

## Über die Autor/innen

**Dr. Antje Arnold** ist Akademische Rätin auf Zeit im Bereich Literaturdidaktik/Literaturwissenschaft des Instituts für deutsche Sprache und Literatur II der Universität zu Köln. Sie ist Mitglied der Arbeitsgruppe „Literatur – Bild – Medium". Aktuelle Forschungsinteressen sind Fiktionskompetenz und Vorstellungsbildung, Rhetorik, Bilderbuch-Narratologie und ihre Didaktik.

**Dr. Katrin Dammann-Thedens** ist als Lehrbeauftragte am Institut für deutsche Sprache und Literatur und ihre Didaktik an der Leuphana Universität in Lüneburg tätig. Gleichzeitig arbeitet sie als Lehrerin an einer Grundschule. Sie lehrt im

Bereich der Literaturwissenschaft und -didaktik; ihre Forschung konzentriert sich ausgehend von einem epistemologischen Medienbegriff auf die Theorie und Rezeption von Bildlichkeit und Filmbildlichkeit.

**Ben Dammers** ist Wissenschaftlicher Mitarbeiter in der Arbeitsgruppe „Literatur – Bild – Medium" an der Universität zu Köln. Seine Arbeitsschwerpunkte sind Narratologie, Rezeption und Didaktik des Bilderbuchs.

**Dr. Eva-Maria Dichtl** ist als abgeordnete Grundschullehrerin an der Pädagogischen Hochschule in Schwäbisch Gmünd tätig. Als wissenschaftliche Leitung des hiesigen Bilderbuchzentrums gilt ihr Forschungsinteresse dem literalen und medialen Lernen in der Grundschule und im Elementarbereich.

**Johanna Duckstein** ist Wissenschaftliche Mitarbeiterin im Arbeitsbereich „Grundschuldidaktik Deutsch" an der Martin-Luther-Universität Halle-Wittenberg. Ihr hauptsächlicher Arbeitsschwerpunkt ist das Märchenbilderbuch. Weiterhin ist sie Ansprechpartnerin der Forschungsstelle „Archiv für Kindertexte" in Halle.

**Dr. Lena Hoffmann** ist Wissenschaftliche Mitarbeiterin in der Lehre am Institut für Jugendbuchforschung an der Goethe-Universität Frankfurt am Main. Ihre Forschungsschwerpunkte liegen im Bereich der Kinder- und Jugendmedien, der Populärkultur und insbesondere der Verknüpfung dieser beiden Forschungsfelder.

**Dr. Anne Krichel** ist Wissenschaftliche Mitarbeiterin in der Arbeitsgruppe „Literatur – Bild – Medium" an der Universität zu Köln. Ihre Arbeitsschwerpunkte liegen in den Bereichen der (textlosen) Bilderbuchtheorie und -didaktik sowie der digitalen Kinderliteratur für die Primarstufe.

**Marc Kudlowski** ist Wissenschaftlicher Mitarbeiter am Institut für deutsche Sprache und Literatur II der Universität zu Köln und Mitherausgeber der „Bremer Bilderbuch-Gespräche". Seine Arbeitsschwerpunkte sind Medienverbundrezeption und Unterricht sowie Text-Bild-Narrationen aus didaktischer Perspektive.

**Prof. Dr. Bettina Kümmerling-Meibauer** ist Professorin am Deutschen Seminar der Eberhard Karls Universität Tübingen. Ihre Arbeitsschwerpunkte sind: internationale Kinder- und Jugendliteratur, Bilderbuchforschung, Geschichte des Kinderfilms, Kinderliteratur der DDR und Lügen in der Kinderliteratur.

**Prof. Dr. Jörg Meibauer** ist emeritierter Professor für Sprachwissenschaft des Deutschen an der Johannes Gutenberg-Universität Mainz. Seine aktuellen Forschungsschwerpunkte sind Lügen und Täuschen, Pejoration und Hassrede sowie Sprache und Kinderliteratur.

**Christian Müller** ist Akademischer Mitarbeiter für Literatur- und Mediendidaktik an der Pädagogischen Hochschule Weingarten. Seine Arbeitsschwerpunkte sind digitale Medien im Deutschunterricht, Kinder- und Jugendliteratur und -medien sowie sprachliches und literarisches Lernen.

**Mag. Peter Rinnerthaler** war bis 2021 Wissenschaftlicher Mitarbeiter der Studien- und Beratungsstelle für Kinder- und Jugendliteratur in Wien (STUBE). Er ist Fotograf und Mitarbeiter bei Big Brothers Big Sisters Österreich.

**Dr. Alexandra Ritter** ist Wissenschaftliche Mitarbeiterin im Arbeitsbereich „Grundschuldidaktik Deutsch" an der Martin-Luther-Universität Halle-Wittenberg. Sie ist Bundesvorsitzende der Arbeitsgemeinschaft Jugendliteratur und Medien (AJuM) in der GEW. Ihre Arbeitsschwerpunkte liegen in den Bereichen Bilderbuchtheorie und -didaktik, aktuelle Kinder- und Jugendliteratur, Literaturdidaktik und Digitalisierung.

**Prof. Dr. Michael Ritter** ist Professor für „Grundschuldidaktik Deutsch/ Ästhetische Bildung" an der Martin-Luther-Universität Halle-Wittenberg. Seine Arbeitsschwerpunkte liegen in den Bereichen Bilderbuchtheorie, -rezeption und -didaktik, inklusive Deutschdidaktik, Digitalisierung sowie Kasuistik und Professionalisierung.

**Prof. Dr. Gabriela Scherer** ist Professorin für Literaturwissenschaft und Literaturdidaktik am Institut für Germanistik der Universität Koblenz-Landau, Campus Landau. Ihre aktuellen Arbeitsschwerpunkte sind Kinder- und Jugendliteratur (und ihre Didaktik), Bilderbuch(rezeptions)forschung, Gegenwartsliteratur, Literaturdidaktik (auch unter dem Gesichtspunkt von Interkulturalität).

**Prof. Dr. Michael Staiger** ist Professor für Neuere deutsche Literatur und ihre Didaktik und Leiter der Arbeitsgruppe „Literatur – Bild – Medium" an der Universität zu Köln. Seine Arbeitsschwerpunkte sind integrative Literatur- und Mediendidaktik, Narratologie der grafischen Literatur (insbesondere des Bilderbuchs), Filmanalyse und Filmdidaktik sowie digitale Kinderliteratur.

**Prof. Dr. Karin Vach** ist Professorin für Literaturdidaktik und Leiterin des Zentrums für Kinder- und Jugendliteratur an der Pädagogischen Hochschule Heidelberg. Ihre Arbeitsschwerpunkte sind Literarisches Lernen, Leseförderung, Kinder- und Jugendliteratur sowie literaturdidaktische Unterrichtsforschung.

**HS-Prof. Dr. Marlene Zöhrer** ist Hochschulprofessorin an der Pädagogischen Hochschule Steiermark in Graz und leitet dort das KiJuLit – Zentrum für Forschung und Didaktik der Kinder- und Jugendliteratur. Außerdem ist sie als freiberufliche Referentin und Rezensentin sowie in der Literaturvermittlung tätig. Neben Erzählverfahren der Kinder- und Jugendliteratur zählen das Sach(bilder)buch und das Bilderbuch zu ihren Forschungsschwerpunkten.

# Teil I
# Grundlagen

# Kategorien der Bilderbuchanalyse – ein sechsdimensionales Modell

Michael Staiger

## Inhaltsverzeichnis

1.1 Grundlagen .................................................... 3
    1.1.1 Medialität des Bilderbuchs ................................. 3
    1.1.2 Bilderbuchrezeption ...................................... 5
    1.1.3 Zum Aufbau des Analysemodells ........................... 6
1.2 Die sechs Dimensionen .......................................... 11
    1.2.1 Paratextuelle und materielle Dimension ..................... 11
    1.2.2 Verbale Dimension ...................................... 13
    1.2.3 Bildliche Dimension ..................................... 14
    1.2.4 Intermodale Dimension ................................... 15
    1.2.5 Narrative Dimension ..................................... 18
    1.2.6 Kontextuelle Dimension .................................. 22
1.3 Grenzen und Erweiterungen des Modells .......................... 23
1.4 Fazit ......................................................... 23
Literatur ......................................................... 24

## 1.1 Grundlagen

### 1.1.1 Medialität des Bilderbuchs

**Gattung oder Medium:** In der Kinder- und Jugendliteraturforschung wurde das Bilderbuch in der Vergangenheit oftmals als eine kinderliterarische Gattung kategorisiert (vgl. z. B. Maier 1993; Halbey 1997). Bei näherer Betrachtung erweist sich eine solche Einordnung jedoch als wenig zielführend: Die Gesamtzahl von Bilderbüchern lässt sich eben nicht – wie andere literarische Gattungen – über

M. Staiger (✉)
Institut für deutsche Sprache und Literatur II,
Universität zu Köln, Köln, Deutschland
E-Mail: michael.staiger@uni-koeln.de

© Springer-Verlag GmbH Deutschland, ein Teil von Springer Nature 2022
B. Dammers et al. (Hg.), *Das Bilderbuch*,
https://doi.org/10.1007/978-3-476-05824-9_1

ein Bündel von bestimmten formalen, strukturellen und thematischen Kriterien beschreiben (vgl. Wenzel 2013, S. 244). Im Bilderbuch findet sich vielmehr ein weites Spektrum an höchst unterschiedlichen Texten, die nicht nur die drei literarischen Grundformen des Lyrischen, des Epischen und des Dramatischen aufnehmen und miteinander verbinden (vgl. Abraham/Knopf 2019, S. 3), sondern die selbst bestimmten fiktionalen Gattungen und Genres zugeordnet werden können (z. B. Märchen, Abenteuer, realistisch-problemorientierte oder fantastische Geschichten) oder eigene, bilderbuchspezifische Genres bilden, etwa das Wimmelbilderbuch (s. Kap. 16). Möglich ist darüber hinaus die Realisierung nichtfiktionaler Genres, z. B. im Sachbilderbuch (s. Kap. 9), im Elementarbilderbuch oder im ABC-Buch. Insofern kann das Bilderbuch als ein Medium bezeichnet werden, das Texte aus verschiedenen Gattungen und Genres vermittelt.

**Multimodaler Text:** Die Medialität des Bilderbuchs zeichnet sich durch die Kombination der beiden Zeichenmodalitäten Bild und Sprache aus, die zu einer spezifischen Art und Weise der Informationsvergabe an die Rezipient/innen führt (s. Kap. 4). Frank Serafini bringt dies folgendermaßen auf den Punkt:

> […] picturebooks are multimodal, meaning they draw upon multiple modes of expression – namely, written language, visual image and graphic design – to tell a story or offer information. (Serafini 2009, S. 11)

Entscheidend für das Bilderbuch als bimodalen (vgl. Painter/Martin/Unsworth 2013, S. 2) bzw. multimodalen Text ist somit die Frage nach dem Design (s. Kap. 6): Wie sind Bilder und Schrifttext gestaltet, wie auf der Seite angeordnet? Wie entsteht durch das Zusammenspiel der vielfältig in Abhängigkeit und Wechselwirkung stehenden bildlichen und verbalen Codes Bedeutung? Ulrich Schmitz (2011) verwendet in diesem Zusammenhang den Begriff der „Sehfläche", der auch für das Medium Bilderbuch anwendbar ist: Bilderbuch-Seiten sind „Flächen, auf denen [Schrift-]Texte und Bilder in geplantem Layout gemeinsame Bedeutungseinheiten bilden" (ebd., S. 25). Bildliche und verbale Codes verändern hierbei in gegenseitiger Beeinflussung ihre Form und Funktion. In zahlreichen Definitionen des Bilderbuchs wird dieses Zusammenspiel von Bild und Sprache als das wichtigste medienspezifische Merkmal benannt (z. B. Nikolajeva/Scott 2006, S. 8 ff.; Oittinen/Ketola/Garavini 2018, S. 17 ff.; Kurwinkel 2020b, S. 201).

**Intermedialität:** Mithilfe der Kombination von Bildern und Schrifttext *zeigt* das Bilderbuch etwas und/oder es *erzählt* etwas. Damit ist der intermediale Bezug zur Bildenden Kunst und zur erzählenden Schriftliteratur offensichtlich. Seit den 1990er Jahren greift das Bilderbuch darüber hinaus in zunehmendem Maße auf Darstellungsformen und -techniken weiterer Medien zurück (vgl. Oetken 2019): So finden sich im Bilderbuch beispielsweise Elemente filmischen Erzählens wie kameratypische Blickwinkel und Bildausschnitte (Einstellungsgrößen) oder Bildsequenzen, die nach filmischen Montageprinzipien organisiert sind (s. Kap. 17). Besonders augenfällig sind außerdem die Parallelen des Bilderbuchs zum Theater, wenn z. B. die Doppelseite als Bühne für aufeinanderfolgende Szenen dient oder zum Comic, wenn einzelne Gestaltungselemente wie Sprechblasen und *speed lines* eingesetzt oder eine Seite mithilfe von Panels strukturiert wird (sequenzielles Erzählen).

### 1.1.2 Bilderbuchrezeption

**Leseprozess:** Die Medialität des Bilderbuchs bringt Konsequenzen für dessen Lektüre mit sich. Während das Lesen eines rein schriftlichen Textes (z. B. eines Romans) weitgehend linear und sukzessiv erfolgt – Zeile für Zeile, von links nach rechts und von oben nach unten –, erfordert das Lesen eines Bilderbuchs ein stetiges Pendeln zwischen Bild und Schrifttext, ein „kompositorisches Lesen" (Kuhn/Hagenhoff 2015, S. 372). Hierbei wird der individuelle Lesepfad einer Bilderbuchrezipient/in zwar durch das Layout und Design der Bilderbuchseiten beeinflusst, ist aber letztlich – im Gegensatz zum Schrifttext – nicht zwingend vorgegeben. Im Leseprozess kommt der Rezipient/in also erstens die Aufgabe zu, die auf einer Seite enthaltenen bildlichen und verbalen Codes in Beziehung zueinander zu setzen und die dabei entstehenden Leerstellen zu füllen. Die Verarbeitung von sprachlichen und bildlichen Informationen erfolgt im Rezeptionsprozess nicht voneinander getrennt, sondern integriert (vgl. hierzu kognitionspsychologische Studien wie z. B. Schnotz 2003). Zweitens gilt es, den Zusammenhang der durch die Aneinanderreihung von mehreren Einzel- oder Doppelseiten bzw. von mehreren Panels entstehenden Sequenzen zu erschließen (vgl. das Konzept des *closure* – in der deutschen Übersetzung „Induktion" – bei der Comicrezeption nach McCloud 2001, S. 71 ff.). Das Ziel der Rezeption eines Bilderbuchs als multimodalem Text ist somit „die Integration der verschiedenen Zeichenressourcen zu einem syntaktischen, semantischen und funktionalen Ganzen" (Stöckl 2011, S. 45).

**Adressierung:** Bilderbücher gelten landläufig als Literatur für Kleinkinder, Vorschulkinder und Leseanfänger/innen. Damit eng verbunden ist die Vorstellung, dass durch den hohen Bildanteil eine Geschichte im Bilderbuch besser zugänglich und leichter verständlich sei als eine ausschließlich über Schrifttext vermittelte Erzählung. Solche Zuschreibungen unterschätzen nicht nur den literarästhetischen Verstehenshorizont von Kindern, sie werden auch der semiotischen Komplexität des Mediums Bilderbuch nicht gerecht, denn das intermodale Zusammenspiel der Zeichenmodalitäten Bild und Sprache stellt die Rezipierenden vor vielfältige Herausforderungen (s. o.). Das gilt insbesondere für die sogenannten postmodernen Bilderbücher (vgl. Sipe/Pantaleo 2008; s. Abschn. 2.6), die mit Erzähltechniken, literarischen Traditionen sowie Gattungskonventionen spielen und neue, intermediale Erzählformen entwickeln. Zudem sind mittlerweile die Grenzen des Mediums Bilderbuch zu anderen Formen der grafischen Literatur wie dem Comic, der Graphic Novel oder dem Künstlerbuch fließend geworden und die Ästhetik des Bilderbuchs ist vielfach intermedial durchdrungen (s. o.).

Das Bilderbuch ist deshalb einerseits längst viel mehr als eine Form von ‚einfacher' Kinderliteratur, es ist eine eigenständige Kunstform, die als All-Age- bzw. Crossover-Literatur verschiedene Altersgruppen anzusprechen vermag (vgl. Beckett 2012; s. Abschn. 2.7). Andererseits gilt trotz dieser ästhetischen Weiterentwicklung für das Bilderbuch als literarische Form weiterhin ein Alleinstellungsmerkmal, das Perry Nodelman folgendermaßen beschreibt:

> The picturebook is, I believe, the one form of literature invented specifically for audiences of children – and […] the picturebook remains firmly connected to the idea of an implied child-reader/viewer. (Nodelman 2010, S. 11)

Denn: Während der Kinderroman, das Kindergedicht oder das Kindertheaterstück gattungshistorisch eng mit der an Erwachsene adressierten Epik, Lyrik und Dramatik verbunden sind, bildet das Bilderbuch ein kinderliterarisches Unikat mit einer eigenen Ästhetik und einer spezifischen historischen Entwicklung (s. Kap. 2).

**Vorlesen:** Die Vorstellung eines „implied child-reader/viewer" (ebd.) im Bilderbuch und die (Teil-)Adressierung an ein kindliches Publikum hat Konsequenzen für den Rezeptionsprozess und die Bilderbuchanalyse. Rita Finkbeiner (2018, S. 203 f.) weist darauf hin, dass ein Bilderbuch in der Regel im interaktionalen Setting des *„shared book reading"* rezipiert wird, also einem Vorlesegespräch zwischen einem Erwachsenen und einem Kind, in dem „das gemeinsame Betrachten, das Zeigen und das Umblättern, das Zuhören und Fragen stellen" im Mittelpunkt stehen. Diese Form der Rezeption ist dem Medium Bilderbuch eingeschrieben, sie hat Einfluss auf das Design und die Materialität eines konkreten Bilderbuchs. Finkbeiner fordert deshalb, bei einer Bilderbuchanalyse über die ästhetisch-semiotischen Dimensionen hinaus auch immer die „,Handlungspotentiale' […], die die einzelnen Gestaltungsebenen eröffnen" (ebd., S. 204) mit in den Blick zu nehmen. Das heißt, dass die Gestaltung einer Doppelseite eines Bilderbuchs (z. B. die Anordnung von bildlichen und verbalsprachlichen Elementen) oder das Setzen von *page breaks* nicht allein ästhetischen Prinzipien folgt, sondern auch auf die Rezeptionssituation im Rahmen eines Vorlesegesprächs hin ausgerichtet ist.

### 1.1.3 Zum Aufbau des Analysemodells

Um den genannten Facetten des Bilderbuchs – als Medium und als multimodalem Text – gerecht zu werden, bedarf es einer mehrdimensional ausgerichteten Analyse. Im Folgenden wird eine überarbeitete und um eine zusätzliche Dimension erweiterte Fassung des fünfdimensionalen Modells zur Bilderbuchanalyse vorgestellt (erstmals publiziert in Staiger 2014; vgl. auch die Analysemodelle von Kurwinkel 2020a, S. 63 ff. und Hopp 2019).
Das Modell besteht aus sechs eng miteinander verbundenen Dimensionen:

1. Im Fokus der **paratextuellen und materiellen Dimension** stehen der Paratext des Bilderbuchs, also alles, was den eigentlichen Text umschließt, sowie die materiellen Eigenheiten des Mediums Buch.
2. Die **verbale Dimension** geht auf die Parameter der sprachlichen Gestaltung ein.
3. Die **bildliche Dimension** umfasst alle Aspekte der visuellen Gestaltung.
4. In der **intermodalen Dimension** wird das wechselseitige Verhältnis von Bild und Schrifttext sowie das Design erfasst.
5. Die **narrative Dimension** enthält erzähltextanalytische Kategorien auf der Ebene der *histoire* (Was wird erzählt?) und des *discours* (Wie wird erzählt?),

die im Bilderbuch mithilfe von bildlichen als auch verbalen Codes bzw. in ihrem Zusammenspiel realisiert werden.
6. Die **kontextuelle Dimension** geht auf intertextuelle und extratextuelle Bezüge ein, die für das Verstehen und die Interpretation eines Bilderbuchs notwendig sind.

**Zusammenhang der Dimensionen:** Die sechs genannten Dimensionen sind nicht nur im konkreten Bilderbuch untrennbar miteinander verbunden, sondern auch im Hinblick auf dessen Analyse. Das Schaubild (s. Abb. 1.1) soll verdeutlichen, dass die einzelnen Kategorien der jeweiligen Bereiche zwar separat angewandt werden können, dass jedoch jedes untersuchte Phänomen immer in einem funktionalen Gesamtzusammenhang steht. Ein Beispiel: Die Charakterisierung einer erzählten Figur in einem Bilderbuch erfolgt im Zusammenspiel aus Elementen der bildlichen Dimension (z. B. Mimik, Gestik, Blicke, Kleidung) und der verbalen Dimension (z. B. Figurenrede, Erzählerkommentare), wobei Bild und Schrifttext sich hierbei gegenseitig ergänzen oder sich widersprechen können (intermodale Dimension). Hinzu kommen Aspekte der narrativen Dimension (z. B. Fokalisierung/Okularisierung) und Elemente der kontextuellen Dimension wie beispielsweise gattungstypische Charakterzüge (z. B. die böse Hexe aus dem Märchen), intertextuelle Bezüge (z. B. das Hut-Motiv in den Bilderbüchern von Jon Klassen, s. Kap. 4) oder soziale Kategorien (z. B. Geschlechterrollen).

**Ziel der Bilderbuchanalyse:** Je nach Fragestellung und Erkenntnisinteresse treten in der Analyse eines konkreten Bilderbuchs bestimmte Aspekte stärker in den Fokus als andere und es kommen Kategorien aus relevanten Kontexten

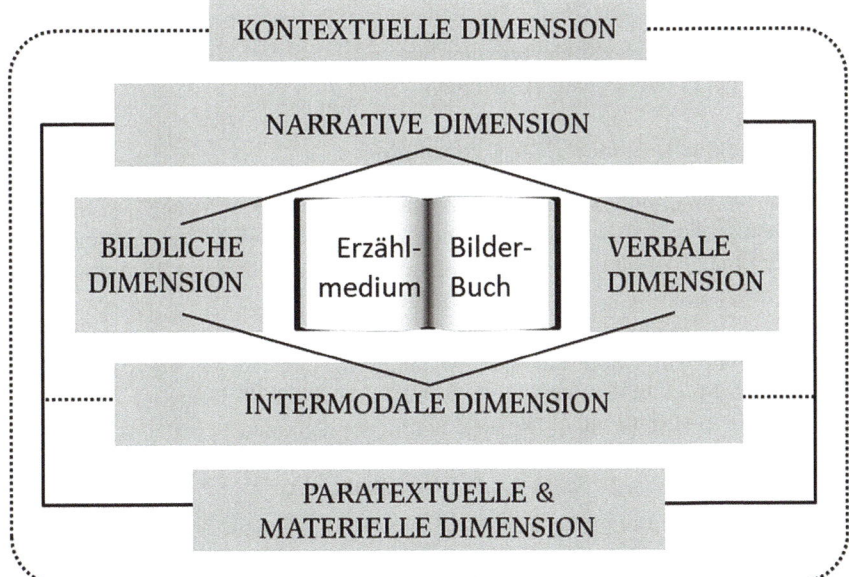

**Abb. 1.1** Sechsdimensionales Modell der Bilderbuchanalyse. (Eigene Darstellung)

hinzu. Die Bilderbuchanalyse darf also, darauf hat Jens Thiele (2003a, S. 13) zu Recht hingewiesen, keinem „starren Schema" folgen, sondern sollte sich auf „die jeweilige Bild-Text-Struktur sowie auf die ästhetischen, dramaturgischen und thematischen Besonderheiten des Buches" einlassen. Ihr Ziel ist es, ein Bilderbuch in seiner Gesamtheit oder eine ausgewählte Szene bzw. einen Ausschnitt eines Bilderbuchs im Hinblick auf die genannten sechs Dimensionen – getrennt und im gegenseitigen Zusammenspiel – möglichst genau zu erschließen und zu beschreiben, sowie die Wirkungen der Darstellung auf die Rezipient/innen zu reflektieren.

**Werkzeugkasten:** Die nachfolgende Aufstellung von Analysekategorien erhebt keinen Anspruch auf Vollständigkeit, sie greift auf mehrere vorliegende Begriffslisten und Raster der Bilderbuchanalyse zurück (vgl. u. a. Dinges 1980; Doonan 1993; Cotton 2000, S. 49 ff.; Sipe 2001; Nodelman/Reimer 2007, S. 274 ff.; Huck/Kiefer 2004, S. 168 ff.; Giorgis 2009), ohne dies – aus Gründen der Lesbarkeit – im Einzelnen zu kennzeichnen. Diese Auflistung darf keinesfalls als geschlossene Checkliste missverstanden werden, die bei jeder Bilderbuchanalyse von Anfang bis Ende abgehakt wird. Denn die Analyse eines konkreten Bilderbuchs sollte sich nicht auf eine beliebige Aneinanderreihung von Aussagen zu einzelnen inhaltlichen und gestalterischen Aspekten beschränken, sondern einer klar formulierten Fragestellung nachgehen. Insofern handelt es sich bei dieser Auflistung um eine Art ‚Werkzeugkasten' zur Bilderbuchanalyse, aus dem – je nach Untersuchungsgegenstand und Fragestellung – ein passendes Set aus Analysekategorien zusammengestellt werden kann. ‚Werkzeuge', die im Kasten nicht vorhanden sind (z. B. weitergehende theoretische Bezüge), müssen ergänzt werden.

---

**Werkzeugkasten der Bilderbuchanalyse:**
**Kategorien in den sechs Dimensionen**

**1. Paratextuelle & materielle Dimension**

- Buchformat, Buchgröße, Buchform
- Seitengröße, Seitenform (z. B. Halbseiten, Ausstanzungen)
- Umschlag *(cover),* Schutzumschlag
- Vorsatzpapiere vorne/hinten *(endpaper)*
- Titel, Titelseite
- Mittelfalz (Knickkante)
- Tast-/Bewegungselemente (z. B. Klappen, Sandpapier, Fell)
- Papiersorte (glatt/rau, dünn/dick)
- Bindung (Hardcover, Paperback)
- Zusatzmedien (z. B. Soundmodul, CD-Beilage, App)

## 2. Verbale Dimension

- Wortwahl: Schlüsselwörter, Wortarten, Fremdwörter, Neologismen
- Satzbau: Satzarten, Satzlänge, Satzkonstruktion (Parataxe, Hypotaxe, Ellipse)
- Textgestaltung: Gesamtlänge, Aufbau/Gliederung, Kohärenz
- Stil: Tonlage/Sprachniveau, Rhythmus, Reime, rhetorische Figuren, uneigentliches Sprechen/bildliche Redeweisen (Metaphern, Allegorien, Symbole)
- Tempus: episches Präteritum, historisches/szenisches Präsens
- Übersetzung aus einer anderen Sprache: Änderungen, Anpassungen im Vergleich zum Ausgangstext
- Mehrsprachigkeit: Schrifttext in mehreren Sprachen

## 3. Bildliche Dimension

- Linie: Richtung, Verlauf, Bewegung, Funktion (z. B. Umrisslinien)
- Farbe: Farbkontraste, Hell-Dunkel-Kontraste, Licht/Schatten, Farbwirkung/-symbolik
- Fläche: Flächenformen, Flächenkontraste, Figur-Grund-Verhältnis
- Raum/Perspektive: Vor-/Mittel-/Hintergrund, Tiefenwirkung (flächig/tiefenräumlich), Betrachter/innenstandpunkt (Normalsicht/Frosch-/Vogelperspektive), Bildausschnitt (Weit, Totale, Halbtotale, Halbnah, Nah, Groß, Detail), Bildraum/Weißraum *(positive/negative space)*
- Bildnerische Technik: Malerei (z. B. Aquarell, Tusche, Acryl, Gouache), Zeichnung (z. B. Federzeichnung, Buntstift, Bleistift, Kreide usw.), Druck (z. B. Holz- oder Linolschnitt, Stempeldruck, Monotypie), Collage, Textil, Fotografie, computerbasierte Illustration und Bildbearbeitung
- Bildnerischer Stil: z. B. grafischer Stil, malerischer Stil, Karikatur, Collage, Fotorealismus, Abstraktion, Surrealismus
- Textur: Farbauftrag (durchscheinend/deckend/pastos), virtuelle Nachbildung von Oberflächenstrukturen (z. B. Holzmaserung)

## 4. Intermodale Dimension

- Quantitative Verteilung von Bild und Schrifttext
- Verhältnis von Bild und Schrifttext: Symmetrie, Komplementarität, Anreicherung, Kontrapunkt, Widerspruch
- Design und Layout:
  - Komposition: Verhältnis der Gestaltungselemente zueinander und zum Ganzen (z. B. Symmetrieachsen, Dreieckskomposition), Bildränder
  - Seitenlayout: Einzel-/Doppelseite, Panels, Rahmen
  - Leser/innenführung, Blicklenkung (abhängig von Komposition und Seitenlayout)

- Typografie: Schrifttyp/-größe/-farbe, Zeichen-/Wort-/Zeilenabstand, Textausrichtung (links-/rechtsbündig/zentriert), Absätze, Schriftsystem (z. B. lateinische oder arabische Schriftzeichen), Schrift als Bild (Typopiktorialität, Ikonotext)

**5. Narrative Dimension**
**a. Geschichte** *(histoire)***: Was wird erzählt?**

- Thematik: Stoff, Thema
- Motive und Symbole: literarische Motive und Symbole, Archetypen, Mythologie, Zahlensymbolik
- Handlung: narrative Einheiten (Szenen, Sequenzen), Abfolge der Ereignisse (Erwartungsbrüche?), Handlungsstränge (ein-/mehrsträngig), Erzähldramaturgie (z. B. Heldenreise, genrespezifische Handlungslogik)
- Figuren: explizite/implizite Charakterisierung (Äußeres, Inneres/psychologische Aspekte, sozialer/kultureller/historischer Kontext), Konzeption (statisch/dynamisch, ein-/mehrdimensional), Konstellation (z. B. Kontrastpaar, Dreieckskonstellation, Korrespondenzpaar), (genrespezifische) Figurenrollen
- Raum: Quantität (ein Ort/mehrere Orte), Struktur (Verhältnis von Orten zueinander), Bewegtheit (im Raum/von einem Ort zum anderen), Funktion (Ort als Kulisse/zur Figurencharakterisierung), Semantisiertheit (Verbindung des Raums mit einem Wertesystem)
- Zeit: Dauer (Welche Zeitspanne wird insgesamt erzählt?), Zeitpunkt (Wann spielt die Geschichte?)
- Fiktion: Realistik (mögliche Geschichte), Fantastik (nicht-mögliche Geschichte)

**b. Diskurs** *(discours)***: Wie wird erzählt?**

- Erzählperspektive: Fokalisierung (interne/externe/Null-Fokalisierung) der bildlichen und verbalsprachlichen Erzählinstanz, Okularisierung der bildlichen Erzählinstanz, multiperspektivisches Erzählen
- Erzählmodus: Erzähler-/Figurenrede, Darstellung mentaler Prozesse (Gedanken, Gefühle)
- Zeitdarstellung: Ordnung (Chronologie, Anachronie: Prolepse/Analepse), Erzählgeschwindigkeit (zeitdeckend/-raffend/-dehnend), Frequenz (singulativ/repetitiv)
- Ort des Erzählens: Erzählebenen (Rahmen-/Binnenerzählungen)
- Bildnarration:
  - Einzelbild: monoszenisch/pluriszenisch (Simultanbild)
  - Sequenzialität: enge/weite Bildfolge (wenig/viel Zeit zwischen den Bildern)
  - *page turns/page breaks*

- Adressierung: Zielgruppe (Kinder/Jugendliche/Crossover bzw. *all-age*), Doppel-/Mehrfachadressierung, *implied child-reader/viewer*
- Weitere Aspekte: z. B. Erzählen über das Erzählen (Metafiktion, Selbstreflexivität), (Un-)Zuverlässigkeit des Erzählers

**6. Kontextuelle Dimension**

- Intertextualität: Verweise auf andere Texte
  - Gattung/Genre: Gattungs-/Genremerkmale (z. B. Märchen), gattungs-/genregeschichtliche Aspekte
  - Werk: Bezüge zu anderen Bilderbüchern derselben Autor/in bzw. Illustrator/in
- Intermedialität: interpiktoriale (auf andere Bilder), andere intermediale Verweise bzw. Bezugnahmen (z. B. auf einen Comic oder einen Film)
- Epitexte (z. B. Rezensionen, Interviews, Werbetexte)
- Geschichte: zeit- oder (kinder-)literaturhistorische Bezüge, historisch-gesellschaftliche Entstehungsbedingungen
- Biografie: Bezüge zum Leben der Bilderbuchautor/in bzw. -illustrator/in
- Rezeptions- und Wirkungsgeschichte: Rezensionen, Auflagenhöhe, Übersetzungen, mediale Adaptionen
- weitere theoretische Hintergründe oder Bezugswissenschaften (z. B. Gesellschaftstheorien, Psychoanalyse, Gender Studies, Postcolonial Studies, Diskursanalyse)

## 1.2 Die sechs Dimensionen

### 1.2.1 Paratextuelle und materielle Dimension

Bilderbücher zeichnen sich heute nicht nur inhaltlich und ästhetisch durch eine immer größere Vielfalt aus, sondern auch im Hinblick auf ihre äußere Gestalt und ihre Materialität. Simon Messerli (2018, S. 124) weist darauf hin, dass gerade im Zuge der fortschreitenden Digitalisierung „die Gegenständlichkeit des Gedruckten aus ihrer Scheintrivialität" erneut hervortrete. Für die Erzählform und die Rezeption eines Bilderbuchs spielen dessen materielle Eigenschaften jedenfalls eine nicht zu unterschätzende Rolle (vgl. Solte-Gresser 2019).

**Format und Größe:** Im Medium Bilderbuch dominiert insgesamt als materieller Träger nach wie vor das Buch im Vierfarbdruck im Oktavformat (Höhe des Buchrückens bis 22,5 cm) oder Quartformat (bis 35 cm) mit 24 bis

48 Seiten. Inzwischen existieren darüber hinaus jedoch auch Bilderbücher in den unterschiedlichsten Größen, Formaten und Ausstattungen, z. B. Mini- und Riesenbilderbücher, Puzzle- und Pop-Up-Bücher oder Sticker-Bilderbücher (s. Kap. 2 und 10). Die äußere Form des Bilderbuchs ist bewusst gewählt, denn nicht jedes Format eignet sich für jeden Inhalt. Das sieht man beispielsweise bei Wimmelbüchern, die eigentlich und sinnvollerweise im Quartformat angelegt sind, aber von Verlagen aufgrund der großen Popularität auch zusätzlich als Midi- oder Mini-Ausgabe angeboten werden. In einem ‚Hosentaschen-Format' verliert ein Wimmelbuch jedoch viel von seinem Reiz und kleine Details sind kaum mehr zu erkennen. Das Format eines Bilderbuchs nimmt also Einfluss auf die erzählte Geschichte und auf die Rezeptionshaltung der Leser/innen.

**Bindung und Papier:** In einem Bilderbuch mit einem festen Einband aus Karton blättert es sich anders als in einer Broschur (Buchblock mit flexiblem Umschlag), möglicherweise verschwinden bei Letzterer sogar Teile der Bilder im Mittelfalz bzw. der Knickkante. Bilderbücher werden auf unterschiedlichen Papiersorten gedruckt und je nachdem, ob es sich um ein raueres oder glatteres Papier handelt, ändern sich sowohl der haptische wie der optische Eindruck (z. B. die Textur). Für die Analyse eines Bilderbuchs sind diese Aspekte insbesondere dann von Belang, wenn beispielsweise eine außergewöhnliche Papiersorte Verwendung findet. Bilderbücher für Kleinkinder sind meistens aus Pappe oder dickem Papier und sie enthalten teilweise zusätzliche materiale Besonderheiten: Ausstanzungen, Klappen, Elemente zum Tasten wie Sandpapier oder Fell, Schnüre zum Fädeln oder Puzzleteile (s. Kap. 10). Diese haben ebenfalls großen Einfluss auf den Rezeptionsprozess.

**Digitale Bilderbücher:** Neben das Bilderbuch als Printmedium treten vermehrt digitale Formen, vor allem Bilderbuch-Apps für Tablet-Computer. Oftmals handelt es sich hierbei um Adaptionen von ursprünglich als gedrucktem Buch publizierten Titeln, es entstehen jedoch auch genuine digitale Bilderbücher, die die spezifischen Möglichkeiten des Digitalmediums für das Erzählen ausloten (vgl. Knopf 2019; s. Kap. 7). Beim digitalen Lesemedium fallen viele der für das gedruckte Buch genannten materiellen Parameter weg. So existieren weder Papier noch Bindung und Variationen des Formats sind nur eingeschränkt möglich, da ein Tablet-Computer eine festgelegte Displaygröße mit einem gleichbleibenden Seitenverhältnis besitzt. Darüber hinaus werden einige an die Materialität des Buchs gebundene Parameter in digitalen Bilderbüchern virtuell simuliert, z. B. das Umblättern durch ein entsprechendes Hintergrundgeräusch.

Neben den rein digitalen Formaten finden sich auch Kombinationen aus gedrucktem Buch und digitalem Feature, z. B.: Sound Books sind Pappbilderbücher, die auf Knopfdruck Töne abspielen (etwa Tiergeräusche oder Lieder), mithilfe eines digitalen Audiostifts (wie dem tiptoi) erhalten Bücher – meistens Sachbilderbücher – eine zusätzliche Tonebene. Durch das Zusammenspiel von Bilderbuch und Augmented-Reality-App (z. B. Leyo oder SuperBuch) entsteht die Illusion einer dritten Dimension und es eröffnen sich zahlreiche neue Möglichkeiten zur Darstellung und Interaktion.

**Paratext:** Mit dem Begriff ‚Paratext' bezeichnet Gérard Genette (2001) das „Beiwerk des Buches", also alle Texte, die im Zusammenhang eines Buchs auftreten, aber nicht zum eigentlichen Text zählen. Er unterscheidet hierbei einerseits ‚Peritexte', das sind materiell mit dem Buch fest verbundene Texte wie z. B. Titel, Untertitel, Vorwort, Klappentext oder der Buchumschlag. ‚Epitexte' sind andererseits räumlich und gegebenenfalls zeitlich vom Buch getrennt (also z. B. Autor/innen-Interviews, Buchrezensionen oder Werbetrailer) und betreffen die kontextuelle Dimension (s. Abschn. 1.2.6). Katrin Dammann-Thedens (s. Kap. 3) weist zu Recht darauf hin, dass literaturwissenschaftliche Paratext-Theorien schriftorientiert sind, für multimodale Texte jedoch unbedingt die Spezifika von Bild und Schrifttext und ihres Zusammenspiels berücksichtigt werden sollten. Sie spricht deshalb nicht nur von Peritext und Epitext, sondern auch vom Peri-Bild und Epi-Bild (s. Kap. 3 und vgl. hierzu Dammers 2021).

Paratexte lenken die Rezeption eines Textes, das gilt auch für das Medium Bilderbuch (s. Kap. 3). So stellen beispielsweise Titel und Umschlag einen wichtigen Faktor bei der Buchauswahl und für die Lesemotivation dar. Maria Nikolajeva und Carole Scott (2006, S. 242) weisen darauf hin, dass Kinder ein Bilderbuch oftmals aufgrund dessen Titels bzw. Titelbilds auswählen oder ablehnen. Coverillustrationen sind für die Analyse von besonderem Interesse, wenn sie ein im Buch nicht enthaltenes, speziell für das Cover gestaltetes Bild zeigen.

Das Vorsatzpapier *(endpaper)* verbindet den Buchdeckel mit dem Buchblock. Für die Analyse wird es vor allem dann relevant, wenn es besonders gestaltet ist, z. B. mit Mustern, einer anderen Papiersorte oder zusätzlichen Illustrationen, die im Buch nicht vorkommen. Die vorderen und hinteren Vorsatzpapiere können identisch sein oder unterschiedlich, sie können die erzählte Geschichte weiterführen oder kommentieren, sie können wie ein Theatervorhang den Anfang und das Ende einer Geschichte markieren (vgl. Sipe/McGuire 2006; Nikolajeva/Scott 2006, S. 247 ff.).

### 1.2.2 Verbale Dimension

Die Analyse der verbalen Dimension zielt auf eine Erfassung und Beschreibung der im Schrifttext verwendeten sprachlichen und stilistischen Mittel.

**Wort, Satz, Text:** Im Hinblick auf die Wortwahl stellen sich folgende Fragen: Gibt es bestimmte Schlüsselwörter, die wiederholt vorkommen? Welche Wortarten werden wie häufig verwendet? Kommen Fremdwörter oder Wortneuschöpfungen (Neologismen) vor? In Bezug auf den Satzbau können die verwendeten Satzarten (Aussage-, Frage-, Befehlssätze), die Satzlänge und Satzkonstruktion (Parataxe oder Hypotaxe, Ellipsen, Inversion) analysiert werden. Auf der Textebene geht es um die Gesamtlänge sowie um den Aufbau und die Gliederung des Textes, vor allem um die Frage, wie im Text mit sprachlichen Mitteln Kohärenz hergestellt wird. Weitere Aspekte finden sich in gängigen Kriterienkatalogen, wie z. B. dem Zürcher Textanalyseraster (vgl. Nussbaumer 1991).

**Stilanalyse:** Die Frage nach dem verwendeten sprachlichen Stil stellt einen zentralen Bereich der Analyse der verbalen Dimension dar. Welche Tonlage und welches Sprachniveau (z. B. gehoben, einfach, umgangssprachlich, poetisch) wird verwendet? Kommen rhetorische Figuren und bildliche Redeweisen zum Einsatz? Gibt es klangliche Auffälligkeiten wie z. B. Reime oder einen bestimmten sprachlichen Rhythmus? Reime finden sich oftmals in Bilderbüchern für Kleinkinder, die zahlreichen Adaptionen von Gedichten und Balladen bilden darüber hinaus mittlerweile ein eigenes Bilderbuch-Genre (s. Kap. 15).

**Tempus:** Das Tempus, das im Erzählerbericht des Schrifttextes für die Darstellung der Erzählgegenwart verwendet wird, heißt Erzähltempus. In den meisten Fällen handelt es sich hierbei um das Präteritum, man spricht dann auch vom epischen Präteritum. Ein Wechsel des Tempus in einer Erzählung zum Präsens kann unterschiedliche Funktionen einnehmen (vgl. Stocker 2007, S. 584 f.): Markierung des Übergangs von der Erzählerrede zur Figurenrede, Einschub einer beschreibenden oder kommentierenden Passage als Erzählpause oder die Aufhebung der zeitlichen Distanz zwischen Erzähler und Figur im historischen Präsens. Im Bilderbuch überwiegt insgesamt das Präteritum als Erzähltempus, neuere Bilderbücher verwenden jedoch auch häufig das Präsens.

**Mehrsprachigkeit:** Da es sich bei Titeln der Kinder- und Jugendliteratur oftmals um Übersetzungen aus anderen Sprachen handelt, lohnt sich in diesem Zusammenhang gegebenenfalls ein Vergleich des Schrifttextes der ursprünglichen Version mit der Übersetzung (sowohl im Hinblick auf stilistische als auch auf inhaltliche Aspekte). Das gilt insbesondere für mehrsprachige Bilderbücher, die zumeist Schrifttextelemente in zwei oder mehr Sprachen enthalten.

**Schriftbildlichkeit:** Die verbale Dimension des Bilderbuchs ist nicht mit dessen Schrifttextanteil gleichzusetzen. Denn durch ihre Platzierung auf der zweidimensionalen Fläche und durch ihre typografische Gestaltung besitzen schrifttextliche Anteile im Bilderbuch immer auch eine visuelle Dimension. Diese, lange Zeit wenig beachtete Qualität des Schrifttextes, seine „Schriftbildlichkeit" (Krämer et al. 2012), wird hier im Hinblick auf Typografie, Layout und Design im Rahmen der intermodalen Dimension verhandelt, kann aber durchaus als eigenständige Zeichenmodalität verstanden werden (s. Kap. 6).

### 1.2.3 Bildliche Dimension

**Linie, Farbe, Fläche:** Diese grundlegenden Kategorien der visuellen Gestaltung finden sich in jedem kunstwissenschaftlichen Leitfaden zur Bildanalyse (z. B. von Gemälden oder Fotografien). Die genannten Gestaltungselemente werden im Bilderbuch nicht beliebig eingesetzt, sondern sie folgen bestimmten Konventionen und Regeln der visuellen Kommunikation und erzeugen auf diese Weise Sinnangebote für die Betrachter/in. So wirken beispielsweise Bilder mit Diagonalen spannungsvoller und räumlicher, Bildaufteilungen im Goldenen Schnitt besonders harmonisch und Komplementärfarben (z. B. Gelb und Blau) besonders kontrastreich.

**Raumgestaltung:** Dieser Aspekt verdient besondere Aufmerksamkeit: Welche Elemente sind im Vorder-, im Mittel- oder Hintergrund einer Seite platziert? Wird eine Tiefenwirkung und dreidimensionale Raumillusion hergestellt (z. B. durch Zentralperspektive) oder wirkt das Bild eher flächig? Welcher Blickwinkel wird durch den Betrachter/innenstandpunkt eingenommen, welcher Bildausschnitt wird gewählt (vgl. hierzu die filmanalytischen Kategorien der Kameraperspektive und Einstellungsgröße)? In welchem Verhältnis stehen Bildraum *(positive space)* und Weißraum *(negative space)*?

**Bildnerische Techniken und Stile:** Die Wirkung der Bilder in einem Bilderbuch hängt stark ab von den Materialien und Werkzeugen, die von der Illustrator/in bei der Gestaltung verwendet werden (vgl. Oetken 2008, S. 189 ff.; Thiele 2003b, S. 72 ff.). Deshalb stellt sich im Rahmen einer Analyse die Frage, welche Techniken (z. B. Malerei, Zeichnung, Druck, digitale Bildgestaltung und -bearbeitung) und Stile (z. B. grafisch, malerisch) bei der Produktion eines Bilderbuchs zum Einsatz kamen. Die Bandbreite ist hier sehr groß, so greift das Bilderbuch seit seinen Anfängen nicht nur die Bildästhetik zahlreicher Stile aus allen Epochen der Kunstgeschichte auf, sondern setzt sich auch mit den Bildsprachen der Buchillustration, des Comics oder der Werbeillustration auseinander. Hierdurch entstehen zahlreiche interpiktoriale Bezüge und intermediale Verflechtungen.

### 1.2.4 Intermodale Dimension

Im Rahmen der intermodalen Dimension geht es um die Frage, wie die Zeichenmodalitäten Bild und Sprache im Bilderbuch zueinander in Beziehung stehen. Das betrifft erstens das quantitative Verhältnis, also den Umfang von Bild- und von Schrifttextelementen, zweitens die semantische Ebene, also die Verteilung der Informationsvergabe auf die beiden Zeichenmodalitäten, sowie drittens die Frage nach dem Design und Layout, also die Art und Weise der Anordnung der Elemente auf einer Seite.

**Bild versus Sprache:** Um das Zusammenspiel von Bild und Schrifttext – ihre „Intersemiose" (Bucher 2013, S. 62) – zu erfassen, ist es hilfreich, sich zunächst die Unterschiede zwischen bildlichen und verbalen Codes aus semiotischer Sicht zu vergegenwärtigen (s. Tab. 1.1). Es wird hier eine prototypische Zuordnung von Merkmalen vorgenommen, um die Unterschiede deutlicher herauszustellen.

In der direkten Gegenüberstellung zeigt sich, dass Bild und Verbalsprache in mehrerer Hinsicht komplementäre Eigenschaften besitzen und sich deshalb in der Kombination sehr gut ergänzen können. Die genannten Unterschiede bzw. ‚Stärken' und ‚Schwächen' der beiden Zeichensysteme spielen für die narrative Informationsvergabe im Bilderbuch eine zentrale Rolle. Die Bilderbuchforschung setzt sich

**Tab. 1.1** Prototypische Unterschiede zwischen Bild und Sprache (vgl. Nöth 2000, S. 481 ff.; Franz 2000; Schmitz 2011, S. 31 f.)

| Bild | Sprache |
|---|---|
| • Bilder eignen sich zur Repräsentation des Räumlich-Visuellen und zur Darstellung von konkreten Objekten (z. B. von Gegenständen, Menschen, Landschaften) oder abstrakten Formen.<br>• Bilder dienen der Anschauung, der Präsentation.<br>• Bilder werden zunächst simultan und holistisch als Ganzes, dann in einzelnen Teilen rezipiert *(top down)*. | • Sprache eignet sich zur Darstellung von Zeitpunkten, -räumen und -verläufen oder zur Darstellung von abstrakten Begriffen oder mentalen Prozessen.<br>• Sprache dient der Abstraktion, Argumentation, Konversation.<br>• Schrifttexte werden linear und sukzessiv rezipiert (vom Teil zum Ganzen, *bottom up*), ergänzt durch *top down*-Prozesse. |
| ⇨ Bilder sind ikonische Zeichen (Ähnlichkeitsbeziehung zwischen Zeichen und Bezeichnetem). | ⇨ Wörter und Buchstaben sind symbolische Zeichen (arbiträre Beziehung zwischen Zeichen und Bezeichnetem). |

deshalb seit den 1980er Jahren intensiv mit der Frage auseinander, wie das Verhältnis von Bild (B) und Schrifttext (ST) erfasst und beschrieben werden kann. Sipe (2012) dokumentiert verschiedene Wege in der Erschließung dieses komplexen Feldes: Besonders verbreitet sind Metaphern und Analogien aus unterschiedlichen Bereichen (z. B. Musik: B und ST sind ‚kontrapunktisch'; Textil: B und ST sind ‚verwoben'; Naturwissenschaft: Plattentektonik, Interferenz oder Ökologie von B und ST). Hinzu kommen theoretische Konstrukte zur Beschreibung des Phänomens wie Ironie, Synergie oder gegenseitige Belebung *(interanimation)*.

**Bild-Schrifttext-Verhältnis:** Inzwischen liegen mehrere Typologien des Bild-Schrifttext-Verhältnisses vor, die für die Bilderbuchanalyse hilfreich sein können (s. Tab. 1.2; vgl. auch Bateman 2014, S. 72 ff.; Marsh/White 2003; s. auch die Beispiele in Kap. 4). Weit verbreitet ist die Typologie von Nikolajeva/Scott (2006, S. 6 ff.), die frühere Systematisierungsversuche aufgreift und weiterentwickelt. Unterschieden werden hier fünf Abstufungen:

- Ein **symmetrisches Verhältnis** *(symmetry)* liegt vor, wenn Bild und Schrifttext ungefähr die gleichen, für die Erzählung zentralen Informationen vermitteln, also gegenseitig redundant sind.
- Als **komplementär** *(complementary)* lässt sich das Verhältnis bezeichnen, wenn Bild und Schrifttext sich ergänzen, indem sie wechselseitig bestehende Leerstellen füllen.
- Eine **Anreicherung** *(expansion or enhancement)* liegt vor, wenn die beiden Zeichenmodalitäten ihren eigenen, semantisch nicht unmittelbar zusammenhängenden Beitrag zur Informationsvergabe leisten und gemeinsam eine komplexere Bedeutung konstituieren als Bild oder Schrifttext allein.

## 1.2 Die sechs Dimensionen

**Tab. 1.2** Beispiele für Typologien des Bild-Schrifttext-Verhältnisses im Bilderbuch

| Schwarcz (1982) | Nikolajeva/Scott (2006) | Thiele (2003b) | Zöhrer (2010) |
|---|---|---|---|
| • Congruency<br>• Elaboration<br>• Specification<br>• Amplification<br>• Extension<br>• Complementation<br>• Alternation<br>• Deviation<br>• Counterpoint | • Symmetry<br>• Complementary<br>• Expansion or Enhancement<br>• Counterpoint<br>• Contradiction or Syllepsis | • Parallelität von Bild und Text<br>• Geflochtener Zopf aus Bild und Textsträngen<br>• Kontrapunktische Spannung von Bild und Text | • Bild-Text-Parallelität<br>• Akzentuierendes Bild<br>• Komplementierendes Bild<br>• Amplifizierendes Bild<br>• Kontrapunktisches Bild |

- **Kontrapunktisch** *(counterpoint)* bedeutet, dass Bild und Schrifttext grundlegend verschiedene Informationen enthalten bzw. zwei gegenläufige Geschichten erzählen, die jedoch gemeinsam eine neue Deutungsmöglichkeit eröffnen.
- Von **Widerspruch** *(contradiction or syllepsis)* ist schließlich die Rede, wenn sich die Informationen in Bild und Schrifttext gegenseitig ausschließen und unvereinbar – also unverständlich – sind. Das kommt sehr selten vor.

Die genannten Kategorien eignen sich vor allem zur Beschreibung des Bild-Schrifttext-Verhältnisses einzelner (Doppel-)Seiten. In Bezug auf ein Bilderbuch als Ganzes ergeben sich regelmäßig Mischformen, also Kombinationen aus den genannten Kategorien. Hier lässt sich deshalb allenfalls eine Tendenz bestimmen, z. B.: Ein Bilderbuch verwendet in der Kombination aus Bild und Schrifttext weitgehend das Konzept der Anreicherung.

**Design und Layout:** Das Zusammenspiel und Zusammenwirken von Bild und Schrifttext konkretisiert sich in der Komposition einer Einzel- bzw. Doppelseite sowie eines gesamten Bilderbuchs. Denn die Anordnung und Gewichtung der Bild- und Schrifttext-Elemente geschieht nicht zufällig, sondern folgt einer gestalterischen Idee, einem Designkonzept. Um dieses Konzept zu beschreiben, eignen sich z. B. folgende Fragen: Gliedert sich das Bilderbuch in Einzelseiten oder Doppelseiten? Werden – analog zum Comic – Panels oder andere Rahmen eingesetzt? Welche Elemente (Bild, Schrifttext) auf einer Seite oder im Rahmen einer Sequenz gehören zusammen und in welchem proportionalen Verhältnis stehen sie? An welchen gestalterischen Konventionen orientiert sich das Seitenlayout (z. B. Geschlossenheit, Symmetrie, Kontrast)? Wie wird durch das Layout der Blick der Rezipient/in geführt?

Im Blick auf die Typografie stellen sich u. a. folgende Fragen (s. Kap. 6): Welcher Schrifttyp und welche Formatmerkmale (z. B. fett, kursiv) werden eingesetzt? Welche Zeichen- und Zeilenabstände und welche Textausrichtung (links-, rechtsbündig, zentriert) werden gewählt? Welche Konsequenzen haben diese typografischen Gestaltungsmittel für den Leseprozess?

## 1.2.5 Narrative Dimension

Das Bilderbuch ist ein Erzählmedium, weil es eine Geschichte vermitteln kann. In der literaturwissenschaftlichen Erzähltextanalyse (vgl. Lahn/Meister 2016; Martínez/Scheffel 2019) wird einerseits das ‚Was' der Erzählung untersucht, also die „fiktionale Welt, die von Figuren und Dingen bevölkert ist und in der sich bestimmte Geschehnisse ereignen" (Lahn/Meister 2016, S. 17). Andererseits kommt das ‚Wie' der Erzählung in den Blick, also die „sprachliche Mitteilung, die uns der Erzähler von diesen Gegenständen und Ereignissen liefert" (ebd.). Der Unterschied des Bilderbuchs zu rein schriftliterarischen Erzählformen liegt in der Art und Weise der Darstellung der Geschichte, die hier eben nicht ausschließlich sprachlich erfolgt, sondern sich auf Bild und Schrifttext verteilt. Der Bilderbuchanalyse als Erzähltextanalyse kommt die Aufgabe zu, die verschiedenen Formen der narrativen Informationsvergabe in Bild und Schrifttext zu erfassen und ihr Zusammenwirken beim Aufbau einer erzählten Welt zu beschreiben (vgl. hierzu auch Oetken 2017; Kurwinkel 2020a).

**Thematik, Handlung, Raum, Zeit:** In Bezug auf das ‚Was' der Erzählung (*histoire*/Geschichte) geht es zunächst um die Frage, welcher Stoff der erzählten Geschichte zugrunde liegt (eine neue Geschichte oder die Adaption eines bekannten Stoffes) und wie dieser konkret in eine Handlung überführt wird, mit Figuren als Handlungsträger, einem Schauplatz und einem Geschehensverlauf. Der erzählte Raum wird im Bilderbuch in der Regel im Bild dargestellt, dies kann mehr oder weniger detailliert erfolgen und mit unterschiedlichen Funktionen: Teilweise dient der dargestellte Schauplatz lediglich als Kulisse, er kann jedoch auch zur Figurencharakterisierung beitragen und semantisiert sein, also mit bestimmten Werten oder Vorstellungen verbunden (z. B. der Wald als Ort der Gefahr). Die Handlung ereignet sich zu einem bestimmten Zeitpunkt und umfasst eine gewisse Zeitspanne, die im Schrifttext explizit benannt werden oder gegebenenfalls aus den vorhandenen Informationen erschließbar sind. Handlung, Figuren, Zeit und Raum können laut Frank Zipfel (2001, S. 106 ff.) schließlich eingesetzt werden, um fiktive Geschichten zu erzählen, die in Bezug auf das gültige Wirklichkeitsmodell möglich sind (Realistik). Sie können jedoch ebenso dazu dienen, eine Welt darzustellen, die es so nicht gibt oder nicht geben kann, also eine nicht-mögliche Geschichte (Fantastik).

**Motive und Symbole:** Ein literarisches Motiv ist laut Christine Lubkoll (2013, S. 542) zum einen die „kleinste strukturbildende und bedeutungsvolle Einheit innerhalb eines Textganzen", zum anderen bezeichnet der Begriff auch eine „fest umrissene thematische Konstellation", z. B. das Motiv der Verwandlung im Märchen. Motive können unterschiedliche Funktionen einnehmen: Sie gliedern den Text, fördern die Anschaulichkeit, dienen zur Spannungserzeugung oder sie entfalten ein Deutungspotenzial für die Textinterpretation (vgl. ebd.). Wird ein Motiv innerhalb eines Textes mehrfach und systematisch wiederholt, spricht man von einem Leitmotiv. Im Bilderbuch kann es sowohl Motive geben, die ausschließlich verbalsprachlich auftauchen, als auch rein bildliche Motive oder intermodal angelegte Motive mit Anteilen in Bild und Schrifttext.

Der Begriff des Symbols wird unterschiedlich verwendet und überschneidet sich teilweise mit der Kategorie Motiv. Günter Butzer und Joachim Jacob (2012, S. V) verstehen unter einem Symbol die „sprachliche Referenz auf ein konkretes Ding, Phänomen oder auch eine Tätigkeit [...], die mit einem über die lexikalische Bedeutung hinausweisenden Sinn verknüpft ist". Das kann ein Ort sein (z. B. Insel), ein Tier (z. B. Löwe), eine Zahl (z. B. Zwölf) und vieles andere mehr (vgl. hierzu die Einträge im Lexikon von Butzer/Jacob 2012). Im Bilderbuch ist die Referenz eines Symbols nicht zwingend sprachlich, denn natürlich können auch Bilder verschiedenartige symbolische Bedeutungen enthalten. Die Kunstgeschichte speist sich aus einer großen Zahl von Symbolen der christlichen Ikonographie und der antiken Mythologie (vgl. Kretschmer 2018), die auch für die Deutung von Symbolen im Bilderbuch hilfreich sein können.

**Figuren:** Eine literarische Figur kann im Hinblick auf ihr Äußeres und ihr Inneres (psychologische Aspekte) sowie auf soziale, kulturelle und historische Kontexte bezogen analysiert werden (s. Kap. 12). Im Bilderbuch werden Figuren explizit im Bild durch ihre äußere Erscheinung (z. B. Gesichtsausdruck, Kleidung) charakterisiert, im Schrifttext durch Namensnennung und durch Kommentare des Erzählers oder anderer Figuren. Implizit werden sie durch ihre eigene Figurenrede und durch ihr Verhalten gegenüber anderen Figuren und ihrer Umgebung charakterisiert. Bedeutsam ist die Konstellation der Figuren, die im Bilderbuch oftmals durch ihre Positionierung im Raum angezeigt wird (vgl. Nikolajeva/Scott 2006, S. 83). Eine Figur kann darüber hinaus – sowohl verbalsprachlich wie bildlich – detailliert gezeichnet (komplexer Charakter) oder auf wenige Eigenschaften reduziert sein (einfacher Charakter), sie kann sich im Verlauf der Handlung weiterentwickeln (dynamisch) oder nicht (statisch).

**Erzählinstanz:** Auf der Ebene des *discours,* also dem ‚Wie' des Erzählens, geht es zunächst um die Frage der Erzählperspektive und des Erzählmodus im Bilderbuch. Weil Bild und Schrifttext in diesem Zusammenhang sehr unterschiedliche Wege gehen können, handelt es sich hier laut Maria Nikolajeva und Carole Scott um ein „extremely interesting dilemma" (2006, S. 117). Sie gehen davon aus, dass in einem Bilderbuch der Schrifttext in erster Linie die Erzählstimme (Wer spricht?) vermittelt, die Bilder wiederum in erster Linie den *point of view* (Wer sieht?) (vgl. ebd.). Diese Sichtweise greift zu kurz, weil sie weder der Fokalisierung des verbalsprachlichen Erzählens noch dem narrativen Potenzial von Bildern gerecht wird. Ein Ausweg aus dem beschriebenen Dilemma ist eine zweiteilige Modellierung der Erzählinstanz im Bilderbuch – in Anlehnung an die Filmnarratologie von Markus Kuhn (2013, S. 81 ff.) –, bestehend zum einen aus einer bildlichen Erzählinstanz, zum anderen aus einer verbalsprachlichen Erzählinstanz (s. Abb. 1.2).

**Fokalisierung und Okularisierung:** Zur Beschreibung der Perspektivierung der Erzählung in einem Bilderbuch eignet sich das erzähltheoretische Konzept der Fokalisierung, das beschreibt, ob eine Erzählinstanz mehr, gleich viel oder weniger wie eine erzählte Figur weiß. Dabei wird zwischen bildlicher und verbalsprachlicher Erzählinstanz unterschieden (s. Tab. 1.3).

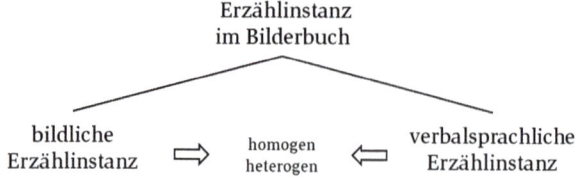

**Abb. 1.2** Zweiteilige Erzählinstanz im Bilderbuch. (Eigene Darstellung in Anlehnung an Kuhn 2013, S. 81 ff.)

Nullfokalisierung bedeutet somit, dass die Rezipient/in eines Bilderbuchs einen Wissensvorsprung gegenüber den darin erzählten Figuren besitzt. Bei der internen Fokalisierung stimmt das Wissen überein, bei der externen Fokalisierung verfügen hingegen die Figuren über einen Wissensvorsprung (vgl. Krichel 2020, S. 79).

Als Ergänzung zur Fokalisierung werden mit dem Begriff der Okularisierung visuelle Aspekte der Wahrnehmung – das Sehen – erfasst, insofern bezieht sich diese Kategorie ausschließlich auf die bildliche Erzählinstanz. Kuhn (2013, S. 128) unterscheidet hier, analog zur Fokalisierung, drei Typen:

1. **Nullokularisierung** bedeutet, dass das, was die bildliche Erzählinstanz zeigt, an keine der Figuren gebunden ist, alle Figuren sind also ‚von außen' zu sehen.
2. Bei der **internen Okularisierung** ist das, was die bildliche Erzählinstanz zeigt, an die Wahrnehmung einer Figur gebunden. Es wird also in etwa das gezeigt, was die entsprechende Figur gerade sieht (im Film die ‚subjektive Kamera').
3. Bei der – sehr seltenen – **externen Okularisierung** ist eindeutig markiert, dass eine Figur etwas sieht, was die bildliche Erzählinstanz nicht zeigt.

Im Bilderbuch ist die bildliche Erzählinstanz oftmals völlig anders gelagert als die verbalsprachliche. Bilderbuchillustrationen geben meistens einen Überblick über die dargestellte Szene (Nullfokalisierung und Nullokularisierung) und sie nehmen nur sehr selten die subjektive Perspektive einer Figur ein (interne Fokalisierung und interne Okularisierung). Dies gilt auch für Erzählungen, die parallel im Schrifttext einen Ich-Erzähler präsentieren (vgl. Nodelman 1991; Nikolajeva/Scott 2006, S. 124 ff.; Yannicopoulou 2010; Staiger 2013a, S. 50).

**Tab. 1.3** Fokalisierungstypen (in Anlehnung an Kuhn 2013, S. 123 f.)

|  | Die bildliche Erzählinstanz … | Die verbalsprachliche Erzählinstanz … |
|---|---|---|
| **Nullfokalisierung** | … zeigt *mehr* als eine Figur weiß. | … sagt *mehr* als eine Figur weiß. |
| **Interne Fokalisierung** | … zeigt in etwa *so viel* eine Figur weiß. | … sagt in etwa *so viel* eine Figur weiß. |
| **Externe Fokalisierung** | … zeigt *weniger* als eine Figur weiß. | … sagt *weniger* als eine Figur weiß. |

**Erzählmodus:** Die zentrale Frage in Bezug auf den Erzählmodus lautet, wie mittelbar das Erzählte präsentiert wird. Im diegetischen (oder: narrativen) Modus werden Ereignisse und Gespräche in Erzählerrede zusammengefasst, im mimetischen (oder: dramatischen) Modus hingegen in direkter Figurenrede wiedergegeben, vergleichbar mit einem Theaterstück (vgl. Lahn/Meister 2016, S. 127; Martínez/Scheffel 2019, S. 50 ff). Mentale Prozesse wie die Gedanken oder Gefühle einer Figur können sowohl verbalsprachlich als auch bildlich dargestellt werden (vgl. Staiger 2013b). Die beiden Teile der Erzählinstanz im Bilderbuch können somit entweder homogen sein, also sich gegenseitig ergänzen bzw. umschreiben, oder aber heterogen und damit verschieden oder sogar widersprüchlich im Hinblick auf Erzählperspektive und Erzählmodus (vgl. Kuhn 2013, S. 100; s. Abb. 1.2).

**Zeitdarstellung:** Ein weiterer Aspekt der *discours*-Ebene ist das Verhältnis von erzählter Zeit und Erzählzeit. Hier kommen wiederum die Spezifika der beiden Zeichenmodalitäten in den Blick: Ein einzelnes, monoszenisches Bild enthält – im Gegensatz zur Verbalsprache – nicht zwingend eine Tempusmarkierung. Zeitliche Abläufe können bildlich nur in einem pluriszenischen Bild (vgl. Giesa 2011, S. 36), als Markierung von Bewegung (z. B. in Form von der Comicästhetik entliehenen *speed lines*) oder in einer Bildfolge bzw. -sequenz dargestellt werden. Im Bilderbuch übernimmt deshalb in der Regel der Schrifttext die Darstellung der zeitlichen Ordnung (In welcher Reihenfolge werden die Ereignisse in der Erzählung wiedergegeben?) und Zeitdauer (Wie viel Zeit nimmt ein Ereignis in Anspruch und wie umfangreich ist es im Text dargestellt?) sowie Frequenz (Wie oft findet ein Ereignis in der Geschichte statt und wie oft wird es im *discours* dargestellt?). Ohne diese verbalsprachlich vermittelten Informationen fällt es der Rezipient/in bei manchen Bilderbüchern sehr schwer, die zeitliche Dimension der Erzählung zu erfassen, beispielsweise wenn über die bildlichen Informationen nicht deutlich wird, wie viel erzählte Zeit in den Leerstellen zwischen den Doppelseiten vergangen ist (vgl. Nodelman 1988, S. 193 ff.).

**Bildnarration:** Insgesamt lässt sich das Erzählen im Bilderbuch – mit zahlreichen Parallelen zum Comic (vgl. Packard/Rauscher/Sina 2019) und Film (vgl. Kuhn 2013) – als sequenzielles Erzählen beschreiben. Denn auch wenn im Zuge der Bilderbuchanalyse zu Recht immer wieder Einzel- oder Doppelseiten zum Gegenstand einer detaillierten Betrachtung werden, bedarf es doch einer Bildfolge, um in einem Bilderbuch eine Geschichte mit einer fortlaufenden Handlung zu erzählen. Grünewald (2001) unterscheidet in diesem Zusammenhang zwischen engen Bildfolgen, die einen chronologischen und kontinuierlichen Ablauf von Ereignissen (z. B. als Phasenbilder) zeigen und weiten Bildfolgen mit größeren Zeitsprüngen zwischen den einzelnen Bildern. Da in weiten Bildfolgen die Einzelbilder größere Autonomie besitzen, sind diese oftmals nur in Verbindung mit dem begleitenden Schrifttext verständlich.

Bei der Lektüre eines Bilderbuchs spielen schließlich die *page turns* (bzw. *page breaks,* vgl. Schröder 2020) eine wichtige Rolle, denn die Rezipient/in fragt sich natürlich, wie die Geschichte nach dem Umblättern der aktuell geöffneten Doppelseite weitergeht (vgl. Giorgis 2009, S. 7). Die Funktionen von *page turns* sind vielfältig, sie können z. B. zur Spannungserzeugung eingesetzt werden oder – vergleichbar mit dem Vorhang im Theater – einzelne Szenen der Handlung voneinander abgrenzen.

**Weitere Aspekte der *discours*-Ebene:** Komplexe Erzählstrukturen entstehen z. B. durch den Einsatz mehrerer Erzählebenen (Rahmen-/Binnenerzählungen), durch multiperspektivisches Erzählen, selbstreflexives und metafiktionales Erzählen (s. Kap. 13) oder unzuverlässiges Erzählen. Solche Phänomene und insgesamt das Spiel mit Erzähl- und Darstellungskonventionen prägen insbesondere das seit den 1990er Jahren weit verbreitete postmoderne Bilderbuch (vgl. Sipe/Pantaleo 2008; s. Abschn. 2.6).

## 1.2.6 Kontextuelle Dimension

Ein Bilderbuch zu verstehen, setzt voraus, es als Teil eines Geflechts von zahlreichen Bezügen zu betrachten. Damit kommt der Kontext in den Blick (vgl. Danneberg 2007).

**Intertextueller Kontext:** Ein Bilderbuch kann z. B. intertextuell auf eine literarische Gattung wie das Märchen Bezug nehmen (s. Kap. 8), auf weitere Texte mit demselben Motiv oder Thema (s. Kap. 11) oder auf andere Bilderbücher derselben Bilderbuchkünstler/in (s. Kap. 14 und 16). Es kann intermediale Bezüge herstellen, beispielsweise durch den Einsatz filmischer Erzähltechniken (s. Kap. 17) oder durch die Adaption schriftliterarischer Texte wie z. B. eines Gedichts (s. Kap. 15). Postmoderne Bilderbücher zeichnen sich oftmals dadurch aus, dass sie auf sich selbst – als Erzählung, als Buch – verweisen (s. Kap. 13).

**Extratextueller Kontext:** Bezüge, die nicht unmittelbar mit dem Bilderbuch als Text verbunden sind, bilden den extratextuellen Kontext, z. B. der Entstehungshintergrund (historisch-gesellschaftliche Aspekte, Biografie der Bilderbuchkünstler/in) oder die Rezeptions- und Wirkungsgeschichte eines Bilderbuchs, die sich u. a. im Hinblick auf Übersetzungen in andere Sprachen, die Publikation in verschiedenen Ländern sowie in Rezensionen in Zeitschriften oder in Online-Portalen widerspiegelt. Solche Kritiken zu einem Bilderbuch sind – genauso wie Interviews mit Bilderbuchkünstler/innen oder Buchtrailer – Teil seines Epitextes (s. Abschn. 1.2.1), also Textteile, die außerhalb des eigentlichen, materiellen Buchs stehen. Diese externen Quellen können interessante Zusatzinformationen liefern, ihre Verwendung ist für eine Bilderbuchanalyse aber nicht obligatorisch.

**Theorien und Bezugswissenschaften:** Jede Interpretation eines Bilderbuchs erfolgt durch eine Kontextualisierung. Neben den bereits genannten inter- und extratextuellen Bezügen greifen literaturwissenschaftliche Textanalysen und -interpretationen auf zahlreiche weitere theoretische Hintergründe und Bezugswissenschaften zurück, z. B. Gesellschaftstheorien, Psychoanalyse, Gender Studies, Postcolonial Studies, Diskursanalyse u.v.m. (vgl. z. B. Nünning/Nünning

2010). Dieses weite Spektrum an theoretischen Hintergründen steht grundsätzlich auch der Bilderbuchanalyse und -interpretation zur Verfügung, allerdings stets unter der Berücksichtigung der spezifischen medialen und ästhetischen Eigenheiten des Bilderbuchs.

## 1.3 Grenzen und Erweiterungen des Modells

Das vorliegende Modell wurde für die Analyse von narrativen fiktionalen Bilderbüchern konzipiert, die ihre Geschichte mithilfe von Bild-Schrifttext-Kombinationen erzählen. Für die Analyse von Bilderbüchern, die nicht dieser Beschreibung entsprechen, sollte das Modell unter Rückgriff auf einschlägige Theorien modifiziert und erweitert werden. Hierzu zwei Beispiele:

**(Fast) textlose Bilderbücher:** Bei textlosen Bilderbüchern *(wordless picturebooks, silent books)* finden sich verbalsprachliche Elemente ausschließlich im Paratext (z. B. Buchtitel, Name der Autor/in, Verlag, Klappentext) oder in Form von in das Bild integriertem Schrifttext (z. B. das Wort ‚Polizei' als Aufschrift auf einem Auto). Insofern steht hier die bildliche Dimension im Fokus der Analyse, besonders im Hinblick auf Bild-Bild-Bezüge und das sequenzielle Erzählen in Bildfolgen. Spezifische Analysekategorien für textlose Bilderbücher lassen sich aus dem Handbuchartikel von Emma Bosch (2018) ableiten, ein transnarratologisches Analysemodell für textlose Bilderbücher entwirft Anne Krichel (2020, S. 77 ff.).

**Sachbilderbücher:** Bei Sachbüchern steht nicht das Erzählen einer Geschichte im Mittelpunkt, sondern die Vermittlung von Wissen. Deshalb spielt für die Analyse eines Sachbilderbuchs die narrative Dimension in der Regel eine untergeordnete Rolle, bedeutsamer ist hingegen die Frage, wie hier die Informationsvergabe über Bild und Schrifttext gestaltet ist. Zum Beispiel: Welche Objekte und Gegenstände werden wie im Bild dargestellt und wie im Schrifttext kommentiert? Gibt es Bildfolgen bzw. -sequenzen über mehrere Seiten hinweg oder steht jede Doppelseite für sich? Kriterien für die Analyse von Sachbilderbüchern werden von Jörg Steitz-Kallenbach (2005) und Nikola von Merveldt (2018) entwickelt und finden sich in Kap. 9 dieses Bandes.

## 1.4 Fazit

Jede literaturwissenschaftliche Textanalyse geht von einem bestimmten Erkenntnisinteresse aus. Das gilt selbstverständlich auch für die Bilderbuchanalyse. Das hier vorgestellte Analysemodell versteht sich deshalb nicht als Checkliste, sondern als Werkzeugkasten. Konkret bedeutet das: Bevor ein Bilderbuch im Hinblick auf einzelne Kategorien untersucht wird, sollte zunächst eine Fragestellung formuliert werden. Diese kann sich beispielsweise auf kontextuelle Aspekte beziehen (z. B.: Handelt es sich hier um ein traditionell erzähltes Märchenbilderbuch oder um eine postmoderne Märchenadaption?), narratologisch ausgerichtet sein (z. B.: Mit welchen Darstellungsmitteln auf der bildlichen, verbalen und intermodalen Dimension wird die Hauptfigur charakterisiert?) oder von eigenen Lektüreerfahrungen ausgehen (z. B.: Weshalb finde ich diese Geschichte lustig?). Anschließend geht es darum, die passenden Analysekategorien zur Beantwortung der gewählten Fragestellung auszuwählen und auf dieser Grundlage eine Bilderbuchanalyse durchzuführen. Um der semiotischen Komplexität des Bilderbuchs gerecht zu werden, bietet sich im ersten Schritt eine getrennte Analyse der Aspekte in den einzelnen Dimensionen an, insbesondere der bildlichen und der verbalen Codes. Im Anschluss daran muss jedoch der Blick auf den semiotischen Gesamttext gerichtet werden, also auf die Kombination von Bild und Schrifttext. Wie eine solche fragengeleitete und kategorienbasierte Bilderbuchanalyse konkret aussehen kann, zeigen die Modellanalysen in den Kap. 3 bis 17 dieses Bandes anhand unterschiedlicher Schwerpunktsetzungen.

## Literatur

Abraham, Ulf/Knopf, Julia: „Genres des BilderBuchs". In: Julia Knopf/Ulf Abraham (Hg.): *BilderBücher: Theorie*. Baltmannsweiler ²2019, 3–13.
Bateman, John A.: *Text and Image. A Critical Introduction to the Visual-Verbal Divide*. New York 2014.
Beckett, Sandra: *Crossover Picturebooks. A Genre for All Ages*. New York 2012.
Bosch, Emma: „Wordless Picturebooks". In: Bettina Kümmerling-Meibauer (Hg.): *The Routledge Companion to Picturebooks*. London/New York 2018, 191–200.
Bucher, Hans-Jürgen: „Multimodalität – ein universelles Merkmal der Medienkommunikation. Zum Verhältnis von Medienangebot und Medienrezeption". In: Hans-Jürgen Bucher/Peter Schumacher (Hg.): *Interaktionale Rezeptionsforschung. Theorie und Methode der Blickaufzeichnung in der Medienforschung*. Wiesbaden 2013, 51–82.
Butzer, Günter/Jacob, Joachim (Hg.): *Metzler Lexikon literarischer Symbole*. Stuttgart ²2012.
Cotton, Penny: *Picturebooks sans frontieres*. London 2000.
Dammers, Ben: „Der Spielplatz am medialen Rand. Entgrenzung und Paratextualität des Bilderbuchs". In: Christina Bär/Christoph Jantzen/Sascha Wittmer (Hg.): *Vom Bilderbuch aus – zum Bilderbuch hin. Perspektiven auf Gegenstand, Akteur*innen und Unterricht*. Baltmannsweiler 2021, 93–113.
Danneberg, Lutz: „Kontext". In: Harald Fricke (Hg.): *Reallexikon der deutschen Literaturwissenschaft. Band II: H–O*. Berlin 2007, 333–337.
Dinges, Ottilie: „Fragen über Fragen um das Bilderbuch – und eine Spielregel dazu oder Hermeneutische Fragestellungen zu einer umfassenden Ästhetik und Didaktik des Bilderbuches". In: Helmut Fischer/Reinhard Stach (Hg.): *Aspekte der Vermittlung von Jugendliteratur*. Essen 1980, 63–69.
Doonan, Jane: *Looking at Pictures in Picture Books*. Exeter 1993.
Finkbeiner, Rita: „Narration und Materialität im Bilderbuch". In: *Cahiers d'Études Germaniques* 1/75 (2018), 201–214. DOI: https://doi.org/10.4000/ceg.4046.
Franz, Kurt: „Bilder der Sprache – Sprache der Bilder. Spuren der ‚Ur-Schrift' in Kinderliteratur". In: Ders./Günther Lange (Hg.): *Bilderwelten – vom Bildzeichen zur CD-ROM*. Baltmannsweiler 2000, 4–29.
Genette, Gérard: *Paratexte. Das Buch vom Beiwerk des Buches*. Frankfurt a. M. 2001.
Giesa, Felix: „Erzählen in Bildern". In: Matías Martínez (Hg.): *Handbuch Erzählliteratur. Theorie, Analyse, Geschichte*. Stuttgart 2011, 36–41.

Giorgis, Cyndi: „Exploring Visual Images in Picture Books". In: Deborah A. Wooten/Bernice E. Cullinan (Hg.): *Children's Literature in the Reading Program: An Invitation to Read.* Newark, N.J. ³2009, 3–14.

Grünewald, Dietrich: „Kommunikative und ästhetische Funktion der Comicschriften". In: Joachim F. Leonhardt/Hans-Werner Ludwig/Dietrich Schwarze/Erich Straßner (Hg.): *Medienwissenschaft. Ein Handbuch zur Entwicklung der Medien und Kommunikationsformen. 2. Teilband.* Berlin 2001, 1631–1639.

Halbey, Hans A.: *Bilderbuch: Literatur. Neun Kapitel über eine unterschätzte Literaturgattung.* Weinheim 1997.

Hopp, Margarete: „Das Bilderbuch als Ikonotext. Ein narratologisches Modell der Bilderbuchanalyse und die funktionale Bedeutung der Erzählperspektive für die Gestaltung von Emotionalität im psychologischen Bilderbuch". In: Bettina Uhlig/Gabriele Lieber/Irene Pieper (Hg.): *Erzählen zwischen Bild und Text.* München 2019, 149–164.

Huck, Charlotte S./Kiefer, Barbara Z.: *Children's Literature in the Elementary School.* Boston ⁸2004.

Knopf, Julia: „Bilderbücher und digitale Medien. Von Bilderbuch-Apps und intelligenten Bilderbuchumgebungen". In: Julia Knopf/Ulf Abraham (Hg.): *BilderBücher: Theorie.* Baltmannsweiler ²2019, 115–120.

Krämer, Sybille/Cancik-Kirschbaum, Eva C./Totzke, Rainer (Hg.): *Schriftbildlichkeit. Wahrnehmbarkeit, Materialität und Operativität von Notationen.* Berlin 2012.

Kretschmer, Hildegard: *Lexikon der Symbole und Attribute in der Kunst.* Stuttgart ⁶2018.

Krichel, Anne: *Textlose Bilderbücher. Visuelle Narrationsstrukturen und erzähldidaktische Konzeptionen für die Grundschule.* Münster 2020.

Kuhn, Markus: *Filmnarratologie. Ein erzähltheoretisches Analysemodell.* Berlin 2013.

Kuhn, Axel/Hagenhoff, Svenja: „Digitale Lesemedien": In: Ursula Rautenberg/Ute Schneider (Hg.): *Lesen. Ein interdisziplinäres Handbuch.* Berlin 2015, 361–380.

Kurwinkel, Tobias: *Bilderbuchanalyse. Narrativik – Ästhetik – Didaktik.* Tübingen ²2020a.

Kurwinkel, Tobias: „Bilderbuch". In: Ders./Philipp Schmerheim (Hg.): *Handbuch Kinder- und Jugendliteratur.* Stuttgart 2020b, 201–219.

Lahn, Silke/Meister, Jan C.: *Einführung in die Erzähltextanalyse.* Stuttgart ³2016.

Lubkoll, Christine: „Motiv, literarisches". In: Ansgar Nünning (Hg.): *Metzler Lexikon Literatur- und Kulturtheorie. Ansätze – Personen – Grundbegriffe.* Stuttgart ⁵2013, 515–516.

Maier, Karl E.: *Jugendliteratur. Formen, Inhalte, pädagogische Bedeutung.* Bad Heilbrunn/Obb. ¹⁰1993.

Marsh, Emily E./White, Marilyn D.: „A Taxonomy of Relationships between Images and Text". In: *Journal of Documentation* 59/6 (2003), 647–672. DOI: https://doi.org/10.1108/00220410310506303.

Martínez, Matías/Scheffel, Michael: *Einführung in die Erzähltheorie.* München ¹¹2019.

McCloud, Scott: *Comics richtig lesen. Die unsichtbare Kunst.* Hamburg 2001.

Merveldt, Nikola von: „Informational Picturebooks". In: Bettina Kümmerling-Meibauer (Hg.): *The Routledge Companion to Picturebooks.* London/New York 2018, 231–245.

Messerli, Simon: „Materialästhetische Bilderbuchanalyse. Eine Perspektivierung der materiellen Dimension". In: Ute Dettmar/Gabriele von Glasenapp/Emer O'Sullivan/Caroline Roeder/Ingrid Tomkowiak (Hg.): *Jahrbuch der Gesellschaft für Kinder- und Jugendliteraturforschung | GKJF 2018. Thema: 1968.* Frankfurt a. M. 2018, 123–136. DOI: https://doi.org/10.23795/JahrbuchGKJF2018-Messerli.

Nikolajeva, Maria/Scott, Carole: *How Picturebooks Work.* New York 2006.

Nodelman, Perry: *Words About Pictures. The Narrative Art of Children's Picture Books.* Athens, Ga. 1988.

Nodelman, Perry: „The Eye and the I: Identification and First-Person Narratives in Picture Books". In: *Children's Literature* 19 (1991), 1–30. DOI: https://doi.org/10.1353/chl.0.0494.

Nodelman, Perry/Reimer, Mavis: *The Pleasures of Children's Literature.* Boston, Mass. ³2007.

Nodelman, Perry: „Words Claimed. Picturebook Narratives and the Project of Children's Literature". In: Teresa Colomer/Bettina Kümmerling-Meibauer/Cecilia Silva-Díaz (Hg.): *New Directions in Picturebook Research*. New York 2010, 11–26.
Nöth, Winfried: *Handbuch der Semiotik*. Stuttgart ²2000.
Nünning, Vera/Nünning, Ansgar (Hg.): *Methoden der literatur- und kulturwissenschaftlichen Textanalyse. Ansätze – Grundlagen – Modellanalysen*. Stuttgart 2010.
Nussbaumer, Markus: *Was Texte sind und wie sie sein sollen. Ansätze zu einer sprachwissenschaftlichen Begründung eines Kriterienrasters zur Beurteilung von schriftlichen Schülertexten*. Berlin 1991.
Oetken, Mareile: *Bilderbücher der 1990er Jahre. Kontinuität und Diskontinuität in Produktion und Rezeption* (2008). https://nbn-resolving.org/urn:nbn:de:gbv:715-oops-7830.
Oetken, Mareile: *Wie Bilderbücher erzählen. Analysen multimodaler Strukturen und bimedialen Erzählens im Bilderbuch* (2017). https://nbn-resolving.org/urn:nbn:de:gbv:715-oops-32858.
Oetken, Mareile: „Achtung! Bildwechsel! Bilderbücher im Kontext angrenzender Wissenschaften, Künste und Medien". In: Julia Knopf/Ulf Abraham (Hg.): *BilderBücher: Theorie*. Baltmannsweiler ²2019, 26–35.
Oittinen, Riitta/Ketola, Anne/Garavini, Melissa: *Translating Picturebooks. Revoicing the Verbal, the Visual, and the Aural for a Child Audience*. New York 2018.
Packard, Stephan/Rauscher, Andreas/Sina, Véronique: *Comicanalyse. Eine Einführung*. Stuttgart 2019.
Painter, Claire/Martin, J. R./Unsworth, Len: *Reading Visual Narratives. Image Analysis of Children's Picture Books*. Sheffield 2013.
Schmitz, Ulrich: „Sehflächenforschung. Eine Einführung". In: Hans-Joachim Diekmannshenke/ Michael Klemm/Hartmut Stöckl (Hg.): *Bildlinguistik. Theorien – Methoden – Fallbeispiele*. Berlin 2011, 23–42.
Schnotz, Wolfgang: „Bild- und Sprachverarbeitung aus psychologischer Sicht". In: Klaus Sachs-Hombach (Hg.): *Was ist Bildkompetenz? Studien zur Bildwissenschaft*. Wiesbaden 2003, 25–42.
Schröder, Klarissa: *„Weil zwischen den Bildern passiert ja auch was." ‚Page breaks' im Bilderbuch und ihre Rezeption. Eine qualitativ-empirische Untersuchung zu Inferenzbildungsprozessen bei Grundschulkindern*. Trier 2020.
Schwarcz, Joseph H.: *Ways of the Illustrator. Visual Communication in Children's Literature*. Chicago 1982.
Serafini, Frank: „Understanding Visual Images in Picturebooks". In: Janet Evans (Hg.): *Talking Beyond the Page. Reading and Responding to Picturebooks*. London 2009, 10–25.
Sipe, Lawrence R.: „Picturebooks as Aesthetic Objects". In: *Literacy Teaching and Learning* 6/1 (2001), 23–42.
Sipe, Lawrence R.: „Revisiting the Relationships Between Text and Pictures". In: *Children's Literature in Education* 43/1 (2012), 4–21. DOI: https://doi.org/10.1007/s10583-011-9153-0.
Sipe, Lawrence R./McGuire, Caroline E.: „Picturebook Endpapers. Resources for Literary and Aesthetic Interpretation". In: *Children's Literature in Education* 37/4 (2006), 291–304. DOI: https://doi.org/10.1007/s10583-006-9007-3.
Sipe, Lawrence R./Pantaleo, Sylvia (Hg.): *Postmodern Picturebooks. Play, Parody, and Self-Referentiality*. New York 2008.
Solte-Gresser, Christiane: „Formen der Inszenierung von Geschichten durch buchgestalterische Mittel im Bilderbuch". In: Monika Schmitz-Emans (Hg.): *Literatur, Buchgestaltung und Buchkunst. Ein Kompendium*. Berlin 2019, 491–510.
Staiger, Michael: „Zur Komplexität des Erzählens im Bilderbuch. Narratologische Desiderate und Ansatzpunkte". In: Iris Kruse/Andrea Sabisch (Hg.): *Fragwürdiges Bilderbuch. Blickwechsel – Denkspiele – Bildungspotenziale*. München 2013a, 51–61.
Staiger, Michael: „Äußere und innere Bilder. Visuelle Darstellung von Gedanken und Gefühlen im Bilderbuch". In: *Grundschulunterricht Deutsch* 60/3 (2013b), 8–13.

Staiger, Michael: „Erzählen mit Bild-Schrifttext-Kombinationen. Ein fünfdimensionales Modell der Bilderbuchanalyse". In: Julia Knopf/Ulf Abraham (Hg.): *BilderBücher. Theorie*. Baltmannsweiler 2014, 12–23.

Steitz-Kallenbach, Jörg: „Bildersachbücher und Sachgeschichten. Wissensvermittlung durch Bild und Text". In: Kurt Franz/Günther Lange (Hg.): *Bilderbuch und Illustration in der Kinder- und Jugendliteratur*. Baltmannsweiler 2005, 32–52.

Stocker, Peter: „Tempus". In: Jan Dirk Müller (Hg.): *Reallexikon der deutschen Literaturwissenschaft. Band III: P–Z*. Berlin 2007, 584–586.

Stöckl, Hartmut: „Sprache-Bild-Texte lesen. Bausteine zur Methodik einer Grundkompetenz". In: Hajo Diekmannshenke/Michael Klemm/Hartmut Stöckl (Hg.): *Bildlinguistik. Theorien – Methoden – Fallbeispiele*. Berlin 2011, 43–70.

Thiele, Jens: *Das Bilderbuch. Ästhetik – Theorie – Analyse – Didaktik – Rezeption*. Oldenburg ²2003a.

Thiele, Jens: „Das Bilderbuch". In: Jens Thiele/Jörg Steitz-Kallenbach (Hg.): *Handbuch Kinderliteratur. Grundwissen für Ausbildung und Praxis*. Freiburg ²2003b, 70–98.

Wenzel, Peter: „Gattung, literarische". In: Ansgar Nünning (Hg.): *Metzler Lexikon Literatur- und Kulturtheorie. Ansätze – Personen – Grundbegriffe*. Stuttgart ⁵2013, 244–245.

Yannicopoulou, Angela: „Focalization in Children's Picture Books. Who Sees in Words and Pictures?". In: Michael Cadden (Hg.): *Telling Children's Stories. Narrative Theory and Children's Literature*. Lincoln, Neb. 2010, 65–85.

Zipfel, Frank: *Fiktion, Fiktivität, Fiktionalität. Analysen zur Fiktion in der Literatur und zum Fiktionsbegriff in der Literaturwissenschaft*. Berlin 2001.

Zöhrer, Marlene: *Weltliteratur im Bilderbuch*. Wien 2010.

# Geschichte des Bilderbuchs und seiner Gattungen

**2**

Bettina Kümmerling-Meibauer

## Inhaltsverzeichnis

2.1 Von der Frühen Neuzeit bis zur Aufklärung .................................. 29
2.2 Von der Romantik bis zur Jahrhundertwende: Wandel des Kindheitsbildes........... 32
2.3 Vom Beginn des 20. Jahrhunderts bis zum Ende des Zweiten Weltkriegs ............ 34
2.4 Nachkriegszeit bis zum Ende der 1960er Jahre ................................ 37
2.5 Vom Ende der 1960er Jahre bis zum Beginn der 1980er Jahre:
    Die 68er-Bewegung und ihre Folgen ......................................... 41
2.6 Postmoderne im Bilderbuch: von den 1980er Jahren bis zum Ende des
    20. Jahrhunderts ......................................................... 47
2.7 Neue Tendenzen im 21. Jahrhundert.......................................... 50
2.8 Ausblick: Bilderbuchforschung und Bilderbuchpreise.......................... 56
Literatur .................................................................... 57

## 2.1 Von der Frühen Neuzeit bis zur Aufklärung

Bilderbücher sind ein relativ spätes Phänomen im Bereich der Kinder- und Jugendliteratur. Obwohl es bereits im 14. Jahrhundert illustrierte Fabeln, ABC-Bücher, Fibeln und Bibeltexte und ab dem 16. Jahrhundert auch Emblembücher für Kinder gab, dominierte in diesen Büchern die Textebene gegenüber der Bildebene. Die beigefügten Illustrationen hatten vorwiegend eine dekorative Funktion oder dienten der Veranschaulichung komplexer Sachverhalte sowie dem Leseerwerb.

**Comenius:** Ein wichtiger Vorläufer des Bilderbuchs ist das zweisprachige Realienbuch *Orbis sensualium pictus* (1658) des aus Böhmen stammenden

**Abb. 2.1** Einzelseite: *Die Baumfrüchte* (Comenius 1658, S. XIII)

Humanisten Johann Amos Comenius, dem erstmals Überlegungen zu einer kindgemäßen Pädagogik zugrunde liegen (s. Abb. 2.1). Comenius setzte sich nicht nur für den muttersprachlichen Unterricht ein, sondern betonte auch die Bedeutung der Illustration als Mittel der Anschauung und sinnlichen Wahrnehmung: „Es ist aber nichts im Verstand, wo es nicht zuvor im Sinn gewesen. Wann nun die Sinnen der Sachen Unterschiedenheiten wohl zu ergreiffen fleissig geübet werden, das ist so viel als zur ganzen Weißheit Lehre und weißen Beredsamkeit und zu allen klugen Lebensverrichtungen den Grund legen." (Comenius 1658, S. XII)

Comenius entwickelte im Vorwort ein pädagogisches Programm, das auf Ideen des Pansophismus basiert und mithilfe der Visualisierung der Inhalte die Aufmerksamkeit, die Verständlichkeit und das Gedächtnis fördern sollte (vgl. Hruby 1991).

Neben dem Postulat der Anschauung verwies Comenius auf sein rhetorisches Programm der Sprachschulung, das auf der Idee basiert, dass nur die Klarheit der Begrifflichkeit die Klarheit des Denkens und der Argumentation unterstütze. Zugleich betonte Comenius in diesem Zusammenhang, dass der *Orbis sensualium pictus* auch als Malbuch dienen könne, um die Feinmotorik, die Farbwahrnehmung und die Konzentrationsfähigkeit des Kindes zu schulen. Das zunächst in den Sprachen Latein und Deutsch edierte Werk, das in 150 Holzschnitten einen Überblick über das damalige, für Kinder als relevant erachtete Sachwissen vermittelt, wurde in fast alle europäischen Sprachen übersetzt.

**Nachfolger:** Comenius beeinflusste nicht nur die Entwicklung des Schulbuchs bis zum Ende des 19. Jahrhunderts, sondern fand zahlreiche Nachahmer, die in der Regel den Titel „Orbis pictus" übernahmen, z. B. Jacob Eberhard Gailer: *Neuer Orbis pictus für die Jugend* (1832) (vgl. Bannasch 2007). Die Autoren knüpften in den jeweiligen Vorworten an die Programmatik von Comenius an, lehnten jedoch mehrheitlich die Orientierung am Pansophismus ab. Die wesentlichen Unterschiede liegen darin, dass die beigefügten Texte noch in weitere Fremdsprachen, u. a. Englisch und Französisch, übersetzt wurden und auf das aktuelle Sachwissen rekurrierten.

Als das bedeutendste Werk in dieser Tradition wird Friedrich Justin Bertuchs zwölfbändiges, mit zahlreichen Kupferstichen versehene *Bilderbuch für Kinder* (1790–1830) eingestuft, das auf dem pädagogischen Konzept des Philanthropismus basiert (vgl. Chakkalakal 2014). Bertuch (1801) betonte im Vorwort, dass das Bilderbuch einen wesentlichen Bestandteil der frühkindlichen Erziehung darstelle:

> Ein Bilderbuch ist für eine Kinderstube ein ebenso wesentliches und noch unentbehrlicheres Meuble als die Wiege, eine Puppe, oder das Steckenpferd. Diese Wahrheit kennt jeder Vater, jede Mutter, jeder, der Kinder erzogen hat, und von Locke an bis auf Basedow, Campe und Salzmann empfiehlt jeder vernünftige Pädagog den frühesten Unterricht des Kindes durchs Aug anzufangen und ihm so viel gute und richtige Bilder und Figuren, als man nur kann, vor das Gesicht zu bringen. (Bertuch 1801, S. 2)

**Formen- und Funktionswandel:** Bis zum Ende des 17. Jahrhunderts dominierten Holzschnitte in illustrierten Ausgaben für Kinder. Wegen ihrer kleinen Größe, ihrer billigen Herstellung und des relativ groben Zeichenstils wurden diese Illustrationen auch in Volksbüchern und *chapbooks* verbreitet. Diese Bücher wurden auf Jahrmärkten verkauft und wandten sich an einen weitgefassten Adressatenkreis (Kinder, ungebildete Volksschichten). Nach 1700 wurde der Holzschnitt allmählich vom Kupferstich und der Radierung abgelöst.

Seit Mitte des 18. Jahrhunderts avancierte die spezifische Kinderliteratur zum Prototyp, als deren gemäßes Publikationsmedium das Kinder- und Jugendbuch sowie das Bilderbuch zunehmend an Bedeutung gewannen und zur Schaffung eines eigenen kinderliterarischen Buchmarktes führten. Die sozialisatorische Funktion, d. h. Vermittlung von Kenntnissen und moralischen Werten, Vorführen vorbildhafter Verhaltensweisen, blieb zwar als Norm erhalten, wurde aber seit dem letzten Drittel des 18. Jahrhunderts durch den Aspekt der ‚Kindgemäßheit', d. h. der Anpassung an die kindliche Leser/in, ergänzt.

Im Verlauf dieser Entwicklung kam es zu einem umfassenden Formen- und Funktionswandel des Bilderbuchs, aus dem dessen moderne, in Grundzügen bis heute gültige Gestalt hervorging. Für die Pädagogen waren die Forderung nach Unterhaltung und ästhetischem Anspruch nur Mittel zum Zweck und dienten der Realisierung ihrer erzieherischen Absichten. Dieser durchgreifende Wandel wurde durch die philosophischen Schriften von John Locke: *Some Thoughts Concerning Education* (1693; dt. *Gedanken über Erziehung*, 1708) und Jean-Jacques Rousseau: *Émile ou de l'éducation* (1762; dt. *Emil oder über die Erziehung*, 1789–91) vorbereitet und theoretisch reflektiert. Insbesondere Locke betonte den Nutzen von Illustrationen für Kinder, weil sie Neugier und Wissensdurst unterstützen. Als Hauptmerkmal forderte er Klarheit der Darstellung; der ästhetische Aspekt war für ihn nicht relevant. Wenn auch weiterhin die pädagogisch-belehrende Funktion *(docere)* im Vordergrund stand, legitimierte Locke doch den unterhaltenden Charakter *(delectare)* der Kinderliteratur. Er erkannte nämlich die Bedeutung des kindlichen Spiels bzw. der kindlichen Fantasie und löste mit seiner Forderung nach der kinderliterarischen Verbindung von Belehrung und Unterhaltung einen paradigmatischen Wandel aus. Rousseau hingegen nahm moderne, psychologisch begründete Ansätze der Lesealter-Typologie vorweg, indem er einerseits Kindheit als eigenständige Lebensphase ansah und andererseits Ideen eines kindlichen Entwicklungsschemas entwickelte, die im 20. Jahrhundert ihren Niederschlag u. a. bei Charlotte Bühler, Jean Piaget und Lawrence Kohlberg fanden.

Lockes und Rousseaus Ideen setzten sich erst mit den illustrierten Kinderbüchern der Verleger und Autoren John Newbery und Thomas Boreman in

England und mit der philanthropischen Kinderliteratur in Deutschland durch. Thomas Boremans *Gigantick Histories* (1740 ff.) und John Newberys *Little Pretty Pocket Book* (1744) machten sich die pädagogischen Maximen Lockes zu eigen und entwickelten frühe Formen des Spiel- und Beschäftigungsbuchs für Kinder *(play-things)*, das ein relativ ausgewogenes Verhältnis von Bild- und Textanteil aufweist (vgl. Whalley/Chester 1988).

Ein singuläres Phänomen in der Geschichte der Bilderbuchillustration stellt der englische Poet und Künstler William Blake dar. In *Songs of Innocence* (1789) und *Songs of Experience* (1794) stellen Text und Bild eine untrennbare Einheit her. Damit entwarf Blake ein künstlerisches Konzept, das für die Bilderbuchproduktion in England und später in Deutschland bahnbrechend war.

## 2.2 Von der Romantik bis zur Jahrhundertwende: Wandel des Kindheitsbildes

Die Entwicklung des Bilderbuchs als genuin kinderliterarisches Genre wurde jedoch vor allem durch die Romantik geprägt. In der Romantik wurde – bewusst als Gegenbewegung zur Kinderliteratur der Aufklärung – seit Beginn des 19. Jahrhunderts für einen Teil der Kinderliteratur die Befreiung von unmittelbaren Erziehungszwecken erreicht. Neben den Postulaten der Belehrung und Unterhaltung kam noch dasjenige der Rührung bzw. des Ansprechens der kindlichen Empfindungen *(movere)* hinzu. Die durch die geschichtsphilosophischen Reflexionen Johann Gottfried Herders und William Wordsworths vorbereitete, von den Romantikern aufgegriffene Idee der Kindheitsautonomie betonte den Eigenwert der Kindheit als authentischere Daseinsform und führte zu einer Zurückweisung der Funktionalisierung dieses Lebensabschnittes als Vorbereitung auf das Erwachsenendasein (vgl. Christensen 2018). Des Weiteren wurde mit dem Kleinkind eine neue Zielgruppe entdeckt, der mit der Integration von Sprachspielen und Kinderreimen in illustrierten Ausgaben Rechnung getragen wurde.

**Neue Drucktechniken und Bilderbuchtypen:** Neben illustrierten Fabeln, Märchen und Gedichtsammlungen entwickelte sich in dieser Zeit auch das von der Genremalerei des 19. Jahrhunderts geprägte Genrebilderbuch, das mit der Darstellung von Szenerien aus Haushalt, Stadt und Land das bürgerliche Ideal verkörperte und von Künstlern wie Ludwig Richter, Hermann Kaulbach und Franz von Pocci repräsentiert wurde (vgl. Ries 1992). Die realistische Tendenz in den Zeichnungen von Ludwig Richter und Otto Speckter wurden von Illustratoren wie Theodor Hosemann, Oskar Pletsch und Lothar Meggendorfer ausgebaut und ebnete in Deutschland den Weg für die Modernisierung des Bilderbuchs im 20. Jahrhundert.

## 2.2 Von der Romantik bis zur Jahrhundertwende: Wandel des Kindheitsbildes

Der Aufschwung des Bilderbuchs begann jedoch erst mit der Entwicklung neuer Drucktechniken, die eine Massenproduktion farbig illustrierter Bücher ermöglichte. Hierzu gehörten der Stahlstich, die Chromlithografie und der Drei-Farbendruck. Eines der frühesten Beispiele stellt Heinrich Hoffmanns *Lustige Geschichten und drollige Bilder mit 15 schön kolorirten Tafeln für Kinder von 3 bis 6 Jahren* (1845) dar, das ab der dritten Auflage von 1847 mit dem Titel *Der Struwwelpeter* verbreitet wurde und bis heute nicht an Popularität verloren hat. Die in diesem Buch enthaltenen Warngeschichten in Reimform werden durch eine Bildsequenz visualisiert (s. Abb. 2.2). Durch das Zusammenspiel von karikaturistisch verfremdeten kolorierten Zeichnungen und den humoristisch-ironischen Versen ergibt sich eine komische Wirkung, die den vordergründig moralischen Beispielcharakter der Warngeschichten relativiert und den satirischen Charakter des Bilderbuchs betont. Hoffmanns Bilderbuch war Vorlage für zahlreiche Parodien und Travestien und regte zu einer Vielzahl ähnlicher Werke an, die man mit dem Begriff ‚Struwwelpetriade' charakterisiert. Indem sich Bild- und Textebene gegenseitig ergänzen und Informationen vermitteln, die in dem jeweils

**Abb. 2.2** Einzelseite: *Der Struwwelpeter* (Hoffmann 1845, S. 15)

anderen Modus nicht ausgedrückt werden, hat Hoffmann mit dem *Struwwelpeter* dem modernen Bilderbuch den Weg bereitet.

Die Bildergeschichte *Max und Moritz* (1865) von Wilhelm Busch wird hingegen als Vorläufer des Comics angesehen. Buschs cartoonhafter Stil und seine innovative Bild-Text-Konzeption wurde von dem Schweizer Illustrator Rudolphe Toepffer und den amerikanischen Cartoonisten Richard Felton Outcault und Rudolphe Dirks weiterentwickelt.

Seine erste Blütezeit erlebte das Bilderbuch um 1870 in England mit den Illustrator/innen Randolph Caldecott: *The House That Jack Built* (1878; dt. *Das Haus, das Jack baute*, 2013), Walter Crane: *Beauty and the Beast* (1875) und Kate Greenaway: *Under the Window* (1879; dt. *Am Fenster*, 1880) (vgl. Meyer 1983). Seit Ende des 19. Jahrhunderts traf dies auch auf Deutschland (Konrad Edmund Freyhold, Karl Hofer), Frankreich (Maurice Boutet de Bonvel), Russland (Ivan Bilibin), Schweden (Elsa Beskow, Carl Larsson), der Schweiz (Ernst Kreidolf) und den USA (Winslow Homer, Howard Pyle) zu. Die Bilder haben eine visuell-narrative Funktion, die durch die Polyvalenz des Zusammenspiels von Text und Bild zustande kommt und der kindlichen Leserschaft das Verständnis literarischer Texte erleichtern soll.

## 2.3  Vom Beginn des 20. Jahrhunderts bis zum Ende des Zweiten Weltkriegs

**Reformpädagogische Bestrebungen:** In Deutschland trug vor allem die Kunsterziehungsbewegung unter der Ägide von Konrad Lange zur ästhetischen Qualität des zeitgenössischen Bilderbuchs bei. In seiner Schrift *Die künstlerische Erziehung der deutschen Jugend* (1893) forderte Lange die Konzentration auf Einfachheit, Klarheit und Eindeutigkeit als ästhetische Prinzipien des Bilderbuchs und wandte sich gegen den malerischen Stil im Bilderbuch. Damit setzte er im Sinne einer ‚Pädagogik vom Kinde aus' Bildprinzipien, z. B. deutliche Umrisslinien und flächendeckende Farbgebung, durch, die das Bilderbuch bis zur Gegenwart prägen (vgl. Kümmerling-Meibauer 2013a).

Beeinflusst von der Jugendschriftenbewegung des Reformpädagogen Heinrich Wolgast, der mit *Über Bilderbuch und Illustration* (1884) selbst eine Monografie über das Bilderbuch verfasste, übertrug man das kulturpolitische Ziel, die Vermittlung von Literatur als eine besondere Kunstform an Kinder, auch auf das Bilderbuch, um damit den Weg für das ‚künstlerisch wertvolle' Bilderbuch zu bahnen (vgl. Heller 2008). Bedeutende Werke sind Ernst Kreidolfs *Blumen-Märchen* (1898), Paula und Richard Dehmels *Fitzebutze* (1900), ebenfalls von Ernst Kreidolf illustriert, und Karl Hofers *Rumpumpel* (1903) (vgl. Stark 2000). In England übte vor allem Beatrix Potter mit ihren Tierbilderbüchern, etwa *The Tale of Peter Rabbit* (1902; dt. *Die Geschichte des Peterchen Hase*, 1934), einen nachhaltigen Einfluss auf die Bilderbuchillustration aus (vgl. Meyer 1983, S. 127–142). Ihre Werke stellen zugleich eine frühe Form des Medienverbundes dar, da sie durch Lizenzvergabe in Form von Spielen, Kleidung, Geschirr usw. mehrfach verwertet wurden. Außerdem wurden sie in Form von Ballettaufführungen, Musikstücken und Dramenfassungen multimedial umgesetzt.

**Avantgarde und Modernismus im Bilderbuch:** In der Zeit zwischen den beiden Weltkriegen erlebte die Avantgarde im Bilderbuch eine kurze Blütezeit in Deutschland, Skandinavien, Frankreich, Spanien, Italien, Russland und den USA. Bedeutende Künstler/innen, die dem Expressionismus, der Neuen Sachlichkeit, dem Konstruktivismus, dem Bauhaus oder dem Dadaismus nahestanden, so etwa Salvador Bartolozzi, Wanda Gág, Joan Miró, Nathalie Parain, Tom Seidmann-Freud, Arne Ungermann und Lynd Ward, publizierten Bilderbücher für Kinder (vgl. op de Beeck 2010; Druker/Kümmerling-Meibauer 2015). Diese erschienen nur in kleinen Auflagen, aber nahmen bestimmte Merkmale, Techniken und Stile des modernen Bilderbuchs der Nachkriegszeit vorweg (vgl. Druker 2018). Sie stellten zugleich einen Gegenpol zu den sentimental gestimmten Bilderbüchern von Illustrator/innen wie Fritz Baumgarten, Adolf Holst, Fritz Koch-Gotha und Else Wenz-Viëtor dar, die eine Präferenz für die Darstellung von (Natur-)Idyllen und Genreszenen hatten (vgl. Kümmerling-Meibauer/Meibauer 2021).

Einen besonderen Stellenwert nahmen hierbei die sowjetischen Bilderbücher von Alexander Deineka, Vladimir Lebedev und El Lissitzky ein, die bahnbrechend für den Durchbruch der Avantgarde im Bilderbuch in den 1920er Jahren wurden (vgl. Lemmens/Stommels 2009; Weld 2018). El Lissitzkys, vom Suprematismus beeinflusstes Bilderbuch *Pro dva kvadrata* (Von den zwei Quadraten, 1922), das erstmals bei einem Berliner Verlag erschien, gilt als das erste abstrakte Bilderbuch für Kinder. Mit der Reduktion der Bildgestaltung auf einfache geometrische Formen (Kreis, Quadrat, Rechteck) wollte El Lissitzky eine universale Bildsprache entwickeln, die keiner Kenntnis visueller Symbole bedürfe. Zugleich wollte er eine gesellschaftlich-politische Botschaft vermitteln, die im Kern auf der Zerstörung der alten Weltordnung und ihrer Ersetzung durch eine neue Kunstrichtung basiert (vgl. Weld 2014).

Durch den persönlichen Kontakt mit El Lissitzky wurde Kurt Schwitters zu seinem abstrakten Bilderbuch *Die Scheuche* (1925) angeregt. In Kooperation mit Theo van Doesburg und Käte Steinitz schuf er ein typografisches Gesamtkunstwerk, dessen Text und Bilder ausschließlich aus Buchstaben und weiteren Elementen aus dem Setzkasten zusammengesetzt sind (s. Abb. 2.3). In diesem intermedialen Bilderbuch finden sich Anklänge an den Dadaismus, aber auch den Surrealismus und den Konstruktivismus (vgl. Kümmerling-Meibauer 2016).

Die Bilderbücher von Tom Seidmann-Freud und Walter Trier dagegen sind vor allem von der Neuen Sachlichkeit geprägt. Inspiriert durch die Ideen von Bauhauspädagogen über die Bedeutung des kindlichen Spiels hat Tom Seidmann-Freud zur Renaissance und Weiterentwicklung des Spielbilderbuchs beigetragen. Walter Trier hingegen wurde vor allem mit den Illustrationen zu Erich Kästners Kinderromanen und Kindergedichten bekannt. Die von ihm gestalteten Cover zu Kästners Büchern haben mittlerweile ikonischen Charakter (vgl. Neuner-Warthorst 2006).

**Abb. 2.3** Cover: *Die Scheuche* (Schwitters/Steinitz/van Doesburg 1925)

In der Geschichte des Bilderbuchs nehmen die Bilderbücher von Jean de Brunhoff über den Elefanten Babar eine bedeutende Stellung ein. Diese Bilderbücher, beginnend mit *Histoire de Babar, le petit éléphant* (1931; dt. *Die Geschichte von Babar dem kleinen Elefanten*, 1946), haben ein ungewöhnlich großes Format. Während die modernistischen Bilder erkennbar Bezüge zu Kinderzeichnungen zeigen, sticht die in Schreibschrift von Hand geschriebene Typografie von herkömmlichen typografischen Bilderbuchgestaltungen ab. Bis zu seinem frühen Tod gestaltete Jean de Brunhoff weitere vier Bände (1932–1941). Sein Sohn Laurent de Brunhoff setzte die Serie fort; bis 2017 sind insgesamt 48 Bände über Babar erschienen (vgl. Nieres-Chevrel 2017).

Der Experimentierfreudigkeit der avantgardistischen Künstler/innen verdankte vor allem das Fotobilderbuch seinen Aufschwung. Inspiriert durch die Neue Sachlichkeit fokussierten die Künstler/innen entweder einzelne Objekte, um deren ‚Aura' herauszustellen, wie in Mary Steichen Martins und Edward Steichens *The First Picture Book* (1930) und Emmanuel Sougez' *Regarde* (1932), oder sie verwendeten Fotomontage, um neue ästhetische Effekte zu erzielen, wie es in Friedrich Böers *Drei Jungen erforschen eine Stadt* (1933) erkennbar ist (s. Abb. 2.4).

**Bilderbuch und Propaganda:** Nach der Machtergreifung der Nationalsozialisten im Jahr 1933 gingen viele deutsche Bilderbuchkünstler/innen, die der Avantgarde zugerechnet werden, ins Exil nach England, Frankreich, Kanada, in die Schweiz und die USA. Ihre Bilderbücher wurden aus den öffentlichen Bibliotheken entfernt und durften nicht mehr über den Buchhandel vertrieben werden. Aber auch in anderen europäischen Ländern, in Italien, Spanien und den meisten osteuropäischen Ländern, wurde die Avantgarde aus ideologischen und politischen Gründen verfemt, sodass ab Mitte der 1930er Jahre kaum noch Bilderbücher, die

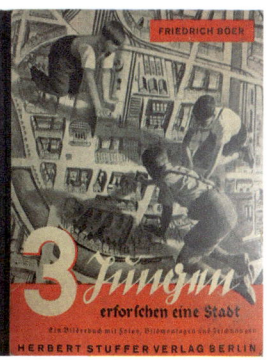

**Abb. 2.4** Cover: *Drei Jungen erforschen eine Stadt* (Böer 1933)

den Einfluss modernistischer oder avantgardistischer Stile aufzeigen, publiziert wurden.

Die bereits Ende des 19. Jahrhunderts zu beobachtende Tendenz, Kindern mithilfe des Bilderbuchs eine kolonialistische und nationalistische Perspektive nahezubringen, wurde während der Herrschaft der Nationalsozialisten auf die Spitze getrieben. In dieser Zeit entstanden antisemitische Bilderbücher wie Erika Bauers *Trau' keinem Fuchs auf grüner Heid, trau' keinem Jud bei seinem Eid* (1936) oder Ernst Hiemers *Der Giftpilz. Ein Stürmerbuch für Jung und Alt* (1938), die von einer perfiden Rassenideologie geprägt waren und Kinder mit dem nationalsozialistischen Gedankengut vertraut machen sollten. Die Verwendung des Bilderbuchs zu ideologischen und politischen Zwecken lässt sich auch in anderen Ländern (China, Sowjetunion, USA) bis in die Gegenwart hinein beobachten (vgl. Kümmerling-Meibauer/Meibauer 2016; 2017).

## 2.4 Nachkriegszeit bis zum Ende der 1960er Jahre

**Zwischen Restauration und Neubeginn:** Trotz Limitierung des Papierkontingents und der Zensurmaßnahmen der vier Besatzungsmächte waren die ersten Nachkriegsjahre in Deutschland durch ein vielfältiges Angebot an Bilderbüchern bestimmt. Dazu trugen nicht nur die Neugründungen zahlreicher Verlage bei, von denen viele nach der Währungsreform 1948 in Konkurs gingen, sondern auch die Forderung, gerade den Kindern als den Vertretern der nächsten Erwachsenengeneration anspruchsvolle Bücher zur Verfügung zu stellen. Einige Bilderbuchkünstler/innen knüpften an die Avantgarde-Bewegungen der Zwischenkriegszeit an, in Deutschland etwa Susanne Ehmcke, Frans Haacken, Werner Klemke und Lou Scheper-Berkenkamp. In der Schweiz trugen die Bilderbüchkünstler Alois Carigiet: *Schellen-Ursli* (1945), Hans Fischer: *Pitschi* (1948) und Felix Hoffmann, der vor allem für seine Märchenbilderbücher, z. B. zu Jakob und Wilhelm Grimms *Dornröschen* (1959) berühmt wurde, zu einer Erneuerung der Bilderbuchillustration bei (vgl. Rutschmann 1983). Eine Blütezeit erlebte die Bilderbuchillustration in Skandinavien mit den Werken von Lennart

Hellsing, Tove Jansson, Egon Matthiesen und Arne Ungermann, die sich ebenfalls auf die künstlerische Moderne der Zwischenkriegszeit bezogen.

Auch wenn sich eine Tendenz zur Darstellung idyllischer Szenerien und eine Präferenz für ideologisch unverfängliche Bilderbücher abzeichnete, bezogen sich einige, wenn auch nur wenige Bilderbücher auf die Wirren der Nachkriegszeit, indem sie Bilder von Ruinen und zerstörten Städten oder die Suche von elternlosen Kindern nach Verwandten darstellten. Exemplarisch hierfür sind Adi Stürenbergs *Wir suchen Deutschland* (1948) sowie Werner Reinickes und Ilse Wagners *Wir gehen durch die große Stadt* (1953).

Der Appell der UNESCO (gegründet 1946), Kinder zu Frieden, Toleranz und Solidarität zu erziehen, fand ebenfalls seinen Widerhall in Bilderbüchern. Hierzu gehört Erich Kästners Antikriegs-Parabel *Die Konferenz der Tiere* (1949) mit Illustrationen von Walter Trier, das Kästner auf Anregung von Jella Lepman, einer aus dem Exil zurückgekehrten deutsch-jüdischen Autorin und Begründerin der Internationalen Jugendbibliothek in München, verfasste.

**Fotobilderbuch:** In der unmittelbaren Nachkriegszeit bis in die 1960er Jahre hinein spielte das Fotobilderbuch weiterhin eine tragende Rolle. Das lag unter anderem daran, dass im Auftrag der UNESCO mehrere Fotobuchserien über das Leben von Kindern in anderen Ländern entstanden, an deren Konzeption bekannte Fotograf/innen maßgeblich beteiligt waren. So gestaltete die Fotografin Anna Riwkin-Brick in enger Kooperation mit Astrid Lindgren neun Fotobilderbücher (1956–1966), die zunächst auf Schwedisch erschienen und in mehr als zwanzig Sprachen übersetzt wurden (vgl. Ehriander 2011). Äquivalente Fotobuchreihen waren die Serie *Enfants du Monde* (20 Bde, 1953–1969) der französischen Fotografin Dominique Darbois, die *My Village*-Serie (23 Bde, 1956–1972) des Ehepaars Sonia und Tim Gidal sowie die *Peter und Anne*-Serie (11 Bde, 1962–1971), mit Texten von Ilse Kleberger und Fotografien von Lieselotte und Armin Orgel-Köhne (Kümmerling-Meibauer 2018e).

Eine Tendenz zur Serialisierung zeigt sich nicht nur bei den Fotobilderbüchern, sondern auch im Bereich des Sachbilderbuchs und des narrativen Bilderbuchs, das sich auf einen (oder mehrere) Charaktere konzentriert. Für den ersten Bilderbuchtyp kann exemplarisch die in mehrere Sprachen übersetzte Städtereise-Serie von Miroslav Sasek genannt werden, die mit *This Is Paris* (1958; dt. *Paris*, 1960) begann und bis 1974 18 Bände umfasste. In England ist bis heute die sogenannte *Railway Series* (23 Bde, 1946–1972) von Reverend W. Awdry populär, beginnend mit *Thomas the Tank Engine (1946).* Durch die multimediale Vermarktung, u. a. mit der BBC-Serie THOMAS & FRIENDS (1954 ff.) und entsprechenden Merchandising-Produkten, gehört diese Bilderbuchserie bis heute zu den Best- und Longsellern in England (Kümmerling-Meibauer 2018d).

**Wandel des Kindheitsbildes:** In den 1950er und 1960er Jahren nahmen neue Trends in der Kinderpsychologie und ein freieres Erziehungskonzept Einfluss auf das Bilderbuch in Westeuropa und Nordamerika. Dieses moderne Erziehungskonzept, das von der Vorstellung der kindlichen Entwicklung als einem organischen Reifungsprozess ausgeht, leitete die Anerkennung des besonderen

Status der Lebensphase Kindheit ein, die u. a. durch eine rege Spiel- und Fantasietätigkeit gekennzeichnet ist. Dies führte zu der Entstehung von Bilderbüchern, die die Kreativität und aktive Teilnahme des Kindes anregen sollten. In Bruno Munaris *Nella nebbia di Milano* (1965; dt. *Im Nebel von Mailand*, 1996) zeigen die einzelnen Illustrationen Stadtszenen von Mailand, die durch eingefügte transparente Blätter den Eindruck von Nebel erzeugen und damit eine unterschiedliche Sichtweise auf dieselbe Szenerie ermöglichen (vgl. Campagnaro 2017). Die Bilder in Leo Lionnis Bilderbuch *Little Blue and Little Yellow* (1957; dt. *Das kleine Blau und das kleine Gelb*, 1962) bestehen aus ausgerissenem Buntpapier. Lionni gelingt es dabei, trotz abstrakter Formen eine emotional ansprechende Geschichte zu gestalten. Die Schweizer Illustration Warja Honegger-Lavater, die noch am Bauhaus studiert hatte, schuf abstrakte Märchenbilderbücher im Leporelloformat. Die Kreise, Dreiecke, Rechtecke und Rhomben im textlosen Bilderbuch *Le Petit Chaperon Rouge* (1965) repräsentieren dabei die Figuren, Objekte und das Setting. Mithilfe des Bildglossars am Anfang des Buchs stehen die Betrachtenden vor der Aufgabe, das Märchen anhand der geometrischen Figuren zu rekonstruieren.

**Frühe-Konzepte-Bücher:** Während sich in diesen Bilderbüchern bereits eine Nähe zum Künstlerbuch abzeichnet, wandten sich andere Künstler/innen explizit dem Bilderbuch für Kleinkinder zu. Bei den Kleinkindbilderbüchern stehen zunächst eher kognitive als ästhetische Aspekte im Vordergrund. Sie übernehmen dabei die kommunikativen Funktionen des Wiedererkennens und Benennens von bildlich dargestellten Gegenständen, weshalb sie als ‚Frühe-Konzepte-Bücher' bezeichnet werden (vgl. Kümmerling-Meibauer/Meibauer 2005; 2018). Über die Verbalisierung des Wahrgenommenen hinaus erlangt das Kleinkind damit erste Kenntnisse von *visual literacy* und wird mit dem Konzept ‚Buch' vertraut gemacht. Durch die besonderen Buchformen des Konzeptbuchs, des Wimmelbuchs, des ABC-Buchs (vgl. Litaudon 2018) und einfacher Bildergeschichten werden die kindlichen Betrachter/innen an einfache Erzählstrukturen und an das Konzept ‚Geschichte' herangeführt.

Eine entscheidende Rolle kam dabei dem niederländischen Illustrator Dick Bruna zu, dessen Bilderbücher über das Hasenmädchen Nijntje (dt. *Miffy oder Nina*) im Zeitraum von 1955 bis 2006 erschienen (s. Abb. 2.5). Sein minimalistischer Zeichenstil, gekennzeichnet durch die Konzentration auf einfache geometrische Formen, die Umrandung der Objekte und Figuren durch einen dicken schwarzen Strich und eine reduzierte Farbpalette mit der Präferenz für die Primärfarben Rot, Gelb und Blau, war prägend für eine ganze Generation von Bilderbuchkünstler/innen (Linders et al. 2006). Eric Carles Bestseller *The Very Hungry Caterpillar* (1969; dt. *Die kleine Raupe Nimmersatt*, 1970) ist der Tradition des Spielbuchs (s. Kap. 10) zuzuordnen und führt kleine Kinder an das Konzept der Geschichte heran. Pat Hutchins' *Rosie's Walk* (1968; dt. *Wenn Änne, die Henne, spazierengeht*, 1969) ist dagegen ein früher Versuch, Kinder ab dem Alter von vier Jahren durch die Verbindung von Bild und Text ein basales Verständnis von Ironie zu vermitteln (vgl. Kümmerling-Meibauer 1999).

**Abb. 2.5** Cover: *Miffy auf dem Spielplatz* (Bruna 1995)

Das am meisten diskutierte Bilderbuch der 1960er Jahre dürfte Maurice Sendaks *Where the Wild Things Are* (1963; dt. *Wo die wilden Kerle wohnen*, 1976) sein. Das von Sendak entwickelte Buchdesign, die Gestaltung der Doppelseiten und der Fokus auf das Innenleben der kindlichen Hauptfigur Max hat dem modernen Bilderbuch entscheidende Impulse verliehen. Zugleich hat Sendak ein zur damaligen Zeit tabuisiertes Thema, die Aggressivität von Kindern, die sich auch gegen die Eltern richten kann, aufgegriffen, was dazu führte, dass sein Buch vor allem in den Anfangsjahren von Bibliothekar/innen, Pädagog/innen und Literaturkritiker/innen abgelehnt wurde (vgl. Bader 1976). Der weltweite Erfolg setzte erst Ende der 1960er Jahre, mit dem Siegeszug der anti-autoritären Bewegung in der Kindererziehung, ein. Das weiterhin im Buchhandel erhältliche Bilderbuch war Vorlage für ein Opernlibretto (1980) und wurde 2009 von Spike Jonze als Realfilm umgesetzt.

Ein Jahr vor Sendaks Bilderbuch erschien in den USA Ezra Jack Keats' *The Snowy Day* (1962; dt. *Ein Tag im Schnee*, 1972), das erstmals das Alltagsleben eines afro-amerikanischen Kindes in den Mittelpunkt rückte (vgl. Martin 2004, S. 51) und damit nachfolgenden Bilderbüchern, die sich der Darstellung von diversen ethnischen Gruppen widmeten, den Weg bahnte (s. Abb. 2.6).

**Abb. 2.6** Cover: *Ein Tag im Schnee* (Keats 1979)

Die bereits in den 1950er Jahren anklingende Tendenz zur Wahrnehmung kindlicher Interessen und zur Darstellung aus der Perspektive des Kindes sowie die damit einhergehende Komplexität leitete einen Formen- und Funktionswandel ein. Dem modernen Bilderbuch wird die Funktion zugeschrieben, im Sinne der literarischen Enkulturation, mit den poetischen Regeln und Genres vertraut zu machen und den Leser/innen den Übergang zur Lektüre von kinderliterarischen Texten, die auf Illustrationen verzichten, zu erleichtern. Die pädagogische Funktion des Bilderbuchs wird dadurch nicht aufgehoben, aber neu gewertet, nämlich als ästhetisch-literarische Sozialisation. Damit erhöhen sich auch die ästhetischen Anforderungen an das Bilderbuch. Die zunehmende Komplexität des modernen Bilderbuchs führte zu einer Dichotomisierung in ‚einfache' Bilderbücher, wozu neben den Kleinkindbilderbüchern auch triviale Bilderbücher, die oftmals in Kaufhäusern angeboten werden, gehören, und künstlerisch anspruchsvolle Bilderbücher, die von ihren Leser/innen ein hohes Maß an kognitiver Aufmerksamkeit verlangen.

## 2.5 Vom Ende der 1960er Jahre bis zum Beginn der 1980er Jahre: Die 68er-Bewegung und ihre Folgen

Ende der 1960er/Anfang der 1970er Jahre kam es im Zuge der 68er-Bewegung vor allem in Deutschland, Frankreich und Skandinavien zu einem Wandel des Kindheitsbildes. Ausgelöst durch das Postulat der ‚anti-autoritären Erziehung' wurde die Gleichstellung des Kindes mit dem Erwachsenen gefordert und zugleich die Autonomie des Kindes betont. Hierbei zeigen sich durchaus Anklänge an Ideen der Spätaufklärung, allerdings mit dem Unterschied, das Kind nicht mehr als zukünftigen Erwachsenen, sondern als eigenständiges und mündiges Wesen anzusehen. Entsprechend verlangte man von der Kinderliteratur, dass sie diesen Wandel reflektiert. Dies führte zur Entstehung von ‚linksgerichteten' Bilderbüchern, die oft in Kleinstverlagen oder im Selbstverlag erschienen und explizit Tabus, wie Umweltzerstörung, Krieg, kindliche Sexualität und politischgesellschaftliche Unterdrückung, thematisierten. Zugleich griffen die Illustrator/innen auf Kunststile und Techniken der Avantgarde, u. a. Fotomontage, Collage, Surrealismus und Neue Sachlichkeit, zurück.

Diese Bilderbücher, z. B. Brigitte Wengoborskis *Fünf Finger sind eine Faust* (1969; s. Abb. 2.7) und Reinhard Lippelts *Du Papa? Was machst du immer im Betrieb?* (1973), mit Linoldrucken von Corinne Senkblei, bedienten sich dabei der Elemente der sozialkritischen Erwachsenenliteratur. Auffällig ist bei diesen Bilderbüchern, dass die kindliche Zielgruppe in Vorworten, Klappentexten, beigelegten Blättern oder eingefügten Erzählerkommentaren zur aktiven Auseinandersetzung mit dem Inhalt und den Bildern aufgefordert wird, um ihnen damit den Zugang zu einer mehr kritischen und souveränen Sichtweise auf die Erwachsenenwelt und die zeitgenössische Gesellschaft zu ermöglichen.

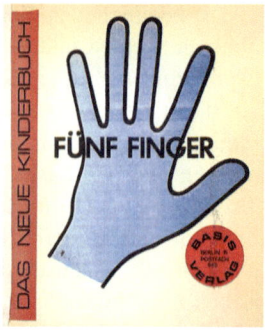

**Abb. 2.7** Cover: *Fünf Finger sind eine Faust* (Wengoborski 1969)

**Pop Art:** Das Interesse an ästhetisch anspruchsvollen Bilderbüchern führte zu der Entstehung von Bilderbüchern, die durch die Pop Art inspiriert waren. Diese Bilderbücher erreichten einen Höhepunkt in der ersten Hälfte der 1970er Jahre und waren in Deutschland, Frankreich, Großbritannien, Polen und den USA überaus erfolgreich. Bekannte Künstler, wie Peter Blake, Heinz Edelmann, Peter Max und Andy Warhol, kreierten komplexe Bilderbücher, die die Vielfalt der Pop Art demonstrierten (vgl. Kümmerling-Meibauer 2018b). Besonders einflussreich war der Verleger Harlin Quist in New York – mit einer französischen Niederlassung in Paris –, dessen Bilderbücher heftige Debatten über deren Eignung für Kinder auslösten (s. Abb. 2.8). Trotz dieser Diskussionen erhielten die in diesem Verlag herausgegebenen Bücher zahlreiche Auszeichnungen und beeinflussten maßgeblich das postmoderne Bilderbuch.

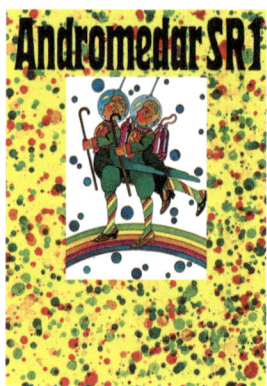

**Abb. 2.8** Cover: *Andromedar SR1* (Ripkens/Stempel/Edelmann 1970)

Eines der berühmtesten Pop Art-Bilderbücher ist *Conte numéro 1* (1968; dt. *Geschichte Nr. 1*, 1969) von Eugène Ionesco, mit Illustrationen von Etienne Délessert. Dieses Bilderbuch, zu dem Ionesco noch drei Fortsetzungen verfasste, deren Titel sich lediglich durch die Zahlen zwei, drei und vier unterscheiden, basiert auf einer absurden Geschichte, die ein Vater seiner kleinen Tochter erzählt. Die aufwändig gestalteten Illustrationen enthalten zahlreiche interpiktoriale Referenzen und sind durch eine Serialisierung und Wiederholung wiederkehrender Motive und Figuren gekennzeichnet. Diese ästhetische Strategie trägt in Verbindung mit der nonsens-artigen Erzählung wesentlich dazu bei, dass diese Bilderbücher als ‚merkwürdig' oder ‚seltsam' charakterisiert wurden (vgl. Kümmerling-Meibauer/Meibauer 2011).

Pop Art-Bilderbücher stellen ein einzigartiges und zeitlich begrenztes Korpus dar. Allerdings bereiteten sie – zusammen mit den sozialkritischen und von der anti-autoritären Bewegung inspirierten Bilderbüchern – den Weg für nachfolgende Bilderbücher, die sich mit den politischen, kulturellen und sozialen Aspekten der modernen Gesellschaft auseinandersetzten.

Die Bilderbuchkünstler/innen wurden dadurch für Themen im Bereich von Gender, Klasse, Ethnie, Alter und Krankheit sensibilisiert. Entsprechend verpflichteten sich Verlage und öffentliche Institutionen dazu, Autor/innen und Illustrator/innen zu berücksichtigen, die ethnischen Minderheiten angehörten oder einen Migrationshintergrund hatten. Ein Ergebnis dieses Wandels war die Gründung der Coretta Scott King Medal in den USA, die 1974 erstmals verliehen wurde und das Werk von afro-amerikanischen Bilderbuchkünstler/innen auszeichnete.

Zugleich nahmen sich Bilderbuchschaffende vermehrt Tabu-Themen an, die im Bilderbuch oft übersehen oder abgelehnt worden waren. So handelt John Burninghams *Granpa* (1984; dt. *Großpapa*, 1984) von dem Tod einer geliebten Person und Toshi Marukis *Hiroshima no Pika* (1980; dt. *Das Mädchen von Hiroshima*, 1984) von dem Atombombenabwurf auf Hiroshima. Christophe Gallazs *Rose Blanche* (1986, dt. *Rosa Weiß*, 1986), mit Illustrationen von Roberto Innocenti, wird als das erste Bilderbuch angesehen, das den Holocaust adressiert.

**Wimmelbuch:** Am Ende der 1960er Jahre wurde ein neuer Bilderbuchtyp initiiert, der seitdem weltweit vermarktet wird. Als Ali Mitgutsch *Rundherum in meiner Stadt* (1968) publizierte, wurde das Buch als ‚Wimmelbuch' beworben, weil die textlosen Doppelseiten eine Vielzahl von Figuren und Handlungen präsentieren (s. Abb. 2.9). Dieser Bilderbuchtyp verlangt von den Betrachter/innen bestimmte Lese- und Betrachtungsstrategien. Wegen der vielen simultan ablaufenden Handlungen, die in demselben Setting arrangiert sind, gibt es keine vorgeschriebene Leserichtung und Reihenfolge der Betrachtung. Die Betrachtenden sind frei in ihrer Entscheidung, welche Figuren und Handlungen sie genauer anschauen möchten, um die dahinterliegenden Geschichten zu verstehen. Diese spielerische Aktivität fördert die Fähigkeit des Kindes, die Verbindung zwischen einzelnen Figuren und Handlungen zu erkennen (vgl. Rémi 2011; 2018). Mittlerweile gibt es Wimmelbücher zu allen möglichen Themen, ja sogar eine Wimmelbuchserie, die vier Jahreszeitenbücher plus einem Nacht-Wimmelbuch über die fiktive Stadt Wimmlingen (2003–2008), geschaffen von Rotraut Susanne Berner (Berner 2003, 2004, 2005a, b, 2008; s. Kap. 16).

**Abb. 2.9** Cover: *Rundherum in meiner Stadt* (Mitgutsch 1968)

Verwandt mit dem Wimmelbuch sind die Suchbilderbücher, bei denen die Betrachter/innen aufgefordert werden, nach bestimmten Figuren oder Objekten auf einem Wimmelbild zu suchen, wie in der *Where's Wally*-Serie (7 Bde, 1987–1997; dt. *Wo ist Walter?*, 1988) von Martin Handford. Eine komplexere Form des Wimmelbuchs findet sich in den Otto-Büchern von Tom Schamp. In *Otto in de stad* (2007) müssen die Bildseiten um 90 oder 180 Grad gedreht werden, um einzelne Handlungen nachvollziehen zu können, da diese nicht nur vertikal, sondern auch horizontal angeordnet sein können. Für diesen Bilderbuchtyp wurde die Bezeichnung *loop book* vorgeschlagen (vgl. van Meerbergen 2012).

Das Wimmelbuch und verwandte Buchformen gehören zu dem anwachsenden Korpus des textlosen Bilderbuchs, das seit den 1980er Jahren den internationalen Bilderbuchmarkt erobert. Textlose Bilderbücher können sowohl einfache Buchformen, wie Frühe-Konzepte-Bücher und Konzeptbücher, die sich an Kleinkinder richten, umfassen, als auch komplexe Bilderbücher, die eine anspruchsvolle visuelle Narration enthalten, wie etwa Shirley Hughes' *Up and Up* (1979), Quentin Blakes *Clown* (1995; dt. *Clown*, 1997) und Jörg Müllers *Der standhafte Zinnsoldat* (1996) (vgl. Beckett 2012; Bosch 2018). Ein bedeutender Illustrator ist David Wiesner, der sich auf textlose Bilderbücher spezialisiert hat. Er ist der einzige Bilderbuchkünstler, der drei Mal die Caldecott Medal gewonnen hat, für *Tuesday* (1991), *The Three Pigs* (2002; dt. *Die drei Schweine*, 2002; s. Abb. 2.10) und *Flotsam* (2007; dt. *Strandgut*, 2007). Auf diese Weise hat Wiesner überzeugend gezeigt, dass textlose Bilderbücher sich an hohen ästhetischen Ansprüchen messen lassen und eine interessante Geschichte allein durch eine textlose Bildsequenz erzählen können.

**Abb. 2.10** Cover: *Die drei Schweine* (Wiesner 2002)

## 2.5 Vom Ende der 1960er Jahre bis zum Beginn der 1980er Jahre

**Intermedialität und Medienverbund:** Bilderbücher teilen einige Gemeinsamkeiten mit anderen Kunstformen. So waren Comics und Filme immer wieder eine Inspirationsquelle für Bilderbuchkünstler/innen, sodass sich die Frage stellt, inwiefern diese zwei medialen Formen zur Weiterentwicklung des Bilderbuchs beigetragen haben. Seit den 1970er Jahren kann man hybride Formate, die sich an der Schnittstelle zwischen Bilderbuch und Comic befinden, beobachten, etwa in Maurice Sendaks *In the Night Kitchen* (1970; dt. *In der Nachtküche*, 1971) und Raymond Briggs' *Father Christmas* (1973; dt. *O je, du fröhliche*, 1975). Das Seitenlayout mit mehreren Bildpanels, die Einfügung von Sprechblasen, die cartoonhafte Darstellung von Figuren und Örtlichkeiten, die Verwendung von comic-spezifischen Symbolen und die Präferenz für onomatopoetische Ausdrücke sind nur einige Merkmale, die dem Comic und der Graphic Novel entnommen sind (vgl. Hatfield/Svonkin 2012; Saguisag 2018).

Einen Sonderfall stellen diejenigen Bilderbücher dar, die durch den japanischen Manga inspiriert worden sind. Obwohl Manga und Animes bereits seit den 1970er Jahren bei Comicleser/innen beliebt waren, eroberten sie erst in den 1980er und 1990er Jahren den globalen Markt. Einige in Europa und den USA lebende Künstler/innen beziehen sich auf die Manga-Ästhetik, die sie oft mit westlich inspirierten Stilelementen kombinierten. Einer der bekanntesten Bilderbuchkünstler in dieser Hinsicht ist Allen Say, der seine Kindheit in Japan verbracht hatte und im Alter von 16 Jahren in die USA auswanderte. In Japan wurde er von dem berühmten Mangakünstler Shinpei unterrichtet. Sein Einfluss macht sich bereits in Says erstem Bilderbuch, *The Boy of the Three-Year-Nap* (1988; dt. *Taro der Dauerschläfer*, 2018), mit einem Text von Dianne Synder, bemerkbar, aber auch in dem preisgekrönten *Grandfather's Journey* (1993; dt. *Großvaters Reise*, 2018) (vgl. Kümmerling-Meibauer 2013b). Eine hybride Mischung aus ostasiatischen und westeuropäischen Kunsteinflüssen zeigt sich auch in den Bilderbüchern von Chen Jianghong, der in China aufgewachsen ist, seine Kunstausbildung jedoch in Frankreich absolviert hat. Sein Bilderbuch *Mao et moi* (2009; dt. *An Großvaters Hand*, 2009) verbindet Anklänge an den chinesischen *manhua* – einer Variante des Mangas – mit Elementen westeuropäischer Bilderbuchkunst.

Andere Bilderbuchkünstler/innen ließen sich durch den Film anregen, um die narrative und ästhetische Qualität ihrer Werke zu steigern. So zeichnet sich etwa Rachel Brights und Jim Fields Bilderbuch *The Squirrels Who Squabbled* (dt. *Die Streithörnchen*, 2018) durch zahlreiche intermediale Bezüge und filmspezifische Gestaltungsmittel aus (s. Kap. 17). Kamerabewegungen und Kameraperspektiven dominieren v. a. die textlosen Bilderbücher von Istvan Banyai: *Zoom* (1995; dt. *Zoom*, 1995) und *Re-Zoom* (1996; dt. *Re-Zoom*, 1996). Vergleichbar mit dem Zoom einer Kamera zeigt jede Illustration Figuren, Gegenstände und Settings, die zunächst aus unmittelbarer Nähe gezeigt werden, dann in einer mittleren Distanz und schließlich in einer Panorama-Ansicht, sodass sich unerwartete und überraschende Perspektiven eröffnen.

Verschiedene Perspektiven, wie Frosch- und Vogelperspektive und Ansichten aus dem Blickwinkel verschiedener Figuren bestimmen die Bilderbücher *Jumanij* (1981, dt. *Dschumanji*, 1988) und *The Polar Express* (1985; dt. *Polarexpress*, 1987) von Chris Van Allsburg (vgl. Kurwinkel 2018). Es ist daher wenig überraschend, dass beide Bilderbücher die Vorlagen für Kinofilme darstellten. Im ersten Fall wurde eine Realverfilmung (Regie: Joe Johnston, 1995) produziert, während Robert Zemeckis 2004 mit THE POLAR EXPRESS einen animierten Film mithilfe des Motion-Capture-Systems realisierte, sodass der Eindruck eines Realfilms simuliert wurde (vgl. Tydecks 2018). Die Popularität von Bilderbüchern bei jüngeren Kindern macht sich die Filmindustrie zunutze, die erfolgreich Realverfilmungen oder Animationsverfilmungen von Bilderbüchern lanciert, um damit die Rezipientengruppe langfristig an sich zu binden. Der Film THE LOST THING (Regie: Andrew Ruhemann/Shaun Tan, 2010), der auf dem gleichnamigen Bilderbuch (1999) von Shaun Tan basiert, erhielt 2011 den Oscar für den besten animierten Kurzfilm und verdeutlicht die hohe ästhetische Qualität von Bilderbuchverfilmungen (vgl. Tydecks 2013; s. Kap. 14).

Obwohl das Printmedium Bilderbuch immer noch eine wichtige Rolle im Alltag des Kindes einnimmt und es weiterhin eines der ersten Medien ist, mit dem das Kleinkind in Berührung kommt, ist die kindliche Lektüre in eine multimediale Welt eingebunden. Der Einfluss des Medienverbundes und das Eindringen interaktiver Medien in den Kinderkulturbereich bedingten folglich seit den 1980er Jahren die Entstehung neuer Buchtypen und Erzählformen im Bereich des Bilderbuchs.

Die Kommerzialisierung der Kindermedien wird besonders beim Medienverbund deutlich. Bei dem nach dem Baukastensystem funktionierenden Medienverbund wird ein Leitmedium in andere Medien umgesetzt und gleichzeitig auf den Markt gebracht. Während zunächst Kinderklassiker und populäre Kinderbücher auch in Form von Bilderbüchern vermarktet wurden – so liegen z. B. von Astrid Lindgrens *Pippi Langstrumpf* (1945) mehrere Bilderbuchversionen vor –, werden seit den 1990er Jahren auch Bilderbücher in andere mediale Formen, wie Hörspiel, Musical, Comic, und Computerspiel, umgesetzt. Die kommerzielle Vermarktung erstreckt sich dabei auch auf medienfremde Konsumbereiche wie Schmuck, Spielzeug, Geschirr oder Mode. Dieser ansteigende Trend ist charakteristisch für das 21. Jahrhundert, hat aber Vorläufer in den 1990er Jahren (vgl. Hamer 2018). Die dadurch ausgelösten Remediationsprozesse führten zur Entstehung von Franchises mit begleitenden Merchandising-Produkten wie Spielzeug, Zubehörteile und Computerspiele. Ferner werden Bilderbücher zu bekannten Spielzeugprodukten, z. B. *Bob der Baumeister* und *American Girl*, produziert.

Der von der Medienpädagogik in die Diskussion eingebrachte Gedanke des spielerischen Umgangs mit den Medien hat in den 1990er Jahren zwei Buchformen hervorgebracht, bei denen die Rezipierenden zugleich mit dem Medium Hörspiel, Film oder Computer vertraut gemacht werden. Es handelt sich zum einen um Bilderbücher mit beigefügter CD bzw. DVD. Diese enthalten oft eine von professionellen Sprecher/innen vorgetragene Version des Textes, oft sind auch kurze Computerspiele oder Filmtrailer bzw. Filmausschnitte enthalten. Zum anderen findet man *living books* auf CD-ROM vor, d. h. interaktive Bilderbücher mit bewegten Bildern, Tonkulisse und Fenstern zum Anklicken, die die Nutzer/innen zur Veränderung und Selbstgestaltung von Geschichten anregen, z. B. Mercer Mayer: *Just Grandma and Me* (1995). Solche *living books* sind eine Vorform der heutigen Bilderbuch-Apps auf Tablet-Computern (s. Kap. 7).

## 2.6 Postmoderne im Bilderbuch: von den 1980er Jahren bis zum Ende des 20. Jahrhunderts

In den letzten beiden Jahrzehnten des 20. Jahrhunderts hat das Vordringen der Postmoderne in allen Kunstbereichen auch Spuren im zeitgenössischen Bilderbuch hinterlassen. Typische Eigenschaften postmoderner Bilderbücher sind ihr spielerischer Charakter, Intertextualität, die Arbitrarität zwischen Zeichen und Bezeichneten sowie das parodistische Recycling beliebter Genres wie Märchen und Kinderlieder (vgl. Sipe/Pantaleo 2008). Generell wird darauf verwiesen, dass das postmoderne Bilderbuch sich durch Diskontinuität, Ambiguität und Hybridität auszeichne, weshalb ihm zuweilen auch Eklektizismus unterstellt wird (vgl. Allan 2012; 2018).

Bislang nur der Adoleszenzliteratur und der Literatur für Erwachsene vorbehaltene ästhetische und narratologische Phänomene wie Intertextualität (in der Bilderbuchforschung hat sich mittlerweile der Begriff ‚Interpiktorialität' für Bildzitate durchgesetzt), Metafiktion, Multiperspektivität, Parodie und Selbstreferenz drangen in das Bilderbuch ein und trugen mit dazu bei, dass das Bilderbuch sich einer immer größer werdenden Rezipientengruppe öffnete (vgl. Thiele 1991; Silva-Díaz 2018).

Postmoderne Bilderbücher zeigen eine Tendenz zu interpiktorialen Referenzen. Im Unterschied zum Phänomen der Intertextualität handelt es sich dabei um Referenzen, die sich ausschließlich auf die visuelle Darstellung in den Bilderbuchillustrationen beziehen. Dabei können es Anspielungen auf bekannte Produkte der Kinderkultur, Werbung und Poster sein, aber auch Bildzitate, die auf Kunstwerke in Museen und auf öffentlichen Plätzen rekurrieren (vgl. Hoster Cabo/Lobato Suero/Ruiz Campo 2018). In dieser Hinsicht nehmen die Bilderbücher von Anthony Browne eine herausragende Rolle ein, weil diese eine Vielzahl von interpiktorialen Referenzen aufweisen, mit einer Präferenz für die surrealistische Malerei von René Magritte (vgl. Lobato Suero/Hoster Cabo 2014). In *Gorilla* (1983; dt. *Der Geburtstagsgorilla*, 1983), *The Visitors Who Came to Stay* (1984; dt. *Mein Papi, nur meiner! Oder: Besucher, die zum Bleiben kamen*, 1984; s. Abb. 2.11), mit einem Text von Annalena McAfee, und *Willy the Dreamer* (1997; dt. *Willi der Träumer*, 1997) dienen die Verweise auf andere Kunstwerke und -stile dazu, die Gefühle und das Innenleben der Figuren zu spiegeln (vgl. Martin 1989, S. 279–289).

**Abb. 2.11** Cover: *Mein Papi, nur meiner!* (McAfee/Browne 1984)

Andere Bilderbücher wiederum betonen den metafiktiven Charakter der Bilderbuchgeschichte (s. Kap. 13), wie etwa in Jörg Müllers *Das Buch im Buch im Buch* (1990), das auf dem Prinzip des *mise en abyme* beruht, insofern die Geschichte und Illustrationen mehrfach ineinander verschachtelt sind und sich gleichsam spiegeln. In David Macaulays *Black and White* (1990) setzt sich die im Haupttext erzählte, auf vier parallel verlaufene Stränge verteilte Geschichte im Paratext (Cover, Vorsatzpapier, Titelei) fort, sodass die Narration auf eine Metaebene transponiert wird (vgl. Pantaleo 2018).

Anthony Brownes Bilderbuch *Voices in the Park* (1998; dt. *Stimmen im Park*, 1998), dessen Geschichte konsekutiv von vier verschiedenen Figuren erzählt wird, ist durch multiperspektivisches Erzählen bestimmt und führt die kindliche Leserschaft in das Prinzip der Perspektivierung ein. Babette Coles *Princess Smartypants* (1986; dt. *Prinzessin Pfiffigunde*, 1987) und Jon Scieszkas und Lane Smiths *The Stinky Cheese Man and Other Fairly Stupid Tales* (1992) gehören zu den bis heute beliebten Parodien bekannter Märchen, die traditionelle Genderklischees, aber auch Genreerwartungen und Erzählmuster kritisch hinterfragen. Mithilfe dieser Strategien machen postmoderne Bilderbücher auf ihren Status als Kunstwerke aufmerksam. Sie laden die Leser/innen ein, über die Struktur und Bedingungen von Erzählungen, ob auf der Text- oder Bildebene, nachzudenken. Zugleich kann eine genaue Betrachtung des Text-Bild-Verhältnisses mehrere Deutungsmöglichkeiten eröffnen, wie etwa die *Hut*-Trilogie (2011, 2012, 2016) von Jon Klassen zeigt, die sich insbesondere durch kontrapunktische Bild-Text-Interdependenzen auszeichnet (s. Kap. 4). Nicht nur deswegen, sondern auch wegen der ironisch-parodistischen Darstellung und des spielerischen Umgangs mit dem Material sprechen gerade postmoderne Bilderbücher auch Jugendliche und Erwachsene an, auch wenn sie sich vordergründig an Kinder richten (vgl. Oetken 2008).

Eine andere Tendenz zeigt sich in der Produktion von Bilderbüchern, deren Geschichten auf den autobiografischen Erinnerungen der Autor/innen bzw. Illustrator/innen basiert. So handelt Michael Foremans *War Boy* (1989; dt. *Kriegskinder*, 1989) von den Erinnerungen des Bilderbuchkünstlers an seine Kindheit in England während des Zweiten Weltkriegs. *Tibet Through the Red Box* (1998; dt. *Tibet. Das Geheimnis der roten Schachtel*, 1998) von Peter Sís kombiniert die Kindheitserinnerungen des Autor-Illustrators mit einem biografischen Bericht über die

## 2.6 Postmoderne im Bilderbuch

geheime Mission seines Vaters in Tibet (vgl. Kümmerling-Meibauer 2010). Bilderbücher dieser Art haben die Frage aufgeworfen, ob sie wirklich nur für Kinder gedacht seien oder ob sie sich eher an ein erwachsenes Lesepublikum richten.

**Crossover-Bilderbuch:** Dass Bilderbücher sich an Kinder und an Erwachsene richten und auf mehreren Ebenen interpretiert werden können, ist kein neues Phänomen in der Geschichte des Bilderbuchs und lässt sich bis in die Anfänge des 20. Jahrhunderts zurückverfolgen. Allerdings hat sich der Crossover-Appeal des Bilderbuchs in den letzten Jahrzehnten des 20. Jahrhunderts intensiviert. In Anlehnung an die steigende Beliebtheit von Crossover-Literatur für Jugendliche und junge Erwachsene fühlten sich Verleger/innen und Bilderbuchkünstler/innen dazu angeregt, ebenfalls mehrfachadressierte Bilderbücher zu produzieren (vgl. Beckett 2012).

Vor diesem Hintergrund ist ersichtlich, dass postmoderne Bilderbücher eng mit Crossover-Bilderbüchern und solchen Bilderbüchern, die die Grenzen zwischen Genres und medialen Formen verwischen, verbunden sind (vgl. Lierop-Debrauwer 2018). Man kann sogar die Vermutung aufstellen, dass postmoderne Bilderbücher in der Nachfolge der kritischen, anti-autoritären Bilderbücher vom Ende der 1960er, Anfang der 1970er Jahre stehen. Denn genau wie diese fordern sie traditionelle Vorstellungen über die Ästhetik, gesellschaftliche Funktion und moralische Botschaft von Bilderbüchern heraus. Im Kontrast zu diesen Bilderbüchern, aber auch zu den Pop Art-Bilderbüchern, befasst sich das postmoderne Bilderbuch nicht mehr mit den ideologischen Debatten, die durch die 68er-Bewegung ausgelöst wurden. Aber wie diese zeigen sie die Tendenz, verschiedene Stile zu mischen, ein offenes Ende zu bevorzugen und verschiedene Deutungen anzubieten.

Die Fähigkeit, erwachsene Leser/innen anzusprechen, ist ein charakteristisches Merkmal, das Crossover-Bilderbücher mit Künstlerbüchern teilen (vgl. Drucker 2018). Viele Künstler/innen schufen Bücher, die man beiden Bereichen zuordnen kann. Hierzu zählen etwa die Märchen-Leporellos von Warja Honegger-Lavater, die textlosen Bilderbücher von Iela und Enzo Mari (s. Abb. 2.12) und die mit spielerischen Elementen versehenen Bilderbücher von Bruno Munari (vgl. Maffei et al. 2007) oder Květa Pacovská. Diese Werke zeichnen sich durch ein komplexes Buchdesign, eine ungewöhnliche Typografie und den spielerischen Umgang mit den Eigenschaften des Materials aus (vgl. Beckett 2012, S. 19–50). Dabei wenden sich diese Künstler/innen durchaus an Kinder als potenzielle Leser/innen, indem sie auf die Kreativität und Imaginationskraft von Kindern hinweisen.

**Abb. 2.12** Cover: *Der Apfel und der Schmetterling* (Mari/Mari 1960)

## 2.7 Neue Tendenzen im 21. Jahrhundert

Angesichts der Vielfalt der Bilderbuchproduktion seit Beginn des 21. Jahrhunderts können nur einige Trends und Entwicklungslinien hervorgehoben werden. Dazu zählt vor allem der Einfluss der Digitalisierung auf die mediale Vermittlung von Bilderbüchern. Eine Gegenbewegung scheint die Präferenz für die Adaption von Werken der Weltliteratur im Bilderbuchformat darzustellen. Weitere Tendenzen beziehen sich auf die Darstellung von tabuisierten Themen, wie Krieg und Vertreibung, sexueller Missbrauch und psychische Krankheiten, sowie die Hinwendung zu den materiellen Komponenten des Bilderbuchs. Des Weiteren erleben mehrsprachige Bilderbücher sowie das Sachbilderbuch einen Aufschwung. Als neue Bilderbuchkategorien haben sich ‚Bilderbuch für Erwachsene' *(picturebooks for adults)* und *challenging picturebook* durchgesetzt.

**Digitales Bilderbuch:** Die größte Herausforderung für das Bilderbuch als Printmedium stellt das digitale Bilderbuch bzw. die Bilderbuch-App dar. Während die ersten digitalisierten Bilderbücher zunächst in der Form von E-Books, die sich in Bezug auf den Inhalt kaum von den Printversionen unterscheiden, erworben werden konnten, werden zunehmend die technischen Möglichkeiten des neuen Mediums genutzt, indem man Bildfolgen animiert, kurze Filmsequenzen und Computerspiele einfügt, ein Sounddesign mit Musik und Geräuschen entwickelt und die Möglichkeit eröffnet, durch Hyperlinks weitere Informationen zu erhalten. Zunächst noch als Nischenprodukt entwickelt, erlebte das digitale Bilderbuch nach dem Erscheinen von *Alice for the iPad* (2010) einen Aufschwung. Zunächst produzierte man Bilderbuch-Apps von beliebten Bilderbüchern. Frühe Beispiele sind *The Heart and the Bottle* (2010; dt. *Das Herz in der Flasche*, 2011) von Oliver Jeffers (App-Version von 2011) und *Don't Let the Pigeon Drive the Bus* (2003) von Mo Willems (App-Version: *Don't Let the Pigeon Run This App*, 2011). Der Erfolg dieser und anderer digitaler Bilderbücher hat dazu geführt, dass zunehmend eigenständige App-Versionen produziert werden, die zudem in mehreren Sprachen verfügbar sind (vgl. Al-Yaquot/Nikolajeva 2018). So liegt die App *Ich warte* (2013) von Serge Bloch und Davide Calì auch in einer englischen und französischen Version vor (s. Kap. 7). Während diese sich mit den menschlichen Erwartungen an das Leben von früher Kindheit an bis ins hohe Alter auseinandersetzt und damit ein komplexes Thema anspricht, dienen viele digitale Bilderbücher, vor allem diejenigen für kleinere Kinder, dem Spracherwerb, der Wissensvermittlung und dem spielerischen Umgang mit dem Medium.

Umgekehrt dringt die Digitalisierung auch in das Printmedium Bilderbuch ein. Wenn man einige Seiten von *What Lola Wants…Lola Gets* (2001) von David Salariya und Carolyn Scrace gegen eine Webcam hält, treten die dargestellten Figuren und das Setting in 3D-Animation hervor. Julia Neuhaus' *Was ist denn hier passiert?* (2015) stellt auf jeder Seite eine absurde Situation dar. Über einen QR-Code auf der jeweiligen Buchseite kann man mittels eines Smartphones oder Tablets einen kurzen animierten Film ansehen, der erzählt, wie es zu dieser Situation gekommen ist (vgl. Kümmerling-Meibauer 2015). Die Möglichkeiten des Digitalmediums haben aber auch die künstlerischen Gestaltungsmöglich-

**Abb. 2.13** Cover: *Garmans Sommer* (Hole 2009)

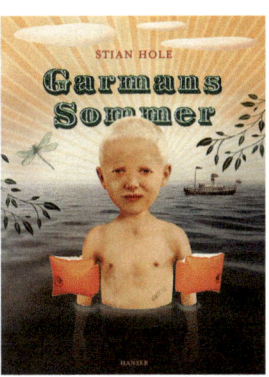

keiten beeinflusst, indem viele Bilderbuchkünstler/innen ihre Illustrationen am Computer herstellen oder von Hand geschaffene Bilder am Computer bearbeiten. Diese Technik wendet der norwegische Autor-Illustrator Stian Hole bei seiner Trilogie über den Jungen Garman (dt. *Garmans Sommer,* 2009; *Garmans Straße,* 2011; *Garmans Geheimnis,* 2012) an (s. Abb. 2.13). Hole hat Zeichnungen, Collagen und Fotografien eingescannt, am Bildschirm montiert und farblich bearbeitet (vgl. Christensen 2014). Ähnlich verfahren Autor Neil Gaiman und Illustrator Dave McKean in ihrem Bilderbuch *Crazy Hair* (2009), das sich – neben den technischen Gestaltungsmitteln – durch eine ausdrucksstarke Typografie auszeichnet (s. Kap. 6).

**Literaturadaptionen im Bilderbuch:** Die Renaissance des Märchenbilderbuchs und die Adaptionen von Werken der Weltliteratur im Bilderbuchformat könnte man als eine Tendenz interpretieren, sich angesichts der zunehmenden Digitalisierung des Alltags wieder auf traditionelle Erzählgenres zu besinnen. Hinsichtlich des Märchenbilderbuchs zeigt sich in Deutschland, aber auch in anderen europäischen Ländern, eine Präferenz für die Märchen der Brüder Grimm, auch bedingt durch das 200jährige Jubiläum der *Kinder- und Hausmärchen* (1812) im Jahr 2012. Neben illustrierten Gesamtausgaben sind vor allem Ausgaben einzelner Märchen im Bilderbuchformat veröffentlicht worden (vgl. Joosen 2018). Die Bilderbuchkünstler/innen haben sich dabei sowohl populärer Märchen, wie *Rotkäppchen*, *Hänsel und Gretel* und *Schneewittchen,* aber auch weniger bekannter Märchen angenommen, wie etwa *Von dem Fischer und seiner Frau*. In Deutschland sind hier vor allem die Illustratorinnen Susanne Janssen, Henriette Sauvant und Sybille Schencker zu nennen, deren Märchenbilderbücher verschiedene Stile und künstlerische Techniken, u. a. kolorierte Zeichnung, Collage, Scherenschnitt, aufweisen und auf diese Weise neue Deutungsweisen bekannter Märchen eröffnen. Neubearbeitungen der originalen Märchentexte bis hin zur Parodie finden sich dagegen in den Märchenbilderbüchern von Sebastian Meschenmoser (s. Kap. 8).

Werke der Weltliteratur, die sich an erwachsene Leser/innen wenden und in gekürzter und sprachlich modernisierter Form für jüngere Leser/innen veröffentlicht werden, sind kein neues Phänomen auf dem internationalen Kinderbuchmarkt. Dass diese literarischen Werke, ob es sich um Dramen von Shakespeare,

Balladen von Fontane und Schiller oder Erzählungen von Gogol und Kafka handelt, jedoch im Bilderbuchdesign präsentiert werden, ist ein neuartiger Trend. Entsprechend werden die Originalvorlagen stark gekürzt und sprachlich vereinfacht, mit der Ausnahme von Gedichten und Balladen (vgl. Zöhrer 2010, 2018). Von Goethe wurden vor allem die Fabel von *Reineke Fuchs*, das Gedicht *Der Zauberlehrling* und die Ballade *Der Erlkönig* mehrfach als Bilderbücher adaptiert. Von Rainer Maria Rilkes Gedicht *Der Panther* liegt eine Bilderbuchversion von Julia Nüsch (2008) vor, die explizit an Kinder adressiert ist (s. Kap. 15).

**Materialität im Bilderbuch:** Die Akzentuierung der materialen Aspekte im zeitgenössischen Bilderbuch hebt sich als weiterer Trend hervor. Dabei wird einerseits angestrebt, alle fünf Sinne anzusprechen, anderseits eine Verbindung von Materialität und Interaktivität zu erreichen. Bilderbücher, die beim Aufklappen der Seiten Geräusche machen oder deren Stoffseiten mit kleinen Pellets gefüllt sind, die beim Anfassen knistern *(knisperboek),* sprechen das Gehör an. Andere Bilderbücher haben eingefügte Seitenelemente, die beim Reiben Gerüche von sich geben. Kleinkindbilderbücher mit ausgefransten Ecken, die an einen Keks erinnern, laden Kinder dazu ein, auf diesen Ecken herumzubeißen. Die haptischen Fähigkeiten werden durch die verschiedenen Materialien, aus denen Bilderbücher hergestellt werden: Papier, Pappe, Holz, Stoff oder Plastik, angeregt (vgl. Kümmerling-Meibauer/Meibauer 2019). Hierzu gehören auch diejenigen Bilderbücher, die ein Hybrid zwischen Buch und Spielzeug darstellen. Urs Wagners *Mein Kiddilight-Auto. Polizei* (2007) hat die Form eines Polizeiautos mit beweglichen Rädern (s. Abb. 2.14). Das geöffnete Buch berichtet von den verschiedenen Aufgaben der Polizei. Gerade diese Bücher stellen hohe kognitive Anforderungen an kleine Kinder, die erst noch das Konzept ‚Buch' erwerben müssen. Zugleich wird das Kind aber angeregt, mit dem zugeklappten Polizeiauto-Buch zu spielen und die in der Bilderbuchgeschichte erzählten Sachverhalte nachzuahmen.

Dank moderner Drucktechniken erleben das Spielbilderbuch und das Pop-Up-Bilderbuch eine Renaissance. Diese Buchtypen richten sich an alle Lesergruppen, vom Kleinkind – wie etwa Jörg Mühles Mitmachbilderbuch *Tupfst du noch die Tränen ab?* (2017) bis zum jungen Erwachsenen – wie etwa Květa Pacovskás Pop-Up-Buch *DIE NIMMTES-NIMMTES-FRAU* (2018) (s. Kap. 10). Sie fördern die Interaktivität, indem Klappen geöffnet, Knöpfe gedrückt oder Rädchen gedreht

**Abb. 2.14** Cover: *Mein Kiddilight-Auto. Polizei* (Wagner 2007)

werden müssen, um versteckte Bild- und Textteile zu enthüllen. Pop-Up-Bilderbücher eröffnen einen dreidimensionalen Bildraum, wie etwa in den abstrakten Pop-Up-Büchern von David Carter, z. B. *300 Black Spots* (2007). Darüber hinaus werden Bilderbücher im Leporello-Format produziert, wo sich die Geschichte bei der allmählichen Entfaltung des Bilderbuchs enthüllt (vgl. Montanaro Staples 2018).

Die Materialität des Bilderbuchs kann dabei auch essenzieller Bestandteil der Geschichte sein. Löcher und andere ausgeschnittene Seitenteile werden genutzt, um visuelle Überraschungen zu schaffen oder den emotionalen Zustand von Figuren darzustellen. Hervé Tullets *Le livre avec un trou* (2011; dt. *Das Buch mit dem Loch*, 2012) veranschaulicht, dass ein Loch verschiedene Funktionen übernehmen kann, mal ist es eine Lupe, mal ein Schwimmbecken oder eine einsame Insel. Oliver Jeffers *The Incredible Book-Eating Boy* (2006; dt. *Der unglaubliche Bücherfresser*, 2007) visualisiert den nicht nur metaphorischen ‚Hunger' eines Jungen auf Bücher durch fehlende Buchecken, deren Form die Bissspuren einer Zahnreihe simuliert.

Eine Kombination von Materialität und Metafiktion findet sich in solchen Bilderbüchern, in denen Figuren scheinbar aus dem Buch heraustreten oder worin der Schaffensprozess thematisiert wird. Den ersten Aspekt thematisieren Emily Gravetts *Wolves* (2006; dt. *Achtung Wolf!*, 2006) und Grégoire Mabires und Thierry Robberechts *Le loup tombé du livre* (2015; dt. *Der Wolf, der aus dem Buch fiel*, 2015; s. Kap. 13). Den zweiten Aspekt greifen Emily Gravetts *Little Mouse's Big Book of Fear* (2008) und Kathrin Schärers *Johanna im Zug* (2009) auf, in denen die Hauptfiguren entweder die Autorenrolle für sich selbst beanspruchen oder in einen fiktiven Dialog mit dem Bilderbuchkünstler treten und ihre Ansprüche an die Text- und Bildgestaltung kommunizieren. Die hierin ersichtliche Komplexität der narrativen und bildlich vermittelten Strukturen verbindet diese Bilderbücher mit dem postmodernen Bilderbuch, die diesen Erzählformen und Bildtechniken den Weg bereitet haben (vgl. Veryeri, 2018).

**Tabuthemen im Bilderbuch:** In dieser Zeit lässt sich auch eine Erweiterung des thematischen Spektrums beobachten, indem neue, bislang tabuisierte Themen aufgegriffen oder bereits in den letzten Jahrzehnten des 20. Jahrhunderts angesprochene Tabuthemen modifiziert und erweitert werden. Der Umgang mit dem Tod wird in Wolf Erlbruchs *Ente, Tod und Tulpe* (2007), Kitty Crowthers *La visite de petite mort* (2004; dt. *Der Besuch vom kleinen Tod*, 2011) und Kathrin Schärers *Der Tod auf dem Apfelbaum* (2015) auf eine humoristische und zugleich tröstende Weise angesprochen (s. Kap. 12). Die Migrationsbewegungen nach Europa und in die USA und deren Folgen für die kindlichen Hauptfiguren und deren Eltern werden in einer Vielzahl von Bilderbüchern thematisiert. Krieg und Flucht stehen im Mittelpunkt von Claude Dubois' *Akim court* (2012; dt. *Akim rennt*, 2013) und Francesca Sannas *Die Flucht* (2016). Das textlose Bilderbuch *The Arrival* (2005; dt. *Ein neues Land*, 2008) von Shaun Tan, das wegen seines komplexen Layouts auch oft als Graphic Novel klassifiziert wird, visualisiert die Immigration eines Mannes in ein Land, dessen Sprache und Kultur er nicht versteht, und verfremdet dabei die Schrift und kulturellen Symbole in einer Weise, dass den Leser/innen die Schwierigkeiten der Hauptfigur, sich in einem fremden Land zurechtfinden zu müssen, auf kongeniale Weise vermittelt (s. Kap. 14). Oscar K.s und Dorte Karrebæks *Idiot* (2009) befasst sich mit psychisch bedingten Krankheiten, wohingegen Aaron Frischs und Roberto Innocentis *The Girl in Red* (2012; dt. *Das Mädchen in Rot,* 2013) die Geschichte von Rotkäppchen dazu verwendet, den sexuellen Missbrauch von Kindern anzusprechen. Gewalt im Elternhaus steht im Fokus von Svein Nyhus und Gro Dahles *Sinna Mann* (2008; dt. *Bösemann,* 2019) (s. Kap. 11) und selbst das bislang nicht berührte Thema der Pornografie wird in *Sesam Sesam* (2017) von Gro Dahle und Kaja Dahle Nyhus aufgegriffen.

**Neue Bilderbuchkategorien:** Die letztgenannten Bilderbücher werden oft mit dem Begriff *challenging picturebook* konnotiert. Dabei handelt es sich um Bilderbücher, die aufgrund der Themenwahl, der Darstellungsweise und der verwendeten ästhetischen Stile als ‚beunruhigend', ‚merkwürdig', ‚schockierend' und ‚kontrovers' eingestuft werden (vgl. Evans 2015). Sie fordern die Betrachtenden in ästhetischer, kognitiver und emotionaler Hinsicht heraus. Neil Gaimans und Dave McKeans *Wolves in the Wall* (2003; dt. *Die Wölfe in den Wänden*, 2005) verwendet ungewöhnliche Farbkontraste und Perspektiven, um die Bedrohung einer Familie durch (eingebildete?) Eindringlinge zu visualisieren. Karoline Kehrs *Schwi-Schwa-Schweinehund* (2001) befasst sich auf humoristische Weise mit dem Thema der Triebsteuerung und der Kontrolle von Gefühlen (s. Kap. 5). Margaret Wilds und Ron Brooks' *Fox* (2000; dt. *Fuchs*, 2003) setzt sich mit den Themen Lüge und Täuschung auseinander (vgl. Kümmerling-Meibauer/Meibauer 2015) (s. Kap. 3). Obwohl es bislang noch keine zufriedenstellende und hinreichende Definition des Begriffs *challenging picturebook* gibt, hat er sich doch in der Bilderbuchforschung durchgesetzt (vgl. Ommundsen/Haaland/Kümmerling-Meibauer 2022).

Im skandinavischen Sprachraum hat sich eine weitere Bilderbuchkategorie, ‚Bilderbücher für Erwachsene', etabliert. Mit diesem Begriff wird auf Bilderbücher Bezug genommen, die vornherein für ein erwachsenes Lesepublikum konzipiert wurden und oft den Untertitel „Bilderbuch für Erwachsene" tragen (vgl. Ommundsen 2018). Sie behandeln Themen, die nach Ansicht der Verlage und Bilderbuchkünstler/innen eher für Erwachsene als für Kinder von Interesse sind. So bezieht sich Germano Zullos und Albertines *Grand Couturier Raphael* (2009) kritisch auf das Konsumverhalten von Erwachsenen. Florian Sölls *Die unsichtbaren Bilder des Herrn Kebelmann* (2015) fokussiert das Innenleben und die mentalen Bilder eines erblindeten Mannes und Helme Heines *Er, Sie & Es* (2013) setzt sich auf hintergründige Weise mit dem Liebesleben von Erwachsenen auseinander.

**Sachbilderbuch und mehrsprachiges Bilderbuch:** Das Sachbilderbuch nimmt seit dem Erscheinen von Comenius' *Orbis sensualium pictus* einen gewichtigen Platz auf dem Bilderbuchmarkt ein. Auch wenn seine Funktion vorwiegend in der Vermittlung von Wissen besteht, hat das moderne Sachbuch seit Ende des 20. Jahrhunderts einen tiefgreifenden Wandel erfahren. Dieser Wandel manifestiert sich einerseits in der hybriden Vermischung von faktualen und fiktionalen Elementen, indem sich deskriptive, erläuternde und narrative Textpassagen ablösen bzw. aufeinander aufbauen (vgl. von Merveldt 2018). Des

## 2.7 Neue Tendenzen im 21. Jahrhundert

Weiteren profitiert gerade das Sachbilderbuch von den erweiterten drucktechnischen Angeboten, indem spielerische Elemente und Pop-Up-Bilder eingefügt werden können, sowie von den Möglichkeiten, die die Digitalisierung bietet. So stellt z. B. Anaïs Vaugelades *Comment fabriquer son grand frere, un livre d'anatomie et de bricolage* (2016, dt. *Ich bau mir einen großen Bruder* 2017) ein mediales Hybrid dar, das Techniken aus den Medien Comic, Fotografie, Wimmelbilderbuch, Sachbuch und Film spielerisch zusammenführt (s. Kap. 9).

In Ländern wie den USA, der Schweiz oder Spanien, die sich durch einen hohen Migrationsanteil auszeichnen oder durch Mehrsprachigkeit gekennzeichnet sind, werden bereits seit der zweiten Hälfte des 20. Jahrhunderts mehrsprachige Bilderbücher publiziert; eine Entwicklung, die mittlerweile auch in Deutschland zu beobachten ist. Hierbei handelt es sich in der Regel um parallel mehrsprachige Bilderbücher, in denen der Originaltext neben der Übersetzung in eine andere Sprache abgedruckt ist, wobei nicht nur Prestigesprachen wie Englisch oder Französisch, sondern gezielt auch Migrationssprachen wie Türkisch, Arabisch, Koreanisch oder Russisch gewählt werden. Mehrsprachige Bilderbücher, bei denen innerhalb des Textes zwischen verschiedenen Sprachen gewechselt wird, sind eher die Ausnahme. Ein Beispiel hierfür ist *Subway Sparrow* (1993) von Leyla Torres.

Ziel dieser mehrsprachigen Bilderbücher ist es, diese im Kindergarten oder in der Schule einzusetzen, um einerseits das Interkulturelle Lernen (,Fremdverstehen') zu unterstützen, andererseits die Reflexion über Sprache *(language awareness)* und den Respekt vor anderen Sprachen zu fördern. Im Deutsch als Zweitsprache-Unterricht werden diese Bilderbücher verwendet, um mithilfe der Illustrationen ein leichteres Textverständnis zu ermöglichen und zugleich die L2-Lernenden an die konzeptuelle Schriftlichkeit heranzuführen (vgl. Hadaway/Young 2018).

Lee Tae-Juns und Kim Dong-Seongs deutsch-koreanisches Bilderbuch *Wann kommt Mama?* (2007) (s. Abb. 2.15) und Farideh Chalatbaries und Sharareh Chosrawamis deutsch-persisches Bilderbuch *Busfahrt ins Ungewisse* (2012) verankern ihre Geschichten im kulturell-politischen Kontext ihrer Herkunftsländer. Die Illustrationen wiederum verbinden künstlerische Traditionen aus Korea bzw. dem Iran mit westlichen Stilelementen, sodass man von einem ,*code-switching*' sowohl auf der sprachlichen als auch der visuellen Ebene sprechen kann (vgl. Kümmerling-Meibauer 2013c).

**Abb. 2.15** Cover: *Wann kommt Mama?* (Tae-Jun/Dong-Seong 2007)

## 2.8 Ausblick: Bilderbuchforschung und Bilderbuchpreise

Während sich erste Ansätze zur Erforschung der Geschichte des Bilderbuchs bereits in den 1970er Jahren erkennen lassen (vgl. Doderer/Müller 1973; Bader 1976), begann das Interesse an der theoretischen Untersuchung des komplexen Text-Bild-Verhältnisses in Bilderbüchern in den 1980er Jahren mit den Studien von Joseph Schwarcz: *Ways of the Illustrator* (1982) und Perry Nodelman: *Words about Pictures* (1988). Diese beiden Werke sowie die Monografien *How Picturebooks Work* (2001) von Maria Nikolajeva und Carole Scott, *Reading Contemporary Picturebooks* (2001) von David Lewis und *Reading Visual Narratives* (2013) von Clare Painter, J. R. Martin und Len Unsworth (für den englischsprachigen Raum) und *Das Bilderbuch: Ästhetik, Theorie, Analyse, Didaktik* (2000) von Jens Thiele (für den deutschsprachigen Raum) trugen mit dazu bei, dass sich die Bilderbuchforschung als ein eigener Bereich innerhalb der Kinderliteraturforschung etabliert hat (für einen aktuellen Überblick vgl. Kümmerling-Meibauer 2018c).

Eine zunehmende Wertschätzung erfährt das Bilderbuch durch die Verleihung von Preisen an Bilderbuchillustrator/innen. So wird seit 1938 die Caldecott Medal alljährlich für das beste amerikanische Bilderbuch vergeben. Seit 1956 wird das beste englische Bilderbuch mit der Kate Greenaway Medal gewürdigt. In demselben Jahr wurde erstmals der Deutsche Jugendliteraturpreis verliehen. In der Kategorie ‚Bilderbuch' ging die Auszeichnung an das amerikanische Bilderbuch *The Happy Lion* (1955; dt. *Der glückliche Löwe*, 1955) von Louise Fatio und Roger Duvoisin. Die Hans Christian Andersen-Medaille wird alle zwei Jahre für das Gesamtwerk eines Kinderbuchautors (seit 1956) und eines Bilderbuchillustrators (seit 1966) verliehen. 1966 ging diese Auszeichnung an Alois Carrigiet; weitere Preisträger/innen sind u. a. Maurice Sendak (1970), Lisbeth Zwerger (1990), Jörg Müller (1994), Klaus Ensikat (1996), Wolf Erlbruch (2006), Roberto Innocenti (2008), Jutta Bauer (2010) und Rotraut Susanne Berner (2016). Mit dem seit 2003 alljährlich verliehenen Astrid Lindgren Memorial Award (ALMA) wurden mehrere Bilderbuchkünstler/innen ausgezeichnet. Den ersten Preis erhielt Maurice Sendak. Die hoch dotierte Auszeichnung erhielten dann noch die Bilderbuchkünstler/innen Kitty Crowther (2010), Shaun Tan (2011), Isol, (2013), Babro Lindgren (2014) und Wolf Erlbruch (2017). Im Rahmen des Deutschen Jugendliteraturpreises wird außerdem seit 1991 alle drei Jahre ein Sonderpreis für das Gesamtwerk eines Illustrators/einer Illustratorin verliehen. Bisherige Preisträger/innen waren Klaus Ensikat, Binette Schroeder, Nikolaus Heidelbach, Rotraut Susanne Berner, Jutta Bauer und Volker Pfüller.

Die alljährlich stattfindende Bologna Book Fair (gegründet 1963) konzentriert sich auf die Ausstellung und Vermarktung internationaler Kinderliteratur mit besonderem Fokus auf das Bilderbuch. Der seit 1966 verliehene „Bologna Ragazzi Award" zeichnet jedes Jahr ein Bilderbuch aus. Den Preis erhielten u. a. die Bilderbuchkünstler Nikolaus Heidelbach, (1995), Jörg Müller (1997), Norman Junge (1998) und Aljoscha Blau (2006). Ebenso werden auf der Biennal Illustration Bratislava (BIB) seit 1967 alle zwei Jahre der Grand Prix für das Gesamtwerk eines Illustrators/einer Illustratorin und fünf „Golden Apple" für herausragende Bilderbücher verliehen.

In Japan und den USA gibt es mittlerweile mehrere Bilderbuchmuseen, in Europa bislang nur das in Troisdorf bei Köln angesiedelte Bilderbuchmuseum Burg Wissem, das mit Wechselausstellungen auf die Vielfalt der Bilderbuchillustration aufmerksam macht und Stipendien für Nachwuchskünstler/innen vergibt.

## Literatur

## Primärliteratur

Andersen, Hans Christian/Müller, Jörg: *Der standhafte Zinnsoldat*. Aarau/Frankfurt a. M./Salzburg 1996.
Awdry, Reverend W.: *Thomas the Tank Engine*. London 1946.
Banyai, Istvan: *Zoom*. Frankfurt a. M. 1995 (engl. 1995).
Banyai, Istvan: *Re-Zoom*. Frankfurt a. M. 1996 (engl. 1996).
Bauer, Erika: *Trau keinem Fuchs auf grüner Heid, trau keinem Jud' bei seinem Eid*. Nürnberg 1936.
Berner, Rotraut S.: *Winter-Wimmelbuch*. Weinheim 2003.
Berner, Rotraut S.: *Frühlings-Wimmelbuch*. Weinheim 2004.
Berner, Rotraut S.: *Herbst-Wimmelbuch*. Weinheim 2005a.
Berner, Rotraut S.: *Sommer-Wimmelbuch*. Weinheim 2005b.
Berner, Rotraut S.: *Nacht-Wimmelbuch*. Weinheim 2008.
Bertuch, Friedrich Justin: *Bilderbuch für Kinder*. Wien 1790–1830.
Blake, Quentin: *Clown*. Weinheim 1997 (engl. 1995).
Blake, William: *Songs of Innocence*. London 1789.
Blake, William: *Songs of Experience*. London 1794.
Bloch, Serge/Cali, Davide: *Ich warte*. Bachibouzouk 2013 (franz. 2005).
Böer, Friedrich: *Drei Jungen erforschen eine Stadt*. Baden-Baden 1933.
Boreman, Thomas: *Gigantick Histories*. London 1740 ff.
Briggs, Raymond: *O je, du fröhliche*. Zürich 1975 (engl. 1973).
Bright, Rachel/Field, Jim: *Die Streithörnchen*. Bamberg 2018 (engl. 2017).
Browne, Anthony: *Der Geburtstagsgorilla*. Freiburg 1983 (engl. 1983).
Browne, Anthony: *Willi der Träumer*. Oldenburg 1997 (engl. 1997).
Browne, Anthony: *Stimmen im Park*. Oldenburg 1998 (engl. 1998).
Bruna, Dick: *Miffy auf dem Spielplatz*. Zürich 1995.
Brunhoff, Jean de: *Die Geschichte von Babar dem kleinen Elefanten*. Lausanne 1946 (franz. 1931).
Burningham, John: *Großpapa*. Frankfurt a. M. 1984 (engl. 1984).
Busch, Wilhelm: *Max und Moritz*. München 1865.
Caldecott, Randolph: *Das Haus, das Jack baute*. Berlin 2013 (engl. 1878).
Carigiet, Alois: *Schellen-Ursli*. Zürich 1945.
Carle, Eric: *Die kleine Raupe Nimmersatt*. Frankfurt a. M./Wien/Zürich 1970 (engl. 1969).
Carter, David: *300 Black Spots*. New York 2007.
Chalatbarie, Farideh/Chosrawani, Scharareh: *Busfahrt ins Ungewisse*. Berlin 2012.
Cole, Babette: *Prinzessin Pfiffigunde*. Hamburg 1987 (engl. 1986).
Comenius, Johann Amos: *Orbis sensualium pictus*. Nürnberg 1658.
Crane, Walter: *Beauty and the Beast*. London 1875.
Crowther, Kitty: *Der Besuch vom kleinen Tod*. Hamburg 2011 (franz. 2004).
Dahle, Gro/Nyhus, Svein: *Bösemann*. Zürich 2019 (norw. 2008).
Dahle, Gro/Nyhus Dahle, Kaja: *Sesam Sesam*. Oslo 2017.
Dehmel, Paula/Dehmel, Richard/Kreidolf, Ernst: *Fitzebutze*. Köln 1900.
Dubois, Claude: *Akim rennt*. Frankfurt a. M. 2013. (franz. 2012).

Erlbruch, Wolf: *Ente, Tod und Tulpe*. München 2007.
Fatio, Louise/Duvoisin, Roger: *Der glückliche Löwe*. Freiburg 1955 (engl. 1955).
Fischer, Hans: *Pitschi*. Zürich 1948.
Foreman, Michael: *Kriegskinder*. Frankfurt a. M. 1989 (engl. 1989).
Frisch, Aaron/Innocenti, Roberto: *Das Mädchen in Rot*. Hildesheim 2013 (engl. 2012).
Gailer, Jacob Eberhard: *Neuer Orbis Pictus für die Jugend*. Reutlingen 1832.
Gaiman, Neil/McKean, Dave: *Die Wölfe in den Wänden*. Hamburg 2005 (engl. 2003).
Gaiman, Neil/McKean, Dave: *Crazy Hair*. New York 2009.
Gallaz, Christophe/Innocenti, Roberto: *Rosa Weiß*. Frankfurt a. M. 1986 (franz. 1986).
Gravett, Emily: *Little Mouse's Big Book of Fear*. London 2008.
Gravett, Emily: *Achtung Wolf!* Frankfurt a. M. 2006 (engl. 2006).
Greenaway, Kate. *Am Fenster*. München 1880 (engl. 1879).
Grimm, Jacob und Wilhelm/Hoffmann, Felix: *Dornröschen*. Zürich 1959.
Handford, Martin: *Wo ist Walter?* Frankfurt a. M. 1988 (engl. 1987).
Heine, Helme: *Er, Sie & Es*. Zürich/Berlin 2013.
Hiemer, Ernst: *Der Giftpilz. Ein Stürmerbuch für Jung und Alt*. Nürnberg 1938.
Hofer, Karl. *Rumpumpel*. Köln 1903.
Hoffmann, Heinrich: *Der Struwwelpeter*. Frankfurt 1845.
Hole, Stian: *Garmans Sommer*. München 2009 (norw. 2006).
Hole, Stian: *Garmans Straße*. München 2011 (norw. 2008).
Hole, Stian: *Garmans Geheimnis*. München 2012 (norw. 2012).
Honegger-Lavater, Warja: *Le Petit Chaperon Rouge*. Paris 1965.
Hughes, Shirley: *Up and Up*. New York 1979.
Hutchins, Pat: *Wenn Änne, die Henne, spazierengeht*. Oldenburg 1969 (engl. 1968).
Ionesco, Eugène/Délessert, Etienne: *Geschichte Nr. 1*. Köln 1969 (franz. 1968).
Jeffers, Oliver: *Der unglaubliche Bücherfresser*. Hamburg 2007 (engl. 2006).
Jeffers, Oliver: *Das Herz in der Flasche*. Berlin 2011 (engl. 2010).
Jianghong, Chen: *An Großvaters Hand*. Frankfurt a. M. 2009 (franz. 2009).
Kästner, Erich/Trier, Walter: *Die Konferenz der Tiere*. München 1949.
K., Oscar/Karrebæk, Dorte: *Idiot*. Kopenhagen 2009.
Keats, Ezra Jack: *Ein Tag im Schnee*. Heidelberg 1972 (engl. 1962).
Kehr, Karoline: *Schwi-Schwa-Schweinehund*. Berlin 2001.
Klassen, Jon: *Wo ist mein Hut*. Zürich 2011 (engl. 2011).
Klassen, Jon: *Das ist nicht mein Hut*. Zürich 2012 (engl. 2012).
Klassen, Jon: *Wir haben einen Hut*. Zürich 2016 (engl. 2016).
Kreidolf, Ernst: *Blumenmärchen*. Köln 1898.
Lionni, Leo: *Das kleine Blau und das kleine Gelb*. Hamburg 1962 (engl. 1957).
Lippelt, Reinhardt/Senkblei, Corinne: *Du Papa? Was machst Du immer im Betrieb?* Bremen 1973.
Lissitzky, El: *Pro dva kvadrata*. Berlin 1922.
Mabire, Grégoire/Robberecht, Thierry: *Der Wolf, der aus dem Buch fiel*. Ravensburg 2015 (franz. 2015).
Macaulay, David: *Black and White*. Boston 1990.
Mari, Iela/Mari, Enzo: *Der Apfel und der Schmetterling*. Hamburg 1960.
Maruki, Toshi: *Das Mädchen von Hiroshima*. Mödling/Wien 1984 (jap. 1980).
Mayer, Mercer. *Just Grandma and Me*. London 1995.
McAfee, Annalena/Browne, Anthony: *Mein Papi, nur meiner! Oder: Besucher, die zum Bleiben kamen*. Frankfurt a. M. 1984 (engl. 1984).
Mitgutsch, Ali: *Rundherum in meiner Stadt*. Ravensburg 1968.
Mühle, Jörg: *Tupfst du noch die Tränen ab?* Frankfurt a.M. 2017.
Müller, Jörg: *Das Buch im Buch im Buch*. Düsseldorf 1990.
Munari, Bruno: *Im Nebel von Mailand*. Baden 1996 (ital. 1965).
Neuhaus, Julia: *Was ist denn hier passiert?* München 2015.
Newbery, John: *Little Pretty Pocket Book*. London 1744.

N.N.: *Alice für the iPad*. Oceanhouse Media 2016.
Nüsch, Julia/Rilke, Rainer Maria: *Der Panther. Poesie für Kinder*. Berlin 2018.
Pacovská, Květa: *DIE NIMMTES-NIMMTES-FRAU*. Richtenberg 2018.
Potter, Beatrix: *Die Geschichte des Peterchen Hase*. Zürich 1934 (engl. 1902).
Reinicke, Werner/Wagner, Ilse: *Wir gehen durch die große Stadt*. Berlin 1953.
Ripkens, Martin/Stempel, Hans/Edelmann, Heinz: *Andromedar SR1*. Köln 1970.
Ruhemann, Andrew/Tan, Shaun: THE LOST THING. 2010.
Salariya, David/Scrace, Carolyn: *What Lola Wants...Lola Gets*. Maplewood 2001.
Sanna, Francesca: *Die Flucht*. Zürich 2016.
Say, Allen: *Großvaters Reise*. Birkenwerder 2018 (engl. 1993).
Schärer, Kathrin: *Johanna im Zug*. Zürich 2009.
Schärer, Kathrin: *Der Tod auf dem Apfelbaum*. Zürich 2015.
Scieszka, Jon/Smith, Lane: *The Stinky Cheese Man and Other Fairly Stupid Tales*. New York 1992.
Schamp, Tom: *Otto in de stad*. Tielt 2007.
Schwitters, Kurt/Steinitz, Käte/van Doesburg, Theo: *Die Scheuche*. Hannover 1925.
Sendak, Maurice: *In der Nachtküche*. Zürich 1971 (engl. 1970).
Sendak, Maurice: *Wo die wilden Kerle wohnen*. Zürich 1976 (engl. 1963).
Sís, Peter: *Tibet. Das Geheimnis der roten Schachtel*. München/Wien 1998 (engl. 1998).
Snyder, Dianne/Say, Allen: *Taro der Dauerschläfer*. Birkenwerder 2018 (engl. 1988).
Söll, Florian: *Die unsichtbaren Bilder des Herrn Kebelmann*. Norderstedt 2015.
Sougez, Emmanuel: *Regarde*. Paris 1932.
Steichen Martin, Mary/Steichen, Edward: *The First Picture Book*. New York 1930.
Stürenberg, Adi: *Wir suchen Deutschland*. Zwickau 1948.
Tae-Jun, Lee/Dong-Seong, Kim: *Wann kommt Mama?* Zürich 2007.
Tan, Shaun: *Ein neues Land*. Hamburg 2008 (engl. 2005).
Torres, Leyla: *Subway Sparrow*. New York 1993.
Tullet, Hervé: *Das Buch mit dem Loch*. Rheinfelden 2012 (franz. 2011).
Van Allsburg, Chris: *Dschumanji*. Ravensburg 1988 (engl. 1981).
Van Allsburg, Chris: *Der Polarexpress*. Hamburg 1987 (engl. 1985).
Vaugelade, Anaïs: *Ich bau mir einen großen Bruder. Wie unser Körper funktioniert*. Frankfurt a. M. 2017 (franz. 2016).
Wagner, Urs: *Mein Kiddilight-Auto. Polizei*. Würzburg 2007.
Wengoborski, Brigitte. *Fünf Finger sind eine Faust*. Berlin 1969.
Wiesner, David: *Tuesday*. Boston 1991.
Wiesner, David: *Die drei Schweine*. Hamburg 2002 (engl. 2001).
Wiesner, David: *Strandgut*. Hamburg 2007 (engl. 2007).
Wild, Margaret/Brooks, Ron: *Fuchs*. Hamburg 2003 (engl. 2000).
Willems, Mo: *Don't Let the Pigeon Drive the Bus*. New York 2003.
Zemeckis, Robert: THE POLAR EXPRESS. Castle Rock Entertainment, USA 2004.
Zullo, Germano/Albertine: *Grand Couturier Raphael*. Genf 2009.

## Sekundärliteratur

Allan, Cherie: *Playing with Picturebooks: Postmodernism and the Postmodernesque*. Basingstoke 2012.
Allan, Cherie: „Postmodern picturebooks". In: Kümmerling-Meibauer 2018a, 201–208.
Al-Yaquot, Ghada/Nikolajeva, Maria: „Digital picturebooks". In: Kümmerling-Meibauer 2018a, 270–278.
Bader, Barbara: *American Picturebooks: From Noah's Ark to the Beast Within*. New York 1976.
Bannasch, Bettina: *Zwischen Jakobsleiter und Eselsbrücke. Das ‚bildende Bild' im Emblem- und Kinderbilderbuch des 17. und 18. Jahrhunderts*. Göttingen 2007.

Beckett, Sandra: *Crossover Picturebooks. A Genre for All Ages.* New York 2012.
Bosch, Emma: „Wordless picturebooks". In: Kümmerling-Meibauer 2018a, 191–200.
Campagnaro, Marnie: „Bruno Munari's visual mapping of the city of Milan: A historical analysis of the picturebook *Nella nebbia di Milano*". In: Nina Goga/Bettina Kümmerling-Meibauer (Hg.): *Maps and Mapping in Children's Literature. Landscapes, Seascapes, and Cityscapes.* Amsterdam 2017, 147–166.
Chakkalakal, Silvy: *Die Welt in Bildern: Erfahrung und Evidenz in Friedrich J. Bertuchs „Bilderbuch für Kinder" (1790–1830).* Göttingen 2014.
Christensen, Nina: „Thought and Dream are Heavenly Vehicles: Character, Bildung, and Aesthetics in Stian Hole's Garmann Trilogy (2006–2010)". In: Bettina Kümmerling-Meibauer (Hg.): *Picturebooks: Representation and Narration.* New York 2014, 109–120.
Christensen, Nina: „Picturebooks and representations of childhood". In: Kümmerling-Meibauer 2018a, 360–370.
Doderer, Klaus/Müller, Helmut (Hg.): *Das Bilderbuch. Geschichte und Entwicklung des Bilderbuchs in Deutschland.* Weinheim/Basel 1973.
Drucker, Johanna: „Artists' books and picturebooks: Generative dialogues". In: Kümmerling-Meibauer 2018a, 291–301.
Druker, Elina: „Collage and montage in picturebooks". In: Kümmerling-Meibauer 2018a, 49–58.
Druker, Elina/Kümmerling-Meibauer, Bettina (Hg.): *Children's Literature and the Avant-Garde.* Amsterdam 2015.
Ehriander, Helene: „Everyday and Exotic: Astrid Lindgren's Co-operation with Anna Riwkin-Brick". In: Bettina Kümmerling-Meibauer/Astrid Surmatz (Hg.): *Beyond Pippi Longstocking. Intermedial and International Aspects of Astrid Lindgren's Works.* New York 2011, 155–172.
Evans, Janet (Hg.): *Challenging and Controversial Picturebooks: Creative and Critical Responses to Visual Texts.* London 2015.
Hadaway, Nancy L./Young, Terrell A.: „Multilingual picturebooks". In: Kümmerling-Meibauer 2018a, 260–269.
Hamer, Naomi: „Picturebooks, merchandising, and franchising". In: Kümmerling-Meibauer 2018a, 504–514.
Hatfield, Charles/Svonkin, Craig (Hg.): „Why Comics Are and Are Not Picture Books". In: *Children's Literature Association Quarterly* 27/4 (2012), 429–497.
Heller, Friedrich C.: *Die bunte Welt. Handbuch zum künstlerisch illustrierten Kinderbuch in Wien 1890–1938.* Wien 2008.
Hoster Cabo, Beatriz/Lobato Suero, María José/Ruiz Campos, Alberto Manuel: „Interpictoriality in picturebooks". In: Kümmerling-Meibauer 2018a, 91–102.
Hruby, Ingrid: „Johann Amos Comenius: Orbis Sensualium Pictus". In: Theodor Brüggemann/Otto Brunken (Hg.): *Handbuch zur Kinder- und Jugendliteratur. Von 1570 bis 1750.* Stuttgart/Weimar 1991, Sp. 433–453.
Joosen, Vanessa: „Picturebooks as adaptations of fairy tales". In: Kümmerling-Meibauer 2018a, 473–484.
Kümmerling-Meibauer, Bettina: „Metalinguistic Awareness and the Child's Developing Sense of Irony: The Relationship between Pictures and Texts in Ironic Picturebooks". In: *The Lion and the Unicorn* 23 (1999), 157–183.
Kümmerling-Meibauer, Bettina. „Remembering the Past in Words and Pictures: How Autobiographical Stories Become Picturebooks". In: Teresa Colomer/Bettina Kümmerling-Meibauer/Cecilia Silva-Díaz (Hg.): *New Directions in Picturebook Research.* New York 2010, 205–215.
Kümmerling-Meibauer, Bettina: „Childhood and modernist art". In: *Libri & Liberi* 2/1 (2013a), 11–28.
Kümmerling-Meibauer, Bettina: „Manga/Comics Hybrids in Picturebooks". In: Jaqueline Berndt/Bettina Kümmerling-Meibauer (Hg.): *Manga's Cultural Crossroads.* New York 2013b, 98–118.
Kümmerling-Meibauer, Bettina: „Code-Switching in Multilingual Picturebooks". In: *Bookbird* 51/3 (2013c), 12–21.

Kümmerling-Meibauer, Bettina: „From Babybooks to Picturebooks for Adults. European Picturebooks in the New Millennium". In: *Word & Image* 31/3 (2015), 249–264.

Kümmerling-Meibauer, Bettina: „Avantgarde im Bilderbuch. Kurt Schwitters ‚Die Scheuche'". In: Walter Delabar/Ursula Kocher/Isabel Schulz (Hg.): *Transgression und Intermedialität. Die Texte von Kurt Schwitters*. Bielefeld 2016, 307–320.

Kümmerling-Meibauer, Bettina (Hg.): *The Routledge Companion to Picturebooks*. London/New York 2018a.

Kümmerling-Meibauer, Bettina: „Mixing Pop Art, Film, and Political Criticism: Heinz Edelmann's Artwork for Children". In: *Strenae*. Special issue on *The Children's '68'*. *Strenæ* 13 (2018b). DOI: https://doi.org/10.4000/strenae.1913.

Kümmerling-Meibauer, Bettina: „Introduction: picturebook research as an international and interdisciplinary field" (2018c). In: Kümmerling-Meibauer 2018a, 1–8.

Kümmerling-Meibauer, Bettina: „Seriality in picturebooks" (2018d). In: Kümmerling-Meibauer 2018a, 103–109.

Kümmerling-Meibauer, Bettina: „Lost in nostalgia: Images of childhood in photo books for children". In: Elisabeth Wesseling (Hg.): *Reinventing Childhood Nostalgia. Books, Toys, and Contemporary Media Culture*. New York 2018e, 154–167.

Kümmerling-Meibauer, Bettina/Meibauer, Jörg: „First Pictures, Early Concepts: Early Concept Books". In: *The Lion and the Unicorn* 29 (2005), 324–347.

Kümmerling-Meibauer, Bettina/Meibauer, Jörg: „On the Strangeness of Pop Art Picturebooks: Pictures, Texts, Paratexts". In: *New Review of Children's Literature and Librarianship* 72/2 (2011), 103–121.

Kümmerling-Meibauer, Bettina/Meibauer, Jörg: „Beware of the Fox! Emotion and Deception in *Fox* by Margaret Wild and Ron Brooks". In: Janet Evans (Hg.): *Challenging and Controversial Picturebooks: Creative and Critical Responses to Visual Texts*. London 2015, 144–159.

Kümmerling-Meibauer, Bettina/Meibauer, Jörg: „Cuteness and Aggression in Military Picturebooks". In: *Issues in Early Education* 34 (2016), 7–21.

Kümmerling-Meibauer, Bettina/Meibauer, Jörg: „‚Keines zu klein Helfer zu sein'. Das Sachbilderbuch der DDR zwischen Information und Propaganda". In: Sebastian Schmideler (Hg.): *Wissensvermittlung in Sachbüchern der Kinder und Jugendliteratur der DDR. Themen, Formen, Strukturen*. Göttingen 2017, 267–291.

Kümmerling-Meibauer, Bettina/Meibauer, Jörg: „Early-concept books and concept books". In: Kümmerling-Meibauer 2018a, 149–157.

Kümmerling-Meibauer, Bettina/Meibauer, Jörg: „Picturebooks as Objects. Exploring cognitive aspects of materiality". In: *Libri & Liberi* 8/2 (2019), 257–278.

Kümmerling-Meibauer, Bettina/Meibauer, Jörg: „‚O du lustiges Leben!' Die Wald-Bilderbücher von Adolf Holst". In: Stefan Brüdermann/Sebastian Schmideler (Hg.): *Bilderbücher und Reimgeschichten. Beiträge zu Leben, Werk und Wirkung des Bückeburger Kinderlyrikers Adolf Holst (1867–1945)*. Göttingen 2021, 145–171.

Kurwinkel, Tobias: „Picturebooks and movies". In: Kümmerling-Meibauer 2018a, 325–335.

Lemmens, Albert/Stommels, Serge: *Russian Artists and the Children's Books 1890–1992*. Nijmegen 2009.

Lewis, David: *Reading Contemporary Picturebooks. Picturing Text*. London 2001.

Lierop-Debrauwer, Helma van: „Hybridity in picturebooks". In: Kümmerling-Meibauer 2018a, 81–90.

Linders, Joke/Sierman, Koosje/de Wijs, Ivo/Vrooland-Löb, Truusje: *Dick Bruna*. Zwolle 2006.

Litaudon, Marie-Pierre: „ABC books". In: Kümmerling-Meibauer 2018a, 169–179.

Lobato Suero, Maria José/Hoster Cabo, Beatriz: „An Approximation to Intertextuality in Picturebooks: Anthony Browne and His Hypotexts". In: Bettina Kümmerling-Meibauer (Hg.): *Picturebooks. Representation and Narration*. New York 2014, 165–184.

Locke, John: *Some Thoughts Concerning Education*. London 1693.

Maffei, Giorgio/Deho, Valerio/Nestico, Barbara/Pissard, Annie: *Children's Corner. Artists books for children*. Mantua 2007.

Martin, Douglas: *The Telling Line. Essays on fifteen contemporary book illustrators*. London 1989.
Martin, Michelle: *Brown Gold: Milestones of African-American Children's Picture Books, 1845–2002*. New York 2004.
Meerbergen, Sara van: „Play, Parody, Intertextuality and Interaction: Postmodern Flemish Picture Books as Semiotic Playgrounds". In: *Nordic Journal of ChildLit Aesthetics* 3 (2012). DOI: https://doi.org/10.3402/blft.v3i0.20075.
Merveldt, Nikola von: „Informational picturebooks". In: Kümmerling-Meibauer 2018a, 231–245.
Meyer, Susan E.: *A Treasury of the Great Children's Book Illustrators*. New York 1983.
Montanaro Staples, Ann: „Pop-up and movable books". In: Kümmerling-Meibauer 2018a, 180–190.
Neuner-Warthorst, Antje: *Walter Trier. Politik – Kunst – Reklame*. Hannover 2006.
Nières-Chevrel, Isabelle: *Au pays de Babar. Les albums de Jean de Brunhoff*. Rennes 2017.
Nikolajeva, Maria/Scott, Carole: *How Picturebooks Work*. New York 2001.
Nodelman, Perry: *Words about Pictures. The Narrative Art of Children's Picture Books*. Athen 1988.
Oetken, Mareile: *Bilderbücher der 1990er Jahre: Kontinuität und Diskontinuität in Produktion und Rezeption* (2008), URL: urn:nbn:de:gbv:715-oops-7830.
Ommundsen, Åse Marie: „Picturebooks for adults". In: Kümmerling-Meibauer 2018a, 220–230.
Ommundsen, Åse Marie/Haaland, Gunnar/Kümmerling-Meibauer, Bettina (Hg.). *Exploring Challenging Picturebooks in Education*. New York 2022.
Op de Beeck, Nathalie: *Suspended Animation. Children's Picture Books and the Fairy Tale of Modernity*. Minneapolis 2010.
Painter, Clare/Martin, J.R./Unsworth, Len: *Reading Visual Narratives. Image Analysis of Children's Picture Books*. Sheffield 2013.
Pantaleo, Sylvia: „Paratexts in picturebooks". In: Kümmerling-Meibauer 2018a, 38–48.
Rémi, Cornelia: „Reading as playing: The cognitive challenge of the wimmelbook". In: Bettina Kümmerling-Meibauer (Hg.): *Emergent Literacy. Children's Books from 0 to 3*. Amsterdam 2011, 115–139.
Rémi, Cornelia: „Wimmelbooks" (2018). In: Kümmerling-Meibauer 2018a, 158–168.
Ries, Hans: *Illustration und Illustratoren des Kinder- und Jugendbuchs im deutschsprachigen Raum 1871–1914*. Osnabrück 1992.
Rutschmann, Verena (Hg.): *Schweizer Bilderbuch-Illustratoren 1900–1980*. Disentis 1983.
Saguisag, Lara: „Picturebooks and comics". In: Kümmerling-Meibauer 2018a, 315–324.
Schwarcz, Joseph: *Ways of the Illustrator: Visual Communication in Children's Literature*. Chicago 1982.
Silva-Díaz, Maria Cecilia: „Picturebooks and metafiction". In: Kümmerling-Meibauer 2018a, 69–80.
Sipe, Lawrence/Pantaleo, Sylvia (Hg.): *Postmodern Picturebooks. Play, Parody, and Self-Referentiality*. New York 2008.
Stark, Roland (Hg.): *Fitzebutze. 100 Jahre modernes Bilderbuch*. Marbach 2000.
Thiele, Jens (Hg.): *Neue Erzählformen im Bilderbuch*. Oldenburg 1991.
Thiele, Jens: *Das Bilderbuch: Ästhetik, Theorie, Analyse, Didaktik*. Oldenburg 2000.
Tydecks, Johanna: „The Lost Thing: Moving Media Language from a Picture Book to a Short Film". In: *Journal of Educational Media, Memory and Society* (JEMMS) 5/2 (2013), 45–60.
Tydecks, Johanna. „Film versions of picturebooks". In: Kümmerling-Meibauer 2018a, 495–504.
Veryeri Alaca, Ilgim: „Materiality in picturebooks". In: Kümmerling-Meibauer 2018a, 59–68.
Weld, Sara Pankenier: *Voiceless Vanguard: The Infantilist Aesthetic of the Russian Avant-garde*. Evanston, IL 2014.
Weld, Sara Pankenier: *An Ecology of the Russian Avant-Garde Picturebook*. Amsterdam 2018.
Whalley, Joyce Irene/Chester, Tessa Rose: *A History of Children's Book Illustration*. London 1988.
Zöhrer, Marlene: *Weltliteratur im Bilderbuch*. Wien 2010.
Zöhrer, Marlene: „Picturebooks and adaptations of world literature". In: Kümmerling-Meibauer 2018a, 485–494.

# Teil II
# Modellanalysen: Gestaltung und Sprache

# Paratexte der Bild-Schrift-Erzählung

**3**

Katrin Dammann-Thedens

## Inhaltsverzeichnis

3.1  Theoretische Grundlagen .................................................... 65
    3.1.1  Paratexte ............................................................ 65
    3.1.2  Bild und Schrift...................................................... 66
    3.1.3  Paratexte in Bild-Schrift-Erzählungen .................................. 68
3.2  Modellanalyse: *Fuchs* (Margaret Wild/Ron Brooks, 2003) ...................... 72
    3.2.1  Analyse der Peritexte ................................................. 73
    3.2.2  Peritextuelles Potenzial.............................................. 79
3.3  Fazit...................................................................... 80
Literatur ...................................................................... 81

## 3.1 Theoretische Grundlagen

### 3.1.1 Paratexte

Nimmt man ein Buch als eine Bild-Schrift-Erzählung wahr, basiert diese Einordnung maßgeblich auf der paratextuellen Rahmung des Gegenstandes. Paratexte scheinen entlang einer gedachten Linie angeordnet, die sie, je nach Sichtweise, von dem Gegenstand trennt bzw. mit ihm verbindet.

**Der Begriff ‚Paratext'** geht auf Gérard Genette zurück, der 1987 die Grundlagen zum heutigen Verständnis dieser Kategorie publizierte, bevor 1989 die deutsche Übersetzung erschien (vgl. Genette 2014). Übersetzt man den französischen Titel *Seuils* ins Deutsche, so ist neben ‚Grenzen' auch die Übersetzung in ‚Schwellen' möglich. Dieser Titel erweist sich als zentral für das

---

K. Dammann-Thedens (✉)
Institut für deutsche Sprache und Literatur und ihre Didaktik, Leuphana Universität Lüneburg, Lüneburg, Deutschland
E-Mail: dammann-thedens@uni.leuphana.de

© Springer-Verlag GmbH Deutschland, ein Teil von Springer Nature 2022
B. Dammers et al. (Hg.), *Das Bilderbuch,*
https://doi.org/10.1007/978-3-476-05824-9_3

Verständnis der Paratexte, denn er fokussiert weniger die Bezeichnung des Phänomens, stattdessen verweist er auf dessen Relevanz. Paratexte lassen sich „nicht bloß als Zone[n] des Übergangs, sondern der Transaktion" zwischen Werk und Beiwerk begreifen (ebd., S. 10). Sie fungieren als Schwellen oder Rahmungen, die „jedem die Möglichkeit zum Eintreten oder Umkehren biete[n]" (ebd.). Paratexte können folglich gerade nicht entlang einer klaren Linie zwischen Werk und Außerhalb angeordnet werden. Vielmehr hebt Genette unter Bezugnahme auf die Vorsilbe ‚para' den ambigen Charakter der Paratexte als etwas hervor, „das zugleich diesseits und jenseits einer Grenze, einer Schwelle oder eines Rands liegt, den gleichen Status besitzt und dennoch sekundär ist" (Miller 1979, S. 219, zit. nach Genette 2014, S. 9).

In den Forschungsdisziplinen, die Paratexte der unterschiedlichsten Gegenstände untersuchen, werden sowohl einzelne paratextuelle Formen sowie deren Zusammenspiel und ihre Relationen zum jeweiligen Gegenstand bestimmt (vgl. Kümmerling-Meibauer 2012, S. 52).

**Der Status der Paratexte** ist literaturwissenschaftlich bis heute nicht geklärt, denn Genettes Definition (s. u. Definitionskasten), die den Begriff nicht festsetzbarer Textrahmungen entwirft und zugleich paratextuelle Elemente in ihrer Funktion und Autorschaft beschreibt, wirft grundlegende Fragen auf. Diese Diskussion kann hier nicht nachgezeichnet werden, zumindest sei aber darauf verwiesen, dass sie insbesondere das Verhältnis zwischen Paratext und Text und damit einhergehend den Werkbegriff und seine Urheberschaft kritisch beleuchtet (vgl. Kreimeier/Stanitzek 2004; Wirth 2004; Gilbert 2018; einführend: vgl. Koch 2011; Stanitzek 2013). Das vorliegende Kapitel konzentriert sich auf die These, dass Paratexte „die Kommunikation von Texten überhaupt [organisieren]" (Kreimeier/Stanitzek 2004, Einleitung, S. VII) und fragt hiervon ausgehend danach, inwiefern Paratexte die Wahrnehmung von Bild-Schrift-Erzählungen organisieren.

### 3.1.2 Bild und Schrift

Bisherige Publikationen zu Bild-Schrift-Erzählungen übernehmen den Begriff des Paratextes (vgl. z. B. Nikolajeva/Scott 2006). Doch ist es angemessen, in Bezug auf einen Gegenstand, der sich in Werk und ‚Beiwerk' aus Bild und Schrift zusammensetzt, von einem Text zu sprechen? Man könnte erwidern, der Textbegriff umfasse im weiten Sinne alle codierten Zeichenverwendungen unabhängig von ihrer jeweiligen Materialität und Medialität (vgl. Posner/Schmauks 2013, S. 424). Eine derartige Gleichsetzung ebnet jedoch die Spezifika von Bild und Schrift zugunsten der Schrift ein.

**Bildliches Zeigen und schriftsprachliches Sagen:** Dieses Kapitel geht davon aus, dass bildliches Zeigen und schriftsprachliches Sagen sich nicht nur in ihren semiotischen Grundlagen unterscheiden. Vielmehr beeinflussen Materialität und Medialität eines Gegenstandes die Art seiner Wahrnehmung und die durch ihn angestoßene Art des Denkens (vgl. Mersch 2010, S. 207 f.). Demzufolge kommt den bildlichen Elementen in den Para- und Epitexten von Bild-Schrift-Erzählungen eine eigene Relevanz zu. Ihre Erforschung kann sich nicht in der Decodierung der Bildelemente und der Beschreibung der verwendeten Materialien erschöpfen, sondern muss zugleich die jeweiligen wahrnehmungsspezifischen Qualitäten berücksichtigen. Hierzu zählt zuvorderst, dass Bildlichkeit durch ein intensives Wechselspiel zwischen dem Sehen der Farben und Formen auf der Fläche und dem Sehen von etwas im Bild geprägt ist (vgl. Boehm 2007). Schrift setzt sich hingegen aus diskreten Einzelzeichen zusammen, deren Gestaltung vor allem dann bewusst wahrgenommen wird, wenn sie erheblich von den konventionalisierten Zeichenformen abweicht (vgl. Krämer 2014). Auch die Möglichkeiten der Sinngenese unterscheiden sich voneinander: Bilder vermögen zwar besonders evident Sichtbares zu zeigen oder Nichtsichtbares sichtbar zu machen, sie zeigen aber die auf Prädikation angewiesenen Relationen zwischen einzelnen Elementen, die in Schrift in der Regel ausformuliert werden, gerade nicht (vgl. Heßler/Mersch 2009). Aufmerksamkeit und Wahrnehmung werden also in unterschiedlicher Weise gelenkt und geordnet, je nachdem, ob Schrift gelesen oder ein Bild gesehen wird. Im Folgenden werden deswegen die von Genette eingeführten Bezeichnungen des Para-, Peri- und Epitextes als übergeordnete Begriffe verwendet. Geht es um die Bezeichnung von rein bildlichen Elementen, werden die Hilfsbegriffe ‚Para-‘, ‚Peri-‘ und ‚Epi-Bild‘ genutzt, während rein schriftliche Elemente als ‚Para-‘, ‚Peri-‘ und ‚Epi-Schrift‘ bezeichnet werden.

**Definitionen**

- **Paratexte:** Nach Genette (1989) bezeichnen Paratexte alle Elemente, die einen Gegenstand als solchen „konstituieren und charakterisieren" (Stanitzek 2013, S. 198). Sie untergliedern sich in Peri- und Epitexte. Wie sich Paratexte und Texte zueinander verhalten und ob die Paratexte sich affirmativ an einen Text ‚anlehnen‘ oder sogar als ‚Gegenstimmen‘ zu begreifen sind, kann erst an einem singulären Gegenstand entschieden werden (vgl. Stanitzek 2013, S. 200 f.).
- **Peritexte:** Als solche bezeichnet Genette alle Teile, die „sich im Hinblick auf den Text situieren l[assen]: im Umfeld des Textes, innerhalb ein und desselben Bandes, wie der Titel oder das Vorwort, mitunter in den Zwischenräumen des Textes, wie Kapitelüberschriften oder manche Anmerkungen" (Genette 2014, S. 12).
- **Epitexte:** Sie umfassen die ‚Schwellen‘, die zum Werk führen, ohne in einer Publikation sichtbar zu sein: „Immer noch im Umfeld des Textes […] finden sich alle Mitteilungen, die zumindest ursprünglich außerhalb des Textes angesiedelt sind: im allgemeinen in einem der Medien (Interviews, Gespräche) oder unter dem Schutz privater Kommunikation (Briefwechsel, Tagebücher oder ähnliches)." (Genette 2014, S. 12) Epitexte erzeugen so wesentlich weitläufigere Geflechte als Peritexte und beziehen sich nicht nur auf den Text, sondern ebenso auf seine Urheber/innen.

- **Allographe und auktoriale Paratexte:** Sowohl Peri- als auch Epitexte werden laut Genette entweder als allographe Paratexte von anderen Personen verfasst oder stammen als auktoriale Varianten von den Urheber/innen eines Werkes selbst (vgl. ebd., S. 16).
- **Paratexte in Bild-Schrift-Erzählungen:** Vor allem die Peritexte sind in Bild-Schrift-Erzählungen gegenstandsspezifisch ausgestaltet und variieren in Abhängigkeit vom jeweiligen Bucheinband erheblich (vgl. Nikolajeva/Scott 2006; Pantaleo 2018). Der Anteil an auktorial verfassten, peri-bildlichen Elementen fällt hierbei besonders hoch aus und wird in vielfältiger Weise zur gezielten Rahmung von Bild-Schrift-Erzählungen eingesetzt.

### 3.1.3 Paratexte in Bild-Schrift-Erzählungen

Bild-Schrift-Erzählungen, die Paratext und Text gezielt verknüpfen, wie z. B. Anthony Brownes *The Tunnel* (dt. *Der Tunnel*) von 1989, fallen seit den 1990er Jahren zunehmend auf. Ab 2000 reagiert die Bilderbuchforschung auf diese Entwicklung (vgl. Nikolajeva/Scott 2006, S. 241 ff.) und widmet sich seitdem verstärkt der Analyse von Peritexten. Bis heute werden diese insbesondere in ihrer materialen Dimension zu wenig berücksichtigt (vgl. Staiger 2016, S. 136).

Der folgende Rundgang stellt jene Peritexte in ihren Materialitäten vor, die zur ‚Grundausstattung' einer Bild-Schrift-Erzählung gehören. Hierzu zählen der Einband, auf dem bereits der Titel und die Künstler/innen angegeben sind, die Vorsatzpapiere, das Frontispiz und der Haupttitel sowie das Impressum und ggf. Widmungen. Relativ häufig folgt auf das vordere Vorsatzpapier noch der Schmutztitel; Vor- oder Nachworte, Anmerkungen sowie Zwischenüberschriften werden seltener verwendet und nicht vorgestellt.

**Einband:** Der erste Eindruck einer Bild-Schrift-Erzählung entsteht bei der Betrachtung des Einbandes. Es gibt hochwertige Hardcover-Einbände ebenso wie preiswerte Softcoverproduktionen. Fest verklebte Einbände kommen häufiger vor als Schutzumschläge. Mit einiger Vorsicht lässt sich formulieren, dass Peritexte in hochwertigen Produktionen vielfältig ausgestaltet sind, während kostengünstige Varianten vor allem in den auktorialen Peritexten Reduktionen aufweisen (vgl. Nikolajeva/Scott 2006, S. 252; Pantaleo 2018). Zudem bestimmt die Buchbindung mit ihrer Falzlinie eine Seh-Unterbrechung, die Künstler/innen nur selten so gezielt gestalten wie z. B. Suzy Lee in *Mirror* (2010). Bei günstigen Bindungen kann der Falz das Bild-Sehen beeinträchtigen (s. Abschn. 1.2.1). Um die peritextuelle Vielfalt berücksichtigen zu können, werden im Folgenden gebundene Bilderbuch-Ausgaben fokussiert.

**Materialität:** Bild-Schrift-Erzählungen variieren hinsichtlich ihrer Einband- und Seitenmaterialien. Sie reichen von unterschiedlichen Papier- und Foliensorten, vielfältigen Einband- und Seitenformen bis hin zu Prägeschriften sowie Ausstanzungen und intensivieren die Rezeption in ihrer Haptik (vgl. ebd.). Spezifische Materialitäten können auch zentrale Bezüge zur Erzählung herstellen. So wäre

## 3.1 Theoretische Grundlagen

z. B. Øyvind Torseters *Hullet* (dt. *Das Loch,* 2015) ohne das Loch, das sich quer durch das gesamte Buch zieht, seiner visuellen Ereignishaftigkeit beraubt (vgl. Dammann-Thedens 2016).

**Format:** Oft markiert schon die Buchgröße die Ausrichtung auf ein gleichberechtigtes Sehen und Lesen. Die Formate von Bild-Schrift-Erzählungen variieren stärker als jene der schriftsprachlichen Literatur (s. Abschn. 1.2.1). Als gegenstandsspezifisch gilt das Querformat, weil es sich zum Zeigen zeitlicher und räumlicher Sukzession anbietet (vgl. Nikolajeva/Scott 2006, S. 242). Die Formatwahl kann zudem bildkompositorisch begründet sein, so korrespondiert bspw. das Bildformat in Jon Klassens *I want my hat back* (dt. *Wo ist mein Hut,* 2012) mit der Statur der Hauptfigur (vgl. Staiger 2016, S. 140).

Das Format beeinflusst auch die Bildqualität. Grob gilt: Je stärker das Buchformat vom originalen Bildformat abweicht, desto mehr der bildlichen Materialität geht verloren. Dieser Verlust ist vor allem erheblich, wenn es sich um physische Bildoriginale handelt, die als Reproduktionen im Buch vorliegen. Bspw. sorgen Verkleinerungen großformatiger Ölbilder dafür, dass Pinselführungen nahezu unsichtbar werden.

**Titel und Namen:** Auf dem Einband werden in der Regel schon der Titel sowie die Namen der Künstler/innen präsentiert. Diese schriftlichen Angaben sind im Peritext obligatorisch und werden gemeinsam bis zu viermal in einem Werk genannt: Auf dem vorderen Buchdeckel und -rücken sowie im Schmutz- und Haupttitel. Sind an einer Bild-Schrift-Erzählung mehrere Künstler/innen beteiligt, unterliegt die Abfolge ihrer Nennungen oft einer schriftorientierten Hierarchisierung.

Der Titel lenkt aufgrund seiner schriftsprachlichen ‚Vormachtstellung' gegenüber dem Bild erheblich (vgl. Sabisch 2013, S. 77), wie eine Bild-Schrift-Erzählung wahrgenommen wird. Noch verstärkt wird dieses Phänomen in Bilderzählungen ohne schriftliche Erzählebene (vgl. Bosch 2014; Dammann-Thedens 2020; Krichel 2020). Es gibt nur wenige Versuche, sich der Titelsetzung zu entziehen: Marc-Antoine Mathieu betitelte 2015 eine Erzählung mit einem Pfeil. Sie wird trotzdem unter dem Titel *Richtung* vertrieben, denn diese peritextuellen Elemente unterliegen einer geteilten Autorschaft, in der Verlage Titel präferieren, die sie für ökonomisch verwertbar halten (vgl. Stanitzek 2004, S. 9 f.). In diesem Sinne etablieren auch die redundant wirkenden Mehrfachnennungen von Titel und Künstler/innen einen Gegenstand als das Werk bestimmter Urheber/innen. Oft unterstützt zudem die Typografie den Wiedererkennungswert.

**Titelbild:** Nahezu jeder Titel einer Bild-Schrift-Erzählung wird gemeinsam mit einem Bild gezeigt. Als wiedererkennbare Marke im Sinne des Schrift-Titels sind am ehesten die bildgestalterischen Elemente zu begreifen, die sich meist in der Erzählung fortsetzen. Der Bildlichkeit kommt jedoch eine andere Rolle als dem Titel zu. So werden parallel zur Titelwiederholung in der Regel verschiedene Bilder gezeigt, die in vielfältiger Weise in Relation zueinander und zum Titel sowie zur Erzählung stehen (vgl. Nikolajeva/Scott 2006, S. 245 ff.). Titelbilder werden üblicherweise von den Künstler/innen gestaltet, aber mindestens ihre Auswahl hängt vom Mitspracherecht des Verlags ab.

**Verlegerische Peritexte:** Hierzu zählen weitere Schriftelemente wie die Verlagsangabe auf dem vorderen Buchdeckel und -rücken sowie die ISBN, die mit einem EAN-Strichcode auf dem Rückdeckel der Identifikation im Handel dient (vgl. Rautenberg 2015, S. 212). Diese Elemente sind selten gezielt in die Covergestaltung eingebunden (vgl. Nikolajeva/Scott 2006, S. 254).

**Klappentexte** finden sich häufig auf dem Rückdeckel, seltener im Inneren des Buchs. In Büchern mit Schutzumschlag informieren diese Texte auf den Umschlagklappen über die Bild-Schrift-Erzählung und ihre Urheber/innen (vgl. Rautenberg 2015, S. 226). Auf dem Rückdeckel entfallen in der Regel Informationen zu den Künstler/innen, stattdessen steht die Erzählung im Fokus. Klappentexte variieren in Qualität und Urheberschaft: Sie reichen von werbenden Verlagstexten über Zitate aus der Erzählung bis hin zu ausgestalteten Ergänzungen der Fiktion, wie sie bspw. Shaun Tans *The Lost Thing* (dt. *Die Fundsache,* 2009) auszeichnen (s. Kap. 14). Ergänzt werden Klappentexte mitunter durch kurze Rezensionen, die ursprünglich zu den Epitexten zählen und exemplarisch zeigen, dass sich auch innerhalb der Paratexte Grenzen nur bedingt festlegen lassen.

**Vorsatzpapier:** Als vorderes und hinteres Vorsatz(papier) werden die beiden Doppelseiten bezeichnet, die den Buchblock an den Innenseiten des Buchdeckels fixieren (vgl. Rautenberg 2015, S. 69). Dieser funktionale Bestandteil gebundener Bücher, der in vielen Paperback-Ausgaben fehlt, wird von immer mehr Künstler/innen in seinen Beitragsmöglichkeiten zur Bild-Schrift-Erzählung entdeckt (vgl. Nikolajeva/Scott 2006, S. 247). Inzwischen liegen verschiedene Systematisierungen vor, die an gestalterischen Variationen (vgl. Sipe/McGuire 2006, S. 293) oder an handlungsbezogenen Kriterien ansetzen (vgl. Duran/Bosch 2011, S. 122 f.).

Stärker zu berücksichtigen wäre, dass Vorsatzpapiere in Bild-Schrift-Erzählungen oft die einzigen rein bildlichen Seiten darstellen, wodurch ihnen ein eigenes peri-bildliches Potenzial zukommt. So können sie Gestaltungsprinzipien etablieren und Rezipient/innen in eine bestimmte Art des Bildsehens einführen. Zudem werden Peri-Bilder auch eingesetzt, um der narrativen Ordnung der Bild-Schrift-Erzählung andere Sehordnungen entgegenzusetzen. Verwiesen sei z. B. auf das Wechselspiel zwischen dem Sehen von Dingen und dem Sehen von Bild und Schrift in Shaun Tans *The Lost Thing* (s. Kap. 14).

**Die Titelei** besteht aus dem Schmutztitel, dem Frontispiz, dem Haupttitel sowie dem Impressum. Der Schmutztitel folgt traditionell auf das vordere Vorsatzpapier. Er wird in Bild-Schrift-Erzählungen selten entsprechend seiner eigentlichen Funktion verwendet (vgl. Rautenberg 2015, S. 349), sondern variiert oder weggelassen. Wird diese Seite bildlich gestaltet, verdichtet sich der peri-bildliche Anteil im Peritext erheblich (s. Abschn. 3.2.2).

Die zweite Doppelseite nach dem Vorsatz setzt sich links aus dem bildlichen Frontispiz (vgl. Rautenberg 2015, S. 175) und rechts aus dem Haupttitel zusammen. Auch dieses Blatt wird in Bild-Schrift-Erzählungen nur selten in traditioneller Weise genutzt. So können Frontispiz und Titel bspw. ineinander übergehen oder Bild und Schrift werden allein auf der Titelseite platziert. Am ehesten lässt sich der Einsatz des Frontispizes dahingehend zusammenfassen, dass er von lese- und sehmotivationalen Aspekten bis hin zur Einführung von Figuren oder der Eröffnung der Handlung reicht (vgl. Pantaleo 2018, S. 42).

Das Impressum präsentiert in gut lesbarer Form die Herkunftsangaben (vgl. Rautenberg 2015, S. 202). Es ist entweder auf der Seite des Frontispizes oder aber auf der dem Titel folgenden Seite platziert; seltener steht es auf einer der letzten Buchseiten. Zugleich finden sich auktoriale Widmungen und Danksagungen oft auf diesen Seiten. Sie können auch in die Erzählung eingebunden sein, z. B. sind sie in Molly Bangs *The Grey Lady and the Strawberry Snatcher* (1980) als Grußkärtchen und Notizzettel in die Bilder integriert.

**Epitexte** zu einer Bild-Schrift-Erzählung setzen sich aus denselben Elementen zusammen wie Epitexte im Allgemeinen. Eine zentrale Position zwischen Peri- und Epitexten nehmen der Titel und die Namen der Urheber/innen ein; sie sind in der epitextuellen Kommunikation omnipräsent (vgl. Genette 2014, S. 42). Bisher fokussieren Studien der Bilderbuchforschung, die Paratexte behandeln, vor allem Peritexte (vgl. z. B. Nikolajeva/Scott 2006; Kurwinkel 2020; Pantaleo 2018). Dieses Desiderat kann das vorliegende Kapitel nur benennen, wobei anzunehmen ist, dass die Herausforderungen epitextueller Analysen die beschriebene Ausrichtung der Studien begründen: Epitexte erscheinen „prinzipiell uferlos" und sie sind für „das Funktionieren des Werkes als Werk in der Regel nicht notwendig" (Gilbert 2018, S. 31). Epitexte beeinflussen jedoch erheblich die öffentliche Wahrnehmung von Werken, indem viele Einflussfaktoren ein epitextuelles Geflecht erzeugen, das sich fortlaufend verändert (vgl. Genette 2014, S. 328 ff.). Allographe Epitexte bestehen in den Vermarktungsstrategien der Verlage, zudem bspw. in Rezensionen, Buchbesprechungen und Literaturpreisen. Auktoriale Epitexte liegen z. B. in Form von Selbstkommentaren oder Blogeinträgen vor. Es gelingt nicht immer, zwischen allographen und auktorialen Epitexten zu differenzieren, denn Epitexte weisen auch hybride Formen der Autorschaft auf, die nicht immer als solche markiert sind.

**Peri-Bilder:** Zum Abschluss dieses Rundgangs durch die Paratexte, die Bild-Schrift-Erzählungen prägen, bleibt ein Unterschied zwischen Peri-Bild und Peri-Schrift festzuhalten: Während peri-schriftliche Anteile, wie bspw. der Titel, durch schriftsprachliche Konventionen geprägt sind, erscheinen peri-bildliche Elemente häufig als weniger konventionalisiert. So führt eine Isolation der Peri-Bilder aus ihrem jeweiligen Kontext in vielen Fällen dazu, dass sie in ihrer Gestaltung nicht mehr als Elemente des Peritextes zu erkennen sind. Mit einiger Vorsicht lässt sich festhalten, dass Peri-Bilder zuvorderst durch die Anordnung im Peritext und weniger aufgrund einer spezifischen Gestaltung als solcher zu identifizieren sind. Peri-Bilder sind somit in besonderem Maße als „fließende Randung[en]" (Wirth 2004, S. 604) von Bild-Schrift-Erzählungen zu begreifen (s. Abschn. 3.2).

> **Leitfragen zur Analyse von Paratexten im Bilderbuch**
> - Welche Bestandteile der Paratexte fallen besonders auf, bspw. dadurch, dass sie von peri- oder epitextuellen Darstellungskonventionen abweichen?
> - In welchem Verhältnis stehen Bild und Schrift innerhalb der Peritexte zueinander – ergänzen sie sich bspw. eher oder widersprechen sie sich sogar?
> - In welchem Verhältnis stehen peri-bildliche und peri-schriftliche Elemente zu Bild und Schrift in der Erzählung sowie zum epitextuellen Gefüge?
> - In welchem Verhältnis stehen (ausgewählte) epi-bildliche und epi-schriftliche Elemente zur Bild-Schrift-Erzählung?

## 3.2 Modellanalyse: *Fuchs* (Margaret Wild/Ron Brooks, 2003)

**Vorgehen:** Beispielanalysen können zwar Verzahnungsmöglichkeiten von Paratexten und Texten vorstellen, sie vermögen aber keine ‚Kochrezepte' für weitere Analysen anzubieten (vgl. Stanitzek 2013, S. 201). So muss stets neu entschieden werden, welche Paratexte warum untersucht werden sollen und ob Peri- und Epitextanalyse zu verzahnen sind. Im Folgenden wird Margaret Wilds und Ron Brooks *Fox* (dt. *Fuchs,* 2003) analysiert, um vor allem den gegenstandsspezifischen Anteil peri-bildlicher Rahmungen in dieser Bild-Schrift-Erzählung herauszustellen. Die Analyse wurde in einzelnen Abschnitten durch Epitexte unterfüttert, die Einblicke in den gestalterischen Schaffensprozess bieten. Hierbei handelt es sich um ein Interview und einen autobiografischen Text von Brooks (vgl. 2015; 2010). Eine Reflexion der Inszenierungsstrategien dieser Texte entfällt aus Platzgründen.

**Epitextuelle Einbettung:** *Fuchs* ist eine von mehreren Arbeiten, die Wild und Brooks verfasst haben. In Australien wurde die Bild-Schrift-Erzählung 2000 publiziert. Die deutsche Version erschien 2003 bei Carlsen. Das Werk erhielt australische und internationale Literaturpreise, 2004 auch den Deutschen Jugendliteraturpreis (vgl. Brooks 2010, S. 303 f.). Derartige Wertschätzungen garantieren jedoch keine ständige Präsenz auf dem Buchmarkt. Eine australische Paperback-Ausgabe wird weiterhin vertrieben, das deutsche Buch ist aber nur noch antiquarisch erhältlich.

Wild zeichnet für den Text und Brooks für die Bilder sowie die handgeletterte Typografie verantwortlich. Die deutsche Übersetzung von Zoran Drvenkar gestaltete Dirk Rehm via Handlettering in Anlehnung an das Original.

In der Entstehung der Erzählung lag zunächst der Text von Wild vor, an dem Brooks ca. drei Jahre lang arbeitete, um für ihn passende Bilder zu finden (vgl. Brooks 2015). Als besondere Herausforderung beschreibt er die Suche nach einer Gestaltung, die dem unkonventionellen Text antworten konnte (vgl. Brooks 2010,

S. 277 f.). Die realisierten Bilder weichen schließlich erheblich von Brooks vorherigen Arbeiten ab und ihr Entstehungsprozess beeinflusste wiederum die Textgestaltung, wie weitere Erläuterungen verdeutlichen werden (vgl. ebd., S. 287 ff.).

**Handlungsskizze:** Im Mittelpunkt dieser Erzählung stehen drei anthropomorphisierte Tierfiguren. Sie werden im Folgenden gemäß der Übersetzung als Hund, Elster und Fuchs bezeichnet. Was wie die Figurenkonstellation einer Fabel anmutet, weicht schon in den Bezeichnungen der Figuren von dieser Zuordnung wieder ab, denn die Gattungsnamen werden im Sinne von Eigennamen verwendet. Im Zentrum der Handlung steht eine Elster, die dreimal in Gefahr gerät: Erstens wird während eines Waldbrands ihr Flügel versehrt, sodass sie fortan flugunfähig ist. Ein einäugiger Hund rettet sie. Mit ihm geht sie eine Symbiose ein, die gestört wird, als ein Fuchs hinzukommt. Die Elster nimmt ihn als das wahr, was er wird: ihre zweite Gefährdung. Der Fuchs lockt die Elster damit, dass er schneller als der Hund laufen und ihr ein ‚wirkliches Flugerlebnis' ermöglichen könne. Die Elster gibt der dritten Versuchung schließlich nach. Eine positive Auflösung resultiert hieraus nicht, denn der Fuchs lässt die Elster in der Wüste zurück mit den Worten: „Jetzt werden du und Hund begreifen, was es heißt, wirklich allein zu sein" (S. 30–31). Ein drittes Mal ist Elster gefährdet, in diesem Fall durch die Hitze der Wüste. Und in einer Abwandlung der ersten Sequenz, in der es die helfende Figur des Hundes brauchte, um die Elster zu retten, tritt diese in Gedanken an den Hund nun selbst den Heimweg an.

### 3.2.1 Analyse der Peritexte

**Einband und Format:** Das Buch ist im festen Einband als Querformat angelegt und kann so die Szenen mit den laufenden Tierfiguren sowie die Figurenkonstellationen gut zeigen (vgl. Nikolajeva/Scott 2006, S. 242). Das Sehen der Doppelseiten wird durch die Größe von 28,6 mal 27 cm pro Einzelseite in einer spezifischen Weise gelenkt: Begünstigt wird das genaue Sehen einzelner Elemente in der intensiven Begegnung mit der bildlichen Materialität, während die gesamte Bildfläche durch ein eher peripheres Sehen wahrgenommen werden kann.

**Vorderdeckel:** Den größten Teil des Vorderdeckels nimmt ein Bild in Orange- und Ockertönen ein, durch das sich schwarze Linien ziehen (s. Abb. 3.1). Auch wenn der Reproduktion die Haptik des Originals fehlt, sind Farbschichten sichtbar, die Brooks pastos übereinander geschichtet, verwischt und durchfurcht hat. Er habe „layers of stuff" aus Acryl- und Ölfarbe, Lack, Gouache und Schellack übereinandergeschichtet und nicht mit Pinseln, sondern mit Küchengabeln, Drahtstücken, Stofffetzen und Spachteln gearbeitet (vgl. Brooks 2015; 2010, S. 282 f.). Diese Arbeitsweise führte in den Bildern zu vielfältigen Farb- und Kratzspuren, die sich unterschiedlich explizit voneinander abgrenzen. In den organisch anmutenden Formen, die auch das Cover zeigt, können zwar Elemente identifiziert werden, ihre Umrisslinien sind aber nie vollständig bestimmbar, wodurch das Sehen besonders intensiv zwischen Sinnzuweisung und Bildmaterialität oszilliert.

**Abb. 3.1** Cover: *Fuchs* (Wild/Brooks 2003)

Von dieser Gestaltung heben sich zwei geometrische Formen ab: Erstens rahmen eine dunkle Kratzspur und ein sandfarbener Streifen das Bild und grenzen es vom Nichtbildlichen ab. Zugleich ist ein Überschreiten dieser Rahmung materialisiert durch eine Fortführung der Bildlinien in den Rahmen und damit in die Buchrezeption hinein. Das Fehlen des Rahmens an der linken Seite zeigt an, dass das Bild über den Buchrücken auf dem Hinterdeckel weitergeführt wird.

**Titel, Autorin und Illustrator:** Die zweite geometrische Form ist mittig im oberen Bilddrittel angeordnet und besteht aus einem beige hinterlegten, schwarz gerahmten Rechteck, auf dem Titel, Autorin und Illustrator vermerkt sind. Die Schriftart entspricht in ihrer Anordnung auf hellem Grund gestalterisch der schriftsprachlichen Erzählebene, deren Sätze sich oft auf solchen Feldern in, neben oder unter den Bildern befinden. Der Verweis reicht noch weiter, denn nur auf einer Seite der Erzählung ist die Schrift inmitten des Bildes ohne Kontakt zum Seitenrand eingefügt: Es ist die Doppelseite, auf der der Fuchs die Elster in der Wüste zurücklässt. Das Cover korrespondiert also gestalterisch mit dem Schrift-Bild der Erzählung, das am deutlichsten die ambige Figur des Fuchses hervorhebt (vgl. S. 30–31).

**Zusammenspiel von Bild und Schrift:** Obwohl sich Bild und Schrift voneinander abgrenzen, wird gleichzeitig ihr Zusammenspiel betont: Zum einen ähneln sich die Schriftzeichen, Einritzungen und Kratzspuren auf dem Bild in ihrer Gestaltung. Das verwendete Handlettering, das Brooks mit seiner schreibungewohnten Hand verfasst hat (vgl. Brooks 2010, S. 286), ermöglicht eine Ausgestaltung des Schriftbildes, die der Erzählung entspricht. Die Entscheidung für die ungelenke Handschrift basierte auf dem Bedürfnis, die Sperrigkeit der Erzählung auch im Text zu visualisieren und zugleich den Leseprozess zu verlangsamen (vgl. ebd., S. 286 f.).

Zum anderen verbindet den Fuchs im Bild eine visuelle Ähnlichkeit mit dem im Wort, denn die Schriftkörper weisen eine ebenso orange Färbung auf wie der sichtbare Fuchs, die zudem durch schwarze kurze Striche der Fellstruktur angenähert ist.

Schließlich besteht zwischen Schrift und Bild eine semantische Beziehung: Das Wort ‚Fuchs' bezeichnet mittels Prädikation die Tierart. Doch die Singularverwendung in Großbuchstaben ohne Artikel verweist darauf, dass es sich um einen bestimmten Fuchs handeln könnte. Diese Annahme wird durch das bildliche Zeigen eines einzelnen Fuchses im Bildvordergrund gestützt. Dabei erfolgt der Blick auf den Fuchs aus einer Aufsicht. Leicht geduckt scheint er den Rezipient/innen direkt in die Augen zu blicken und die Rahmung entgegen der Rezeptionsrichtung ins Nichtbildliche zu überschreiten. Dieser Blick des Fuchses wiederholt sich in der Erzählung noch zweimal. Er durchkreuzt, als Detailaufnahme der Augen, die Abende der Tiere (vgl. S. 20) und markiert die erfolgreiche Verführung der Elster (vgl. S. 25).

Die Arbeit an diesem Blick war während des Entstehungsprozesses zentral: Wild hatte den Fuchs der ersten Textversion mit „dead eyes" ausgestattet, die sowohl Brooks als auch die Herausgeberin (!) als zu einseitig bösartig wahrnahmen (Brooks 2010, S. 287). Nach zähem Ringen einigten sie sich mit „haunted eyes", in der deutschen Version als „gehetzter Blick" übersetzt, auf eine ambige Attribuierung der Fuchsaugen. Brooks kombinierte schließlich den rahmenüberschreitenden Blick des Fuchses mit einer Augenfarbe, die er in der Landschaft um den Fuchs herum wiederholte, um so die Omnipräsenz von ‚Versuchung' und ‚Verrat' über die Figur hinaus sichtbar zu machen (vgl. Brooks 2010, S. 288). In Bild und Schrift wurde so eine Figur entwickelt, die verschiedene Assoziationen vom Wildtier bis hin zur anthropomorphisierten, zwielichtigen Figur des literarischen Fuchses anstößt (vgl. Kümmerling-Meibauer/Meibauer 2015, S. 150 f.).

**Vorder- und Rückdeckel** gemeinsam ergeben ein vollständig gerahmtes Bild. Der Fuchs erscheint nun durch die gestreckten Hinterbeine laufend, wodurch eine Bildspannung zwischen dem Körper und dem Blick erzeugt wird. Zugleich sind mit der orange-roten Färbung auch die weiteren Gefährdungen der Elster angezeigt: Der Waldbrand sowie die Hitze der Wüstensonne.

Der Text auf dem hinteren Buchdeckel, der eine Passage der Erzählung zitiert, fokussiert mit der Verführung der Elster durch den Fuchs ein narratives Kernelement (vgl. S. 23). Er unterläuft die Offenheit des Vorderdeckels, auf dem die Kategorisierung des Buchs noch unentschieden bleibt. Das Zitat kündigt vielmehr eine Erzählung an, in der ein Fuchs die Rolle des Verführers einnimmt und es mit dem Hund und der Elster mindestens zwei weitere Figuren gibt.

**Vorsatzpapiere:** Blättert man zum vorderen Vorsatzpapier um, ist eine Landschaft mit Bäumen zu erkennen, die der des Covers gleicht (s. Abb. 3.2). Gezeigt wird die bereits beschriebene bildliche Materialität, von deren Betrachtung nun keine blickfokussierende Figur ablenkt. Zugleich kennzeichnet das Bild eine Narrativierung, denn der gezeigte orange-rote Wald nimmt die Eröffnung der Handlung durch den Waldbrand vorweg.

**Abb. 3.2** Vorderes Vorsatzpapier (Wild/Brooks 2003, S. 2 f.)

**Abb. 3.3** Hinteres Vorsatzpapier (Wild/Brooks 2003, S. 42 f.)

Die Verwobenheit mit der Erzählung wird umso deutlicher, zieht man das hintere Vorsatz hinzu (s. Abb. 3.3): Beide Vorsatzpapiere zeigen denselben Bildraum, nur die Farbgebungen variieren: Rot- und Orangetöne sind in der Erzählung vor allem als gefahrvoll konnotiert, eingeleitet durch den feuerfarbenen Wald im vorderen Vorsatz. Blau- und Grüntöne werden in Verbindung mit den flugähnlichen Ritten der Elster auf dem Hund und dem Fuchs gezeigt und damit positiv markiert (vgl. Kümmerling-Meibauer/Meibauer 2015, S. 148). Das abschließende blau-grün dominierte Bild des renaturierten Waldes wurde so als Zeichen der Hoffnung interpretiert (vgl. ebd.).

**Die sequenzielle Abfolge der Peri-Bilder** bietet noch eine andere Sichtweise: Auf das vordere Vorsatz folgt eine weiße Seite, bevor im Schmutztitel mit Hund und Elster die erste Figurenkonstellation gezeigt wird. Die zweite weiße

Seite liegt zwischen dem letzten Blatt der Erzählung und dem hinteren Vorsatz. Diese beiden Seiten fallen als einzige bildlose aus der peri-bildlichen Gestaltung heraus. Nimmt man sie in Bezug auf das, was sie zeigen, ernst, lassen sie sich als visualisierte Leerstellen auffassen: Die erste Seite markiert dann den Wechsel vom rot-orangen Wald hin zur ersten Szenerie in diesem Wald; die zweite ist interpretierbar als Leerstelle zwischen dem letzten Schrift-Bild, das den Heimweg der Elster ankündigt (S. 36), und dem blau-grünen Wald. Wenn das vordere Vorsatz die temporale Abfolge der Ereignisse eröffnet, so kann das hintere Vorsatzpapier als zeitlich nachfolgend aufgefasst werden. Da die Rezipient/innen vom vorderen Vorsatz an in der bildlichen Fokalisierung die Elster begleiten, liegt nahe, dass das hintere Vorsatz hiervon nicht abweicht. So betrachtet ist das Bild nicht metaphorisch zu verstehen, sondern zeigt die Rückkehr der Elster in den heimatlichen Wald an.

**Schmutztitel:** Auch die Seite des Schmutztitels ist in *Fuchs* bildlich gehalten, links durch die bereits erläuterte, erste weiße Seite, während rechts ein ganzseitiges Bild sichtbar ist (s. Abb. 3.4). Im Hintergrund sind Bildelemente angedeutet, die der Landschaft im Vorsatz ähneln und um eine mittig exponierte Figuration herum gestaltet sind. Nur wenn Buch oder Klappentext bekannt sind, können die gezeigten Figuren als Hund und Elster erkannt werden. Ohne dieses Wissen rekurriert die Figur des Hundes am ehesten auf die des laufenden Fuchses, während der in der Schnauze getragene Vogel die Situation als bedrohlich konnotiert (vgl. Kümmerling-Meibauer/Meibauer 2015, S. 147 f.). Insbesondere seine Körperhaltung zeigt mittels gespreizter Federn, abgestreckter Beine und zum ‚Träger' gerichteten, geöffneten Schnabels seine Gegenwehr an. Dieses Peri-Bild ist in mehrerlei Hinsicht zentral: Es ist einerseits im Unterschied zum Vorsatz explizit erzählinitiierend, denn die Anordnung der beiden Tierfiguren zeigt eine Szenerie, die temporale und kausale Interpretationen provoziert. Andererseits zeigt

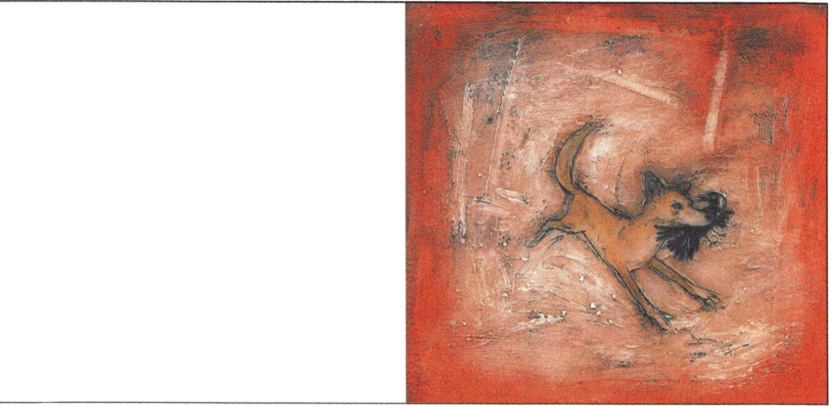

**Abb. 3.4** Schmutztitel (Wild/Brooks 2003, S. 5)

dieses Bild statt einer Titelwiederholung die beiden Figuren, deren Gemeinschaft in der Erzählung die Einsamkeit des Fuchses kontrastiert.

**Frontispiz und Haupttitel:** Die nächste Doppelseite entspricht wieder dem konventionellen Peritext und zeigt Frontispiz und Haupttitel, die ineinander übergehen (s. Abb. 3.5): Das flächendeckende Bild wird rechts unterhalb der Mitte von dem gleichen Schriftfeld überlagert, das bereits auf dem Cover zu sehen war und knüpft so an das Bild-Schrift-Verhältnis des Einbands an. Ebenso gleichen die weiteren Schriftelemente der Einbandgestaltung: Links, auf einem Stein, ist der Name des Übersetzers in das Bild eingebettet und rechts unten der Verlag.

Erneut ist die semantisch unklare Figuration des laufenden Hundes mit der Elster inmitten der Waldlandschaft zu sehen. Diese erinnert zwar an die Landschaft im Vorsatz, ist jedoch überwiegend ockerfarben gehalten. Aber anders als auf dem Cover fallen auf diesem zweiten Titelbild Gestaltung und Semantik auseinander. Der orangefarbene Titel setzt sich nicht nur als Schrift vom Bild ab, sondern er findet im Bild auch keine Referenz. So wird die Figurenkonstellation eingeführt, die die Erzählung prägt, obwohl die Figur des Fuchses gar nicht konkret sichtbar ist. Dass dieser hier nur lesbar sowie im Sinne des Kommentars von Brooks in den ockerfarbenen Flächen, die seiner Augenfarbe entsprechen, angedeutet ist, passt zu der metaphorischen Omnipräsenz, mit der Brooks die Figur ausgestattet hat (vgl. Brooks 2010, S. 278).

**Peri-Bildfolge:** Auf der letzten Doppelseite vor Einsetzen des verbalen Haupttextes sind jeweils zwei beige grundierte, rechteckige Bild- und Schriftelemente auf einer gleichfarbigen Fläche angeordnet (s. Abb. 3.6). Erst hier lässt sich durch den Fuchs oben links bildlich explizit erkennen, dass das Tier mit dem Vogel nicht der titelgebende Fuchs ist. In diesem Sinne kann die Peri-Bildfolge als eigene kausal und temporal verknüpfte Sequenz gesehen werden. Sie hinterfragt jedoch Sinnzuweisungen von Bild zu Bild neu und spielt mit Zuschreibungen, die vom

**Abb. 3.5** Frontispiz und Haupttitel (Wild/Brooks 2003, S. 6 f.)

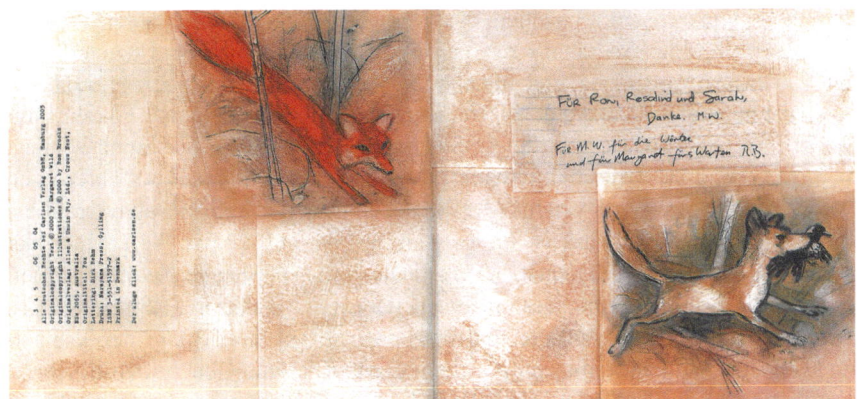

**Abb. 3.6**  Impressum und Widmungen (Wild/Brooks 2003, S. 8 f.)

Erkennen der Figuren bis hin zu deren Intentionen und der Bestimmung der Figurenkonstellationen reichen.

**Impressum und Widmungen:** Die Schriftflächen führen linksseitig das Impressum und rechts Widmungen von Wild und Brooks auf. Die Widmungen überlappen sich mit dem Bild, das den Hund und die Elster zeigt, sodass auch die Komposition der Doppelseite den Fuchs als Einzelelement visualisiert.

Die Schriftteile grenzen sich gestalterisch von den vorangehenden ab: Während die Schreibschriften der Widmungen auf dem angerissenen Papier den Eindruck persönlicher Notizen erzeugen, ist das Impressum als einziges Schriftstück in einer konventionellen Druckschrift gestaltet, die seine verlegerische Funktion markiert. Es ist zugleich der Peritext, der durch seine vertikale Anordnung zur ersten Seite der Erzählung überleitet, auf der ein ebenfalls vertikal angeordneter Textabschnitt die schriftsprachliche Erzählebene eröffnet.

### 3.2.2  Peritextuelles Potenzial

Die Analyse verdeutlicht, dass die peritextuellen Elemente sich vor allem auf die Handlungsebene von *Fuchs* beziehen. Das Bild-Schrift-Gefüge ist aber anders beschaffen als in der Erzählung, denn dort obliegt die Handlungsentfaltung, so wie in vielen Bild-Schrift-Erzählungen, vorrangig dem Text (vgl. Thiele 2003, S. 75). Im Peritext hingegen ist die Schrift wenig präsent, während die Bilder in ihrer narrativen Eigenständigkeit betont werden und die Handlung eröffnen.

Zudem visualisiert das Wechselspiel zwischen Bild, Bildrahmung und Nichtbildlichem insbesondere durch die rahmenüberschreitenden Blicke der Fuchsfigur die prinzipiell „fließende Randung" (Wirth 2004, S. 604) der Bild-Schrift-Erzählung.

Diese ‚Randung' legt schließlich eine Reflexionsebene zur Erzählung an, die sich gerade durch ihre Unbestimmtheit auszeichnet: Da Bilder Relationen zeigen, aber nicht konkretisieren, bleiben die gezeigten Figurenkonstellationen in der Bildsequenz ambig. So betont die peri-bildliche Rahmung die Unzuverlässigkeit von Sinnzuweisungen und intensiviert die in der ausgestalteten Erzählung angelegte Polyvalenz.

## 3.3 Fazit

Wie für Peritexte im Allgemeinen so gilt auch für Peritexte, die Bild-Schrift-Erzählungen rahmen, dass sie nicht als Beiwerk, sondern als gegenstandskonstituierend zu begreifen sind (vgl. Pantaleo 2018, S. 47). Die Analyse von *Fuchs* veranschaulicht, dass sich die peritextuellen Rahmungen von Bild-Schrift-Erzählungen insbesondere durch ihren hohen und gezielt gestalteten bildlichen Anteil von Peritexten anderer Gegenstände abgrenzen. In Studien der Bilderbuchforschung wurden zuvorderst peritextuelle Narrativierungen herausgearbeitet, bei denen Erzählungen in die Peritexte hineinragen und Abgrenzungen zwischen den Werken und ihren Rahmungen verunklaren. Diese Qualitäten wären noch genauer zu bestimmen, denn dass Paratext und Text nicht als starre, klar trennbare Elemente aufzufassen sind, ist bereits bei Genette angelegt. Die peri-bildliche Reflexionsebene zur Erzählung *Fuchs* verweist hier auf weitere Potenziale des Peri-Bildlichen, das Bild-Schrift-Erzählungen auch vielfältige ‚Randungen' jenseits des Narrativen an die Seite stellen kann.

Für die weitere paratextuelle Forschung zu Bilderbüchern lassen sich folgende Ansatzpunkte formulieren: Besonders deutlich tritt der Bedarf an Erkenntnissen zur epitextuellen Einbettung von Bild-Schrift-Erzählungen hervor. Auszuloten wäre auch das Zusammenspiel zwischen Peri- und Epitexten, das spätestens in medialen Hybridbildungen, wie sie bspw. das ‚Bild-Film-Buch' *Was ist denn hier passiert?* (2015) von Julia Neuhaus und Till Penzek prägen, ganz eigene Fragen der Werkzugehörigkeit aufwirft. Hieran anknüpfend wären verstärkt Bilderbücher aller Genres zu untersuchen, deren Peritexte nicht als Zulieferer zum Gegenstand fungieren, sondern peritextuelle Rahmungen anders gestalten. Zugleich wäre zu fragen, inwiefern auch bildliche Konventionen des ‚Beiwerks', des Parergonalen, Eingang in Bild-Schrift-Erzählungen finden (vgl. Schürmann 2014). Berücksichtigen Untersuchungen Bild-Schrift-Erzählungen in ihrer Materialität und Medialität, so wird deutlich, dass ihre Peritexte ganz eigene Qualitäten aufweisen (vgl. Kümmerling-Meibauer 2012, S. 54 ff.). Fortzuführen wäre dieser Ansatz durch Studien, die das gegenstandsspezifische Potenzial von Peri-Schrift und Peri-Bild, wie in Abschn. 3.2.2 gezeigt, unter Berücksichtigung wahrnehmungstheoretischer Zugänge weiter ausdifferenzieren.

# Literatur

## Primärliteratur

Wild, Margaret/Brooks, Ron: *Fuchs*. Hamburg 2003 (engl. 2000).

## Sekundärliteratur

Boehm, Gottfried: *Wie Bilder Sinn erzeugen: die Macht des Zeigens*. Berlin 2007.
Bosch, Emma: „Texts and Peritexts in Wordless and Almost Wordless Picturebooks". In: Kümmerling-Meibauer, Bettina (Hg.): *Picturebooks: representation and narration*. New York/London 2014, 71–90.
Brooks, Ron: *Drawn from the heart. a memoir*. Crows Nest, N.S.W. 2010.
Brooks, Ron: „Interview with Ron Brooks for the exhibition Bunyips and Dragons" (2015), https://www.youtube.com/watch?v=bJycrXNsGjs (18.12.2020).
Dammann-Thedens, Katrin: „Der Comic im Bilderbuch – das Bilderbuch im Comic?". In: *literaturkritik.de*. 18 (2016), 1.
Dammann-Thedens, Katrin: *Bilderzählungen im Gespräch. Kindliche und erwachsene Rezeptionspraktiken zwischen Konvention und Irritation*. München 2020.
Duran, Teresa/Bosch, Emma: „Before and After the Picturebook Frame: A Typology of Endpapers". In: *New Review of Children's Literature and Librarianship* 17/2 (2011), 122–143.
Genette, Gérard: *Paratexte. Das Buch vom Beiwerk des Buches*. Frankfurt a. M. [5]2014.
Gilbert, Annette: „Kontroversen um den Paratext. Eine literaturwissenschaftliche Handreichung für den kunstwissenschaftlichen Gebrauch des Begriffs". In: Lucie Kolb/Barbara Preisig/Judith Welter (Hg.): *Paratexte. Zwischen Produktion, Vermittlung und Rezeption*. Zürich 2018, 29–49.
Heßler, Martina/Mersch, Dieter (Hg.): *Logik des Bildlichen. Zur Kritik der ikonischen Vernunft*. Bielefeld 2009.
Koch, Elke: „Paratext". In: Gerhard Lauer/Christine Ruhrberg (Hg.): *Lexikon Literaturwissenschaft. Hundert Grundbegriffe*. Stuttgart 2011, 243–246.
Krämer, Sybille: „Schriftbildlichkeit". In: Stephan Günzel/Dieter Mersch (Hg.): *Bild. Ein interdisziplinäres Handbuch*. Stuttgart 2014, 354–360.
Kreimeier, Klaus/Stanitzek, Georg (Hg.): *Paratexte in Literatur, Film, Fernsehen*. Berlin 2004.
Krichel, Anne: *Textlose Bilderbücher. Visuelle Narrationsstrukturen und erzähldidaktische Konzeptionen für die Grundschule*. Münster/New York 2020.
Kümmerling-Meibauer, Bettina: „Didaktik der Paratexte". In: Michael Baum/Beate Laudenberg (Hg.): *Themen-Schwerpunkt Illustration und Paratext*. München 2012, 50–74.
Kümmerling-Meibauer, Jörg/Kümmerling-Meibauer, Bettina: „Beware of the Fox! Emotion and deception in Fox by Margaret Wild and Ron Brooks". In: Janet Evans (Hg.): *Challenging and controversial picturebooks: creative and critical responses to visual texts*. New York 2015, 144–159.
Kurwinkel, Tobias: *Bilderbuchanalyse. Narrativik – Ästhetik – Didaktik*. Tübingen [2]2020.
Mersch, Dieter: „Meta / Dia. Zwei unterschiedliche Zugänge zum Medialen". In: *Zeitschrift für Medien- und Kulturforschung* 2 (2010), 185–208.
Miller, J. Hillis (1979): „The Critic as Host". In: Bloom, Harold (Hg.): *Deconstruction and criticism*. London/New York 1979, 217–253.
Nikolajeva, Maria/Scott, Carole: *How picturebooks work*. New York 2006.
Pantaleo, Sylvia: „Paratexts in picturebooks". In: Bettina Kümmerling-Meibauer (Hg.): *The Routledge companion to picturebooks*. London/New York 2018, 38–48.

Posner, Roland/Schmauks, Dagmar: „Kultursemiotik". In: Nünning, Ansgar (Hg.): *Metzler-Lexikon Literatur- und Kulturtheorie: Ansätze, Personen, Grundbegriffe*. Stuttgart ⁵2013, 423f.

Rautenberg, Ursula (Hg.): *Reclams Sachlexikon des Buches: von der Handschrift zum E-Book*. Stuttgart ³2015.

Sabisch, Andrea: „Visuelle Narration". In: Iris Kruse/Andrea Sabisch (Hg.): *Fragwürdiges Bilderbuch. Blickwechsel-Denkspiele-Bildungspotenziale*. München 2013, 77–94.

Schürmann, Eva: Das Wie der Rahmung – über die parergonale Verfassung künstlerischen Darstellens. In: Georg W. Bertram/Daniel M. Feige/Frank Ruda (Hg.): Die Sinnlichkeit der Künste. Beiträge zur ästhetischen Reflexivität. Zürich 2014, 75–86.

Sipe, Lawrence R./McGuire, Carolin: „Picturebook Endpapers: Resources for Literary and Aesthetic Interpretation". In: *Children's Literature in Education* 37/4 (2006): 291–304.

Staiger, Michael: „Das Bilderbuch als multimodales Erzählmedium. Analytische Zugänge am Beispiel von Jon Klassens ‚Das ist nicht mein Hut'". In: Gabriele Lieber/Bettina Uhlig (Hg.): *Narration. Transdisziplinäre Wege zur Kunstdidaktik*. München 2016, 135–147.

Stanitzek, Georg: „Texte, Paratexte, in Medien: Einleitung". In: Klaus Kreimeier/Georg Stanitzek (Hg.): *Paratexte in Literatur, Film, Fernsehen*. Berlin 2004, 3–19.

Stanitzek, Georg: „Paratextanalyse". In: Thomas Anz (Hg.): *Handbuch Literaturwissenschaft. Band 2: Methoden und Theorien*. Stuttgart 2013, 198–203.

Thiele, Jens: *Das Bilderbuch. Ästhetik, Theorie, Analyse, Didaktik, Rezeption*. Oldenburg 2003.

Wirth, Uwe: „Das Vorwort als performative, paratextuelle und parergonale Rahmung". In: Jürgen Fohrmann (Hg.): *Rhetorik: Figuration und Performanz*. Stuttgart 2004, 603–628.

# Bild-Schrifttext-Beziehungen im Bilderbuch

**4**

Ben Dammers und Michael Staiger

## Inhaltsverzeichnis

| | | |
|---|---|---|
| 4.1 | Theoretische Grundlagen | 83 |
| | 4.1.1 Erzählen mit Bild und Schrifttext | 83 |
| | 4.1.2 Beispiele für Bild-Schrifttext-Beziehungen im Bilderbuch | 86 |
| 4.2 | Modellanalyse: Die Hut-Trilogie (Jon Klassen, 2012–2017) | 91 |
| | 4.2.1 *Wo ist mein Hut* | 92 |
| | 4.2.2 *Das ist nicht mein Hut* | 93 |
| | 4.2.3 *Wir haben einen Hut* | 96 |
| 4.3 | Fazit | 99 |
| Literatur | | 100 |

## 4.1 Theoretische Grundlagen

### 4.1.1 Erzählen mit Bild und Schrifttext

**Komplementarität:** Das Bilderbuch vermittelt eine Geschichte durch die Kombination von Bild und Schriftsprache. Für das Erzählen nehmen diese beiden Zeichensysteme unterschiedliche Funktionen ein: Während Bilder etwas Räumlich-Visuelles repräsentieren und sich besonders zur Darstellung von konkreten Objekten (z. B. Gegenstände, Menschen, Landschaften) oder abstrakten Formen eignen, lassen sich mit Hilfe von Schriftsprache verhältnismäßig einfach zeitliche

---

B. Dammers · M. Staiger (✉)
Institut für deutsche Sprache und Literatur II, Universität zu Köln, Köln, Deutschland
E-Mail: michael.staiger@uni-koeln.de

B. Dammers
E-Mail: b.dammers@uni-koeln.de

© Springer-Verlag GmbH Deutschland, ein Teil von Springer Nature 2022
B. Dammers et al. (Hg.), *Das Bilderbuch*,
https://doi.org/10.1007/978-3-476-05824-9_4

Dimensionen (z. B. ein Zeitverlauf) oder abstrakte Begriffe und mentale Prozesse (z. B. die Gedanken einer Figur) darstellen (s. Abschn. 1.2.4). Das bedeutet, dass sich die beiden Zeichensysteme aus semiotischer Sicht gegenseitig hervorragend ergänzen, sie sind – so Winfried Nöth (2000, S. 438) – „in vielerlei Hinsicht komplementär". In ihrem Neben- und Miteinander kann einmal die Information des Schrifttextes wichtiger sein und ein anderes Mal das Bild dominieren (vgl. ebd.). Es ist also kein Zufall, dass Lehr- und Schulbücher die kognitiven und kommunikativen Vorteile nutzen, die gelungene Kombinationen aus Schrifttext und Bild bieten. Doch diese sind nicht nur im Bereich der Wissensvermittlung ein „didaktisches Traumpaar" (Ballstaedt 2009), auch das Erzählmedium Bilderbuch macht sich dieses Potenzial zunutze: Das Zusammenspiel von Bild und Schrifttext in der intermodalen Dimension ist äußerst vielfältig und bietet zahlreiche Kombinationsmöglichkeiten.

**Analytische Zugänge:** Zur Beschreibung des Verhältnisses von Bild und Schrifttext als eine spezifische Form der intermodalen Relation (vgl. Bucher 2011, S. 124) gibt es mehrere linguistische Theorien und Ansätze (vgl. z. B. Nöth 2000, S. 481 ff.; Steinseifer 2011). Diese nehmen laut Hartmut Stöckl (2004, S. 249 ff.) tendenziell entweder syntaktisch-räumliche Aspekte in den Blick (z. B. die quantitative Verteilung von Bild und Schrifttext und ihre räumliche Anordnung auf einer Seite) oder sie untersuchen informationsbezogene und global-semantische Aspekte (z. B. die Verteilung der Informationen auf Sprache und Bild: übereinstimmend, sich ergänzend oder sich widersprechend). Darüber hinaus gibt es rhetorisch ausgerichtete Ansätze, die sich für die semantisch-syntaktischen Bezüge zwischen sprachlichem und bildlichem Textteil interessieren (z. B. Kombination aus Bild und Schrifttext analog zu einer rhetorischen Figur wie Analogie, Vergleich, Metapher usw.). Stöckl (ebd., S. 252 f.) ergänzt diese Herangehensweisen durch weitere Kriterien wie Bildeigenschaften (Darstellungs- und Gestaltungsaspekte, technische und mediale Charakteristika, Herstellungs- und Verwendungsaspekte usw.), Textstrukturen (Integration von Bildern in ein sprachliches Textmuster oder Integration von sprachlichen Komponenten in eine bildliche Komposition), Gesamtbotschaft (Funktion des Bildes für den sprachlichen Text und umgekehrt) oder Bild-Bild-Bezüge (semantische Bezüge mehrerer Bilder untereinander). Bereits dieser kurze Überblick macht deutlich, dass die Beschreibung von Bild-Schrifttext-Beziehungen eine herausfordernde Aufgabe darstellt, für die zahlreiche Aspekte relevant sind.

**Bilderbuchspezifische Typologien:** Die Frage nach dem Zusammenspiel von Bild und Sprache ist ein zentrales Forschungsfeld der Bilderbuchtheorie. Für Perry Nodelman (1988, S. 276) etwa bildet „the unique rhythm of pictures and words working together" das zentrale Unterscheidungsmerkmal des Bilderbuchs gegenüber allen anderen Kunstformen. Durch die Kombination von Bild und Sprache im Bilderbuch verändert sich unweigerlich deren Bedeutung: Das Ganze ist mehr als nur die Summe seiner Teile (vgl. ebd., S. 200) – das gilt sowohl für ein gesamtes Bilderbuch als auch für jede einzelne Doppelseite.

Die meisten Theorien zur Beschreibung von Bild-Schrifttext-Beziehungen aus der Bilderbuchforschung (s. Abschn. 1.2.4) lassen sich in Stöckls Unterteilung

## 4.1 Theoretische Grundlagen

(s. o.) vor allem dem informationsbezogenen und global-semantischen Ansatz zuordnen. Das Begriffsinstrumentarium dient also dazu, zu beschreiben, wie eng der semantische Zusammenhang zwischen Bildern und Schrifttext ist: Verstärken oder ergänzen sich die bildlich und sprachlich vermittelten Informationen gegenseitig oder widersprechen sie sich sogar? Welche Funktion nehmen Bild und Sprache für das Erzählen ein und welchen Anteil an der Vermittlung der Gesamtbotschaft kommt ihnen jeweils zu?

Eine der ersten Typologien für Bild-Schrifttextbeziehungen im Bilderbuch in der deutschsprachigen Bilderbuchforschung stammt von Jens Thiele (2003a). Seine Unterscheidung zwischen „Das Bild zum Text" (ebd., S. 65) und „Der Text im Bild" (ebd., S. 67) zielt zunächst auf die Beschreibung der Hierarchie zwischen Bild und Schrifttext und ermöglicht eine sowohl quantitative wie qualitative Einordnung ihres Verhältnisses zueinander. Darüber hinaus stellt Thiele (2003b, S. 78) drei Kategorien zur Beschreibung der „zentrale[n] Bild-Text-Verknüpfungen" vor und zieht hierbei Parallelen zwischen der Filmmontage und dem sequenziellen Erzählen im Bilderbuch (s. Definitionskasten). Thieles Typologie eignet sich insbesondere für die Beschreibung von „Erzähldramaturgien" (Thiele 2003a, S. 68), also den Blick auf das Zusammenspiel von Bild und Schrifttext in einem gesamten Bilderbuch.

Die Kategorisierung von Maria Nikolajeva und Carole Scott (2006) zielt ursprünglich zwar ebenfalls auf eine Typologisierung von unterschiedlichen Bilderbuchformen, die fünf Kategorien eignen sich jedoch auch zur Beschreibung von Einzel- oder Doppelseiten eines Bilderbuchs (s. Definitionskasten). Für die Kategorie des Kontrapunkts *(counterpoint)* listen Nikolajeva und Scott (ebd., S. 24 ff.) acht verschiedene Varianten auf. Sie weisen z. B. zu Recht darauf hin, dass Bild und Schrifttext im Hinblick auf die gemeinsame Bilderbuchrezeption eines Kindes mit einem Erwachsenen verschiedene Adressierungen besitzen können und Leerstellen im Bild und im Schrifttext in diesem Kontext gegebenenfalls unterschiedlich gefüllt werden.

---

**Definitionen**

**Bild-Schrifttext-Beziehungen nach Thiele** (2003a, S. 73 ff.; 2003b, S. 78 f.):

- **Parallelität von Bild und Schrifttext:** Normalfall im Bilderbuch; produktive Korrespondenz von Inhalt (Erzählung) und Form (Bild), nicht einfache Doppelung der Aussage; Schrifttext kommt eher die Funktion der Entwicklung einer Handlung zu und dem Bild eher die Rolle des Darstellens ausgewählter Handlungsmomente
- **Bild und Schrifttext bilden einen geflochtenen Zopf:** Bild und Schrifttext greifen ineinander, sie wechseln sich bei der Darstellung der Abfolge

der Ereignisse ab; dabei bleiben Bild und Schrifttext aber immer eine eng geflochtene Einheit
- **Bild und Schrifttext verhalten sich kontrapunktisch:** gegensätzliche Aussagen zu einem gemeinsamen Thema führen zu einem Zusammenprall von Bild und Schrifttext; Ziel solcher gegenläufigen Positionen ist meistens Irritation oder Komik

**Bild-Schrifttext-Beziehungen nach Nikolajeva/Scott (2006, S. 8 ff.):**

- **Symmetrie** *(symmetry):* Bild und Schrifttext vermitteln ungefähr die gleichen, für die Erzählung zentralen Informationen, sie sind also gegenseitig redundant.
- **Komplementarität** *(complementary):* Bild und Schrifttext ergänzen sich, indem sie wechselseitig bestehende Leerstellen füllen.
- **Anreicherung** (*expansion* or *enhancement*): Beide Zeichenmodalitäten leisten ihren eigenen, semantisch nicht unmittelbar zusammenhängenden Beitrag zur Informationsvergabe und konstituieren gemeinsam eine komplexere Bedeutung als Bild oder Schrifttext allein.
- **Kontrapunkt** *(counterpoint):* Bild und Schrifttext enthalten grundlegend verschiedene Informationen bzw. erzählen zwei gegenläufige Geschichten, die jedoch gemeinsam eine neue Deutungsmöglichkeit eröffnen.
- **Widerspruch** *(contradiction* or *syllepsis*): Die Informationen in Bild und Schrifttext schließen sich gegenseitig aus und sind unvereinbar bzw. unverständlich.

### 4.1.2 Beispiele für Bild-Schrifttext-Beziehungen im Bilderbuch

Die beiden Typologien zeigen bereits die Bandbreite der Ausdrucksmöglichkeiten, die sich über das Zusammenspiel der beiden Zeichenmodalitäten eröffnen. Die semiotischen Potenziale von Bild und Schriftsprache bedingen dabei die Unmöglichkeit einer vollständigen Deckungsgleichheit: Ein Bild kann niemals die exakt gleichen Informationen vermitteln wie ein Schrifttext und umgekehrt (vgl. hierzu Nodelman 1988, S. viii). Insofern ist eine hundertprozentige Symmetrie nicht möglich, es bleibt immer eine semiotische Differenz bestehen. Doch genau in dieser bilderbuchspezifischen Differenz zwischen den Zeichensystemen eröffnet sich ein Feld der Polyvalenz, das häufig von zentraler Bedeutung für die Erzählung eines Bilderbuchs ist und von der Rezipient/in dekodiert und interpretiert werden muss. Für die rasante Entwicklung der narrativen Spielformen im Bilderbuch, wie sie für das postmoderne Bilderbuch konstatiert wird, ist gerade das Spiel mit den Zeichenmodalitäten entscheidend (s. Abschn. 2.6). Um anschaulich zu machen, wie vielfältig sich die Möglichkeiten des Zusammenspiels von

Bild und Schrifttext im Bilderbuch darstellen, werden im Folgenden die fünf Kategorien nach Nikolajeva und Scott an ausgewählten Bilderbuch-Beispielen genauer erläutert.

**Symmetrie:** Ein symmetrisches Bild-Schrifttext-Verhältnis liegt sehr häufig vor und ist aus der Tradition einer illustrativen Bildfunktion (z. B. in der Bebilderung von Märchenbüchern) vor allem in älteren Publikationen dominant. In *Die Häschenschule* (1924) von Albert Sixtus und Fritz Koch-Gotha erzählt der Schrifttext den Schultag der anthropomorphisierten Hasenkinder in Reimform. Das Bild zeigt zu jeder der kurzen Strophen eine Momentaufnahme des im Schrifttext dargestellten Handlungsschrittes. Auch in jüngeren, jedoch sehr konventionell gestalteten Bilderbüchern trifft man häufig auf ein durchgehend symmetrisches Bild-Schrifttext-Verhältnis. So folgen die Bilderbücher der *Conni-Reihe* (seit 1992, Liane Schneider/Eva Wenzel-Bürger u. a.) durchgehend dem Schema, dass im Bild ein Moment gezeigt wird, der Teil der im Schrifttext dargestellten Handlung ist. Über die jeweils andere Zeichenmodalität hinausgehende Informationen sind minimal und weitgehend auf die semiotische Differenz beschränkt.

**Komplementarität:** Bezüglich der oben genannten semiotischen Differenz zwischen Bild und Schriftsprache ist zu unterscheiden, inwiefern Differenz und Überschneidung sich auf räumlich medialer Ebene oder auf der Ebene des Bezeichneten bewegen. Zahlreiche Bilderbücher nutzen die unterschiedlichen semiotischen Potenziale von Bild und Sprache, um in einzelnen Sequenzen oder bezüglich eines bestimmten Elementes (z. B. Figur, Raum) der Erzählung entweder den Modus des Zeigens oder den des Erzählens zu betonen.

Eine häufig anzutreffende Form, die im Sinne Thieles als geflochtener Zopf (s. o.) bezeichnet werden kann, ist das zeitweise Verstummen der verbalsprachlichen Erzählstimme. So wird z. B. in Maurice Sendaks Klassiker *Where the Wild Things are* (dt. *Wo die wilden Kerle wohnen*, 1963) der Höhepunkt der Handlung auf drei Doppelseiten rein bildlich gezeigt. Shaun Tan greift diese Erzähldramaturgie in seinen Bilderbüchern mehrfach auf (s. Kap. 14). Besonders die rein bildliche Realisierung des Wendepunktes in *Rules of Summer* (dt. *Regeln des Sommers*, 2013) und *Cicada* (dt. *Zikade*, 2018) erinnert an das zeitweise Verstummen der Erzählstimme bei Sendak. In *Cicada* entsteht zudem durch die enge Bildfolge eine daumenkinoartige Zeitdehnung.

Komplementarität kann aber auch auf Ebene des Bezeichneten gegeben sein, etwa wenn einige Figureneigenschaften verbal implizit und explizit kaum markiert, im Bild aber z. B. über das Zeigen äußerlicher Merkmale oder der räumlichen Umgebung stark markiert werden. In Sven Nordqvists *Pettson och Findus-Reihe* (dt. *Pettersson und Findus*, 1984 ff.) wird die Charakterisierung der Hauptfigur Pettersson in hohem Maße durch die bildliche Darstellung des chaotischen und von Fantasiewesen bevölkerten Wohnhauses und das äußere Erscheinungsbild der Figur geleistet. Der Schrifttext liefert hingegen vor allem Informationen über Figurenhandlungen und -intentionen.

Ein hoher Grad der Komplementarität lässt sich auch bei Brendan Wenzels *They All Saw a Cat* (dt. *Alle sehen eine Katze*, 2016) feststellen: Hier wird die

Mehrperspektivität allein bildlich realisiert und über den begleitenden Schrifttext markiert, welche Perspektive gerade gezeigt wird. Schrifttext und Bild stehen also insofern in einem komplementären Verhältnis, als das Bild zeigt, was das jeweilige Tier sieht (externe Okularisierung bei interner Fokalisierung; s. Abschn. 1.2.5) und der Schrifttext beschreibt, um wessen visuelle Perspektive es sich dabei handelt (Nullfokalisierung).

**Anreicherung:** Die Kategorie der Anreicherung bezeichnet einen Sonderfall der Komplementarität, bei dem auf intermodaler Ebene durch die Kombination sehr unterschiedlicher Informationen nicht nur Leerstellen gefüllt, sondern deutlich über die Summe der Einzelinformationen aus Bild und Sprache hinausgehende Bedeutungen evoziert werden.

In Anthony Brownes *Voices in the Park* (dt. *Stimmen im Park,* 1998) wird aus vier verschiedenen Perspektiven ein Spaziergang durch einen Park geschildert. Sowohl Bild als auch Schrifttext markieren diese Perspektivverschiebung nur implizit. Dabei zeigt die erzählinstanzabhängig wechselnde Typografie die Doppelcodierung von Schriftzeichen: Indem sie einerseits symbolisch über die Sprache auf ein Signifikat, andererseits über die stark variierende Typografie ikonisch auf Charakterzüge der wechselnden homodiegetischen Erzähler/innen verweist, verschwimmt hier die Grenze zwischen bildlich-ikonischem und sprachlich-symbolischem Code. Anreicherung geschieht in dieser semiotischen Mehrstimmigkeit in einem komplexen intermodalen Zusammenspiel.

In Anke Kuhls *Oma ist echt toll* (2010) wird das Überlagern der Ebenen auf die Spitze getrieben. Das gesamte Bilderbuch ist über Peritext und Layout als Fotoalbum inszeniert (s. Abb. 4.1). Der Schrifttext in ungelenker Schreibschrift erinnert an Bildunterschriften in Fotoalben und wird so Teil der bildlichen Gesamtinszenierung. Inhaltlich stehen die bildliche und die sprachliche Ebene in einem irritierenden Verhältnis. Die Bildunterschriften markieren in Sprachstil und Typografie eine kindliche Erzähler/in. Die Bilder zeigen zwar ebenfalls Kinder, die historische Inszenierung über Sepiatöne und im Bild gezeigte Requisiten (Kleidung, Autos, Möbel usw.) deuten jedoch eine zeitliche Diskrepanz zwischen Gezeigtem und Erzähltem an, die durch die steigende inhaltliche Diskrepanz zwischen Bild und Schrifttext gesteigert wird: Im Schrifttext wird auf Eigenschaften der Oma verwiesen, die sich im Bild bei dem durchgehend gezeigten Mädchen zeigen.

Einen Sonderfall der Anreicherung bildet Carson Ellis' *Du iz tak?* (dt. *Wazn Teez?,* 2016). Die Bildebene zeigt den Jahreszyklus einer Pflanze und begleitet einige anthropomorphisierte Insekten. Der Schrifttext besteht ausschließlich aus der direkten Rede der Insekten, die durchgehend in einer fiktiven, aber konsistenten Insektensprache miteinander kommunizieren. Über die intermodalen Zusammenhänge zwischen verbaler und bildlicher Ebene lässt sich die Sprache erschließen. Die gegenseitige Anreicherung der Modalitäten besteht hier in einem doppelten ästhetischen Effekt, der durch Alteritäts- und die Explorationserfahrung, sowie die Authentifizierungseffekte der fiktiven Sprache erzeugt wird (vgl. Wilhelmy 2019).

**Abb. 4.1** Einzelseite: Anreicherung durch Irritation (Kuhl 2010, S. 8)

**Kontrapunkt:** Ein kontrapunktisches Bild-Schrifttext-Verhältnis liegt häufig vor, wenn den beiden Erzählinstanzen über Fokalisierung und Okularisierung unterschiedliche Perspektiven zugewiesen werden. Wolf Erlbruchs *Nachts* (1999) handelt von einem Sohn, der nicht einschlafen will, und einem Vater, der ihn durch einen nächtlichen Spaziergang davon überzeugen will, wie langweilig die Nacht ist. Dabei besteht der Schrifttext aus den Beteuerungen des Vaters in direkter Rede. Im Bild sehen wir die beiden Figuren durch die Nacht spazieren. Die Umgebung ist aber alles andere als langweilig, sondern zeigt surreal collagierte Szenerien (Abb. 4.2).

Die Bildebene ist ähnlich wie bei Wenzels *They All Saw a Cat* also extern okularisiert, jedoch intern fokalisiert: Wir sehen die Umgebung zwar nicht aus den Augen des Jungen. Die Reaktionen des Jungen auf die fantastischen Bildelemente markieren jedoch, dass die Darstellung der Umgebung der Wahrnehmung des Jungen entspricht. Die verbale Ebene ist durch die direkte Rede im Gegensatz zu Wenzels *They All Saw a Cat* intern fokalisiert. So entsteht eine zweistimmige Erzählung, in der kontrapunktisch die erwachsene und die kindliche Perspektive gegenüberstehen.

Ähnliches geschieht in Marta Altés *No!* (dt. *Nein!,* 2011). Hier sind es die Perspektiven von Hund und Besitzer, die sich in Bild und Schrifttext kontrapunktisch gegenüberstehen. In Nikolaus Heidelbachs *Prinz Alfred* (1983) ist es die Fantasiewelt der Hauptfigur, die verbal dargestellt wird und in kontrapunktischem Verhältnis zur bildlich dargestellten Wirklichkeit steht.

**Widerspruch:** Die im postmodernen Bilderbuch verstärkt auftretende Selbstreferenzialität (s. Kap. 13) wird nicht selten über die Typografie als Schnittstelle zwischen Bild und Schrift realisiert. In David Wiesners *The Three Pigs* (dt.

**Abb. 4.2** Doppelseite: Kontrapunkt durch Mehrperspektivität (Erlbruch 1999, S. 14 f.)

**Abb. 4.3** Einzelseite: Widerspruch zwischen Bild und Schrifttext (Wiesner 2002, S. 11)

*Die drei Schweine,* 2001) wechseln nicht nur Figuren zwischen Fiktionsebenen (s. Abb. 4.3), der eigentlich bildexterne Schrifttext wird durch bildinterne Figurenhandlungen manipuliert (etwa durch Wegpusten oder Neukombination der Buchstaben). Der Bruch des konventionellen Handlungsverlaufes hingegen spielt sich – abgesehen von den Sprechblasen – zunächst nur auf Bildebene ab. Der schriftliche Erzählerbericht bleibt davon unberührt und steht nunmehr in einem widersprüchlichen Verhältnis zum Bild.

> **Leitfragen zur Analyse von Bild-Schrifttext-Beziehungen**
> - Dominieren die Bild- oder Schrifttext-Elemente in quantitativer Hinsicht und in welchem Verhältnis steht dies zur Qualität der vermittelten Informationen?
> - Welches Bild-Schrifttext-Verhältnis weisen die einzelnen Doppelseiten des Bilderbuchs auf (s. Definitionskasten)?
> - Ist dieses Verhältnis stabil oder wechselt es im Laufe der Erzählung?
> - Stechen einzelne Doppelseiten durch ein verändertes Bild-Schrifttext-Verhältnis aus dem Rest der Erzählung heraus?
> - Welche dramaturgische Funktion erfüllt das wechselnde Bild-Schrifttext-Verhältnis?
> - Sind Bild und Schrifttext unterschiedlich fokalisiert?
> - Welche spezifischen semiotischen Darstellungspotenziale werden in Bild und Schrift genutzt?
> - Welche Aspekte der Erzählung werden durch das Bild, welche durch die Sprache und welche durch die Typografie betont?

## 4.2 Modellanalyse: Die Hut-Trilogie (Jon Klassen, 2012–2017)

Die drei Bilderbücher aus Jon Klassens Hut-Trilogie beleuchten je einen Aspekt von materiellem Besitz. Das Personal besteht dabei aus wechselnden anthropomorphisierten Tieren, die um den Besitz eines Hutes konkurrieren. Während der erste Teil *I Want My Hat Back* (2011, dt. *Wo ist mein Hut* 2012) einen Bären auf der Suche nach seinem vermeintlich verlorenen Hut begleitet, wird dem großen Fisch das Objekt der Begierde in *This Is Not My Hat* (2012, dt. *Das ist nicht mein Hut* 2013) von einem kleinen Fisch gestohlen. In *We Found A Hat* (2016, dt. *Wir haben einen Hut* 2017) schließlich finden zwei Schildkröten einen Hut und stehen so vor dem Dilemma, beide dasselbe Objekt zu begehren.

Klassen nutzt in der Hut-Trilogie durchgehend einen minimalistischen Zeichenstil und wenig Schrifttext. Der Raum ist nur minimal ausgestaltet, Requisiten existieren abgesehen vom Hut nicht, die Figuren sind sehr flächig gezeichnet und weisen nahezu keine Gestik und Mimik auf. Einzige Ausnahme bilden die Augen, die allein über Größe, Blickrichtung, Vergrößerung und Verengung Hinweise auf Emotionen und innere Vorgänge der Figuren liefern. Dieser Minimalismus rückt gerade die Leerstelle zwischen Bild und Schrifttext als zentrales narratives Mittel in den Fokus.

## 4.2.1 Wo ist mein Hut

Der Bär in *Wo ist mein Hut* (s. Abb. 4.4) sucht nach seinem verlorenen Hut, indem er andere Tiere befragt. Auf jeder Doppelseite stehen sich dabei zunächst das Bild links und der Schrifttext rechts gegenüber. Das Bild zeigt durchgehend den Bären in unveränderter Haltung und ein wechselndes Tier. Der Text besteht aus einem Dialog mit kaum variierendem Schema: Der Bär fragt: „Hast du meinen Hut gesehen?" (8), das jeweilige Tier verneint auf unterschiedliche Weise, der Bär bedankt sich. Der Blick des Bären und der Tiere ist dabei neutral dem Betrachter zugewandt und nicht dem jeweiligen Gesprächspartner. Die Rolle des Bildes ähnelt dadurch in der mimischen und gestischen Eindimensionalität einem Figurentheater, in dem die Figuren nur die Bühne betreten, um die Zuordnung der Redebeiträge zu gewährleisten.

**Typografie:** Was im Figurentheater über das Wackeln der Figur oder das Verstellen der Stimme geleistet wird, leistet hier die Farbanalogie zwischen Figur und Typografie. Die Sprecher sind durch die Schriftfarbe markiert, die der Farbe des jeweiligen Tieres im Bild entspricht. Die Ausnahme bildet das Kaninchen, dessen Farbe der des Bären entspricht. Hier ist die Schriftfarbe Rot wie der Hut, den das Kaninchen trägt (s. Abb. 4.5). Der Bruch im Schema und das vermeintliche Ende der Suche sind so schnell erfasst. Das Kaninchen jedoch weist jede Schuld von sich, ohne überhaupt beschuldigt worden zu sein. Die bildliche Darstellung des Kaninchens mit zu Schlitzen verengten Augen lässt es ebenso verdächtig erscheinen. Dem Bären fällt der Hut trotz all dieser offensichtlichen Hinweise nicht auf. Er bedankt sich. Diese Rückkehr zum bereits etablierten Dialogschema ist hier Erwartungsbruch und erzeugt so Komik im komplementären Wechselspiel zwischen Bild und Schrifttext.

**Bildliche Zeitraffung:** Die Suche des Bären setzt sich ebenso wie das Bild-Schrifttext-Schema fort, bis dem niedergeschlagenen Bären durch das Gespräch mit dem Hirsch auffällt, dass er seinen Hut längst gefunden hat. Der Moment der Erkenntnis wird dramaturgisch parallel durch eine monochrom rote Färbung auf Bildebene und Versalien auf Schriftebene inszeniert. Hier wandelt sich das Ver-

**Abb. 4.4** Cover: *Wo ist mein Hut* (Klassen 2012)

**Abb. 4.5** Doppelseite: Intermodale Sprecherzuordnung durch Farbanalogie (Klassen 2012, S. 12 f.)

hältnis von Bild und Schrifttext im Sinne Thieles zu einem geflochtenen Zopf. Es folgt ein textloses monoszenisches Bild: Es zeigt den Bären, der bereits an allen bisher befragten Tieren vorbeigelaufen ist. So leistet hier ein einziges Bild eine Art geraffte Rekapitulation der bisherigen Handlung und der Bär eine Revision seines Versäumnisses. Es folgt eine Doppelseite, die auf Bildebene seine Rückkehr zum Kaninchen zeigt. Der Schrifttext – weiterhin in Versalien – besteht aus der Feststellung des Bären: „DU, DU HAST MEINEN HUT GESTOHLEN." (29) Die nächste textlose Seite hat nun eine zeitdehnende Wirkung. Die Kontrahenten stehen sich gegenüber und sind in Nahaufnahme zu sehen, die Zeit scheint stillzustehen.

**Der Höhepunkt als Leerstelle:** Die Darstellung eines Kampfes folgt darauf jedoch nicht. Sowohl Bildebene als auch Schriftebene der folgenden Doppelseite deuten ihn auf unterschiedliche Weise als bereits abgeschlossen an und reichern sich so gegenseitig an. Während das Bild mit zerrupften Pflanzen und dem Hut auf dem Kopf des Bären die äußeren Folgen des Kampfes zeigt, deutet der Schrifttext die inneren Beweggründe des Bären an: „Ich liebe meinen Hut über alles." (33) Hier ist die Erzählung nicht beendet. Eine letzte Pointe folgt, indem das zu Beginn etablierte Schema umgekehrt wird. Jetzt ist es ein Eichhörnchen, das den Bären nach dem Kaninchen fragt. Die Antwort des Bären ist fast identisch mit der des Kaninchens und setzt so erneut einen Kontrapunkt zum Bild.

### 4.2.2 Das ist nicht mein Hut

Die Komik, die durch diese Diskrepanz zwischen verbal Gesagtem und bildlich Gezeigtem, also zwischen dem Wissen der Rezipient/in und dem der Figur entsteht, wird in *Das ist nicht mein Hut* (s. Abb. 4.6; Staiger 2016) in den Mittelpunkt gestellt. Die Erzählung beginnt damit, dass der homodiegetische Ich-Erzähler von seinem Hutdiebstahl berichtet: „Dieser Hut gehört nicht mir. Ich hab ihn einfach so gestohlen" (15). Die in sich geschlossene Komposition der linken Seite

**Abb. 4.6** Cover: *Das ist nicht mein Hut* (Klassen 2013)

und die Platzierung des kleinen Fischs in der Bildmitte vermitteln auf den ersten Blick Stabilität und scheinen zur lakonischen Tonlage des Ich-Erzählers zu passen. Allerdings ist der Blick des kleinen Fischs nach hinten gerichtet. Er ist sich also offenbar doch nicht ganz sicher, ob er verfolgt wird. Die kleinen Bläschen im Wasser deuten außerdem darauf hin, dass er sich zügig von links nach rechts bewegt. Das Bild enthält somit wesentlich mehr Informationen als der Schrifttext.

Die folgende Doppelseite präsentiert die zweite Variante der Seitenaufteilung, die sich auf insgesamt neun Doppelseiten im Buch findet: Der schwarz grundierte Bildraum erstreckt sich hier über beide Seiten und wird durch einen schmalen weißen Streifen am oberen Rand ergänzt, der den Schrifttext enthält. Die verbal formulierte Aussage des Erzählers, dass der große Fisch schlafe, bestätigt sich in der bildlichen Darstellung: Sein Auge ist geschlossen. Doch gleichzeitig öffnet sich durch die horizontal ausgerichtete Seitenkomposition der Raum nach links und rechts. Die Geschichte ist damit offenbar noch nicht zu Ende.

**Variables Bild-Schrifttext-Verhältnis:** Ab der folgenden Doppelseite ändert sich die intermodale Relation zwischen Bild und Schrifttext von einem komplementären zu einem kontrapunktischen Verhältnis: Das Bild zeigt jetzt das offene Auge des großen Fischs, der verbalsprachliche Ich-Erzähler geht jedoch davon aus, dass dieser immer noch schläft (s. Abb. 4.7). Damit wird deutlich, dass die Bildebene offenbar einen anderen *point of view* vermittelt als die verbalsprachliche Erzählinstanz. Der Ich-Erzähler wird zum unzuverlässigen Erzähler, weil seine Aussagen bzw. Annahmen offensichtlich nicht der diegetischen Wirklichkeit entsprechen. Diese Erzählstrategie – also die widersprüchliche Informationsvergabe von bildlicher und verbalsprachlicher Erzählinstanz – macht letztlich den Reiz des Bilderbuchs aus. Einerseits entsteht durch diese Diskrepanz Ironie und Komik, andererseits Spannung. Die Rezipient/in möchte natürlich wissen, wie die Geschichte weitergeht, insbesondere nachdem der große Fisch die Verfolgung des Diebs aufgenommen hat.

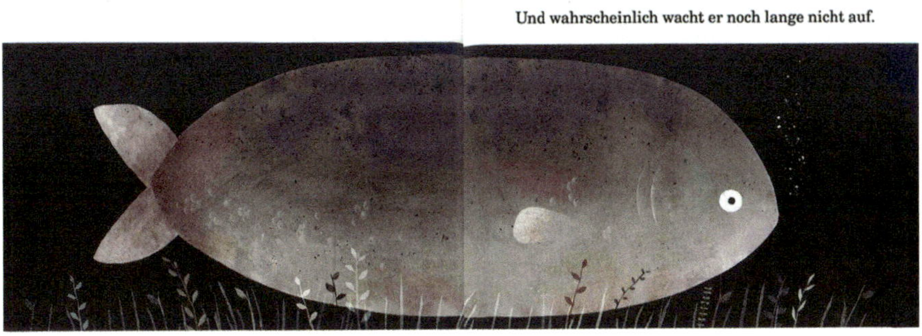

## 4.2 Modellanalyse: Die Hut-Trilogie (Jon Klassen, 2012–2017)

Und wahrscheinlich wacht er noch lange nicht auf.

**Abb. 4.7** Doppelseite: Kontrapunktisches Bild-Schrifttext-Verhältnis in *Das ist nicht mein Hut* (Klassen 2013, S. 10 f.)

Nach einer Bildfolge mit fünf Doppelseiten, die den großen Fisch dabei zeigen, wie er den Hutdiebstahl feststellt, folgt erneut eine Doppelseite mit Links-Rechts-Aufteilung. Der Ich-Erzähler spricht hier direkt die Leser/in an und gibt ihr einen Einblick in den Fluchtplan des Diebes: „Doch dir sage ich, wohin ich schwimme. Ich schwimme dorthin, wo die Pflanzen wachsen, groß und dick und dicht beisammen" (15). Diese verbalsprachliche Prolepse findet in der Bildebene zunächst keine Entsprechung. Es sind zwar einige größere Seegrashalme zu sehen, aber nicht das im Schrifttext beschriebene Dickicht.

Nach einer kurzen Episode mit einem kleinen Krebs, der den großen Fisch auf die richtige Fährte bringt und einer weiteren Innensicht in die Gedanken des kleinen Fischs folgt eine Sequenz mit drei Doppelseiten, in der zunächst der Dieb und kurz darauf sein Verfolger von links nach rechts in die Pflanzen hineinschwimmen. Hier erfolgt erneut eine Veränderung der intermodalen Relation: Die Informationsvergabe auf der Bildebene entspricht nicht derjenigen des Ich-Erzählers. Denn die Bilder zeigen eindeutig, dass es der kleine Fisch offenbar nicht rechtzeitig geschafft hat, im Dickicht zu verschwinden, denn sein Verfolger ist ihm dicht auf den Fersen bzw. Flossen. Dass der große Fisch den kleinen tatsächlich entdeckt hat, verrät die horizontal verlaufende Blickachse und darüber hinaus sein wütender Gesichtsausdruck.

**Verstummen der verbalen Erzählinstanz:** „Hier findet mich keiner" (15) ist dann auch die letzte Aussage der verbalsprachlichen Erzählinstanz, auf den folgenden Seiten bleibt sie stumm. Die bildliche Erzählinstanz präsentiert uns anschließend zunächst seitenfüllend das Dickicht aus Pflanzen und weicht damit von der bisherigen Erzählform ab. Bis zu diesem Zeitpunkt zeigen alle Bilder eine der beiden Hauptfiguren, an dieser Stelle sehen wir jedoch nur dichtes Schilf. Das entscheidende Ereignis in der Geschichte wird also nicht gezeigt. Es handelt sich hier quasi um eine verdeckte Szene mit eingeschränkter Informationsvergabe. Die Rezipient/in weiß in diesem Moment jedenfalls weniger als die erzählten Figuren. Bemerkenswert ist, dass genau diese Illustration auf den beiden Vorsatzpapieren des Bilderbuchs zu sehen ist. Die *endpapers* rahmen somit die erzählte Geschichte und sie verweisen gleichzeitig auf deren Höhepunkt.

### 4.2.3 *Wir haben einen Hut*

Das dritte Buch der Trilogie gleicht im Format dem ersten (Hochformat), folgt im Layout der Doppelseiten aber eher dem zweiten Buch. Anders als in den ersten beiden Büchern der Trilogie ist *Wir haben einen Hut* (s. Abb. 4.8) explizit in drei Teile unterteilt, die jeweils durch eine eigene Titelseite markiert sind.

**Symmetrischer Beginn:** Der erste Teil wird mit dem Titel „Den Hut finden" angekündigt (7), dem das Bild des im Schrifttext bezeichneten Huts vor hellgrauem Hintergrund beigestellt ist. Räumlichkeit wird hier durch minimalistische Bildmittel erreicht. Ein paar Grashalme und Steinchen rund um den Hut zeigen, dass er auf dem Boden liegt. Das auf der Titelseite unter den Titel gesetzte Bildelement ist wie bei den anderen Titelseiten ein eher dekoratives Arrangement aus Kaktus, Stein und Pflanze. Bild und Schrifttext weisen hier also komplementär auf kommende Handlungsschritte voraus (Schrifttext), stellen die zentrale Requisite vor (Bild und Schrifttext) und deuten das räumliche Setting an (Bild).

Das Personal wird auf der folgenden Doppelseite im Bild gezeigt und als homodiegetische Erzählstimme etabliert, indem das ‚Wir' des Schrifttextes einem Bild beigestellt wird, das außer dem bereits bekannten Hut nur zwei Schildkröten zeigt, die die Rezipient/in anschauen. Die beiden Schildkröten sind nur durch das Muster ihres Panzers unterscheidbar. Der Schrifttext ist durch einen Absatz zweigeteilt. Die Aussage „Wir haben einen Hut gefunden." (9) ist dadurch räumlich getrennt von dem Zusatz „Wir beide." (9) Anders als in *Wo ist mein Hut* wird die Sprecherzuordnung jedoch im Schrifttext nicht farblich markiert. Die dadurch anfangs schwierige Zuordnung der Redebeiträge entspricht der bildlich gering ausgeprägten Individualität der beiden Schildkröten. Erst auf den folgenden Seiten wird deutlich, dass durch die Absätze der Sprecherwechsel markiert wird. Zunächst werden die Schildkröten auf je einer Seite der nächsten Doppelseite gegenübergestellt gezeigt. Der auf weißem Streifen am oberen Bildrand beigestellte Schrifttext ist durch die Aufteilung auf linke und rechte Seite jeweils einer Schildkröte zugeordnet. Die linke Schildkröte sagt: „Es gibt aber nur einen Hut." (10), die andere ergänzt: „Und zwei von uns." (11) Der simple Ausgangs-

**Abb. 4.8** Cover: *Wir haben einen Hut* (Klassen 2017)

konflikt der Geschichte ist hier also auf Ebene des Schrifttextes zusammengefasst. Das Bild liefert bis hierhin nur die sehr neutrale und nahezu identische Darstellung der beiden Schildkröten und den Hut mit angedeutetem Setting. Der Blick der Schildkröten ist weiterhin auf die Rezipient/in gerichtet, emotionale Regungen der Figuren sind bildlich nicht markiert. Der Informationsgehalt ist auf beiden Ebenen auf ein notwendiges Minimum begrenzt und wie in den ersten beiden Teilen der Trilogie – einer Theateraufführung gleich – auf die Zeichenmodalitäten aufgeteilt: Das Bild zeigt ausschließlich die Figuren, den Hut als einzige Requisite und den minimal angedeuteten Raum, der Schrifttext liefert die Figurenrede. Durch dieses komplementäre Bild-Schrifttext-Verhältnis, das Fehlen eines Erzähltextes und den Minimalismus in Schrifttext und Bild entsteht eine große Leerstelle und infolgedessen intermodale Spannung. Dieses Spannungsverhältnis kann – wie auf den folgenden beiden Doppelseiten – Komik erzeugen: Die beiden Schildkröten versichern sich gegenseitig, dass ihnen der Hut steht, das Bild zeigt jedoch, wie der überdimensionierte Hut den gesamten Schildkrötenkopf verschwinden lässt.

Da sich aus der Zweckmäßigkeit des Fundstücks kein Kriterium zur Entscheidung des Besitzanspruchs ziehen lässt („Er steht uns beiden gut.", 17), stehen die Schildkröten vor einem Dilemma („Doch es wäre ungerecht, wenn einer von uns einen Hut hätte, der andere aber nicht.", ebd.). Auf den folgenden Seiten werden die beiden Schildkröten über ihr Verhalten individualisiert. Während die rechte Schildkröte vorschlägt, den Hut zu vergessen, und sich von ihm entfernt, zögert die linke Schildkröte und behält den Hut im Blick.

**Kontrapunktisches Bild-Schrifttext-Verhältnis:** Der zweite Teil des Buchs betont schon im Titel und im beigestellten Bild den am Ende des ersten Teils eröffneten Blick auf das Dasein abseits des Huts: Es geht um die Betrachtung des Sonnenuntergangs. Diese Tätigkeit ist stark assoziiert mit harmonischer Zweisamkeit und Liebesbeziehungen, dem genussvollen Auskosten des Moments und der Meditation. Die zu Beginn des Buchs bis zur Austauschbarkeit überspitzte Harmonie der beiden Figuren scheint nun wiederhergestellt und wird betont mit der syntaktischen Analogie im Schrifttext: „Wir betrachten den Sonnenuntergang. Wir beide" (24 f.). Die weiterhin über die gesamte Doppelseite reichenden Bilder ermöglichen die Panoramaansicht über Felsformation, Kakteen und Sonnenuntergang. Während das Layout aus doppelseitigem Bild mit Schrifttext auf schmalem weißem Streifen am oberen Bildrand den gesamten zweiten Teil durchzieht, wechselt der Bildausschnitt von Seite zu Seite und setzt so unterschiedliche visuelle Fokusse. Die anschließende Bildfolge rhythmisiert den beigestellten Dialog. Zunächst werden die Schildkröten in Nahaufnahme gezeigt. Der Schrifttext umfasst sowohl die Frage der linken („Woran denkst du?", 26) als auch die Antwort der rechten Schildkröte („An den Sonnenuntergang", 27). Der Eindruck einer Verlangsamung des Dialoges entsteht nun dadurch, dass in der Folge nur noch eine Frage oder Antwort pro Doppelseite gesetzt ist. Die *page turns* setzen so Zäsuren, die den Dialogfluss stocken lassen. Angereichert wird diese Wirkung durch das Aufziehen des Bildausschnitts zurück zum Panorama, den fortschreitenden Sonnenuntergang und das Abnehmen des Lichts als bildliche

Zeitmarker. Die Stellung der Figuren im Bild ist dabei unverändert. Auffällig ist aber die erneute Abweichung im Verhalten der beiden. Während die rechte Schildkröte bei ihrer Rückfrage („Woran denkst du?", 29) weiterhin den Blick auf den Sonnenuntergang richtet, also offenbar tatsächlich nur an den Sonnenuntergang denkt, ist der Blick der linken Schildkröte grübelnd auf den Boden gerichtet. Ihre Antwort folgt erst auf der nächsten Doppelseite, die Zäsur durch den *page turn* weist hier auf eine zögernde Antwort hin. Der Bildausschnitt ist nun nach links verschoben, sodass der Hut wieder ins Blickfeld rückt und die rechte Schildkröte nur noch zur Hälfte zu sehen ist. Die Antwort der linken Schildkröte („An nichts.", 31) steht hier in einem kontrapunktischen Verhältnis zum Bild: Ihr Blick ist zurück auf den Hut gerichtet (s. Abb. 4.9). Das Vergessen scheint ihr nach wie vor nicht zu gelingen und ihre Antwort eine Lüge zu sein.

**Rückkehr zur Symmetrie:** Der letzte Teil beginnt mit vier Doppelseiten, die dem durchgehenden Layout des zweiten Teils entsprechen: Der Schrifttext beginnt wieder syntaktisch analog zu den ersten beiden Teilen („Wir gehen schlafen. Wir beide.", 34 f.). Die Abweichung zwischen den Figuren und damit ein latent kontrapunktisches Verhältnis zum Schrifttext ist hier aber bereits im ersten Bild angelegt: Die Augen der rechten Schildkröte sind minimal weiter geschlossen als die noch offenen, hellwachen Augen der linken Schildkröte. Deutlicher wird der Unterschied auf den folgenden Seiten. Während die rechte Schildkröte zuerst halbgeschlossene („Bist du am Einschlafen? Ich bin am Einschlafen", 36 f.) und schließlich geschlossene Augen hat („Bist du eingeschlafen? Ich bin eingeschlafen. Ich träume.", 38 f.), bleiben die Augen der linken Schildkröte unverändert. Nachdem die rechte Schildkröte eingeschlafen ist, steht die linke sogar auf und nähert sich dem Hut („Was träumst du? Ich sage dir, was ich träume.", 40 f.).

Dieser Ankündigung im Schrifttext folgt nun ein Wechsel in Layout und Erzählebene. Die nächste Seite zeigt wieder links nur den Schrifttext auf weißem

**Abb. 4.9** Doppelseite: Kontrapunktisches Bild-Schrifttext-Verhältnis in *Wir haben einen Hut* (Klassen 2017, S. 30 f.)

Grund („Ich träume, dass ich einen Hut habe. Er steht mir sehr gut.", 42), die rechte ist vom Bild ausgefüllt, das parallel zur Aussage der Schildkröte den Inhalt des Traumes veranschaulicht. Sowohl der Schrifttext als auch der Bildtext verweisen zurück auf das Anprobieren des Hutes im ersten Teil. Die folgende Doppelseite verdoppelt das Bild, indem über die Knickkante die im Sternenhimmel schwebende Schildkröte gespiegelt wird. Der Schrifttext am oberen Rand schildert parallel, dass auch die linke Schildkröte im Traum vorkommt und einen zweiten Hut trägt (vgl. 44 f.). Seitenlayout und Erzählebene wechseln nun erneut. Das Bild zeigt die linke Schildkröte außerhalb der Traumwelt. Sie steht neben dem Hut und betrachtet ihn. Ihre Frage auf der rechten Seite („Wir haben beide Hüte?", 47) bleibt in der Folge unbeantwortet und ist der letzte Schrifttext des Buchs. Wie in *Das ist nicht mein Hut* verstummt also die verbale Erzählinstanz. Rein bildlich wird auf den folgenden Doppelseiten die Rückkehr der linken Schildkröte auf den Stein und das Einschlafen neben der rechten Schildkröte gezeigt. Anders als beim ersten Versuch einzuschlafen, ist die linke Schildkröte der rechten nun zugewandt. Ein abschließender Wechsel der Erzählebene in die Traumwelt zeigt die gemeinsam mit Hüten durch das All schwebenden Schildkröten. Die Nähe zwischen den beiden schlafenden Schildkröten und ihren Repräsentationen in der Traumwelt auf der nächsten Seite deutet einen gemeinsam geträumten Traum an. Der Eindruck der wiederhergestellten Harmonie wird so verstärkt und das profane Dilemma des materiellen Besitzes im immateriellen Reich des Traumes aufgelöst.

## 4.3 Fazit

Die Betrachtung der Hut-Trilogie von Jon Klassen gibt einen Eindruck von der Vielfalt des intermodalen Zusammenspiels von Bild und Schrifttext im Bilderbuch. Allein in dieser thematisch und stilistisch zunächst recht homogen wirkenden Reihe werden die spezifischen semiotischen Potenziale von Bild- und Schriftzeichen in großer Bandbreite genutzt. Dabei wird einerseits deutlich, dass gerade Leerstellen zwischen Gezeigtem und Gesagtem intermodale Spannung durch Unbestimmtheit aufbauen. So besteht der Schrifttext der Hut-Trilogie durchgehend aus direkter Figurenrede. Damit wird die prototypische Stärke des Schrifttextes, Abstrakta und innere Vorgänge darzustellen, nur wenig genutzt. Letztere werden eher durch die minimalistische bildliche Darstellung der Mimik angedeutet. Andererseits ergänzen sich die modalitätsspezifischen Ausdrucksmöglichkeiten: Die bildliche Darstellung des Raumes, der Figuren und über die Bildsequenz – der fortschreitenden Zeit liefert der Figurenrede ein Korrektiv, das die Zuverlässigkeit der Sprecher infrage stellt. Auch die Relevanz der im Grenzbereich zwischen Schrift und Bild fungierenden Typografie wird am Beispiel der Hut-Trilogie deutlich. Die Position und Gestaltung der Schriftzeichen spielen eine konstitutive Rolle in der Entfaltung der Erzählung.

Es zeigt sich hier auch ein Alleinstellungsmerkmal des Bilderbuchs als Kunstform. Das Bild erfüllt keine illustrierende Funktion, es ist nicht dem Schrifttext untergeordnet. Bild und Schrifttext verschmelzen auf der Sehfläche zu einem semiotischen Ganzen und entwickeln Darstellungspotenziale, die – mit Nodelman gesprochen – weit über die Summe ihrer Einzelelemente hinausreichen. Dieses semiotische Ganze ist unabhängig von Schrifttextlänge und Bildfülle äußerst komplex, wie sich in der Analyse der vermeintlich minimalistischen Hut-Trilogie zeigt. Die genaue Untersuchung des Gefüges von Bild und Sprache ist ungeachtet möglicher anderweitiger Betrachtungsschwerpunkte grundlegende Voraussetzung für jede ergiebige Bilderbuchanalyse.

## Literatur

### Primärliteratur

Erlbruch, Wolf: *Nachts*. Wuppertal 1999.
Klassen, Jon: *Wo ist mein Hut*. Zürich 2012 (engl. 2011).
Klassen, Jon: *Das ist nicht mein Hut*. Zürich 2013 (engl. 2012).
Klassen, Jon: *Wir haben einen Hut*. Zürich 2017 (engl. 2016).
Kuhl, Anke: *Oma ist echt toll!* Hamburg 2010.
Wiesner, David: *Die drei Schweine*. Hamburg 2002 (engl. 2001).

### Sekundärliteratur

Ballstaedt, Steffen-Peter: „Text und Bild: ein didaktisches Traumpaar". In: Karsten Heck (Hg.): *Bildwelten des Wissens. Kunsthistorisches Jahrbuch für Bildkritik. Band 7,1: Bildendes Sehen*. Berlin 2009, 45–55.
Bucher, Hans-Jürgen: „Multimodales Verstehen oder Rezeption als Interaktion. Theoretische und empirische Grundlagen einer systematischen Analyse der Multimodalität". In: Hans-Joachim Diekmannshenke/Michael Klemm/Hartmut Stöckl (Hg.): *Bildlinguistik. Theorien – Methoden – Fallbeispiele*. Berlin 2011, 123–156.
Nikolajeva, Maria/Scott, Carole: *How Picturebooks Work*. New York 2006.
Nodelman, Perry: *Words About Pictures. The Narrative Art of Children's Picture Books*. Athens, Ga. 1988.
Nöth, Winfried: *Handbuch der Semiotik*. Stuttgart [2]2000.
Staiger, Michael: „Das Bilderbuch als multimodales Erzählmedium. Analytische Zugänge am Beispiel von Jon Klassens ‚Das ist nicht mein Hut'". In: Gabriele Lieber/Bettina Uhlig (Hg.): *Narration. Transdisziplinäre Wege zur Kunstdidaktik*. München 2016, 135–147.
Steinseifer, Martin: „Die Typologisierung multimodaler Kommunikationsangebote – Am Beispiel der visuellen Aspekte seitenbasierter Dokumente". In: Stephan Habscheid (Hg.): *Textsorten, Handlungsmuster, Oberflächen: Linguistische Typologien der Kommunikation*. Berlin 2011, 164–189.
Stöckl, Hartmut: *Die Sprache im Bild – Das Bild in der Sprache. Zur Verknüpfung von Sprache und Bild im massenmedialen Text*. Berlin 2004.
Thiele, Jens: *Das Bilderbuch. Ästhetik – Theorie – Analyse – Didaktik – Rezeption*. Oldenburg [2]2003a.
Thiele, Jens: „Das Bilderbuch". In: Jens Thiele/Jörg Steitz-Kallenbach (Hg.): *Handbuch Kinderliteratur. Grundwissen für Ausbildung und Praxis*. Freiburg [2]2003b, 70–98.
Wilhelmy, Ben: „‹Iz an Freuenschuh! An mirobelli Freuenschuh!› Die fiktive Sprache in Carson Ellis' *Du Iz Tak?* als Feld der Polyvalenz und Prüfstein der Bilderbuchübersetzung".

In: Gabriele von Glasenapp/Emer O'Sullivan/Caroline Roeder/Michael Staiger/Ingrid Tomkowiak (Hg.): Jahrbuch der Gesellschaft für Kinder- und Jugendliteraturforschung 2019. S. 105–119. DOI: https://doi.org/10.23795/JahrbuchGKJF2019-Wilhelmy.

# Sprache im Bilderbuch

Jörg Meibauer

**Inhaltsverzeichnis**

5.1 Theoretische Grundlagen .................................................. 103
    5.1.1 Sprache als kognitives System ...................................... 103
    5.1.2 Spezifische Eigenschaften der Sprache im Bilderbuch ................. 105
5.2 Modellanalyse: *Schwi-Schwa-Schweinehund* (Karoline Kehr, 2001) ............ 106
    5.2.1 Sprachlich-formale Aspekte ......................................... 108
    5.2.2 Sprachlich-funktionale Aspekte ..................................... 110
5.3 Fazit ................................................................... 115
Literatur .................................................................... 116

## 5.1 Theoretische Grundlagen

### 5.1.1 Sprache als kognitives System

Eine Sprache ist ein kognitives System, das der Kommunikation dient. Das System ist in Komponenten gegliedert, die über eigene Grundelemente und Regeln zu ihrer Verknüpfung verfügen (vgl. Meibauer et al. 2015). Meist unterscheidet man zwischen den grammatischen Komponenten Phonologie (Laute), Morphologie (Morpheme), Syntax (Satzstruktur) und Semantik (Bedeutungsstruktur). Hinzu kommt das Lexikon als Speicher der Wörter und anderer lexikalisierter Einheiten (wie zum Beispiel Phraseologismen). Der Grammatik stellt man die Pragmatik als Komponente der Sprachverwendung gegenüber (s. Definitionskasten). Zwischen diesen fünf Komponenten der Sprache gibt es vielfältige Beziehungen (Schnittstellen). Sprachen sind dynamische Systeme, sie verändern sich im Zeitverlauf;

---

J. Meibauer (✉)
Deutsches Institut, Johannes Gutenberg-Universität Mainz, Mainz, Deutschland
E-Mail: meibauer@uni-mainz.de

© Springer-Verlag GmbH Deutschland, ein Teil von Springer Nature 2022
B. Dammers et al. (Hg.), *Das Bilderbuch*,
https://doi.org/10.1007/978-3-476-05824-9_5

dies kann man am deutlichsten im Sprachwandel sehen, aber auch im kindlichen Spracherwerb.

Ein Bilderbuch, das einen Text aufweist, macht von diesem sprachlichen System Gebrauch. Unter einem Text versteht man in der Linguistik eine Kombination von Sätzen. In einem texthaltigen Bilderbuch steht diese Kombination in einem bestimmten Verhältnis zu einer Kombination von Bildern (s. Kap. 1 und 4). Die Zusammenhänge, die zwischen den Sätzen in einem Text existieren, werden als Kohäsion (formaler Zusammenhang) und Kohärenz (inhaltlicher Zusammenhang) bezeichnet.

**Bilderbuchtexte** können nach den gleichen Gesichtspunkten und Prinzipien analysiert werden wie andere literarische Texte auch (vgl. Betten/Fix/Wanning 2017). Zum Beispiel kann man den besonderen Stil eines Bilderbuchtexts, d. h. die Art und Weise, wie von der Grammatik Gebrauch gemacht wird, untersuchen. Was die Analyse besonders herausfordernd macht, ist der Bezug der Texte auf Bilder sowie der spezifische Bezug auf die angesprochene Leserschaft. Bilderbücher sind in der Regel an Kinder adressiert. Sie sollten daher auf den kognitiven Entwicklungsstand der Kinder Rücksicht nehmen. Diese Anpassung an die sprachlichen Fähigkeiten der Kinder wird auch als Akkommodation bezeichnet (vgl. Meibauer 2014; Kümmerling-Meibauer/Meibauer 2017).

Nicht nur sind Bilderbücher angepasst an den kognitiven Entwicklungsstand von Kindern; man kann auch annehmen, dass Bilderbücher ein spezifischer Input für die weitere Entwicklung der kognitiven Fähigkeiten von Kindern sind (vgl. Meibauer 2011; Kümmerling-Meibauer/Meibauer 2018b; Börjesson/Meibauer 2021). Dies gilt sicher für die drei Bereiche, die am entscheidensten sind: die Fähigkeit, Bilder zu verstehen *(visual literacy),* die Fähigkeit, Texte zu verstehen *(verbal literacy)* und Bilderbücher als Literatur zu begreifen *(literary literacy).*

**Definitionen**

- **Grammatik/Formale Aspekte:** Die Grammatik (das Sprachsystem) behandelt die formalen Aspekte (die Struktur) der Sprache. Dies geschieht hinsichtlich der Phonologie (Lautstruktur), der Morphologie (Wortstruktur), der Syntax (Satzstruktur) und Semantik (Bedeutungsstruktur) (vgl. Eisenberg 2021).
- **Pragmatik/Funktionale Aspekte:** Die Pragmatik untersucht die Sprachverwendung im Äußerungskontext. Dazu gehören u. a. Sprechakte, Deixis und Referenz, Gesprächsvoraussetzungen (Präsuppositionen), Gesprächsandeutungen (Implikaturen) und der Aufbau von Gesprächen (Gesprächsanalyse) (vgl. Liedtke/Tuchen 2018).
- **Kohäsion/Kohärenz:** Kohäsion und Kohärenz gehören zu den allgemeinen Eigenschaften von Texten. Die Kohäsion betrifft die formale Verknüpfung von Textelementen durch bestimmte Verknüpfungsmittel, die Kohärenz betrifft die inhaltliche Verknüpfung durch Bedeutungsrelationen (vgl. Averintseva-Klisch 2018).

> - **Stil:** Stil ist die Art und Weise der Auswahl hinsichtlich potenzieller sprachlicher Gestaltungsmöglichkeiten (vgl. Sandig 2006).

### 5.1.2 Spezifische Eigenschaften der Sprache im Bilderbuch

Unter die spezifischen Eigenschaften der Sprache im Bilderbuch fallen die Eigenschaften der Kürze, der Einfachheit und des Bildbezugs. Man benötigt bei diesen Begriffen immer einen Maßstab, an dem man sie messen kann (also kurz oder einfach im Verhältnis wozu?).

**Kürze:** Formal kann sich die Eigenschaft der Kürze auf den Satz oder den Text beziehen. Ein kurzer Satz ist ein Satz, in dem nur wenige Wörter vorkommen. Ein kurzer Text ist ein Text, in dem nur wenige Sätze vorkommen. Dies lässt sich prinzipiell auszählen. In der Spracherwerbsforschung ist der MLU-Wert bekannt. MLU ist eine Abkürzung für *mean length of utterance,* also durchschnittliche Äußerungslänge. So kann man den MLU-Wert errechnen, indem man die durchschnittliche Anzahl von Wörtern im Satz ermittelt (vgl. Kauschke 2012, S. 84 f.).

Was die Prosa für Kinder angeht, so geht man meist davon aus, dass Bilderbuchtexte kurz sind im Vergleich zu Romanen für kleine Kinder (z. B. Otfried Preußler, *Die kleine Hexe,* 1957) oder gar für größere Kinder (z. B. Otfried Preußler, *Krabat,* 1971).

**Einfachheit:** Einfachheit ist nach Maria Lypp (2002) eine wichtige Kategorie der Kinderliteratur. Dies gilt auch für die Sprache der Bilderbücher, vor allem, wenn man sie mit der Sprache von Romanen für Kinder und Jugendliche vergleicht. Dennoch ist dieses Kriterium linguistisch nur schwer zu präzisieren. Man würde etwa daran denken, dass folgende Eigenschaften der Sprache ‚einfach' sind: einfache vs. komplexe Wörter, einfache vs. komplexe Sätze, Vermeidung aufwändiger sprachlicher Konstruktionen, zum Beispiel Negation und Passiv, einfacher vs. komplexer Wortschatz, einfache vs. komplexe Sprechakte, Vermeidung von Ironie und Metapher, usw. Denkt man an Bilderbücher für Kleinkinder, z. B. Frühe-Konzepte-Bücher und Konzepte-Bücher, dürfte diese Beschränkung der Komplexität auch zutreffen (vgl. Kümmerling-Meibauer/Meibauer 2018a). Doch ist es wichtig zu sehen, dass im Einzelnen Ausnahmen gemacht werden. Zum Beispiel findet sich im deskriptiven Bilderbuch *Lastwagen* (1986) von Paul Stickland, das sich laut Verlag an Zweijährige richtet, das komplexe Nominalkompositum „Langholzlaster" (vgl. Meibauer 2015). Auch sind Reime, die ja in der gesprochenen Sprache nicht vorkommen, phonologisch keineswegs ‚einfach'. Dennoch kommen sie in vielen Bilderbüchern mit gereimten Texten vor und dienen unter anderem der Erzeugung metasprachlicher Aufmerksamkeit, d. h. der Fähigkeit, über Sprache reflektieren zu können.

**Bildbezug:** Sprache im Bilderbuch ist grundsätzlich auf Bilder bezogen. Text und Bild können in unterschiedlichen Relationen zueinander stehen (s. Kap. 4). Sie können komplementär sein, konfliktär oder auch isoliert. Auch bei textlosen Bilderbüchern, wie etwa Shaun Tans *The Arrival* (2006), kann man annehmen, dass bei den Leser/innen ‚mentale' Texte entstehen, die die erzählte Bildgeschichte repräsentieren. Bei texthaltigen Bilderbüchern enthält das Bild gewöhnlich Elemente, auf die im Text sprachlich Bezug genommen (referiert) wird. Zum Beispiel sollte es bei den Figuren, die im Text genannt werden, bildliche Gegenstücke in der Bildwelt geben. Entsprechendes gilt für Orte, an denen sich diese Figuren aufhalten.

> **Leitfragen zur Analyse der Sprache im Bilderbuch**
> - Handelt es sich um einen deskriptiven (beschreibenden) oder narrativen (erzählenden) Text?
> - Ist der Text vom Bild abgegrenzt oder ist Text in das Bild integriert?
> - Ist der Text (relativ zu einem bestimmten Maß) kurz oder lang?
> - Ist die Sprache (relativ zu einem bestimmten Maß) einfach oder komplex?
> - Gibt es besondere Eigenschaften der Sprache in Hinsicht auf die Form oder die Funktion? Zum Beispiel: Ist die Sprache gereimt? Enthält sie einen speziellen Wortschatz? Enthält sie Sprachspiele?
> - Welchen generellen Aufbau hat der Text? Zum Beispiel: Lässt er sich in Abschnitte gliedern? Enthält er Dialoge?
> - Wie werden die Figuren im Text repräsentiert und eingeführt?
> - Gibt es sprachliche Hinweise auf den Ort oder die Zeit der Handlung?
> - Sieht man einen deutlichen Bezug zwischen dem Text und den Bildern?
> - Inwiefern lässt sich die verwendete Sprache auf die sprachlichen Voraussetzungen der Leserschaft beziehen?

## 5.2 Modellanalyse: *Schwi-Schwa-Schweinehund* (Karoline Kehr, 2001)

**Handlung:** Der Schweinehund (eine anthropomorphisierte Mischung aus Hund und Schwein) verlangt von dem kleinen Mädchen Florentine, dass es sich nicht die Zähne vor dem Schlafengehen putzt, dass es nach dem Spielen nicht aufräumt, und dass es süße Sachen isst statt gesunde. Als das pummelige Mädchen sich nicht mehr aus dem Sitz des Pferds auf dem Karussell befreien kann, entscheidet es sich gegen den Schweinehund: Es will nur noch Obst und Gemüse essen, immer sein Zimmer aufräumen, und sich die Zähne putzen. Doch als der Schweinehund sich versteckt, ruft sie nach ihm. Schließlich liegen sie versöhnt in Florentines Bett und essen Schokokekse.

**Bildebene:** Die besondere Bildgestaltung kommt dadurch zustande, dass die Farbbilder auf fotografierten dreidimensionalen Kulissen basieren, die von der Künstlerin und Autorin Karoline Kehr gestaltet wurden. Die Fotografien dienten dann als Hintergrund für Zeichnungen von Figuren oder Gegenständen. Auf einer Doppelseite befindet sich in der Regel auf der rechten Seite ein ganzseitiges

## 5.2 Modellanalyse: *Schwi-Schwa-Schweinehund* (Karoline Kehr, 2001)

Bild, während die linke, weiße Seite den Text und ein kleineres Bild eines der Protagonisten enthält. Aber es gibt auch drei Doppelseiten, bei denen die linke und die rechte Seite ein Panorama bilden. Das Titelbild zeigt Florentine, wie sie mit dem Schweinehund im Café sitzt (s. Abb. 5.1). Auf der Rückseite des Buchs wird das Bild von S. 19 verkleinert wiederholt, auf dem die Szene gezeigt wird, in der Florentine den Schweinehund wütend hinter sich her zieht.

**Peritext:** Unter diesem Gesichtspunkt ist bemerkenswert, dass unter dem Bild anstelle eines Klappentexts zentriert zwölfmal „Schwi-Schwa-Schweinehund" zu lesen ist. Dadurch wird nicht nur die Erwartung enttäuscht, wie an dieser Stelle üblich eine Kurzfassung des Inhalts präsentiert zu bekommen; darüber hinaus kann man dies als ein Gedicht wie etwa in der Konkreten Poesie lesen. Das Buch ist den Eltern der Künstlerin gewidmet („Für meine Eltern").

**Visualisierung eines Phraseologismus:** Im Deutschen gibt es den Begriff des ‚inneren Schweinehunds' und den Phraseologismus ‚den inneren Schweinehund überwinden'. Ein Schweinehund ist eigentlich ein Hund, der bei der Jagd auf Wildschweine benutzt wurde. In der Sprache von Studenten und Soldaten bedeutete *innerer Schweinhund* ursprünglich so viel wie ein Widerwille oder Widerstand gegen das, was eine Norm oder Pflicht verlangt. Der *innere Schweinehund* ist daher eine Metapher für Unwillen, aber auch für den Mangel an Selbstdisziplin. Die Figur des Schweinehunds ist also zweierlei: Eine Personifikation einer psychischen Eigenschaft, aber auch ein anthropomorphes Tier. Bemerkenswerterweise ist es in der bildlichen Interpretation von Kehr mehr Schwein als Hund, wie man an seiner charakteristischen Schweineschnauze und seinem Ringelschwänzchen leicht erkennen kann.

In vielen Kinderbüchern werden Phraseologismen im Textzusammenhang verständlich gemacht, da man nicht davon ausgehen kann, dass das Kind sie schon beherrscht (vgl. Finkbeiner 2011). In *Schwi-schwa-Schweinehund* wird der

**Abb. 5.1** Cover: *Schwi-Schwa-Schweinehund* (Kehr 2001)

Phraseologismus *den inneren Schweinehund überwinden* nicht erwähnt; er wird stattdessen entweder vorausgesetzt oder durch den gesamten Textzusammenhang nahegelegt.

**Herausforderndes Bilderbuch:** Dieses Buch steht in der Tradition antiautoritärer Erziehung. Denn statt der energischen Bekämpfung des inneren Schweinhunds, die von Autoritäten wie Eltern, Lehrern und Vorgesetzten gefordert wird, wird hier letztlich eine Versöhnung mit dem inneren Schweinehund angeregt. Es ist in diesem Sinne ein herausforderndes Bilderbuch („challenging picturebook") im Sinne von Janet Evans (2015).

### 5.2.1 Sprachlich-formale Aspekte

Unter ‚formal-sprachlichen Aspekten' seien hier alle Aspekte verstanden, die mit der sprachlichen Form (Grammatik) zu tun haben. Betrachten wir den Beginn des Bilderbuchs:

(1) „Wenn Florentine vor dem Schlafengehen ihre Zähne putzen möchte, dann knurre ich: ‚**Ich will nicht! Ich will nicht! Ich will nicht!**' **Grrrrr**, ich hasse Waschen und Zähneputzen. ‚Lass uns lieber noch im Bett einen Schokokeks essen', flüstere ich in ihr Ohr. Und weil Florentine nicht gern mit mir streitet, so legen wir uns ins Bett und essen einen Schokokeks." (S. 6; Herv. im Orig.)

Zum Verständnis dieses kurzen, aber sprachlich keineswegs einfachen Texts ist es zunächst wichtig, den Sprecher zu identifizieren. Das deiktische Personalpronomen *ich* verweist auf den Schweinehund als Sprecher. Dessen Kopf, mit einer ausgestreckten Pfote, zeigt auf den Text, sodass seine Identifizierung als Sprecher bildlich unterstützt wird. Es ist hier wichtig zu beachten, dass es für ein Kind keineswegs einfach sein kann, den referenziellen Bezug von *ich* korrekt herzustellen. Im Prinzip könnte sich *ich* ja auch auf die vorlesende Person beziehen (vgl. Gressnich/Meibauer 2010).

**Satztypen:** Als Nächstes beobachten wir, dass in diesem Text zwei komplexe Satztypen vorkommen. Der erste ist ein Konditionalsatz, der zweite ein Kausalsatz. Im Antezedens „wenn Florentine vor dem Schlafengehen ihre Zähne putzen möchte" wird die Figur der Florentine eingeführt und auf einen bestimmten Zeitpunkt im Tagesverlauf (‚vor dem Schlafengehen') verwiesen. Vor allem wird aber eine Bedingung dafür eingeführt, dass der Sprecher in bestimmter Weise reagiert (Konsequenz: dann knurre ich: „Ich will nicht! Ich will nicht! Ich will nicht!"), nämlich, indem er etwas Bestimmtes sagt.

Der zweite komplexe Satztyp ist ein Kausalsatz. Der Grund dafür, sich ins Bett zu legen und einen Schokokeks zu essen, ist, dass sich Florentine nicht gerne streitet. Konditionalsätze und Kausalsätze sind syntaktisch und semantisch durchaus anspruchsvolle sprachliche Mittel, die erst langsam erworben werden (vgl. Gretsch 2013).

**Redewiedergabe:** Dies gilt auch für die Redewiedergabe in Form der direkten Rede, die ja im obigen Konditionalsatz ein Objekt ist. Aus der Spracherwerbsforschung weiß man, dass Kinder zunächst eine Präferenz für die direkte Rede haben (vgl. Kümmerling-Meibauer/Meibauer 2015b). Die Einbettung der direkten Rede in einen Konditionalsatz sowie die Nachstellung des Matrixsatzes mit dem Verbum dicendi *flüstern* in „Lass uns lieber noch im Bett einen Schokokeks essen, flüstere ich ihr ins Ohr" ist aber anspruchsvoll.

**Wortschatz:** Betrachtet man den Wortschatz in (1), so fällt die Interjektion „grrrrr" auf, die grafisch besonders hervorgehoben wird (abweichende Schriftart, Fettdruck, Abweichung von der Grundlinie der Zeile; vgl. Caracciolo 2014). „Grrrrr" ist eine Interjektion, die den Tierlaut, etwa von aggressiven, knurrenden Hunden, nachahmt. Als Leser/in bekommt man dadurch Information über den emotionalen Zustand des Schweinehunds. Damit stimmt auch die Verwendung des emotionalen Prädikats ‚hassen' überein: „Grrrrr, ich hasse Waschen und Zähneputzen." Aus einer englischen Umfrage geht hervor, dass 93,3 % der befragten Kinder zwischen 4 und 6 Jahren angaben, die Bedeutung des Worts ‚hate' zu kennen (Baron-Cohen et al. 2010, S. 4). Dieses emotionale Konzept könnte also in dieser Altersklasse schon bekannt und verbreitet sein. Die Betrachtung der emotionalen Lexik ist sehr wichtig für die Untersuchung von Literatur im Allgemeinen und Kinderliteratur im Besonderen (vgl. Fries 2007; 2009; Kümmerling-Meibauer/Meibauer 2015a). Dies hängt damit zusammen, dass uns Beschreibungen von Gefühlszuständen Einblick in die Psyche von Figuren und deren Beziehung untereinander geben. Ein Kind kann zum Beispiel mit dem Schweinehund sympathisieren, weil es selbst auch Waschen und Zähneputzen hasst.

Textlinguistisch versteht man unter der Kohäsion „die Verknüpfung der Komponenten der Textoberfläche mit Hilfe von grammatischen und lexikalischen Mitteln" (Averintseva-Klisch 2018, S. 4). Die Kohäsion dient der Herstellung von Kohärenz, worunter ein „inhaltlicher Zusammenhang im Text" zu verstehen ist (ebd.).

**Kohäsion:** Ein wichtiges Mittel, um Kohäsion zu sichern, ist die rekurrente Verwendung bestimmter Ausdrücke. Betrachten wir dazu noch einmal den Text in (1). Hervorgehoben sind hier alle Ausdrücke, die sich auf den Schweinehund beziehen:

(1') „Wenn Florentine vor dem Schlafengehen ihre Zähne putzen möchte, dann knurre **ich**: ,**Ich** will nicht! **Ich** will nicht! **Ich** will nicht!' Grrrrr, **ich** hasse Waschen und Zähneputzen. ,Lass **uns** lieber noch im Bett einen Schokokeks essen', flüstere **ich** in ihr Ohr. Und weil Florentine nicht gern mit **mir** streitet, so legen **wir uns** ins Bett und essen einen Schokokeks." (S. 6, Herv. J.M.)

Dass der Schweinehund als Diskursreferent sprachlich einfach nur über das Personalpronomen der 1. Person Singular eingeführt wird (vgl. Gressnich 2011), ist stilistisch markiert (vgl. den möglichen Text *Es war einmal ein Schweinehund. Immer, wenn Florentine vor dem Schlafengehen ihre Zähne putzen möchte, sagte er: „Ich will nicht! Ich will nicht! Ich will nicht!"*). Offensichtlich soll hier von

Beginn an die Perspektive des Schweinehunds gezeigt werden, die zu derjenigen Florentines in einem Gegensatz steht. Das Kind muss bei der Lektüre auch verstehen, dass *uns* und *wir* auf Florentine und den Schweinehund referieren.

**Wiederholung** ist ein anderes Mittel, Texte zu strukturieren (vgl. Finkbeiner 2019). So wiederholt der Schweinehund seine Äußerung „Ich will nicht!" in (1) noch zweimal. In (2) wird „Ich will nicht!" einmal wiederholt.

(2) „Wenn Florentine nach dem Spielen aufräumen möchte, dann fletsche ich die Zähne: ‚Ich will aber nicht! Ich will aber nicht!' Grrrrr, ich hasse Aufräumen. ‚Ich will lieber nichts tun', gähne ich. Und weil Florentine keine Lust hat, allein aufzuräumen, so faulenzen wir beide." (S. 8)

(3) „Wenn Florentine Blumenkohlgemüse oder einen Apfel essen möchte, dann jaule ich: ‚Ich will Schokoladenkuchen oder ein Eis!' Mmmmmmh, ich liebe Süßes. Und weil Florentine eigentlich auch viel lieber Süßes mag, so essen wir immer nur Schokoladenkuchen und Eis." (S. 10)

(4) „Sie ist wirklich das artigste Mädchen, das ich mir nur wünschen kann." (S. 12)

Vergleichen wir die Textabschnitte in (1), (2) und (3), erkennen wir ein gemeinsames Muster: Wenn p, dann q: direkte Rede. Interjektion + Einstellungsbekundung. Und weil r, so s. Dabei stehen die Variablen für Satzinhalte. In (4) stellt der Schweinehund zufrieden fest, dass Florentine „artig" ist, weil sie seinen Einflüsterungen folgt.

Wenn der Schweinehund und Florentine auf dem Karussell fahren, sind wir mitten im aktuellen Geschehen, was dadurch gezeigt wird, dass die Figuren sich in Sprechblasen äußern. Der Schweinehund sagt: „Und gleich will ich mit dem Karussell da drüben fahren!" und Florentine stimmt zu mit „Ich auch!". Bemerkenswert ist, dass man beide schon auf dem Karussell fahren sieht, während sie dies noch ankündigen. Dadurch wird der Effekt eines zeitlichen Zooming-ins erreicht.

### 5.2.2 Sprachlich-funktionale Aspekte

Unter sprachlich-funktionalen Aspekten seien hier alle Aspekte verstanden, die mit der Funktion der Sprache (ihrer Verwendung im Kontext) zu tun haben.

**Deixis:** Wenn Florentine sagt „Ich auch!", tritt sie zum ersten Mal als Sprecherin auf. Dies ist das Besondere an der Deixis (Indexikalität): Ein und derselbe Ausdruck kann, in Abhängigkeit von der Sprechsituation, verschiedene Referenten bezeichnen. Zwar bezieht sich der Ausdruck ‚ich' immer auf den aktuellen Sprecher oder die aktuelle Sprecherin; aber der konkrete Bezug (auf den Schweinehund oder Florentine) muss doch in Abhängigkeit von der Sprechsituation ermittelt werden und ist in diesem Sinne eine Sache der Pragmatik (vgl. Meibauer 2017).

**Pragmatische Schlüsse:** Dass Florentine in ihrem Sitz feststeckt und sie sich nicht ohne Weiteres daraus befreien kann, hängt offenbar damit zusammen, dass

## 5.2 Modellanalyse: *Schwi-Schwa-Schweinehund* (Karoline Kehr, 2001)

sie aufgrund ihrer Vorliebe für Süßes zu dick geworden ist. Dies wird allerdings nicht direkt ausgesprochen, es folgt aber aus ihrem daraufhin ausgesprochenen Entschluss:

(5) „Na warte, bis ich mich befreit habe! ………. Dann esse ich nur noch Obst und Gemüse – jeden Tag!" (S. 18)

Indirekt macht sie den Schweinehund für das Malheur verantwortlich. Bei der Interpretation dieses Sachverhalts erfährt das Kind, dass nicht alle relevanten Informationen im Text explizit ausgedrückt werden. Typischerweise müssen Texte vielmehr angereichert werden. Dies passiert mithilfe pragmatischer Schlüsse, etwa wie folgt:

(6) a. Florentine steckt in ihrem Sitz fest
b. Der Grund dafür ist, dass sie zu dick geworden ist
c. Sie ist dick geworden, weil sie zu viele Süßigkeiten isst
d. Der Schweinehund verführt sie dazu
e. Florentine will nicht dick sein
f. Deswegen nimmt sie sich vor, sich nur noch gesund zu ernähren und Widerstand gegen den Schweinehund zu leisten

Ein Bild zeigt, wie Florentine den Schweinehund an der Leine hinter sich herzieht. Während sie grimmig den Blick von dem Café/der Bar abwendet, guckt der Schweinehund sehnsüchtig auf das, was ihm an leckeren Sachen entgeht. Man beachte, dass eine Litfaßsäule zu sehen ist mit Reklame für Süßigkeiten („Pralinengenuß am Stück"), Hamburger und Cola („macht mehr draus"). Der Schweinehund, so scheint es, hat starke Verbündete in der Nahrungsmittelindustrie.

Wenn der Schweinehund und Florentine die Karussellfahrt genießen, wird indirekt der Suchtfaktor angesprochen, der mit Vergnügungen jeglicher Art verbunden ist. Im Vordergrund sieht man einen kleinen Jungen (der im Bild dem Stereotyp des braven Bubis entspricht), der sagt:

(7) „Nein danke, Papi. Eine Runde genügt mir." (S. 13)

Offensichtlich hat der Papi dem Jungen eine weitere Runde auf dem Karussell angeboten, woraufhin dieser artig und bescheiden verzichtet. Dies muss aus der Bild- und Textinformation gefolgert werden, explizit ausgedrückt ist dies nicht. Ein solcher Verzicht käme dem Schweinehund niemals in den Sinn. In diesem Zusammenhang muss noch erwähnt werden, dass auch andere Personen, die auf den Bildern zu sehen sind, zum Beispiel die Gäste des Cafés, Schweinehunde in ihrer Begleitung haben. Diese haben ein durchaus individuelles Aussehen. Was den braven Jungen angeht, so hat er nur einen winzigen Schweinehund, der in seiner Hemdenbrusttasche durchaus Platz findet.

**Sprechakttyp:** Ein zentrales Thema der linguistischen Pragmatik ist es, zu definieren, was ein Sprechakttyp ist und wie er in Produktion und Rezeption mit grammatischen Strukturen verbunden ist. Dies geschieht in der Sprechakttheorie (vgl. Liedtke 2018). Jede Äußerung hat eine gewisse grammatische Struktur, aber diese legt den mit ihr realisierten Sprechakt (den Illokutionstyp) nicht vollkommen eindeutig fest. Eine Äußerung wie *Das wird noch Ärger geben* kann zum Beispiel eine Voraussage, aber auch eine Drohung sein. Und *Da ist die Tür* kann in dem einen Kontext eine Feststellung, in einem anderen aber eine Aufforderung, den Raum zu verlassen, sein. Die Konstruktion „nein danke" in (7) steht in einem direkten Zusammenhang mit dem Sprechakttyp ‚Ablehnung eines Vorschlags'.

**Versprechen:** Ein sehr gut erforschter Sprechakttyp ist das Versprechen. Damit von einem gelungenen Versprechen die Rede sein kann, müssen eine Reihe von Bedingungen erfüllt sein (vgl. Searle 1971): Das, was versprochen wird, muss in der Zukunft liegen. Das Versprochene, so denkt der Versprechende, muss im Interesse desjenigen sein, dem es versprochen wird. Was sowieso eintreten wird, kann nicht versprochen werden. Der Versprechende bekundet den Willen, das Versprechen auch tatsächlich einzuhalten. Und so stellt ein Versprechen die Verpflichtung des Versprechenden dar, das Versprochene zu verwirklichen.

Dass Kinder solche Bedingungen begreifen, versteht sich nicht von selbst. Im Gegenteil, die Forschung zum Pragmatikerwerb von Kindern zeigt, dass das Verständnis von Sprechakttypen, ihren Beziehungen untereinander, ihren einzelnen Bedingungen, ihre Position in einem Gespräch, usw. einer langjährigen Entwicklung unterworfen ist (vgl. Zufferey 2015, S. 43–60). Bilderbücher sind ein spezifischer Input für den Erwerb von Wissen über Sprechakte (vgl. Gressnich 2018).

**Kommissive Sprechakte:** Das Versprechen gehört zu der Sprechakttypen-Klasse der Kommissiva. Damit sind solche Sprechakttypen gemeint, deren wesentlicher Punkt die Selbstverpflichtung des Sprechers ist. Ein solcher kommissiver Sprechakt ist auch das Gelöbnis. Bei einem Gelöbnis verpflichtet sich die Sprecherin, sich in der Zukunft in einer bestimmten Weise zu verhalten. In der Äußerung (5) gelobt Florentine, dass sie nach ihrer Befreiung aus dem Karussellsitz jeden Tag nur noch Obst und Gemüse essen werde. Zugleich kann man diese Äußerung aber auch als eine Drohung gegenüber dem inneren Schweinehund auffassen.

Dafür spricht, dass die Konstruktion „na warte" als Indikator für das Vorliegen einer Drohung interpretiert werden kann. Drohungen sind Sprechakte mit dem Ziel, den Adressaten zu einer Handlung oder Unterlassung zu bewegen, die in dessen Desinteresse sind, aber im Interesse des Drohenden. Dies sieht man deutlich an typischen Drohungen wie: „Wenn du das noch einmal machst, sage ich das der Mama." Typischerweise legt sich der Drohende darauf fest, eine für den Adressaten unangenehme Handlung auszuführen. Florentine weiß, dass der Schweinehund nicht damit zufrieden sein wird, wenn sie sich gesund ernährt, das Zimmer immer brav aufräumt und sich die Zähne putzt.

Und so ist ein Höhepunkt der Bilderbuchgeschichte erreicht, als Florentine sagt:

(8)  „Und wenn der Schwi-Schwa-Schweinehund mich noch einmal verführt, dann..."
(S. 24)

Die Auslassungszeichen deuten an, dass hier etwas ergänzt werden muss. Ein Kandidat für eine adäquate Ergänzung wäre eine schreckliche Strafe für den Verführer. Florentine könnte sich dazu entschließen, mit dem Schweinehund nichts mehr zu tun haben zu wollen.

Doch plötzlich befinden wir uns wieder mit der etwas schlanker gewordenen Florentine in einer Szene – sie steht im Flur ihrer Wohnung – links die Toilette, geradeaus das Schlafzimmer, rechts die Küche –, in der sie mit bekümmertem Gesichtsausdruck fragt: „He, hörst du mir auch zu? Wo bist du überhaupt?" (S. 25) Das bilderbuchlesende Kind wird vielleicht bei diesem Bild nach dem Schweinehund suchen, der sich offensichtlich in der Küche versteckt hat, wie die hervorlugende Pfote verrät.

Und plötzlich kommt er hervor, riesengroß, die Keksschachtel in der einen, einen verlockenden Schokokeks in der anderen Hand: „Hier! Hier bin ich!" (S. 27) In Florentines Blick zeigt sich, dass sie der Verlockung nur zu gern nachgeben möchte. Und so fährt der Bilderbuchtext fort:

(9)  „... dann esse ich auch wieder einen Schokokeks mit ihm. Aber nur einen!" (S. 28)

Hier werden die Erwartungen, dass sich Florentine gegenüber ihrem Verführer durchsetzen wird, enttäuscht. Sie kann sich doch nicht von ihrem Schweinhund trennen. Ja, die Verbindung ist so innig, dass die beiden zuletzt gemeinsam im Bett kuscheln, Schokokekse essen und sich ihrer Zuneigung versichern:

(10) „Ich hab dich zum Fressen gern! Ich dich auch!" (S. 29)

Dieser Schluss, der letztlich besagt, dass man sich mit seinem inneren Schweinhund versöhnen sollte, ist durchaus ambivalent. Für fortgeschrittene Leser/innen bietet sich nämlich auch eine Lesart mit erotischem Unterton an. In diesem Fall wäre es nicht gut für Florentine, den Verlockungen des Schweinehunds nachzugeben. Wenn der Schweinehund aber keine externe, in der Textwelt reale Figur ist, sondern nur eine Figur der seelischen Welt des Mädchens, erübrigt sich das Problem.

Dass Kinder literarische Dialoge, zum Beispiel in Form von Frage-Antwort-Sequenzen, interpretieren können, versteht sich nicht von selbst. Direkte Rede und indirekte Rede müssen erworben werden (Kümmerling-Meibauer/Meibauer 2015b). In *Schwi-Schwa-Schweinehund* finden wir zwei aufeinanderfolgende Doppelseiten (s. Abb. 5.2 und 5.3), die eine Frage-Antwort-Sequenz enthalten:

**Abb. 5.2** Erste Doppelseite mit Karussell (Kehr 2001, S. 14 f.)

**Abb. 5.3** Zweite Doppelseite mit Karussell (Kehr 2001, S. 16 f.)

(11)  [Schweinehund]  „He, wo steckst du denn?" (S. 15)

[Florentine]  „Ich bin hier! Ich stecke fest! Na warte, bis ich mich befreit habe!" (S. 16)

**Pageturner:** Da man bei der Betrachtung der Seite, auf der der Schweinehund seine Frage stellt, zugleich auf die Antwort wartet, ist man zum Umblättern motiviert („split question-answer sequence" in der Typologie der „Pageturner" bei Gressnich 2012, S. 171). Zugleich spiegeln die entsprechenden Bilder den jeweiligen Informationsstand des Schweinehunds. Auf der ersten Doppelseite ist Florentine nicht zu sehen, auf der zweiten Doppelseite kommt sie mit dem sich drehenden Karussell in den Blick des Schweinhunds (und des kindlichen Betrachters).

**Humor:** Schließlich betrachten wir den Humor, der hier als pragmatische Kategorie aufgefasst werden soll, weil er in hohem Maße von Kontextannahmen bedingt ist (vgl. Attardo 2017). Humor ist eine alles in allem unterschätzte Kategorie der Kinderliteratur und des Bilderbuchs (siehe aber Cross 2011), obwohl Lustigkeit traditionell wie auch gegenwärtig eine sowohl von erwachsenen Gatekeepern als auch von vielen Kindern bevorzugte Eigenschaft von Literatur ist. Die Inkongruenztheorie des Humors geht davon aus, dass wir bei der Lektüre eines Textes bestimmte Erwartungen haben. Werden diese in spezifischer Weise enttäuscht, kann Humor entstehen. Dies kann man sich an einfachen Witzen leicht klar machen. Der Humor des Witzes „Treffen sich zwei Jäger. Beide tot" besteht darin, dass man zunächst annimmt, dass sich zwei Jäger begegnen *(sich treffen$_1$)*. Wenn wir lesen, dass beide tot sind, nehmen wir dagegen an, dass sie sich gegenseitig tot geschossen haben *(sich treffen₂)*. Dieser Witz basiert auf der Doppeldeutigkeit von *sich treffen,* zeigt aber auch, dass wir zu bestimmten Vorannahmen über den Kontext neigen.

Man kann sich nun fragen, inwiefern *Schwi-Schwa-Schweinehund* Humor zeigt. Am besten unterscheiden wir wieder zwischen sprachlichem (textuellen) Humor und Bildhumor.

**Sprachlicher Humor:** Der stärkste humoristische Effekt ist mit der enttäuschten Erwartung in (9) und (10) verbunden. Erst möchte Florentine dem Schweinehund eine empfindliche Strafe aufbrummen, wenn er sie noch einmal verführt, dann – als sie merkt, dass ihr der Schweinehund fehlt – kündigt sie an, dass sie doch wieder mit ihm Schokokekse essen will, wenn auch nur einen. Ein kleinerer humoristischer Effekt entsteht, wenn das Wort *aufräumen* auf dem Kopf steht.

**Bildhumor:** Ausgeprägter ist der in den Bildern sichtbare Humor. Der Stil der Bilder ist ungewöhnlich. Schreiend bunte Farben und starke Farbkontraste schaffen Bildräume, in denen die Protagonisten – unterstützt durch die fotografierten dreidimensionalen Kulissen – plastisch hervortreten. Das Interieur des Cafés ist im Retrolook gehalten. Die Litfaßsäule vor dem Café lässt an die 1970er Jahre denken. Florentine, zwar mit blonden Löckchen und Sommersprossen, zeigt dennoch nichts von der *cuteness* (vgl. Dale et al. 2017), einer Ästhetik des ‚Süßen' oder ‚Niedlichen', die kognitiv an das Kindchenschema anschließt und in zeitgenössischen Bilderbüchern oft zu finden ist. Und auch der (manchmal geradezu monströse) Schweinehund kann kaum als niedlich gelten. Lustig ist, dass andere Leute, nämlich die Gäste des Cafés/der Bar wie auch die anderen Karussellfahrenden, jeweils Schweinehunde als Begleiter haben. Lustig ist auch, dass der brave Bubi einen Mini-Schweinehund in der Brusttasche hat. Dass alle Figuren einen Schweinehund als Begleiter haben, würde man nicht unbedingt erwarten.

## 5.3 Fazit

Bilderbuchtexte sind immer sprachlich verfasst. Daher muss die Bilderbuchwissenschaft sich auch mit der Frage beschäftigen, welche sprachlichen Eigenschaften ein Bilderbuchtext hat, wie diese auf Bilder zu beziehen sind und wie Kinder (als die prototypische Leserschaft) die jeweiligen Bild-Text-Kombinationen verarbeiten können. Leider wird dieser Fragestellung in der Kinder- und Jugendliteraturforschung nicht die gebührende Aufmerksamkeit geschenkt (s. Kurwinkel/Schmerheim 2020). Wir haben dagegen anhand des Bilderbuchs *Schwi-Schwa-Schweinehund* von Karoline Kehr gesehen, dass sprachlich-formale und sprachlich-funktionale Eigenschaften des Texts genau beachtet werden müssen, um zu einem angemessenen Textverständnis zu gelangen. Schon der Titel des Buchs, der sich auf die Metapher des *inneren Schweinehunds* bezieht, mit dem aber auch auf eine Figur der Erzählung referiert wird, die zudem bildlich dargestellt wird, demonstriert die Notwendigkeit der sprachlichen Analyse.

Im Einzelnen haben wir zwischen sprachlich-formalen (grammatischen) und sprachlich-funktionalen (pragmatischen) Eigenschaften unterschieden und anhand einzelner Phänomene gesehen, welche Rolle sie im modellhaft analysierten Bilderbuch spielen.

Wir können vor dem Hintergrund der kindlichen Sprachentwicklung feststellen, dass der nicht umfangreiche Text in einem angemessenen Verhältnis zur Bilderwelt des Bilderbuchs steht. Der Text ist sprachlich relativ unauffällig, wechselt aber zwischen den Perspektiven des Schweinehunds und Florentines. Der Konflikt zwischen ihnen wird aufgelöst, wobei die moralische Botschaft, man solle sich mit seinem inneren Schweinehund arrangieren, durchaus provokativ wirken kann. Diese Botschaft ist gegen die autoritäre Auffassung gerichtet, man müsse unter allen Umständen seinen inneren Schweinehund hart bekämpfen. Das eigentliche künstlerische Verfahren dieses Bilderbuchs ist es, eine sprachliche Metapher zu visualisieren. Dadurch bleibt der Status des Schweinehunds – ist er ein tatsächlicher Begleiter Florentines in der fiktionalen Welt oder nur eine Projektion ihrer psychischen Welt? – undeutlich.

Florentine hat keine im Bild sichtbaren Eltern oder Geschwister; sie ist allein verantwortlich für den Kampf gegen den Schweinehund und für das Auskommen mit ihm. Ihre Entscheidung für das gesunde Essen trägt Früchte, denn sie ist schlanker geworden, als sie wieder Sehnsucht nach dem Schweinehund bekommt. Der Kompromiss, mit ihm nur *einen* Schokokeks zu essen, mag akzeptabel sein, selbst wenn auch nur ein einziger Schokokeks nach dem Zähneputzen zur Karies beitragen kann. Das mag Gegenstand einer moralischen Debatte zwischen Eltern und Kindern sein, betrifft aber auch den möglichen Einsatz als „herausforderndes Bilderbuch" in Ausbildungskontexten (Ommundsen/Haaland/Kümmerling-Meibauer 2022). Viele moderne Bilderbücher richten sich zugleich auch an Erwachsene, die ja auch als potenzielle Vermittler des Buchinhalts auftreten; sie sind doppeladressiert. Der Kampf gegen den inneren Schweinehund und die erleichternde Botschaft, d. h. dass man sein Auskommen mit ihm suchen muss, statt an ihm zu verzweifeln, ist sicherlich auch für fortgeschrittene Leser/innen interessant.

## Literatur

## Primärliteratur

Kehr, Karoline: *Schwi-Schwa-Schweinehund*. München 2001.

## Sekundärliteratur

Attardo, Salvatore: „Humor and Pragmatics". In: Salvatore Attardo (Hg.): *Handbook of language and humor*. London/New York 2017, 174–188.
Averintseva-Klisch, Maria: *Textkohärenz*. Heidelberg ²2018.

# Literatur

Baron-Cohen, Simon/Golan, Ofer/Wheelwright, Sally/Granader, Yael/Hill, Jacqueline: „Emotion word comprehension from 4 to 16 years old: a developmental survey". In: *Frontiers in Evolutionary Neuroscience* 2 (2010), Article 109. DOI: https://doi.org/10.3389/fnevo.2010.00109.

Betten, Anne/Fix, Ulla/Wanning, Berbeli (Hg.): *Handbuch Sprache in der Literatur*. Berlin/Boston 2017.

Börjesson, Kristin/Meibauer, Jörg (Hg.): *Pragmatikerwerb und Kinderliteratur*. Tübingen 2021.

Caracciolo, Marco: „Punctuating minds: Non-verbal cues for consciousness representation in literary narrative". In: *Journal of Literary Semantics* 43/1 (2014), 43–69.

Cross, Julie: *Humor in contemporary junior literature*. London/New York 2011.

Dale, Joshua Paul/Goggin, Joyce/Leyda, Julia/McIntyre, Anthony P./Negra, Diane: „The Aesthetics and Affects of Cuteness". In: dies. (Hg.): *The Aesthetics and Affects of Cuteness*. New York/London 2017, 1–34.

Eisenberg, Peter: *Grundriss der deutschen Grammatik. Bd. 1: Das Wort. Bd. 2: Der Satz*. Stuttgart 2021[5].

Evans, Janet (Hg.): *Challenging and Controversial Picturebooks: Creative and Critical Responses to Visual Texts*. London/New York 2015.

Finkbeiner, Rita: „Phraseologieerwerb und Kinderliteratur. Verfahren der Verständlichmachung von Phraseologismen im Kinder- und Jugendbuch am Beispiel von Otfried Preußlers *Die kleine Hexe* und *Krabat*". In: *Zeitschrift für Literaturwissenschaft und Linguistik (LiLi)* 162 (2011), 47–73.

Finkbeiner, Rita: „Serielle Narration als Konstruktion. Studien an Bilderbüchern für Vorschulkinder". In: *Linguistik online* 96 (2019), 43–61.

Fries, Norbert: „Die Kodierung von Emotionen in Texten. Teil 1: Grundlagen". In: *Journal of Literary Theory* 1/2 (2007), 293–337.

Fries, Norbert: „Die Kodierung von Emotionen in Texten. Teil 2: Die Spezifizierung emotionaler Bedeutung in Texten". In: *Journal of Literary Theory* 3/1 (2009), 19–72.

Gressnich, Eva: „Einführung von Diskursreferenten im Bilderbuch". In: *Zeitschrift für Literaturwissenschaft und Linguistik (LiLi)* 162 (2011), 74–92.

Gressnich, Eva: „Verbal and Visual Pageturners in Picturebooks". In: *International Research in Children's Literature* 5/2 (2012), 167–183.

Gressnich, Eva: „Picturebooks and linguistics". In: Bettina Kümmerling-Meibauer (Hg.): *The Routledge Companion to Picturebooks*. London/New York 2018, 401–408.

Gressnich, Eva/Meibauer, Jörg: „First-Person Narratives in Picturebooks. An Inquiry into the Acquisition of Picturebook Competence". In: Teresa Colomer/Bettina Kümmerling-Meibauer/María Cecilia Silva-Díaz (Hg.): *New Directions in Picturebook Research*. London/New York 2010, 191–203.

Gretsch, Petra: „Satztyp und Spracherwerb". In: Jörg Meibauer/Markus Steinbach/Hans Altmann (Hg.): *Satztypen des Deutschen*. Berlin/Boston 2013, 815–845.

Kauschke, Christina: *Kindlicher Spracherwerb im Deutschen. Verläufe, Forschungsmethoden, Erklärungsansätze*. Berlin/Boston 2012.

Kümmerling-Meibauer, Bettina/Meibauer, Jörg: „*Beware of the fox!* Emotion and deception in *Fox* by Margaret Wild and Ron Brooks". In: Janet Evans (Hg.): *Challenging and Controversial Picturebooks: Creative and Critical Responses to Visual Texts*. London/New York 2015a, 144–159.

Kümmerling-Meibauer, Bettina/Meibauer, Jörg: „Vorlese-Input und Redewiedergabe". In: Eva Gressnich/Claudia Müller/Linda Stark (Hg.): *Lernen durch Vorlesen. Sprach- und Literaturerwerb in Familie, Kindergarten und Schule*. Tübingen 2015b, 15–33.

Kümmerling-Meibauer, Bettina/Meibauer, Jörg: „Sprache in der Prosa für Kinder und Jugendliche". In: Anne Betten/Ulla Fix/Berbeli Wanning (Hg.): *Handbuch Sprache in der Literatur*. Berlin/Boston 2017, 559–568.

Kümmerling-Meibauer, Bettina/Meibauer, Jörg: „Early-concept books and concept books". In: Bettina Kümmerling-Meibauer (Hg.): *The Routledge Companion to Picturebooks*. London/New York 2018a, 149–157.

Kümmerling-Meibauer, Bettina/Meibauer, Jörg: „Picturebooks and cognitive studies". In: Bettina Kümmerling-Meibauer (Hg.): *The Routledge Companion to Picturebooks*. London/New York 2018b, 391–400.
Kurwinkel, Tobias/Schmerheim, Philipp (Hg.): *Handbuch Kinder- und Jugendliteratur*. Stuttgart 2020.
Liedtke, Frank: „Sprechakttheorie". In: Frank Liedtke/Astrid Tuchen (Hg.): *Handbuch Pragmatik*. Stuttgart 2018, 29–40.
Liedtke, Frank/Tuchen, Astrid (Hg.): *Handbuch Pragmatik*. Stuttgart 2018.
Lypp, Maria: „Die Kunst des Einfachen in der Kinderliteratur". In: Günther Lange (Hg.): *Taschenbuch der Kinder- und Jugendliteratur. Bd. 1*. Baltmannsweiler 2002, 828–843.
Meibauer, Jörg: „Spracherwerb und Kinderliteratur". In: *Zeitschrift für Literaturwissenschaft und Linguistik (LiLi)* 162 (2011), 11–28.
Meibauer, Jörg: „Einfachheit, Anpassung und *Early Literacy*". In: *Zeitschrift für Literaturwissenschaft und Linguistik (LiLi)* 174 (2014), 9–23.
Meibauer, Jörg: „What the child can learn from simple descriptive picturebooks. An inquiry into *Lastwagen/Trucks* by Paul Stickland". In: Bettina Kümmerling-Meibauer/Jörg Meibauer/Kerstin Nachtigäller/Katharina Rohlfing (Hg.): *Learning from picturebooks. Perspectives from child development and literacy studies*. London/New York 2015, 51–70.
Meibauer, Jörg: „Pragmatics and children's literature". In: Rachel Giora/Michael Haugh (Hg.): *Doing Pragmatics Interculturally: Cognitive, Philosophical and Socio-pragmatic Perspectives*. Berlin/Boston 2017, 371–387.
Meibauer, Jörg/Demske, Ulrike/Geilfuß-Wolfgang, Jochen/Pafel, Jürgen/Ramers, Karl-Heinz/Rothweiler, Monika/Steinbach, Markus: *Einführung in die germanistische Linguistik*. Stuttgart ³2015.
Ommundsen, Åse Marie/Haaland, Gunnar/Kümmerling-Meibauer, Bettina (Hg.): „*Challenging picturebooks in education*". London/New York 2022.
Sandig, Barbara: *Textstilistik des Deutschen*. Berlin/Boston ²2006.
Searle, John R.: *Sprechakte. Ein sprachphilosophischer Essay*. Frankfurt a. M. 1971.
Zufferey, Sandra: *Acquiring Pragmatics. Social and cognitive perspectives*. London/New York 2015.

# Typografie und Layout im Bilderbuch

**6**

Karin Vach

## Inhaltsverzeichnis

6.1 Theoretische Grundlagen .................................................. 119
    6.1.1 Begriff und Bestimmungsmerkmale der Modalität ..................... 120
    6.1.2 Begriffsumriss der Typografie ....................................... 122
6.2 Modellanalysen: *Mein Vater, der Pirat* (Davide Calì/Maurizio A.C. Quarello, 2014) und *Crazy Hair* (Neil Gaiman/Dave McKean, 2009) .......................... 124
    6.2.1 *Mein Vater, der Pirat* ............................................. 124
    6.2.2 *Crazy Hair* ..................................................... 129
    6.2.3 Ausblick auf weitere typografisch funktionale Gestaltungsformen .......... 133
6.3 Fazit ................................................................... 134
Literatur ................................................................... 134

## 6.1 Theoretische Grundlagen

Betrachtet man die Kapitel in diesem Band, so zeichnen sich einige der dort analysierten Bilderbücher durch eine auffällige typografische Gestaltung und ein abwechslungsreiches Layout aus. Ausdrucksstark inszenieren sie das Erzählte mit verschiedenen Schriftarten, -größen und -farben und durch die Verteilung der Schrift auf der Fläche. Die digitalen Produktionstechniken erleichtern und steigern die Möglichkeiten, mit einem riesigen Repertoire an grafischen Zeichenressourcen zu spielen und durch die Art und Weise ihrer Gestaltung selbst Bedeutungen hervorzubringen. Die amerikanische Kinderliteraturforscherin Eliza Dresang

---

K. Vach (✉)
Institut für deutsche Sprache und Literatur, Pädagogische Hochschule Heidelberg,
Heidelberg, Deutschland
E-Mail: vach@ph-heidelberg.de

© Springer-Verlag GmbH Deutschland, ein Teil von Springer Nature 2022
B. Dammers et al. (Hg.), *Das Bilderbuch*,
https://doi.org/10.1007/978-3-476-05824-9_6

beobachtet im Zuge der Digitalisierung neue Synergien zwischen Wörtern und Bildern: „words become pictures und pictures become words" (1999, S. 88).

**Multimodalität:** Die Rolle der Typografie in den Bilderbüchern spricht dafür, nicht mehr nur Sprache und Bild als die zentralen Bestimmungsmerkmale für das Bilderbuch aufzufassen. In den letzten Jahren hat daher das Konzept der Multimodalität in die Bilderbuchforschung Eingang gefunden (vgl. Serafini 2014; Pantaleo 2012; 2014; Vach 2019a; s. Abschn. 1.1). Ausgangspunkt der Forschungsarbeiten zur Multimodalität ist die Frage, wie Bedeutungen im kommunikativen Handeln konstruiert werden und welche Zeichenressourcen dabei eine Rolle spielen (vgl. Jewitt/Bezemer/O'Halloran 2016, S. 8). Bilderbücher werden demzufolge als multimodal bezeichnet, denn über das Zusammenspiel von Sprache und Bild hinaus gilt auch die typografische Gestaltung, einschließlich Layout und Materialität, als bedeutungstragend. Selbst wenn in einigen Bilderbüchern die Schrift nicht besonders auffällig gesetzt ist, so ist damit auch eine Wahl getroffen, nämlich die Schrift neutral wirken und hinter dem sprachlich und bildlich Mitgeteilten zurücktreten zu lassen (vgl. Spiekermann 2004, S. 104).

**Typografisches Kommunikationspotenzial:** Die Typografie kann in spezifischer Weise durch die Wahl, die Zurichtung und Textur der Schrift, durch das Layout und andere grafische Mittel den multimodalen Text hervorbringen und ihm eine besondere Gestalt geben. Wenngleich in vielen neueren Bilderbüchern die typografische Gestaltung ins Auge fällt, so ist historisch betrachtet die Rolle der Typografie in Bilderbüchern keine neue Erscheinung. Bilderbücher besitzen eine lange Tradition, in der Sprache, Bild und phasenweise auch eindrucksvolle typografische Variationen miteinander kombiniert und kommuniziert wurden (vgl. Keune 2018). Aufmerksamkeit erhält die Typografie vor allem dann, wenn sie die sprachlichen und bildlichen Aussagen augenscheinlich verstärkt, anreichert oder mitunter sogar irritiert (vgl. Phinney/Collabucci 2010).

### 6.1.1 Begriff und Bestimmungsmerkmale der Modalität

**Modalität:** Die Typografie kann als eine relativ eigenständige Zeichenmodalität im multimodalen Gesamtgefüge des Bilderbuchs aufgefasst werden (vgl. Stöckl 2004, S. 16). Bekannt geworden ist der Begriff der Modalität hierzulande vor allem durch die sozialsemiotischen Forschungsarbeiten zur Multimodalität von Gunter Kress und Theo van Leeuwen (1996; 2001). Multimodalität ist mittlerweile zu einem zentralen Begriff im medienwissenschaftlichen und linguistischen Diskurs über Sprache und Bild avanciert. Auch für das Bilderbuch ist der Begriff der Modalität zutreffender als der des (Zeichen-)Codes, denn er hebt die formbare und sinnrelevante Materialität der Zeichen hervor und gibt dem Sinnlichen bzw. der sensorischen Wahrnehmung Priorität. Im Gegensatz zu ‚Code' rekurriert ‚Modalität' folglich nicht nur auf das Zeichensystem, sondern ist umfassend als eine Synthese aus Zeichensystem (Code, Konvention), Medium (Materialität, Technologie) und Zeichentyp (Wahrnehmungskanal) zu verstehen (vgl. Schneider/Stöckl 2011, S. 26).

## 6.1 Theoretische Grundlagen

**Bestimmungsmerkmale:** Modalitäten zeichnen sich dadurch aus, dass sie jeweils über ein bestimmtes Repertoire von Zeichen verfügen, die ähnlich wie in der Grammatik der Sprache nach bestimmten Regeln miteinander kombiniert werden können und insofern zur Gesamtbedeutung des multimodalen Textes beitragen (vgl. Stöckl 2004, S. 21). Entscheidend ist, dass Modalitäten in ihrer Anwendung kommunikative Funktionen erfüllen: Modalitäten haben repräsentative Funktionen, indem sie Vorstellungen, Konzepte und Ereignisse darstellen und abbilden. Sie haben interpersonale Funktion, indem sie die Textproduzent/in und Textrezipient/in in eine soziale Beziehung zueinander setzen. Sie haben textuale Funktion, indem sie die Mitteilungen organisieren und strukturieren (vgl. Jewitt/Bezemer/ O'Halloran 2016, S. 34).

Für die Typografie trifft zu, dass sie über ein Zeichenrepertoire und Verwendungsregeln verfügt, durch die sie Bedeutungen vermitteln kann. Sie ist dabei jedoch eng an Sprache gebunden. Ihre Schriftbildlichkeit ist dadurch gekennzeichnet, dass sie diskursiv-sequentielle Elemente (Buchstaben) und repräsentativ-räumliche Elemente (Serifen, grafische Muster etc.) integriert und somit selbst multimodal ist. Typografie ist als relativ eigenständige Zeichenmodalität zwischen Schrift und Bild zu verorten. Einzuschränken ist ihre Eigenständigkeit dadurch, dass sie nicht leicht in diskrete Zeichen aufzugliedern ist und dass die Zeichen mitunter soziokulturell gebunden sind. Die Typografie trägt nicht per se und in jedem Fall zur Bedeutungskonstruktion bei. Voraussetzung sind die Wahrnehmung ihrer Elemente und das entsprechende typografische Wissen (vgl. Antos 2009, S. 407 f.; Spitzmüller 2009, S. 464). Die Typografie erfüllt jedoch die oben genannten kommunikativen Funktionen, was ihren Status als relativ eigenständige Zeichenmodalität legitimiert. Dies spricht dafür, dass sie im mehrdimensionalen Analysemodell nicht unter der bildlichen Dimension subsumiert wird und eine eigene Dimension zugeschrieben bekommen müsste (s. Abschn. 1.2.2).

---

**Definitionen**

**Ebenen der Typografie** (nach Hartmut Stöckl 2004, S. 22 ff.):

- **Mikrotypografie:** Schriftwahl und die Formausstattungsmerkmale der Schrift, z. B. Größe, Farbe, Auszeichnungen wie fett und kursiv
- **Mesotypografie:** Schrift auf der Fläche und Gebrauch der Schrift im Text, z. B. Zeichenabstand, Wortabstand, Zeilenabstand, Textausrichtung
- **Makrotypografie:** Layout des Gesamttextes, z. B. globale Organisation der einzelnen Bausteine, Berücksichtigung der Leerflächen mit dem Ziel der inhaltlichen Strukturierung und Leser/innenlenkung
- **Paratypografie:** Format und Materialität des Papiers, materiale Eigenschaften der Zeichenträger, z. B. Eigenschaften des Papiers, Schreibtechniken

> **Kommunikative Funktionen der Typografie** (nach Frank Serafini 2014, S. 62 ff.):
>
> - **Repräsentative Funktion:** Darstellung und Abbildung von Vorstellungen, Konzepten, Abläufen und Ereignissen (z. B. Hervorhebung von bestimmten Begriffen, Visualisierung von Ereignissen oder Veranschaulichung von Abläufen durch Schriftwahl, Schriftgröße, Schriftfarbe oder Ausrichtung der Schrift auf der Fläche)
> - **Interpersonale Funktion:** Förderung der Interaktion zwischen Text und Textrezipient/in oder Gestaltung der Beziehung zwischen den dargestellten Figuren im Rückgriff auf typgrafische Zeichenressourcen
> - **Textuale Funktion:** Sichtbarmachen der Textstruktur und der Narration, Hervorhebung von Inhalten, Gewährleistung der Lesbarkeit

### 6.1.2 Begriffsumriss der Typografie

Aus der Sicht der Linguistik und der Praxis des Textdesigns wird der Begriff der Typografie als Oberbegriff verwendet, unter dem sowohl die Schrift- als auch die Gesamtgestaltung des Textes bzw. das Layout, gefasst werden. Das Zeichenrepertoire der Typografie lässt sich in vier Gestaltungsebenen untergliedern: Mikrotypografie, Mesotypografie, Makrotypografie und Paratypografie (Stöckl 2004, S. 22 ff.; s. Definitionskasten). Im Produktions- und Rezeptionsprozess interagieren alle Ebenen miteinander, aus systematischen Gründen werden hier die einzelnen Ebenen getrennt voneinander aufgeführt.

**Mikrotypografie:** Diese bezieht sich auf die feinen Abstufungen im grafischen Formbereich, welche die ersten Eindrücke einer Seite innerhalb von Sekundenbruchteilen nachhaltig beeinflussen können (vgl. Williams/Hildebrandt 2015). So kann etwa in Abhängigkeit von der Schriftart, Schriftgröße oder Farbe ein Text plakativ, altmodisch, modern oder auch zurückhaltend erscheinen. Welche Wirkung hervorgerufen wird, hat damit zu tun, dass Schriften oftmals mit bestimmten Moden, kulturellen und historischen Epochen oder soziokulturellen Gruppierungen verknüpft werden. Je nach Umsetzung kann so die Schriftgestaltung entsprechende Assoziationen und Emotionen wecken.

**Mesotypografie:** Auf der Ebene der Mesotypografie geht es um die Schrift auf der Fläche und den Gebrauch der Schrift im Text. Der Zeichenabstand, Wortabstand, Zeilenabstand und die Ausrichtung des Textes zielen in der Regel auf die Lesbarkeit des Textes, seine optische Balance und die Angemessenheit von Inhalt und typografischer Form. Mitunter kann aber gerade der Bruch mit den Konventionen besondere Aufmerksamkeit wecken und einen nachhaltigen Eindruck hinterlassen. Die mesotypografischen Gestaltungsressourcen können der Bildlichkeit der Schrift dienen, so etwa wenn durch die Anordnung der Zeilen auf der Fläche die prosodische Qualität der Äußerung, der emotionale Zustand des Sprechers und die pragmatische Kraft der Aussage vermittelt wird.

**Makrotypografie:** Hierzu gehören die Gestaltungsressourcen, die auf die Konzeption des Textes und der inhaltlichen Strukturierung zielen. Auf dieser Ebene geht es um die globale Organisation bzw. das Layout des Gesamttextes unter Berücksichtigung der einzelnen Teile, z. B. Schriftbausteine, Bilder, Leerflächen. Makrotypografisch sind für das Bilderbuch insbesondere die Absatzgestaltung, Einrückungen, Versalien, Initialen und die Montage von Schrift und Bild relevant. Die Bildlichkeit der Typografie kommt auf dieser Ebene besonders zum Tragen, indem über die Kopplung von Schrift und Bild hinaus auch ein Gesamtbild des Textes entsteht.

**Paratypografie:** Die paratypografische Dimension umfasst die Materialität des Dargestellten. Besonders für das Bilderbuch stellt sich hier die Frage, mit welchem Material, welchen Werkzeugen und Herstellungstechniken es produziert wurde. Die Wirkungen des Materials sind von seiner Beschaffenheit (optisch, haptisch) und seinen Gebrauchskonventionen (z. B. festes Papier gilt als wertvoll) abhängig. Die Techniken wie Zeichnen, Schreiben, Stempeln oder Montieren rufen jeweils unterschiedliche Wirkungen hervor. Digitale Bearbeitungsprogramme können die handwerklichen Techniken imitieren und erweitern.

---

**Leitfragen zur Analyse von Typografie und Layout im Bilderbuch**
- Welchen Eindruck erzeugen das Format und das Material des Buchs? Wie fühlen sich der Einband und das Papier an?
- Welche Wirkung ruft die Gestaltung des Covers hervor? Welche Schriftart, Schriftgröße und Schriftfarbe sind für den Titel gewählt? Welchen Raum nimmt der Titel ein und wo ist er positioniert? Besteht ein Zusammenhang mit dem Inhalt des Buchs und der Titelgestaltung sowie mit der Gesamtgestaltung des Covers?
- Welchen Gesamteindruck ruft das Layout der einzelnen Seiten hervor?
- Wie ist das Zusammenspiel von Schrift, Bildern und Leerflächen auf den Seiten umgesetzt?
- Welche Assoziationen werden durch die mikro- und mesotypografischen Mittel geweckt? Unterstützt, verstärkt oder unterläuft die typografische Gestaltung das sprachlich und bildlich Vermittelte?
- Welche makrotypografischen Mittel werden zur Leser/innenlenkung eingesetzt?
- Welche typografischen Möglichkeiten werden zur Vermittlung von Begriffen, Ereignissen und Abläufen genutzt (z. B. Schriftart, Schriftgröße, Schriftfarbe, Zeilen- und Absatzgestaltung, Leerflächen)?
- Welche typografischen Möglichkeiten fördern die Text-Leser/innen-Interaktion (z. B. Schriftart, Schriftgröße, Schriftfarbe, Zeilen- und Absatzgestaltung, Leerflächen)?
- Welche typografischen Möglichkeiten veranschaulichen die Beziehung der dargestellten Figuren untereinander (z. B. Schriftart, Schriftgröße, Schriftfarbe, Zeilen- und Absatzgestaltung, Leerflächen)?

## 6.2 Modellanalysen: *Mein Vater, der Pirat* (Davide Calì/ Maurizio A.C. Quarello, 2014) und *Crazy Hair* (Neil Gaiman/Dave McKean, 2009)

In den Modellanalysen stehen zwei ausgewählte Bilderbücher im Mittelpunkt. Dem Rezeptionsprozess folgend soll nach der Wirkungsweise der typografischen Gestaltung im Zusammenspiel von Sprache und Bild gefragt werden. Zur Sensibilisierung für den typografischen Formen- und Bedeutungsreichtum werden dafür die vier typografischen Ebenen und ihre jeweiligen Zeichenressourcen in den Blick genommen. Richtungsweisend ist dabei die Frage, inwiefern die typografische Inszenierung kommunikative Funktionen (s. o. Definitionskasten) in den Bilderbüchern erfüllt und zur Bedeutungskonstruktion beiträgt.

Die Modellanalyse erfolgt in zwei Schritten: Nach einer kurzen Einführung in das ausgewählte Bilderbuch wird in einem ersten Schritt das Cover, das Format und die Materialität der Bücher beleuchtet. Auch die Vorsatzseiten werden hier einbezogen. In einem zweiten Schritt ist die typografische Analyse der Gestaltung des Haupttextes gewidmet und nimmt an Beispielen die Wirkungsweise des multimodalen Zusammenspiels von Sprache und Bild in den Blick.

### 6.2.1 *Mein Vater, der Pirat*

Das Bilderbuch *Mein Vater, der Pirat* wurde 2013 in der italienischen Originalausgabe unter dem Titel *Mio Padre, il grande pirata* publiziert. Der Text ist von Davide Calì verfasst, die Bilder sind von Maurizio Λ.C. Quacrello gestaltet. Die typografische Gestaltung im italienischen Original geht nach Informationen des Verlags Stuart & Jacoby auf Fausta Orecchio, der Verlegerin und Graphic Designerin des italienischen Verlags orecchio acerbo, zurück (s. Kap. 14). 2014 ist das Buch aus dem Italienischen von Edmund Jacoby ins Deutsche übersetzt worden und im Berliner Verlag Jacoby & Stuart erschienen. Das Buch wurde 2015 für den Deutschen Jugendliteraturpreis in der Sparte Kinderbuch nominiert und erhielt im deutschsprachigen Raum noch weitere Auszeichnungen.

**Handlung und Kontext:** Die Geschichte wird aus der Perspektive eines erwachsenen Ich-Erzählers wiedergegeben, der die Entwicklung seiner kindlichen Beziehung zu seinem Vater schildert. Seine frühe Beziehung zum Vater ist dadurch geprägt, dass dieser fernab von zu Hause arbeitet. Einmal im Jahr kommt er nach Hause zurück und gibt dann vor, ein großer Pirat zu sein. Den kleinen Jungen beeindrucken die vielen Geschichten rund um das Piratenleben, die der Vater von seinen Reisen mitbringt. Die Selbstinszenierung des Vaters fliegt jedoch auf, als dieser in einem Sommer nicht heimkehrt und der Sohn feststellen muss, dass sein Vater nicht als Pirat, sondern Bergmann gearbeitet hat und bei einem Grubenunglück gerade noch mit dem Leben davongekommen ist. Widerstreitende Gefühle wie Angst um den Vater, Traurigkeit, Enttäuschung über die falsche Darstellung lösen die Freude und das Glück der frühen Kindheit ab. Der

## 6.2 Modellanalysen: *Mein Vater, der Pirat* und *Crazy Hair*

**Abb. 6.1** Cover: *Mein Vater, der Pirat* (Calì/Quarello 2014)

Wandel der Beziehung wird in der bildlichen und typografischen Darstellung sichtbar umgesetzt. Am Ende gelingt dem Kind die Einfühlung in die Situation des Vaters und die Aussöhnung mit ihm. Faktualer Ausgangspunkt für diese Kindheitsgeschichte ist das große Grubenunglück in Belgien im Jahre 1956, bei dem 136 italienische Bergleute ihr Leben verloren.

**Cover und paratypografische Gestaltung:** Für das vorliegende Buch wurde ein breites Hochformat gewählt, das etwas breiter und etwas weniger hoch als ein DIN-A4-Format ausfällt. Die Form vermittelt einen stabilen Eindruck, der stimmig zur Geschichte passt, die davon erzählt, dass trotz aller Erschütterungen die Beziehung zwischen Vater und Sohn bestehen bleibt.

Der Blick auf den Buchdeckel (s. Abb. 6.1) fällt zuerst auf einen kleinen Jungen mit einer großen Piratenflagge. Der Junge sitzt auf den Schultern eines Mannes und wird von ihm mit den nach oben und leicht nach hinten gestreckten Händen sicher festhalten wird. Makrotypografisch betrachtet nimmt die colorierte Zeichnung vom unteren Rand aus Dreiviertel der Fläche des vorderen Buchdeckels ein. Der Kopf des Jungen und seine darüber schwingende Fahne sind etwa mittig platziert. Der Hintergrund der Illustration ist hellgelblich gestaltet. Wolken in hellblau-grauer Farbe lockern den gelben Hintergrund auf und versetzen das Porträt von Vater und Sohn in luftig leichte Höhen.

Die Coverabbildung erinnert an eine vergilbte Fotografie in einem Fotoalbum. Dies markieren die vier braunen Klebeecken, die sowohl auf dem vorderen als auch auf dem hinteren Buchdeckel erscheinen. Auch wenn die gelbstichige Bleistift- und Buntstiftzeichnung schon etwas in die Jahre gekommen zu sein scheint, so lässt doch ihre weiche pastellfarbene, leicht sepiafarbene Tönung wehmütig die Wärme der vergangenen Kindheit aufscheinen.

Dass es sich bei den beiden Figuren um Vater und Sohn handeln könnte, ist aufgrund des Buchtitels zu vermuten, der wie eine collagierte Bildüberschrift zentriert in das obere Viertel des Covers gesetzt ist. Die einzelnen Wörter geben durch ihre je eigenen Farben und Größen vor, unterschiedlichen Kontexten entnommen zu sein. Dabei sind die Wörter „Mein", „Vater" und „der" in eine klassizistische Antiqua gesetzt, die zusätzlich durch Fettauszeichnung hervortritt. Die Schriften dieser Gruppe sind bekannt für ihre strenge Linienführung, ihre überdeutlichen Strichstärkenunterschiede und die gleichmäßigen Breiten der Versalien, die „stramm wie die Gardesoldaten" (Wäger 2012, S. 284) eher statisch wirken. Ihrem repräsentativen Charakter entsprechend werden Schriften dieser Gruppe bevorzugt für Namen, Labels und Firmenbezeichnungen eingesetzt. Insofern passt die Schriftwahl zur Funktion, den Vater zu charakterisieren. Das Wort „Pirat" hebt sich durch die weiße Schriftfarbe und eine braunrote Schattierung hervor. Zudem ist das Wort in eine eigens konstruierte Schrift gesetzt, die zwar Elemente verschiedener Serifenschriften enthält, aber in kein Schema passt. Die mikrotypografische Gestaltung korrespondiert somit mit der schillernden Rolle des Vaters, der sich zwar durch Piratenzuschreibungen stilisiert, aber in seiner Realität kein wirklicher Pirat ist.

Die gelbliche Farbgebung des Covers setzt sich auf den Vorsatzseiten fort, für die ein im gleichen Hellgelb eingefärbtes Papier gewählt wurde. Hier gibt auf dem vorderen und hinteren Vorsatz die grafische Darstellung das Panorama eines Meeres wieder, dessen Wellen zum Strand hin umschlagen. Aufgrund der Papierfarbe erhält die blaue Farbe des Meeres einen gelblichen Stich, was dem vergilbten Eindruck der Abbildung auf dem Buchdeckel nahekommt. Der Haupttext wird auf diese Weise paratypografisch gerahmt.

Dass die Oberflächenwirkung und Haptik des Papiers Emotionen transportieren, wird auch bei der Wahl des materialen Hintergrundes deutlich. Für dieses Buch wurde festes, schweres Papier gewählt, das eine gewisse Wertigkeit vermittelt. Der solide Eindruck, den das breite Hochformat hervorruft, kann durch die Oberfläche des Papiers verstärkt werden. Das Papier des Haupttextes lässt sich farblich durch ein gebrochenes Weiß und eine halbmatte Oberfläche charakterisieren. Insofern passen Papierwahl und Papieroberfläche zu den emotional wertvollen Erinnerungen an die Kindheit, um die es in der Geschichte geht.

**Mikrotypografische Analyse:** Für den Haupttext ist die gleiche Schriftart wie im Titel „Mein Vater der" gewählt, allerdings nicht fett, sondern mit normalem Schnitt gesetzt. Die Schrift ist gut lesbar. Zudem sind die einzelnen Textabschnitte durchgängig vor einem großflächigen Weißraum positioniert, sodass die Leserlichkeit gewährt bleibt. Die Schrift wirkt neutral. Sie ist vorwiegend grau gehalten und weist somit weniger Druckerschwärze auf, was ihre zurückhaltende Wirkung verstärkt. Auf den ersten Blick tritt die Schrift aufgrund ihrer unauffälligen mikrotypografischen Gestaltung hinter die Bilder zurück. Dies wird besonders auf den Doppelseiten deutlich, die großformatige Bilder neben Schrifttext in relativ kleiner Schriftgröße in einer 14-Punkt-Schrift präsentieren.

Bei genauerem Betrachten fallen jedoch einige mikrotypografische Variationen auf. Die Schriftgestaltung wird durch die Schriftgröße und die Schriftfarbe vor allem im ersten Teil des Buchs modifiziert. In diesem Teil ist die Farbgebung der Bilder vorwiegend durch ein Rot-Orange dominiert, welches die strahlendsonnige Beziehung zwischen Vater und Sohn wiedergibt. Zentrale Aussagen werden hier durch eine vergrößerte Schrift und durch einzelne farbig gedruckte Buchstaben oder Wörter hervorgehoben. Dafür werden die Farben Rot, Blau und Schwarz gewählt, welche an verschiedenen Stellen auftauchen und beispielsweise die Namen der Mannschaftskollegen farbig markieren. Zusätzlich sind die Namen durch kräftige Strichstärken – Fett – wie im Titel des Bilderbuchs kontrastiert. Durch die Schriftauszeichnung werden die Kollegen des Vaters herausgestellt, die als Typen in den Geschichten des Vaters eine wichtige Rolle spielen. Insgesamt erzeugt die mikrotypografische Gestaltung hier eine dynamische Textwirkung, die zugleich auch die Wirkung der Besuche des Vaters symbolisiert. Im zweiten Teil des Buchs ist die Farbgebung der Bilder in ein Grau-Blau abgewandelt, was der düsteren Stimmung entspricht. Für den Ich-Erzähler ist mit dem Einsturz des Bergwerks auch die heile Kinderzeit zusammengebrochen.

Mikrotypografisch wird das in der grauen Schriftfarbe und einer vorwiegend einheitlich kleinen 14-Punkt-Schrift gespiegelt. So wie die Beziehung in dieser Phase ihre Leuchtkraft einbüßt und neu geordnet werden muss, wirkt auch die Schrift eintönig und verliert ihre Dynamik. Nur wenige zentrale Aussagen, welche die erschütternden Ereignisse zum Ausdruck bringen und fest im Gedächtnis eingebrannt sind, werden durch die Schriftgröße akzentuiert. Im dritten Teil der Geschichte, in der Vater und Sohn wieder zusammenfinden, weil der Ich-Erzähler Verständnis für seinen Vater entwickelt und sich mit ihm aussöhnt, kommt wieder mehr Farbe ins Bild und in die Schrift. Einzelne Akzente in der Bild- und Schriftgestaltung vermitteln hier eine gereifte, erwachsener gewordene, aber nicht minder innige Vater-Sohn-Beziehung.

**Mesotypografische Analyse:** Ungewöhnlich ist die vielgestaltige Ausrichtung der Schrift auf der Fläche: Unterschiedliche Satzarten wie linksbündiger Flattersatz, rechtsbündiger Flattersatz und zentrierter Flattersatz sowie unterschiedliche Zeilenabstände und Satzspiegel verleihen – unterstützt durch die unterschiedliche Platzierung des Textes auf der Fläche – dem Erzählten insgesamt eine große Dynamik. Die mesotypografische Gestaltung spiegelt die Wechselhaftigkeit der

Gefühle des Kindes dem Vater gegenüber in den unterschiedlichen Phasen ihrer Beziehung. So werden je nach Phase Stolz und Freude, Angst und Enttäuschung, Traurigkeit und Überraschung auch mesotypografisch sichtbar. Während im ersten Teil die positive Dynamik der Beziehung auch durch mesotypografische Variationen unterstützt wird, ist im zweiten Teil bis auf wenige Ausnahmen der Text als linksbündiger Flattersatz gesetzt. Diese konventionelle Satzart markiert die eingefahrene Situation. Der Aufbruch daraus wird mesotypografisch durch einen rechtsbündigen Flattersatz und dem auf die gesamte Breite der Doppelseite platzierte Aussage eingeleitet: „Vom Bergwerk war nicht mehr die Rede, bis zu dem Tag, als der Brief kam" (S. 34 f.). Der Brief markiert eine neue Phase der Beziehung, die wiederum durch den mesotypografischen Zeichenbestand im weiteren Verlauf zum Ausdruck kommt. Mehr Leerzeilen und kleinere Textabschnitte rufen einen lebhaften Texteindruck hervor.

**Makrotypografische Analyse:** Die narrative Funktion der makrotypografischen Gestaltung wird an verschiedenen Stellen des Buchs sichtbar. Auf einigen Doppelseiten sind die Äußerungen des Ich-Erzählers in der Rahmenerzählung über die ganze Breite der Doppelseite hinweggesetzt. Durch diese langen Satzbreiten wird der übergreifende Erzählzusammenhang präsentiert. Demgegenüber sind die Piratengeschichten des Vaters in schmalen Spalten nebeneinander aufgereiht und werden durch die andere Satzart als Binnenerzählungen des Vaters markiert. Im Rückgriff auf die mesotypografische Zeichenressourcen visualisiert das Layout somit die Unterschiede zwischen Rahmen- und Binnenerzählung und gibt Orientierung über das Erzählkonzept. Zur narrativen Konzeption gehört auch die Dreiteilung der Geschichte, welche die verschiedenen Phasen der Beziehung zum Vater widerspiegelt und wie oben gezeigt typografisch inszeniert wird.

Dass die makrotypografische Gestaltung zudem das Erzählte eindrucksvoll repräsentierten kann, soll exemplarisch an einer Doppelseite veranschaulicht werden (s. Abb. 6.2). Ausschließlich mit typografischen Mitteln wird hier der große Schrecken des kindlichen Protagonisten über die Nachricht vom Einsturz des Bergwerks, in dem der Vater arbeitet, inszeniert. Die entsprechende Doppelseite verzichtet fast vollständig auf Abbildungen. Es ist lediglich auf der linken Seite im oberen Teil ein schmaler Streifen von der Umgebung des Bergwerks über Tag zu sehen. Ansonsten ist die gesamte Fläche der linken Seite dunkelgrau mit Kohleschraffur eingefärbt. Die Farbgebung symbolisiert hier die Dunkelheit unter Tage sowie die dunklen Emotionen von Trauer und Angst. Der Text informiert über den Einsturz des Bergwerks hunderte von Metern unter der Erde und darüber, dass der Vater Glück gehabt hat. Als Schriftfarbe ist Grau gewählt und die verschiedenen Wörter werden unterschiedlich groß gesetzt. Dabei fallen die Begriffe „Bergwerk", „Kohle" und „eingestürzt" durch ihre relative Übergröße ins Auge. Die Tiefe des Bergwerks kann durch die mittige Position des Textsatzes auf der Seite assoziiert werden. Die Platzierung kann auch so gedeutet werden, dass die Nachricht vom Einsturz in die Mitte, ins Herz trifft. Die rechte Seite ist im Gegensatz dazu durch eine große, weiße Leerfläche gestaltet, die nur von zwei

**Abb. 6.2** Doppelseite: Der Einsturz des Bergwerks (Calì/Quarello 2014, S. 28 f. © Jacoby & Stuart)

Sätzen oben und unten gerahmt wird. In einer 14-Punkt-Schrift, also in einer im Vergleich zur Schrift auf der linken Doppelseite relativ kleinen Schriftgröße, informiert der obere Satz, dass der Vater nicht tot ist und im unteren äußert das Kind, dass ihm klar wurde, nun kein Kind mehr zu sein. Welche widerstreitenden Emotionen, Gedanken, Fragen und Anschuldigungen im Kind aufkommen, wird nicht ausformuliert, sondern offengelassen. Die leere Fläche der Seite repräsentiert die Leerstelle in der Erzählung, welche die Betrachtenden selbst konkretisieren müssen. Daraus lässt sich folgern, dass es sich bei dieser und auch bei anderen großen Flächen an Weißraum in diesem Buch nicht bloß um leere Flächen handelt, sondern dass ihnen bedeutungstragende Funktion zukommt (vgl. Vach 2019a).

### 6.2.2 Crazy Hair

Bei dem englischsprachigen Bilderbuch *Crazy Hair* (2009) handelt es sich um das dritte gemeinsame Bilderbuch aus der erfolgreichen Zusammenarbeit von Neil Gaiman – Text – und Dave McKean – Illustration und Typografie (vgl. Vach 2019b; Pananou/Michaelides 2011). Das Bilderbuch ist ganz offensichtlich ein multimodales Gesamtkunstwerk, das faszinierend die sprachlichen, bildlichen und typografischen Ausdrucksmittel nutzt und eine skurril-fantastische Geschichte hervorbringt. Es ist ein Bilderbuch, das mit den gewohnten Sehweisen bricht und verblüffend die zur Verfügung stehenden Mittel ausschöpft.

**Handlung und Kontext:** Erzählt wird die Begegnung zwischen dem Mädchen Bonnie und dem männlichen Ich-Erzähler Mister. Misters Äußeres ist durch sein ungebändigtes Haar geprägt, welchem Bonnie mit dem Kamm beikommen will. Aber all ihre Mühen scheitern, schließlich wird sie selbst in das Haar hineingezogen und gibt sich dann seiner Fülle hin. Das Buch ist Maddy gewidmet, vermutlich die Tochter von Dave McKean, wie es dem Paratext von *The Wolves in the Walls* (2003) zu entnehmen ist. Mit Maddy als Adressatin ist eine authentische Ausgangssituation für diese Geschichte zu erahnen, die sich um die anstrengende Prozedur des morgendlichen Haarekämmens drehen könnte. Wer Kinder mit langem Haar hat, weiß, wie viel Widerstand und Geschrei die Maßnahme des Kämmens hervorrufen kann. Hier wird die Prozedur in eine fantastisch-verrückte Rollentausch-Geschichte verwandelt und anarchisch aufgelöst.

**Cover und paratypografische Gestaltung:** Das Buch *Crazy Hair* liegt in einem quadratischen Format mit einer Hochglanz-Oberfläche vor. Ins Auge fällt sofort der erste Teil des Titels, nämlich das Wort „Crazy", welches in verschieden farbigen Versalien einer klassizistischen Antiqua gesetzt ist (s. Abb. 6.3). Im Unterschied zu dem quadratischen Format, das als ordnungsgebende Grundform des Designs gilt und einen statischen und stabilen Charakter hat (vgl. Wäger 2012), wird mit dem Begriff „Crazy" das Gegenteil davon assoziiert. Die Widersprüchlichkeit in der Wirkung wird dadurch fortgesetzt, dass der weißhochglänzende Hintergrund des Buchdeckels eine sehr klare Ausstrahlung hat, zu dem eigentlich keine Verrücktheiten passen. Im Gegensatz dazu stechen die Buchstaben des Wortes „crazy" in Grün, Blau, Rot und Gelb hervor. Sie sehen aus wie aus verschiedenem farbig eingefärbtem und collagiertem Papier ausgeschnitten. Die bunte Farbigkeit des Wortes wird verstärkt, da es vor einem dunklen Hintergrund positioniert ist. Dieser entpuppt sich bei genauerem Betrachten als wellenförmig-gelocktes Haar, das sich über dem oberen Drittel des Buchs ausbreitet. Im Unterschied zu den exakt wirkenden Rändern der Versalien im Wort „CRAZY" treten die Serifen in dünnen zwirbeligen, räumlich-anmutenden Verlängerungen hervor. Hier ist eine Anspielung auf das nicht zu bändigende Haar zu vermuten, das sich nicht in Form pressen lässt und jede Möglichkeit des Ausbruchs sucht.

Der zweite Teil des Titels, das Wort „Hair" ist stimmig in Buchstaben gesetzt, die fotorealistisch aus lila-grünlich glänzendem Haar konstruiert sind und in die passenden Formen zurechtgeschnitten sind. Im rechten unteren Drittel sind die

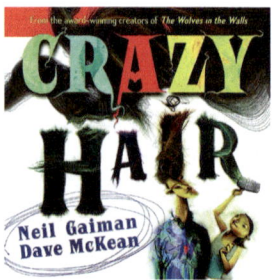

**Abb. 6.3** Cover: *Crazy Hair* (Gaiman/McKean 2009)

Protagonisten des Buchs positioniert. Ihre Köpfe sind nach oben zum letzten Buchstaben des Wortes „Hair" geneigt. Bonnie macht sich mit einem Kamm an der haarigen Fußserife der Versalie „R" zu schaffen, während Mister ihr zuschaut und auf den Schwung des Haares blickt. Er selbst ist mit dem Titelwort verbunden, indem seine Haare aufgetürmt die Versalie „I" bilden. Der lila-grüne Schimmer des Haares korrespondiert mit den Farben von Misters Hemd, auf dem großformatig grüne, wellenförmige Blätter auf dem lilafarbenen Gewebe aufgedruckt sind.

Das zwirbelig-kräuselnde Spiel mit Linien, wie im Titelwort durch die tentakelartigen Verlängerungen der Serifen angedeutet, setzt sich im ganzen Buch fort. Besonders eindrucksvoll ist der Innentitel auf einer Doppelseite gestaltet. Hier bestehen die einzelnen Groß- und Kleinbuchstaben des Titels aus dünnen Haarsträhnen, welche durch eine Schattierung an Plastizität gewinnen und wie auf dem weißen Papier aufgestellt wirken. Unterstrichen wird das Spiel mit den Linien durch die Unterschriften der beiden Produzenten, die eine sehr feine durchgehende Haarlinie imitieren.

**Mikrotypografische Analyse:** Dem Gegenstand der Geschichte, den wilden und ungebändigten Haaren, entspricht eine mikrotypografisch vielfältige Gestaltung, die durch die Modifikationen von Schriftarten, Farben, Größen und Schriftauszeichnungen möglich wird. Auf einigen Seiten ist die Figurenrede von Mister beispielsweise tendenziell einer serifenlose Antiqua-Schrift zuordnen, die sich durch ihre Klarheit und Schnörkellosigkeit auszeichnet. An einzelnen Stellen sind jedoch auch hier Andeutungen von Serifen zu entdecken, so als ob die Schrift in keine Schublade gepresst werden könnte und alle Möglichkeiten zum Ausbruch suchen würden. Bonnies Figurenrede erhält auf diesen Doppelseiten eine kursiv gesetzte Serifenschrift, die eine große Nähe zu einer Handschrift aufweist. Obwohl es Bonnie darum geht, Ordnung in Misters Haar zu bringen, verblüfft gerade ihre Schrift durch den spielerischen und wenig gleichförmigen Charakter. Dass auch mikrotypografisch betrachtet hier Erwartungen unterlaufen werden, passt zur Geschichte, die immer wieder überrascht und neue Verrücktheiten hervorbringt. Alle Versuche, die Typografie ähnlich wie das Haar einzufangen, scheitern.

Je nach Hintergrund variieren die Schriftfarben zwischen Schwarz und Weiß. Wenn der Hintergrund glänzend weiß ist, dann ist Schwarz die bevorzugte Schriftfarbe. Farbiger Hintergrund ist mit einer weißen Schriftfarbe verknüpft. Zentrale Aussagen werden vergrößert und fett gesetzt und fallen somit ins Auge, etwa wenn es darum geht, herauszustellen, dass Tiger sich anpirschen oder Piratenschiffe auftauchen. Der Begriff „crazy hair" wird auf vielen Seiten als kursiv gesetzte Druckschrift, teilweise mit geschwungenen Serifen präsentiert und erhält dadurch in einer serifenlosen Schriftumgebung eine gesonderte Auszeichnung.

Zwei mikrotypografisch besondere Ausdrucksweisen sollen abschließend genannt werden: Auf einer Doppelseite (S. 26 f.) beispielsweise ist der Begriff „crazy hair" in Fischaugenoptik verzerrt: In beiden Wörtern ist da „a" breiter gestaltet, während die jeweiligen Nachbarbuchstaben schmaler und leicht konkav gesetzt sind. Dadurch entsteht der Eindruck einer räumlichen Vorwölbung. Der

Bauch der beiden Buchstaben „a" ist zudem jeweils durch eine Pupille ausgefüllt. Zusammen mit der Vorwölbung wird der Eindruck erzeugt, als würden die beiden Wörter „crazy hair" wie zwei Augen überrascht auf das Geschehen blicken (s. Abb. 6.4).

Eine weitere interessante mikrotypografische Variante weist das Wort „rumbling" (S. 30 f., eigene Paginierung) auf. Es ist so gestaltet, dass seine Buchstaben wie durch eine Bewegungsunschärfe verwackelt erscheinen. Auf diese Weise kann die typografische Umsetzung die Wortbedeutung des Rumpelns und Vibrierens sichtbar machen.

**Mesotypografische Analyse:** Die mesotypografischen Ressourcen sind in diesem Buch vielfältig ausgeschöpft. Es finden sich unterschiedlichen Zeilenabstände und Laufweiten von einzelnen Wörtern und Absätzen vor. Die Verteilung der Schrift auf der Fläche ist außergewöhnlich variationsreich gelöst. Auf einigen Doppelseiten ist die Schrift über die gesamte Fläche der Doppelseite verstreut, auf anderen Seiten wiederum nimmt die Schrift wenig Raum ein. Wörter, Sätze und Absätze sind unterschiedlich positioniert und gesetzt: schräg, wellenförmig oder gerade. Auf einigen Seiten folgt der Text einer virtuellen diagonalen Linie von links oben nach rechts unten. Teilweise ist der Text wie ein Fächer aufgegliedert. Andere Seiten (S. 24 f., 36 f.) weisen wiederum einen ganz konventionellen linksbündigen Flattersatz auf. Das Spiel mit den mesotypografischen Ausdrucksressourcen visualisiert die Vitalität und Dynamik des widerspenstigen Haares, welches sich allen Versuchen widersetzt, in eine Form gebracht zu werden.

Darüber hinaus ist auch im Einzelnen zu erkennen, dass die Position der Schrift auf der Fläche mit der bildlichen und inhaltlichen Darstellung korrespondiert. Beispielsweise ist den Heißluftballons entsprechend, die aus der Ferne heranschweben und über Haarflächen gleiten, die dazugehörenden Schrifttexte in

**Abb. 6.4** Doppelseite: Augen in Fischaugenoptik (Gaiman/McKean 2009, S. 26 f.; © Neil Gaiman/Dave McKean)

sich leicht wellenförmig gesetzt (S. 16 f.). Zusätzlich erzeugt die Abschnitt für Abschnitt von rechts oben nach links unten leicht abgestufte Positionierung des Textes den Eindruck, als würde auch die Schrift von Ferne kommend zu Landung ansetzen.

Eine andere Art von wellenförmiger Verteilung der Schrift ist auf der Seite der Tänzer im Haar zu sehen (S. 14 f.). Die einzelnen Sätze sind hier konkav- und konvexförmig positioniert, so als würde die Schrift selbst tänzerische Bewegungen imitieren und einen Tanz auf der Fläche vollziehen.

Auch die fächerförmige Verteilung der Schrift hat eine bedeutungstragende Funktion. Sie verbildlicht wie ein ausgebreiteter Wischmopp Bonnies Wischen und Streichen, durch das sie das Haar in Form bringen will (S. 29). Auf einer anderen Seite ist der Textsatz etwas schmaler und länglicher aufgefächert und visualisiert hier die Kraft des Armes, mit dem Bonnie das Haar gezogen wird (S. 33).

Die Beispiele zeigen, wie die Möglichkeiten der mesotypografischen Ressourcen ausgeschöpft werden, um die vielfachen Ereignisse rund um das verrückte Haar anschaulich zu repräsentieren.

**Makrotypografische Analyse:** Als renommierter Comiczeichner nutzt Dave McKean die Zeichensprache des Comics, um Bedeutungen zu vermitteln. So sind beispielsweise Texte mit Figurenrede wie Sprechblasen strukturiert. Über diese eher konventionellen Mittel der Leseorientierung hinaus lässt sich aber insgesamt festhalten, dass kein einheitliches Layout festzustellen ist. Das makrotypografische Gesamtbild entspricht dem wilden ungezähmten Haar, das hier im Mittelpunkt der Geschichte steht. Deutlich wird jedoch, dass die typografische Gestaltung der einzelnen Doppelseiten immer mit der bildlichen Darstellung und den sprachlich vermittelten Inhalten korrespondiert und insofern zur Bedeutungskonstruktion beiträgt. So werden im Rückgriff auf die mikro- und mesotypografischen Ausdrucksressourcen die jeweiligen Ereignisse der Geschichte je spezifisch repräsentiert. Wie die Schrift auf der Fläche verteilt ist, wie groß die Zeilen-, Wort- und Buchstabenabstände sind und welche Schriftauszeichnungen genutzt werden, hängt davon ab, wie das, was sich im Haar ereignet, sichtbar werden soll. Ob es fliegende Vögel, schwebende Heißluftballons, hüpfende Gorillas oder Piratenschiffe sind, die das Haar durchziehen, immer werden zur Visualisierung je eigene typografische Mittel genutzt.

### 6.2.3 Ausblick auf weitere typografisch funktionale Gestaltungsformen

Die beiden Modellanalysen haben vorwiegend die repräsentative Funktion typografischer Ausdrucksformen sichtbar gemacht. An verschiedenen Stellen sollte erkennbar geworden sein, dass die typografische Gestaltung der Abbildung von Vorstellungen, Konzepten, Abläufen und Ereignissen dient. Auf allen Ebenen der Betrachtung konnte deutlich werden, dass die Typografie Konzepte sowie

Ereignisse und Abläufe visualisieren kann. Auch die interpersonale und textuale Funktion der Typografie wurde angesprochen. Diese beiden Funktionen sollen abschließend an zwei weiteren Bilderbüchern veranschaulicht werden.

**Interpersonale Funktion:** Die Art und der Inhalt der Kommunikation zwischen den Protagonist/innen kann durch die Schriftgröße, Schriftfarbe und mitunter auch durch die Schriftart vermittelt werden. In zahlreichen Bilderbüchern wird hier in Analogie zum oralen Sprachgebrauch Prosodie typografisch markiert. Ein sehr anschauliches Beispiel dafür bietet das Bilderbuch von Martin Baltscheit *Die Geschichte vom Löwen, der schreiben konnte* (2012). Die prosodische Qualität der Äußerungen und die Gereiztheit des Löwen gegenüber seinen Untertanen werden durch Schriftfarbe, Schriftgröße und Anordnung auf der Fläche ikonisch vermittelt.

**Textuale Funktion:** Diese Form der typografischen Gestaltung ist an verschiedenen Stellen angesprochen worden, etwa wenn es darum geht, die Erzählkonzeption und die Figurenreden zu visualisieren oder die Lesbarkeit zu gewährleisten. Weitere Aspekte der textualen Funktion sind in mehrsprachigen Bilderbüchern aufzufinden, etwa wenn die Typografie zur Absetzung unterschiedlicher Sprachen genutzt wird (vgl. etwa das georgisch-deutsche Bilderbuch *Schlaf gut*, 2017 von Tatia Nadareischwili).

## 6.3 Fazit

Zusammenfassend lässt sich festhalten, dass die Vielfalt und der Ausdrucksreichtum der typografischen Zeichenressourcen zu zahlreichen Entdeckungen einladen. Dass die typografische Gestaltung zur Bedeutungskonstruktion im Zusammenspiel von Sprache und Bild beitragen kann, sollte mit den Modellanalysen gezeigt werden. Auch wenn es sich hier in typografischer Hinsicht um besonders ausdrucksstarke Bilderbücher handelt, so ist doch die Rolle der Typografie in vielen ästhetisch anspruchsvollen Bilderbüchern auffällig. Dies hat damit zu tun, dass im Zuge der digitalen Produktionsmöglichkeiten die typografische Gestaltung wesentlich einfacher geworden ist. So ist die Typografie als relativ eigenständige Zeichenmodalität bei der Rezeption neuerer Bilderbücher nicht außer Acht zu lassen. Letztlich begründet die Verknüpfung von Bild, Sprache und Typografie es, von der Multimodalität des Bilderbuchs zu sprechen.

## Literatur

### Primärliteratur

Calì, Davide/Quarello, Maurizio: *Mein Vater der Pirat.* Aus dem Italienischen von Edmund Jacoby. Berlin 2014 (ital. 2013).
Baltscheit, Martin: *Die Geschichte vom Löwen, der nicht schreiben konnte*. Weinheim 2012 (EA 2002).
Gaiman, Neil/McKean, Dave: *Crazy Hair*. New York 2009.
Nadareischwili, Tatia: *Schlaf gut. Ein Bilderbuch aus Georgien*. Basel 2017.

## Sekundärliteratur

Antos, Gerd: „Semiotik der Text-Performanz". In: Angelika Linke/Helmut Feilke (Hg.): *Oberfläche und Performanz. Untersuchungen zur Sprache als dynamischer Gestalt*. Tübingen 2009, 407–427.
Dresang, Eliza T.: *Radical Change. Books for Youth in a Digital Age*. New York/Dublin 1999.
Jewitt, Carey/Bezemer, Jeff/O'Halloran, Kay: *Introducing Multimodality*. London/New York 2016.
Keune, Sabine: *Wörter und Bilder. Typografie im Bilderbuch. Mit einer Einführung und Vorstellung von 31 ausgesuchten Büchern von Friedrich C. Heller*. Katalog Nr. 60 des Antiquariats Sabine Keune. Aachen 2018.
Kress, Gunter/van Leeuwen, Theo: *Reading Images. The Grammar of Visual Design*. London/New York 1996.
Kress, Gunter/van Leeuwen, Theo: *Multimodal Discourse. The Modes and Media of Contemporary Communication*. London/New York 2001.
Pananou, Petros/Michaelides, Frixos: „Dave McKean's art: Transcending imtations of graphic novel genre". In: *bookbird* 49/4 (2011), 62–67.
Pantaleo, Sylvia: „Middle Years Students Thinking With and About Typography in Multimodal Texts". In: *Literacy Learning: The Middle Years* 20/1 (2012), 37–52.
Pantaleo, Sylvia: „Elementary Students Consider the "What" and "How" of Typography in Picturebooks". In: *New Review of Children's Literature and Librarianship* H. 20 (2014), 144–166.
Phinney, Thomas/Colabucci, Lesley: „The Best Font of the Job. Typography in Caldecott Winners, 1990–2010". In: *Children and Libraries* 8/3 (2010), 17–20.
Schneider, Jan Georg/Hartmut, Stöckl: „Medientheorien und Multimodalität. Zur Einführung". In: Dies. (Hg.): *Medientheorien und Multimodalität. Ein TV-Werbespot – Sieben Beschreibungsansätze*. Köln 2011, 10–38.
Serafini, Frank: *Reading the Visual. An Introduction to Teaching Multimodal Literacy*. New York/London 2014.
Spiekermann, Eric: *ÜberSchrift*. Mainz 2004.
Spitzmüller, Jürgen: „Typographisches Wissen. Die Oberfläche als semiotische Ressource". In: Angelika Linke/Helmuth Feilke (Hg.): *Oberfläche und Performanz. Untersuchungen zur Sprache als dynamischer Gestalt*. Tübingen 2009, 459–486.
Stöckl, Hartmut: „Typographie: Gewand und Körper des Textes – Linguistische Überlegungen zu typographischer Gestaltung". In: *Zeitschrift für Angewandte Linguistik* 41 (2004), 5–48.
Vach, Karin: „Typografie – zwischen Sprache und Bild. Funktionen der Typografie in multimodalen kinderliterarischen Erzählungen". In: Bettina Uhlig/Gabriela Lieber/Irene Pieper (Hg.): *Erzählen zwischen Text und Bild*. München 2019a, 169–186.
Vach, Karin: „Die Bilderbücher von Neil Gaiman und Dave McKean im Kontext der Radical Change Theory. Anforderungen und Chancen für Rezeptionsprozesse im Deutschunterricht". In: Ute Dettmar/Ingrid Tomkowiak (Hg.): *Spielarten der Populärkultur. Kinder- und Jugendliteratur im Feld des Populären*. Frankfurt a. M., 2019b, 379–402.
Wäger, Markus: *Grafik und Gestaltung. Ein umfassendes Handbuch*. Bonn ³2012.
Williams, Jim/Hildebrandt, Gesine: *Schrift wirkt!* Mainz ²2015.

# 7 Digitales Bilderbuch

Christian Müller

## Inhaltsverzeichnis

7.1 Theoretische Grundlagen .................................................. 137
    7.1.1 Multimodale Kompositionalität und multimodale
        Rezeptionsweisen digitaler Bilderbücher ........................... 138
    7.1.2 Interaktive Elemente in digitalen Bilderbüchern ..................... 140
7.2 Modellanalyse: *Ich warte* (Serge Bloch/Davide Calì, 2013) ................ 143
7.3 Fazit .................................................................... 148
Literatur ................................................................... 148

## 7.1 Theoretische Grundlagen

**Forschungsstand:** Digitale Bilderbücher sind bislang noch selten theoretisch beschriebene und empirisch untersuchte Gegenstände der Bilderbuchforschung, wenngleich einige fachspezifische Arbeiten vorliegen (vgl. Ritter 2013; Müller 2014; Schrenker/Beyer 2014; Knopf 2016; Müller 2016; Ritter/Ritter 2016; Knopf 2019), der internationale wissenschaftliche Diskurs seit geraumer Zeit bedeutsame Impulse liefert (vgl. Bird 2011; Turrión 2014; Al-Yaqout/Nikolajeva 2015; 2018; Wooten/McCuiston 2015; Yokota 2015; Zheng 2016) und sich in den vergangenen Jahren empirische Studien zu *digital picturebooks* bzw. *story apps* zumindest im internationalen Raum mehren (vgl. Ertem 2010; Manresa 2015; McGeehan/Chambers/Nowakowski 2018; Son/Butcher/Liang 2020).

---

C. Müller (✉)
Abteilung Deutsch, Pädagogische Hochschule Weingarten, Weingarten, Deutschland
E-Mail: christian.mueller@ph-weingarten.de

© Springer-Verlag GmbH Deutschland, ein Teil von Springer Nature 2022
B. Dammers et al. (Hg.), *Das Bilderbuch*,
https://doi.org/10.1007/978-3-476-05824-9_7

**Mediale Spezifik:** Die Komplexität der Produktion und Rezeption digitaler Kinderliteratur erfordert eine spezifische Analyse, die über die eines printmedialen Bilderbuchs hinausgeht (zum Begriff ‚digital' s. u. Definitionskasten). Ein digitales Bilderbuch vereint digital kodierte, multimodale Kombinationen aus Text, Bild und Bewegtbild, Ton und interaktiven Elementen. Die Produktion bzw. Programmierung eines digitalen Bilderbuchs basiert auf Software, die Repräsentation erfolgt über ein digitales Medium als Hardware. Die Rezeption ist über einen interaktiv nutzbaren Touchscreen mobiler Endgeräte wie Tablets und Smartphones möglich. Digitale Bilderbücher liegen in verschiedenen Formaten wie eBooks, Living Books oder Applikationen (Apps) vor, von denen in diesem Kapitel Apps in den Blick genommen werden: Diese reichen von printmedialen Adaptionen (z. B. *Alice für iPad* von Oceanhouse Media, 2010), über speziell für digitale Medien geschaffene Kinderliteratur (z. B. *Knard* von Christoph Minnameier, 2015), bis hin zu *textadventures* als interaktive Romane, bei denen die Grenzen zum Computerspiel fließend sind (z. B. *One Button Travel* von Agnes Lison und Marcel A.-C. Merkle, 2015). Erworben und heruntergeladen werden können diese Apps in einschlägigen Online-Stores (z. B. App Store von Apple oder Google Play Store).

Der Schwerpunkt dieses Kapitels bildet die Analyse des digitalen Bilderbuchs *Ich warte* von Serge Bloch und Davide Calì aus dem Jahr 2013 und folgt dem Modell der Bilderbuchanalyse Michael Staigers (s. Abschn. 1.2). Die Analyse basiert auf den im Folgenden dargestellten theoretischen Grundlagen und konzentriert sich auf zwei Aspekte: auf die Darstellung der multimodalen Kompositionalität und Rezeptionsweisen digitaler Bilderbücher (vgl. Bucher 2010) sowie auf die interaktiven Elemente als Teil dieser Kompositionalität.

### 7.1.1 Multimodale Kompositionalität und multimodale Rezeptionsweisen digitaler Bilderbücher

**Multimodale Kompositionalität:** Der Begriff der Kompositionalität ist der Linguistik entlehnt (vgl. Bucher 2010, S. 124); eine rein linguistische Betrachtung wird multimodalen digitalen Bilderbüchern als „[h]ybride[n] Kommunikationsformen mit linearen und non-linearen Elementen" (ebd., S. 126) jedoch nicht gerecht, denn „es stellt sich nicht nur auf der textlichen Ebene die Frage nach dem Aufbau des Textsinns aus den lexikalischen, semantischen und pragmatischen Einheiten" (ebd., S. 124), sondern auch auf der Ebene der multimodalen Kommunikation anhand semiotischer, semantischer und intermodaler Aspekte. Multimodale Kompositionalität bei digitalen Bilderbüchern bedeutet die komplexe Kombination aus einzelnen modalen Elementen wie Text, Bild und Bewegtbild, Ton und Interaktivität (s. u. Definitionskasten).

**Multimodale Rezeptionsweisen:** Die jeweilige multimodale Zusammensetzung digitaler Bilderbücher eröffnet in der Folge entsprechende sprachliche, visuelle, auditive und taktile Rezeptionsweisen mit dem Ziel multimodalen Verstehens (vgl. ebd., S. 126 f.). Da die Elemente auf Grundlage digitaler Technologie vielfältig kodiert und kombiniert sind, sind für die Rezeption und das multimodale Verstehen digitaler Bilderbücher multiliterale Kompetenzen (*multiliteracies*) notwendig (vgl. Ng 2015, S. 134), die Textlesekompetenz (*reading literacy*), Bildlesekompetenz (*visual literacy*) und Kompetenzen im Umgang mit digitalen Medien (*digital literacy*) miteinschließen.

**Intersemiose:** Auf Basis dieses Kompetenzenrepertoires können modale Elemente und Rezeptionsweisen zunächst einzeln identifiziert werden, um sie einander anschließend – zum Teil mehrfach – zuordnen zu können und das intermodale Zusammenwirken zu verstehen. Dieses Zusammenwirken als sogenannte „Intersemiose" (Bucher 2012, S. 62) beschreibt bei digitalen Bilderbüchern nicht nur die Beziehung von Text und Bild, sondern auch die weiterer modaler Elemente, deren Kombinationen sich in erster und zweiter Ordnung darstellen lassen (s. Tab. 7.1). Ermöglichen die Zuordnungen der modalen Elemente der ersten Ordnung – Text, Bild und Bewegtbild, Ton und Interaktivität – zu den sprachlichen, visuellen, auditiven und taktilen Rezeptionsweisen einen ersten analytischen Zugriff sowie ein grundlegendes Verstehen, weisen die modalen Elemente zweiter Ordnung eine spezifische Natur auf: Sie sprechen weitere Rezeptionsweisen an, erfordern eine andere Kategorisierung und leiten Rezipierende zu einer detaillierten Analyse und einem tieferen Verstehen an.

Aus linguistischer Perspektive bedingt die Rezeption von Sprache das Vorliegen eines Textes, der als statischer oder dynamischer Schrifttext, Hörtext oder als interaktives Element (z. B. als berührbarer Schrifttext) rezipiert werden kann. Neben Bild und Bewegtbild ist auch Schrifttext immer visuell und kann bildlich illustriert und animiert sein; zusätzlich erfordert ein interaktives Element wie z. B. ein Pfeil als Umblättersymbol eine visuelle Rezeption. Die auditive Wahrnehmung wird angesprochen über Töne, Geräusche, Musik und einem oft von professionellen Sprecher/innen vorgelesenen Hörtext. Aus dem Konglomerat an modalen Elementen multimodaler Kompositionalität und den Rezeptionsangeboten kristallisieren sich interaktive Elemente als besondere Aspekte digitaler Bilderbücher heraus, weshalb diese im folgenden Abschnitt genauer betrachtet werden.

**Tab. 7.1** Multimodale Kompositionalität und Rezeptionsweisen digitaler Bilderbücher

| | | Multimodale Rezeptionsweisen digitaler Bilderbücher | | | |
| --- | --- | --- | --- | --- | --- |
| | | sprachlich | visuell | auditiv | taktil |
| **Modale Elemente multimodaler Kompositionalität in digitalen Bilderbüchern** | 1. Ordnung | Text | Bild und Bewegtbild | Ton | interaktive Elemente |
| | 2. Ordnung | Schrifttext Hörtext interaktive Elemente (z. B. Schrift als Berührpunkt) | Schrifttext interaktive Elemente (z. B. ein Pfeil als Symbol) | Hörtext Geräusche Musik | Schrifttext Bild Bewegtbild Symbole Berührpunkte |

> **Definitionen**
>
> - **Digital:** Das Wort ‚digital' „bedeutet, dass sich alle möglichen Daten (Texte, Bilder, Töne, Videos) mit dem gleichen Alphabet, bestehend aus den beiden Zeichen 0 und 1, darstellen lassen. Diese streng genommen ‚binär' zu nennende Darstellung erlaubt es, alle Daten elektronisch in einem einzigen Gerät – dem Computer – zu speichern" (Döbeli Honegger 2016, S. 16).
> - **Multimodalität:** Multimodalität „bezeichnet Texte und kommunikative Handlungen, die mehrere verschiedene Zeichensysteme (Sprache, Bild, Ton) beinhalten" (Stöckl 2010, S. 45). Im Anschluss daran zeigt sich die Multimodalität digitaler Medien in verschiedenen sprachlichen, visuellen, auditiven und interaktiven Erfahrungsmöglichkeiten (vgl. Weidenmann 2009) und Rezeptionsweisen. So sind für die Rezeption von digitalen Bilderbüchern nicht nur verschriftlichte und gesprochene Sprache, statische und dynamische Bilder sowie Ton durch Musik und Geräusche maßgebend, sondern auch und v. a. das Spezifikum der multimodal und dabei vornehmlich taktil wahrzunehmenden Interaktivität.
> - **Interaktivität:** Interaktivität beim Gebrauch eines digitalen Mediums meint „die Eigenschaft, dem Nutzer Eingriffs- und Steuermöglichkeiten zu eröffnen" (Stadtfeld 2004, S. 39). Ein digitales Medium beinhaltet eine technikbezogene Interaktivitätsmöglichkeit; Interaktivität an sich entsteht jedoch erst durch die Nutzung dieser Option durch die Anwender/innen (vgl. Kerres 1995, S. 33) – bei digitalen Bilderbüchern durch die Berührung der Bildschirmoberfläche.

## 7.1.2 Interaktive Elemente in digitalen Bilderbüchern

Interaktive Elemente in digitalen Bilderbüchern sind programmierte, softwarebasierte Berührpunkte. Im Vergleich zu den Interaktionsmöglichkeiten in digitalen Spielen bedürfen sie einer weniger aufwändigen Programmierung. Dennoch können sie in Abhängigkeit ihrer Verfasstheit in einem digitalen Bilderbuch die komplette Bandbreite multimodaler Kompositionalität abbilden. So sprechen sie durch ihre haptisch bedingte Auslösung über den Touchscreen nicht nur die taktile, sondern auch die visuelle Wahrnehmung an. Dies ist v. a. bei den zahlreichen auf diese Art zu aktivierenden Animationen der Fall. Stehen solche interaktiven Elemente in Zusammenhang mit Text und Ton, vermengen sie sich wiederum mit sprachlichen und auditiven Elementen und erfordern entsprechende Rezeptionsweisen. Interaktive Elemente sind zudem entweder rein funktional oder sie bewegen sich auf einem Kontinuum zwischen narrativen und ludischen Eigenschaften. Eine eindeutige Zuordnung auf diesem Kontinuum ist nicht immer möglich, da die Elemente mal mehr, mal weniger narrativ oder spielerisch verwirklicht werden.

**Funktionalität:** Bezüglich der digitalen Funktionalität exemplarisch angeführt werden können durch Tippen oder Wischen (*swipen*) nutzbare Symbole wie Knöpfe, Pfeile etc. Das Vor- und Zurück-‚Blättern' von Buchseiten kann u. a. durch Pfeilsymbole, aber auch mit interaktiven Berührpunkten wie z. B. interaktiven Ecken ausgeführt werden, die in remediatisierter Weise Papierseiten imitieren und zu einer ‚natürlichen' Blätterbewegung wie bei einem gedruckten Buch auffordern. Weitere Berührpunkte können der Navigation (z. B. zur Orientierung im Kapitelverzeichnis), dem Ein- oder Ausblenden eines Schrifttexts, dem Ein- und Ausschalten von Ton (z. B. Hörtext, Musik) und dem Auslösen von Bewegtbildern bzw. Animationen (z. B. animierte Figuren und Gegenstände) dienen. Des Weiteren können Animationen durch das Neigen, Drehen oder Schütteln eines mobilen Endgeräts aktiviert werden.

Die auszulösenden Elemente sind zu unterscheiden von Elementen, die nicht direkt haptisch durch Berührung eines interaktiven Punkts gestartet werden. Zwar wird taktil durch Tippen oder Wischen auf die nächste Seite ‚geblättert'; die Animation an sich beginnt jedoch ‚automatisch' ohne weiteres Zutun auf der erscheinenden Seite.

**Narrative Interaktivität:** Ein narratives Interaktivitätselement liegt vor, wenn dem Element eine Nähe zur Narration und eine entsprechende Verstehensunterstützung zugedacht werden kann. Sind interaktive Elemente handlungslogisch eingebettet, können sie das Geschichtenverstehen begünstigen (vgl. Son/Butcher/Liang 2020). Narrative Elemente fordern Rezipierende u. a. dazu auf, die Handlungsstruktur zu steuern und dabei z. B. einzelne Figuren oder Gegenstände zu bewegen. Zwar liegt eine funktionale Steuerung vor, nicht jedoch ein inhaltlicher Eingriff in die Narration; eine Beeinflussung im Sinne einer freien und tatsächlichen Veränderung der Narration ist lediglich eine suggerierte, wenn etwa per Tippen zwischen zwei programmierten und damit a priori feststehenden Erzählsträngen an einer Weggabelung z. B. in *Rotkäppchen* (Nosy Crow 2013b, Carlsen) zu entscheiden ist. Diese Art der Steuerung kann dennoch Immersion und Involvierung (vgl. Pietschmann 2017) bei kindlichen Rezipient/innen nach sich ziehen.

**Ludische Interaktivität:** Als rein ludisch gilt ein eher narrationsfernes und möglicherweise gar verstehenshinderliches Element wie die Animation einer Figur, die nicht sinnhaft mit der Narration verknüpft werden kann, die Rezipierende von der Narration ablenkt bzw. wegführt und rein spielerischen Charakter besitzt (z. B. die rein ludische Figur des Vogels in der App *Rotkäppchen*). Die Notwendigkeit einer Analyse anhand des genannten Kontinuums zeigt sich bei interaktiven Elementen, die sich je nach subjektiver Rezeption und entsprechenden Sinn- und Inferenzbildungsprozessen tendenziell in der Mitte der beiden Pole bewegen. Rein ludisch wirkt im digitalen Bilderbuch *Aschenputtel* (Nosy Crow 2013a, Carlsen) zunächst der interaktive Spiegel Aschenputtels, in dem sich Rezipient/innen durch die automatisch aktivierte Frontkamera eines Tablets selbst sehen können. Was für literaturerfahrene, printmedial sozialisierte Leser/innen als Spielerei abgetan werden könnte, kann sich bei kindlichen Rezipient/innen als immersives narratives Erleben herausstellen: Sie befinden sich zusammen mit den animierten, interaktiv zu bedienenden und sprechenden Figuren auf der Bilderbuchseite.

**Narrativ-ludische Interaktivität:** Ein digitales Bilderbuch ist kein Computerspiel, wenngleich sich Sinnfälligkeiten bei der interdisziplinären Betrachtung der Forschungsfelder Bilderbuchforschung und Game Studies (s. hierzu Aarseth 2001 und Sachs-Hombach/Thon 2015) offenbaren. Ein in den Game Studies bis heute geführter Diskurs setzt sich mit der Positionierung digitaler Spiele zwischen Narratologie und Ludologie auseinander (vgl. Matuszkiewicz 2018, S. 22 f.). Anknüpfend hieran bewegen sich die interaktiven Elemente digitaler Bilderbücher auf einem Kontinuum zwischen Narrationsnähe und Narrationsferne. So haben Figuren und Gegenstände einen narrativen und häufig zugleich ludischen Charakter, wenn Rezipierende z. B. die Figur Alice in *Alice für iPad* (Oceanhouse Media 2010, Oceanhouse Media) kongruent zur Narration mit Wischbewegungen wachsen und schrumpfen lassen können. Ebenso symmetrisch zur Narration ist das narrativ-ludische Element eines interaktiven Löwenzahns in *Dandelion* (Davis/Ishinjerro 2014, Protein One): Durch das Pusten in das Mikrofon eines mobilen Endgeräts lösen sich die Samen des Löwenzahns und fliegen durch die Luft; Rezipierende unterstützen den Protagonisten auf diese Weise bei der Äußerung eines Wunsches interaktiv. Solche narrativ-ludischen Elemente können im Zuge ihres immersiven Potenzials Involvierung bei der Rezeption auslösen. Dies ist eine weitere Parallele zu digitalen Spielen, wobei den interaktiven Elementen in digitalen Bilderbüchern in der Regel ein wesentlich geringeres Immersionspotenzial inhärent ist. Zweifellos vorhanden ist ein sensomotorisches Erleben, das eine subjektive Involvierung in die Narration ermöglichen kann (vgl. Neitzel 2012, S. 95 f.).

Zur Analyse interaktiver Elemente wird eine Einordnung auf dem vorgestellten Kontinuum vorgeschlagen. Für die Rezeption und das (Nicht-)Verstehen der Elemente können hierbei u. a. folgende Fragen leitend sein:

> **Leitfragen zur Analyse von digitalen Bilderbüchern**
> - Welche multimodale Kompositionalität aus Text, Bild und Bewegtbild, Ton und interaktiven Elementen weist ein digitales Bilderbuch auf?
> - Welche modalen Elemente erfordern welche multimodalen Rezeptionsweisen (sprachlich, visuell, auditiv, taktil)?
> - Inwieweit erweisen sich die Elemente als narrativ (und verstehensunterstützend) und/oder ludisch (und verstehenshinderlich)?
> - Schaffen die Elemente eigene Unbestimmtheitsstellen und Irritationen, die z. B. einer animierten Szene immanent sind?
> - Eröffnen sie subjektive Deutungsmöglichkeiten, die sich durch die Interaktion ergeben?

## 7.2 Modellanalyse: *Ich warte* (Serge Bloch/Davide Calì, 2013)

Die folgende Analyse folgt der Frage nach der multimodalen Kompositionalität und den multimodalen Rezeptionsweisen sowie dem intermodalen Zusammenwirken mit dem Fokus auf Narration und Interaktivität. Der folgende Überblick über die multimodale Kompositionalität und die Rezeptionsweisen des vorliegenden digitalen Bilderbuchs dient als Folie, vor der die Bilderbuchanalyse vollzogen wird (siehe Tab. 7.2).

**Paratextuelle und materielle Spezifika:** Das digitale Bilderbuch *Ich warte* (2013) des Illustrators Serge Bloch und des Autors Davide Calì ist eine Adaption des printmedialen Bilderbuchs (in der französischen Printversion und der App: *Moi j'attends ...* von Calì/Bloch 2005, Éditions Sarbacane) mit dem deutschen Titel *Wünsche: Eine Liebeserklärung ans Leben* (Calì/Bloch 2006, Coppenrath). Auf das Cover dieses Buchs rekurriert auch das interaktive Cover der App, auf dem der Protagonist ein *play*-Symbol in seinen Händen hält (s. Abb. 7.1). Hinter dem mit kommerzieller Intention angelegten Button ‚Schenken' verbirgt sich

**Tab. 7.2** Multimodale Kompositionalität und Rezeptionsweisen im digitalen Bilderbuch *Ich warte* (Bloch/Calì 2013)

| | | **Multimodale Rezeptionsweisen in *Ich warte*** | | | |
|---|---|---|---|---|---|
| | | sprachlich | visuell | auditiv | taktil |
| **Modale Elemente multimodaler Kompositionalität in *Ich warte*** | 1. Ordnung | Text | Bild und Bewegtbild | Ton | interaktive Elemente |
| | 2. Ordnung | Schrifttext (sprachlich-visuell) und Hörtext (sprachlich-auditiv) | Schrifttext interaktive Elemente | Hörtext Geräusche Musik | ‚roter Faden' (taktil-visuell) als interaktives Bewegtbild-Element Symbole |

**Abb. 7.1** Interaktives Cover: *Ich warte* (Bloch/Calì 2013)

sowohl ein Link zur printmedialen Fassung als auch zur App. Der Button ‚Vorspann' ruft eine – einem filmischen Abspann gleichende – Liste mit allen am digitalen Bilderbuch Beteiligten auf.

**Intermodale Dimension:** Neben diesen paratextuellen Merkmalen weist das auf dem interaktiven Cover präsentierte *play*-Symbol auf die materiellen Spezifika dieser digitalen Adaption hin: Sie ist ein Verbund aus einem Buch, Hörtext und Kurzfilm in einer App. Diese medienkonvergente Hybridisierung verschiedener Einzelmedien auf einem mobilen Endgerät ist die Basis dafür, dass eine solche Vielfalt modaler Elemente vorliegen kann, die verschiedene Zeichensysteme aufweist, diverse Wahrnehmungskanäle und Rezeptionsweisen anspricht und in ihrer Kombination ein intermodales Zusammenwirken generiert:

- Der sukzessiv eingeblendete Schrifttext wird sprachlich-visuell z. B. auf dem Tablet im Querformat gelesen.
- Der Hörtext wird von einer männlichen Sprechstimme vorgelesen und stößt somit eine sprachlich-auditive Rezeption an.
- Bewegtbild und Bild sind die visuellen Elemente, die in filmischen und interaktiven Sequenzen angelegt sind.
- Rein auditiv wahrgenommen und rezipiert wird die Instrumentalmusik bestehend aus Glockenspiel, Klarinetten und Holzblasinstrumenten, mit der die Geschichte durchgängig unterlegt ist. Des Weiteren können zur Narration passende Geräusche wie u. a. Regengeräusche rezipiert werden.
- Das taktil zu bedienende interaktive Element ist ein animierter roter Faden, der in seiner narrativen Verfasstheit durch die Handlung führt.

**Narrative Dimension:** Bei der Analyse der narrativen Dimension digitaler Bilderbücher leitend ist, Narration und Interaktivität in ihrem Zusammenwirken zu betrachten (vgl. Leubner 2003, S. 195). Am Beispiel des linear-einsträngig erzählten digitalen Bilderbuchs entsteht ein solches Zusammenwirken durch die Thematik des Laufs des Lebens und durch den interaktiven Plot. Die extradiegetisch-homodiegetische Erzählung mit interner Fokalisierung ist geprägt von einem Ich-Erzähler, der als Protagonist als autodiegetischer Erzähler auftritt. In der im Präsens verfassten Erzählung chronologischer Ordnung ist die Erzählzeit kürzer als die erzählte Zeit des Lebenslaufs des Protagonisten (vgl. Genette 2010). Aufgrund dieser Thematik kann das digitale Bilderbuch als Crossover-Literatur bezeichnet werden, in der Rezipient/innen die namenlose Hauptfigur durch verschiedene Lebensstationen vom Jungen bis zum Greis begleiten. Das metaphorisch aufgeladene Element des roten Fadens symbolisiert eine ‚Linie', die sich durch ein jedes Leben zieht. Zu Beginn dieser Lebenslinie wartet er u. a. auf das Erwachsenwerden, auf die große Liebe, die Familiengründung, auf das Ende eines Krieges, den Abschied von seiner Frau und erlebt zum Schluss das Glück, einen Enkel zu haben (s. Abb. 7.2).

## 7.2 Modellanalyse: *Ich warte* (Serge Bloch/Davide Calì, 2013)

**Abb. 7.2** Screenshot: *Ich warte* (Bloch/Calì 2013)

**Detailanalyse:** In der im Folgenden exemplarisch analysierten Szene (s. Abb. 7.2) schaut der Protagonist seiner zukünftigen Ehefrau hinterher, die zuvor aus dem Wald erschien und an ihm vorbeilief. Simultan hierzu wird der Schrifttext eingeblendet sowie der Hörtext vorgelesen: „Ich warte … auf die Liebe". Während der Schrifttext ausgeblendet wird, entschwindet sie in Blickrichtung des Mannes. An dieser Stelle ist zwar die filmische Sequenz auf dieser Seite, nicht jedoch die Narration abgeschlossen. Die Rezipierenden sind dazu aufgefordert, das digitale Bilderbuch interaktiv zu nutzen und sich zu involvieren: Der Protagonist steht nun und wartet darauf, bis die Rezipierenden die Geschichte vorantreiben, indem sie das narrative interaktive Element des roten Fadens mit einem Finger berühren und spielerisch an den Rücken der Figur führen. Er geht einen Schritt, bleibt wieder stehen und scheint zu zögern, ihr hinterherzugehen. Insgesamt dreimal müssen Rezipierende den Protagonisten anstoßen und dabei helfen, seine Schüchternheit abzulegen: Durch den dritten Stoß folgt er ihr letztlich, was zugleich eine neue Videosequenz auslöst. Er verlässt die Seite aus dem rechten Bildrand, hinein in die nahtlos auftauchende nächste Buchseite bzw. Szene. Der rote Faden als interaktives Element hat folglich eine steuernde, narrativ-ludische Funktion. Es wird hier eine Nähe zur Narration und eine Involvierung hergestellt, indem der rote Faden dazu genutzt werden muss, das im Text erwähnte Warten auf die Liebe und den fehlenden Mut der zurückhaltenden Figur aufzulösen, als der Protagonist seiner Liebe begegnet. Nicht zuletzt kann die interaktive Auseinandersetzung mit der Narration Verstehensprozesse in Gang setzen.

**Intermodales Zusammenwirken:** Die farblich kontrastierende Linie als interaktives und narratives Element nimmt dabei verschiedene Formen und Wirkweisen ein, die grundlegend für ein intermodales Zusammenwirken sind. So bekommt der Protagonist als Kind zu Hause einen Kuchen von seiner Mutter. Der rote Faden verwandelt sich von der Haarschleife der Mutter zum Latz der kindlichen Hauptfigur. Da im Text vom Warten auf den Kuchen die Rede ist, steht die Haarschleife im Widerspruch zum Text und kann als rein ludisch gelten. Der Latz kommt in einer Bewegtbildszene zum Einsatz, als das Kind den Kuchen isst.

Auf diese Weise wird der Latz in ein symmetrisches Verhältnis zum Text gesetzt und bedeutet eine Anreicherung der Beziehung: Lesende erhalten die zusätzliche Information, dass das Kind sich beim Essen beflecken könnte.

Nach dem oben bereits vorgestellten Entdecken der künftigen Ehefrau im Wald wird der rote Faden bei einem gemeinsamen Kinobesuch zur Kette einer Warteschlange. Das interaktive Element und das Warten auf den Kinobesuch sind damit symmetrisch.

Am Bahnhof bei der Abfahrt in eine Kriegsregion wird der rote Faden zwischen dem Protagonisten und der Frau entzwei gerissen. Der sie verbindende Faden ist hier symmetrisch zur Abfahrt verbildlicht, die gleichbedeutend mit der Trennung und dem Abschiednehmen ist. Ebenso verhält es sich mit dem roten Faden, der zum Taschentuch wird, mit dem sich die Frau ihre Tränen trocknet.

Nach dem Krieg liegt der verwundete Heimkehrer im Krankenbett, das er mit dem Faden als Gehstock verlässt. Hier liegt eine Anreicherung vor, denn der Text allein verweist nicht auf eine Verletzung, die dem Protagonisten das Gehen erschwert.

Er heiratet seine Liebe in einer Kirche: Narration und interaktives Element verschmelzen, indem der rote Faden beide Figuren aneinanderbindet.

Beim Warten auf die Geburt dient der rote Faden zum Stricken (s. Abb. 7.3) und wird im Krankenhaus bei der Geburt ihres ersten Kindes zur Nabelschnur, die die Rezipient/innen durch Berührung durchtrennen müssen, wobei der Grad der Involvierung als besonders hoch empfunden werden könnte. Im Text dieser Szene heißt es „Ich warte … herauszufinden, ob es ein Junge oder ein Mädchen ist". Hier liegt ein kontrapunktisches Verhältnis vor, da das Durchtrennen der Nabelschnur zum interaktiven Fortgang der Narration, also der Vollendung der Geburt notwendig ist, jedoch nicht in Zusammenhang mit der Geschlechtserkennung steht.

Der Protagonist wartet laut Text auf das Erwachsenwerden der Kinder und auf die gemeinsamen Ferien. Parallel hierzu reichert der Faden den Text sowohl durch das Ziehen der Seifenkisten der beiden Kinder als auch durch das Sicherungsseil beim gemeinsamen Klettern in den Bergen an.

Später wird der rote Faden – wieder analog zum Text – als Telefonschnur beim Warten auf den Anruf der Kinder visualisiert und dient beim Ableben seiner Frau als Verbindung zwischen beiden: Sie liegt im Sterbebett und hält den Faden in der Hand, bevor er zerfällt.

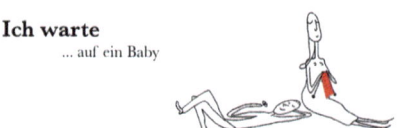

**Abb. 7.3** Screenshot: „Ich warte… auf ein Baby" (Bloch/Calì 2013)

Eingebettet in zwei Szenen, die Trauerphasen darstellen, schmückt der rote Faden als Blumenkranz den Bestattungswagen der Ehefrau. Zu Hause überreicht er später den akkurat zusammengerollten Faden – ansonsten ist der rote Faden immer aufgerollt – seinem Sohn und seiner Schwiegertochter. Diese bekommen alsbald das Enkelkind des Protagonisten, dem er auf der letzten Seite des Buchs den roten Faden überlässt. Zum Schluss bildet sich ein Rahmen in der Narration, wenn die Rezipient/innen dazu aufgefordert werden, das interaktive Element nicht wie zu Beginn der Handlung mit dem Protagonisten als Kleinkind zu verbinden, sondern dem Enkelkind den roten Faden in die Hand zu reichen.

**Verbale Dimension:** Die Analyse der Mikrostruktur mit dem Fokus auf der verbalen Dimension zeigt zunächst, dass der Sprachstil des Textes einfach gehalten ist. Der im Präsens verfasste Text besteht aus 24 Sätzen, die meist derselben Syntax folgen. Dominiert wird der Text von der Anapher „Ich warte …" und kurzen Sätzen wie z. B. „Ich warte … auf ihr JA", in dem sich das rhetorische Stilmittel der Metapher erkennen lässt, bei der das „JA" für das Eheversprechen steht.

Interpunkteme kennzeichnen das Warten nach dem immer wiederkehrenden Satzbeginn „Ich warte …" – hier „auf ein Baby".

**Bildliche Dimension:** Die Szene aus Abb. 7.3 wird exemplarisch zur Vorstellung der bildlichen Dimension herangezogen. Auf dieser Seite wird ein neuer Lebensabschnitt des Protagonisten und seiner schwangeren Frau eingeleitet. Sie vertreibt sich die Zeit des Wartens mit Stricken. Der rote Faden wird zu einer Strickmasse und wächst immer länger nach rechts in Richtung der nächsten Szene, in der die Geburt ihres Kindes erfolgen wird. Das Warten wird erneut durch die Länge des Gestrickten ebenso im symmetrischen Verhältnis zum Text aufgegriffen wie das ununterbrochene Wippen des Fußes des Protagonisten.

Alle dargestellten Bildinhalte stehen im Vordergrund des Raums, wobei der Bildraum weniger Platz einnimmt als der Weißraum: Dies ist in den meisten Szenen des digitalen Bilderbuchs so. Die Einstellung besteht überwiegend aus Totalen, außer wenn z. B. eine Detailperspektive durch einen Zoom in der Hochzeitsszene verwendet wird. Wenige Szenen sind mit Hell-Dunkel-Kontrasten gestaltet, z. B. das dunkle Kinderzimmer des Protagonisten und die einen Spalt geöffnete, im Licht stehende Tür. Die Zeichnungen sind minimalistisch in dünner Linienführung und schwarzweiß gehalten. Die Schlichtheit in den Figurenzeichnungen zeigt sich u. a. in den skizzenhaft angedeuteten Gliedmaßen. Durchgängig in Schwarz gehalten ist auch die Schrift, die in Größe und Design variiert. Der Schrifttext wird an verschiedenen Positionen des Weißraums immer einmalig ein- und wieder ausgeblendet.

Einzig das bedeutsamste Element des digitalen Bilderbuchs ist farbig: das interaktive Element des roten Fadens.

## 7.3 Fazit

Digitale Bilderbücher nehmen in der Bilderbuchforschung nach wie vor eine randständige Position ein. Die Gründe hierfür sind vielfältig. Ein gewichtiger Grund ist, dass sie auf den ersten Blick als einfache digitale Remediatisierungen printmedialer Bilderbücher ohne rezeptionserweiternde und narratives Verstehen fördernde Potenziale wahrgenommen werden. Es ist also aus Sicht der Bilderbuchforschung naheliegend, eine digitale Adaption mit dem Printmedium im Original zu vergleichen. Mit Blick auf die theoretischen Grundlagen, die exemplarische Analyse und die herausgestellten Besonderheiten ist ein digitales Bilderbuch nicht ausschließlich ein Vergleichsgegenstand für Printmedien, sondern vielmehr als eigenständige Buch- und Medienform der Bilderbuchforschung zu betrachten. Die theoretischen Ausführungen zeigen, welch komplexer digitaler, narratologischer, literarästhetischer Gegenstand ein digitales Bilderbuch sein kann. So liegen die Herausforderungen der Analyse in der dargestellten medialen Spezifik sowie in der Beschreibung, dem Zusammenwirken und Verstehen modaler Elemente und ihrer Rezeptionsweisen.

Anhand von *Ich warte* konnte verdeutlicht werden, dass interaktive Elemente als Spezifika digitaler Bilderbücher ein besonderes narratives Potenzial besitzen können. Sie bewegen sich auf einem Kontinuum zwischen narrativer und ludischer Interaktivität und können auf diesem Wege verstehensunterstützende oder -hinderliche Einflüsse auf die Rezeption haben. Dies lädt zur weiteren Erforschung digitaler Bilderbücher und ihrer interaktiven Elemente ein, sei sie konzeptionell, empirisch oder didaktisch.

Schließen soll dieses Kapitel mit dem Wortspiel des Endes von *Ich warte*: Das digitale Bilderbuch schließt mit dem französischen Wort ‚FIL', was übersetzt ‚Faden' bedeutet. Das ‚L' wurde über den durchgestrichenen letzten Buchstaben des ursprünglichen Wortes geschrieben; dieses lautete ‚FIN'.

## Literatur

### Primärliteratur

Bloch, Serge/Calì, Davide: *Ich warte*. Bachibouzouk. 2013.
Calì, Davide/Bloch, Serge: *Moi j'attends ...* Éditions Sarbacane. 2005.
Calì, Davide/Bloch, Serge: *Wünsche: Eine Liebeserklärung ans Leben*. Coppenrath. 2006.
Davis, Calvin S./Ishinjerro, Anthony: *Dandelion*. Protein One. 2014.
Lison, Agnes/Merkle, Marcel-André C.: *One button Travel*. The Coding Monkeys. 2015.
Oceanhouse Media: *Alice für iPad*. Oceanhouse Media. 2010.
Nosy Crow: *Aschenputtel*. Carlsen. 2013a.
Nosy Crow: *Rotkäppchen*. Carlsen. 2013b.

## Sekundärliteratur

Aarseth, Espen: „Computer Game Studies. Year One". In: *Game Studies* 1/1 (2001), o. S., http://gamestudies.org/0101/editorial.html (20.10.2020)

Al-Yaqout, Ghada/Nikolajeva, Maria: „Re-conceptualising picturebook theory in the digital age". In: *BLFT – Nordic Journal of ChildLit Aesthetics* 6/1 (2015), o. S., DOI: https://doi.org/10.3402/blft.v6.26971.

Al-Yaqout, Ghada/Nikolajeva, Maria: „Digital Picturebooks". In: Bettina Kümmerling-Meibauer (Hg.): *The Routledge Companion to Picturebooks*. London/New York 2018, 270–278.

Bird, Elizabeth: „Planet App: Kids' Book Apps Are Everywhere. But Are They Any Good?". In: *School Library Journal* 57/1 (2011), 26–31.

Bucher, Hans-Jürgen: „Multimodales Verstehen oder: Rezeption als Interaktion. Theoretische und empirische Grundlagen einer systematischen Analyse der Multimodalität". In: Hajo Diekmannshenke/Michael Klemm/Hartmut Stöckl (Hg.): *Bildlinguistik*. Berlin 2010, 123–156.

Bucher, Hans-Jürgen: „Multimodalität – ein universelles Merkmal der Medienkommunikation: Zum Verhältnis von Medienangebot und Medienrezeption". In: Hans-Jürgen Bucher/Peter Schumacher (Hg.): *Interaktionale Rezeptionsforschung*. Wiesbaden 2012, 51–82.

Döbeli Honegger, Beat: *Mehr als 0 und 1. Schule in einer digitalisierten Welt*. Bern 2016.

Ertem, Ihsan: „The effect of electronic storybooks on struggling fourth-graders' reading comprehension". In: *Turkish Online Journal of Educational Technology* 9/4 (2010), 140–155.

Genette, Gérard: *Die Erzählung*. Paderborn $^3$2010.

Kerres, Michael: „Technische Aspekte multimedialer Lehr-Lernmedien". In: Ludwig Issing/Paul Klimsa (Hg.): *Information und Lernen mit Multimedia*. Weinheim 1995, 25–45.

Knopf, Julia: „Bilderbuch-Apps: Potenzial zur Förderung literarischen Lernens". In: Julia Knopf/Ulf Abraham (Hg.): *Deutsch digital. Theoretische Grundlagen und Implikationen für die Praxis*. Bd. 2: Praxisband. Baltmannsweiler 2016, 148–157.

Knopf, Julia: „Bilderbücher und digitale Medien. Von Bilderbuch-Apps und intelligenten Bilderbuchumgebungen". In: Julia Knopf/Ulf Abraham (Hg.): *BilderBücher*. Bd. 1: Theorie. Baltmannsweiler $^2$2019, 115–120.

Leubner, Martin: „‚Bestehe die Abenteuer'. Interaktive Spielgeschichten zwischen Geschichte und Spiel". In: Bettina Hurrelmann/Susanne Becker (Hg.): *Kindermedien nutzen. Medienkompetenz als Herausforderung für Erziehung und Unterricht*. Weinheim/München 2003, 194–205.

Manresa, Mireia: „Traditional Readers and Electronic Literature. An Exploration of Perceptions and Readings of Digital Works". In: Mireia Manresa/Neus Real (Hg.): *Digital Literature for Children: Texts, Readers and Educational Practices*. Brüssel 2015, 105–120.

Matuszkiewicz, Kai: *Zwischen Interaktion und Narration. Ein Kontinuumsmodell zur Analyse hybrider digitaler Spiele. Modellbildung – Funktionalisierung – Fallbeispiel (The Legend of Zelda: Ocarina of Time)*. Göttingen 2018.

McGeehan, Catherine/Chambers, Sandra/Nowakowski, Jessica: „Just Because It's Digital, Doesn't Mean It's Good: Evaluating Digital Picture Books". In: *Journal of Digital Learning in Teacher Education* 34/2 (2018), 58–70. DOI: https://doi.org/10.1080/21532974.2017.1399488.

Müller, Christian: „Literarisches Lernen anhand einer Kinderbuch-App". In: *Praxis Deutsch* 43/247 (2014), 14–17.

Müller, Christian: „Didaktische Potenziale digitaler Bilderbücher. Zur Förderung sprachlichen und literarischen Lernens mit digitalen Wimmelbüchern". In: Gabriela Scherer/Steffen Volz (Hg.): *Im Bildungsfokus: Bilderbuchrezeptionsforschung*. Trier 2016, 353–370.

Neitzel, Britta: „Involvierungsstrategien des Computerspiels". In: GamesCoop (Hg.): *Theorien des Computerspiels zur Einführung*. Hamburg 2012, 75–103.

Ng, Wan: *New Digital Technology in Education. Conceptualizing Professional Learning for Educators*. Cham 2015.

Pietschmann, Daniel: *Das Erleben virtueller Welten. Involvierung, Immersion und Engagement in Computerspielen*. Glückstadt $^2$2017.

Ritter, Alexandra/Ritter, Michael: „Mediale Zwischenwelten. Bilderbuch-Apps als Hybridphänomene an der Grenzlinie analoger und digitaler Literaturkultur". In: Markus Peschel/Thomas Irion (Hg.): *Neue Medien in der Grundschule 2.0. Grundlagen – Konzepte – Perspektiven*. Frankfurt a. M. 2016, 259–275.

Ritter, Michael: „Innovative Grenzgänge oder oberflächliche Effekthascherei? Tendenzen der Transformation literarischer Welten in Kinderbuch-Apps". In: *Zeitschrift für ästhetische Bildung* 5/1 (2013), http://archiv.zaeb.net/index.php/zaeb/article/view/70/65 (20.10.2020)

Sachs-Hombach, Klaus/Thon, Jan-Noël (Hg.): *Game Studies. Aktuelle Ansätze der Computerspielforschung*. Köln 2015.

Schrenker, Eva/Beyer, Martin: „Digitale interaktive Bilderbücher im Unterricht. Theoretische Grundlagen und praktische Implikationen". In: Julia Knopf/Ulf Abraham (Hg.): *BilderBücher*. Bd. 1: Theorie. Baltmannsweiler 2014, 141–151.

Son, Seung-Hee C./Butcher, Kirsten R./Liang, Lauren A.: „The Influence of Interactive Features in Storybook Apps on Children's Reading Comprehension and Story Enjoyment". In: *The Elementary School Journal* 120/3 (2020), 422–454.

Stadtfeld, Peter: *Allgemeine Didaktik und Neue Medien. Der Einfluss der Neuen Medien auf didaktische Theorie und Praxis*. Bad Heilbrunn 2004.

Stöckl, Hartmut: „Sprache-Bild-Texte lesen. Bausteine zur Methodik einer Grundkompetenz". In: Hajo Diekmannshenke/Michael Klemm/Hartmut Stöckl (Hg.): *Bildlinguistik*. Berlin 2010, 43–70.

Turrión, Celia: „Multimedia book apps in a contemporary culture: Commerce and innovation, continuity and rupture". In: *Nordic Journal of ChilLit Aesthetics* 5/1 (2014), o. S. DOI: https://doi.org/10.3402/blft.v5.24426.

Weidenmann, Bernd: „Multimedia, Multicodierung und Multimodalität beim Online-Lernen". In: Ludwig Issing/Paul Klimsa (Hg.): *Online-Lernen. Handbuch für Wissenschaft und Praxis*. München 2009, 73–86.

Wooten, Deborah A./McCuiston, Kimberly F.: „Children's Literature Book Apps: Exploring New Paths for Books and Literacy Development". In: *Journal of Children's Literature* 41/2 (2015), 26–30.

Yokota, Junko: „The Past, Present and Future of Digital Picturebooks for Children". In: Mireia Manresa/Neus Real (Hg.): *Digital Literature for Children: Texts, Readers and Educational Practices*. Brüssel 2015, 73–86.

Zheng, Yan: „Anything new here in story apps? A reflection on the storytelling mechanism across media". In: *Libri & Liberi* 5/1 (2016), 55–76.

# Teil III
# Modellanalysen: Gattungen, Themen, Figuren

# Märchenbilderbuch

## 8

Johanna Duckstein, Alexandra Ritter und Michael Ritter

### Inhaltsverzeichnis

8.1 Theoretische Grundlagen .................................................. 153
    8.1.1 Geschichte der Märchen und ihrer Bebilderung ........................ 153
    8.1.2 Besonderheiten der Märchenbilderbuchanalyse ....................... 156
8.2 Modellanalysen: *Hänsel und Gretel* (Markus Lefrançois, 2011) und
    *Rotkäppchen hat keine Lust* (Sebastian Meschenmoser, 2016) ................. 158
    8.2.1 *Hänsel und Gretel* .................................................. 158
    8.2.2 *Rotkäppchen hat keine Lust* ........................................ 162
8.3 Fazit ........................................................................ 166
Literatur ......................................................................... 167

## 8.1 Theoretische Grundlagen

### 8.1.1 Geschichte der Märchen und ihrer Bebilderung

Dass Märchen auch visuell inszeniert werden, scheint heute selbstverständlich zu sein. Dass das aber keinesfalls schon immer so war, zeigt ein Blick in die Geschichte dieser literarischen Gattung. Die einer mündlichen Erzähltradition

---

J. Duckstein (✉) · A. Ritter · M. Ritter
Institut für Schulpädagogik und Grundschuldidaktik,
Universität Halle-Wittenberg, Halle, Deutschland
E-Mail: johanna.duckstein@paedagogik.uni-halle.de

A. Ritter
E-Mail: alexandra.ritter@paedagogik.uni-halle.de

M. Ritter
E-Mail: michael.ritter@paedagogik.uni-halle.de

© Springer-Verlag GmbH Deutschland, ein Teil von Springer Nature 2022
B. Dammers et al. (Hg.), *Das Bilderbuch*,
https://doi.org/10.1007/978-3-476-05824-9_8

zugesprochenen volkspoetischen Märchen wurden erst mit der Zeit auch schriftlich fixiert und als Buchmärchen tradiert (s. u. Definitionskasten). Auch wenn es schon frühere Sammlungen und Bearbeitungen gab (z. B. im 17. Jahrhundert von Giambattista Basile oder Charles Perrault), stellen für den deutschsprachigen Raum (und darüber hinaus) gerade die in der Romantik entstandenen *Kinder- und Hausmärchen* (KHM) der Brüder Grimm ein repräsentatives und genreprägendes Beispiel für diese Entwicklung dar.

**Grimms Kinder- und Hausmärchen:** Die erste Ausgabe (Bd. 1: 1812; Bd. 2: 1815) erschien zunächst als schlichte philologische Arbeit in der Gestalt eines Fachbuchs, in dem es keine Bilder gab. Clemens Brentano und Achim von Arnim, beide ebenfalls Sammler volkspoetischer Texte und Initiatoren des Märchenprojektes der Brüder Grimm, kritisierten diese Nüchternheit als unangemessen. Die Bücher entwickelten sich so zu einem Ladenhüter, erst 1819 erschien die zweite Auflage. Diese war bereits mit zwei Titelkupfern des Künstlerbruders Ludwig Emil Grimm versehen, die im 1. Band eine Szene aus dem Märchen *Brüderchen und Schwesterchen* (KHM 11) und im 2. Band die Märchenbeiträgerin Dorothea Viehmann darstellten (vgl. Bluhm 2014).

Die 1825 erschienene sogenannte *Kleine Ausgabe* der *Kinder- und Hausmärchen* mit einer Auswahl von 50 Märchen und mit sieben Stahlstichen von Ludwig Emil Grimm stellte nach der englischen Übersetzung die erste bebilderte Fassung der *Kinder- und Hausmärchen* in deutscher Sprache dar. Die Ausstattung der Märchen mit Bildern (s. u. Definitionskasten) gilt heute neben der sprachlichen Bearbeitung der Texte als wichtiger Faktor für den Langzeiterfolg, den die Märchensammlung seit den 1820er Jahren fast ungebrochen feiert und der sie bis heute fest im Kanon der faktischen Kinderlektüren verankert.

**Illustration von Märchenbilderbüchern:** Mit der zunehmenden Verbreitung von Bilderbüchern im 19. Jahrhundert (vgl. Ritter 2017, S. 33 ff.; s. Kap. 2) wurden auch einzelne Märchen bevorzugt als Textgrundlage aufgegriffen. Regina Freyberger (2009, S. 152 f.) stellt dabei fest, dass sich durch die immer wiederkehrende Illustrierung ausgewählter Märchen schnell ein fester und dabei relativ überschaubarer bildlicher Kanon von typischen Schlüsselszenen mit geläufigen Bildkompositionen und Motivkonstellationen herausbildete, der erst im 20. Jahrhundert unter dem Einfluss verschiedener künstlerischer Strömungen und medienspezifischer Entwicklungen im Bilderbuch erweitert und diversifiziert werden konnte. Heute liegen illustrierte Märchensammlungen und Märchenbilderbücher in einer unüberschaubaren Vielzahl und Vielfalt vor. Dabei reichen heutige Bebilderungen, gerade im Kontext literarästhetisch-innovativer Bilderbücher, auch weit über die tradierten Formen der Bilderbuchillustration des 19. Jahrhunderts hinaus. Weiterhin hat das Märchen auch Verbreitung in anderen medialen Formen der Literaturinszenierung wie dem Theater, dem Film und der App (vgl. Ritter 2016) gefunden, die ebenfalls mit visuellen Eindrücken und Inszenierungen arbeiten.

**Märchenbilderbuch und Vorstellungsbildung:** So fest die Illustrationen der Märchen heute zu dieser Gattung gehören, so blieb ihre Bedeutung doch immer umstritten. Viele Autor/innen verweisen darauf, dass Märchen als sprachliche Texte – auch wegen ihrer flächenhaften, abstrakten und symbolischen Narration –

ideale Bedingungen für das Bilden eigener Vorstellungen böten (vgl. z. B. Sahr 2007, S. 80; Schmitt 2005, S. 68; zusammenfassend bei Ritter/Ritter 2019, S. 74 f.). Im pädagogischen Kontext wurde diese Besonderheit auch immer wieder zum didaktischen Prinzip der Märchenvermittlung erhoben. So beharrte zum Beispiel der prominente Psychologe Bruno Bettelheim (1977, S. 60 f.) in seinem vielbeachteten Standardwerk *Kinder brauchen Märchen* darauf, dass die kindliche Vorstellungsbildung nicht durch die Bebilderung der Märchen eingeschränkt werden dürfe. Demgegenüber wird aber auch betont, dass die Bebilderung der bekannten Texte zur Erweiterung des Deutungshorizontes beitragen und neue Aspekte bzw. Interpretationen herausstellen kann (vgl. Nikolajeva 2008, S. 473).

**Märchenillustrationen heute:** Ungeachtet aller Kritik hat sich das Märchen auch in den multimodalen literarischen Zeichentraditionen des beginnenden 21. Jahrhunderts einen festen Platz gesichert (vgl. Ritter/Ritter 2019; Duckstein 2020). Dabei sind verschiedene Tendenzen zu beobachten: In Anlehnung an den festen Motivkanon des 19. Jahrhunderts scheint es ein kollektives Verständnis dafür zu geben, wann ein Märchen visuell ‚typisch' oder ‚untypisch' dargestellt ist. Gleichzeitig kann die Einschätzung, wann ein Märchen bzw. eine Märchenillustration ‚konventionell' bzw. ‚unkonventionell' ist, nicht eindeutig kategorial gefasst werden, weil Märchen schon lange vielfältig und vielgestaltig (wieder-)erzählt und visuell dargestellt werden.

**Definitionen**

- **Märchen** bezeichnen eine Gattung der Kinder- und Jugendliteratur. Die kurzen und zumeist im fantastischen Modus verfassten Erzählungen sind in der Regel durch eine klare und einfache Struktur geprägt, sie sind räumlich und zeitlich nicht konkret kontextualisiert, weisen ein typisches Figurenarsenal auf und zeigen eine eindeutige Wertestruktur. Als spezifische Kinderliteratur haben sich die Märchen besonders durch die Sammlung der Brüder Jakob und Wilhelm Grimm herausgebildet.
  - **Volksmärchen:** In der Romantik und im Biedermeier wurden die als volkspoetische Texte gesammelten sog. Volksmärchen zunehmend sprachlich und moralisch den Vorstellungen der bürgerlichen Erziehungskultur angepasst.
  - **Kunstmärchen:** Daneben entwickelten sich auch die Kunstmärchen, die eine eindeutige Autorenschaft aufweisen und häufig poetisch-komplexer ausgestaltet sind.

  Letztendlich greift eine zu trennscharfe Gegenüberstellung der archaischen Volksmärchen und der artifiziellen Kunstmärchen jedoch zu kurz. Sie kann bestenfalls das Spektrum andeuten, in dem Märchentexte in ihrer Vielfalt verortet werden können.

- Als **Märchenbilderbuch** ist ein Bilderbuch zu bezeichnen, das in seiner Gestaltung auf Ebene der Narration Bezug auf bestehende Märchen nimmt oder aber das sich durch strukturelle Merkmale der Gattung Märchen zuordnen lässt.

- **Adaption bekannter Märchen:** neue Inszenierung eines Märchens in Wort und/oder Bild, mehr oder weniger eng orientiert an einer tradierten Fassung
- **intertextuelle Verweise:** Referenzen auf bekannte Märchen, die prägenden Einfluss auf die Narration des Bilderbuchs besitzen
- **neue Märchen:** neu erfundene Erzählungen im Stil der Gattung Märchen, als Bild-Text-Erzählung in Szene gesetzt

- **Märchenillustrationen** sind Bilder, deren Inhalt als visuelle Bezugnahme auf einen vorliegenden Märchentext gedeutet werden kann. Typischerweise finden sich Märchenillustrationen in Märchenanthologien, Märchenbilderbüchern, aber auch in Ausmalbüchern, auf Coverabbildungen für Hörspiele und an vielen anderen Stellen. Märchenillustrationen im weiteren Sinne bilden dabei einen bestimmten Aspekt einer Märchenhandlung nicht einfach nur ab, sie bieten durch die visuelle Konkretisierung der in der Regel eher abstrakten und flächenhaften Textvorlage eine Interpretation und erzeugen damit eine Spannung zum Verbaltext. Gleichzeitig stehen sie in einer visuellen Tradition der Märchenbebilderung, von der sie immer auch beeinflusst sind, indem sie diese aufgreifen oder sich davon abgrenzen.

## 8.1.2 Besonderheiten der Märchenbilderbuchanalyse

Für die Analyse von Märchenbilderbüchern müssen die analytischen Instrumente zur Erschließung der Bilderbuchstruktur (vgl. z. B. Staiger 2019) im Hinblick auf die Adaption des davon erst einmal unabhängigen literarischen Stoffs Märchen weiterentwickelt werden. Die übergeordnete Frage dabei ist, wie das Märchen als dominant verbalsprachliches Phänomen in die multimodale Struktur der Bild-Text-Narration überführt wird. Gleichzeitig muss vor dem Hintergrund der oben ausgeführten Tradierung der Märchen und ihrer Illustration geklärt werden, wie sich das Märchenbilderbuch zu seiner Geschichte ins Verhältnis setzt.

***Duplicates*** **und** ***rewritings:*** Vanessa Joosen (2018, S. 476 ff.) erkennt im Spektrum des aktuellen Marktes an Märchenbilderbüchern vor allen Dingen zwei Gestaltungstendenzen: In den *duplicates* steht eher die Orientierung am Märchen in seiner tradierten Form im Mittelpunkt, was sich sowohl auf den Schrifttext, die Bebilderungen, aber auch auf die paratextuell-materielle Dimensionen des Bilderbuchs beziehen kann. Weiterhin erkennt sie Tendenzen der Idyllisierung und komischen Überformung der Märchen durch die visuelle Umsetzung. Leitbild der Märcheninszenierung ist eher das eurozentristisch-mittelalterlich geprägte Märchensujet (vgl. ebd.). Demgegenüber bringen die *rewritings* eher ein dekonstruktives und intertextuelles Spiel mit den Märchenstoffen zur Aufführung, das sich ganz bewusst von einer geschlossenen Tradierung der Märchentexte abgrenzt, diese aber zitiert, parodiert, mischt und kombiniert (vgl. ebd., S. 478 ff.).

Dass eine solche Gegenüberstellung nicht ausreichen mag, ist angesichts der Vielfalt des aktuellen Märchenbilderbuchmarktes nicht verwunderlich. Und auch andere Typologisierungsversuche machen deutlich, dass das Phänomen differenzierter beschrieben werden kann (vgl. z. B. Thiele 2004; Mattenklott 2005; Tabbert 2015). Hilfreich ist Joosens Gegenüberstellung dennoch, begreift man beide Begriffe als Pole eines Spannungsverhältnisses, in dem konkrete Märchenbilderbuchartefakte beschrieben werden und zu dessen Extrempunkten sie tendieren können. Prinzipiell wird dabei deutlich, dass die beiden Grundmechanismen der Transformation, das *Aufgreifen* und das *Abgrenzen* von den Traditionslinien des Märchens, zur Beschreibung von Bilderbuchbearbeitungen genutzt werden können.

**Kontextualisierung:** Das Märchen als Kontext und Referenzpunkt muss bei der Bilderbuchgestaltung als Orientierungshorizont mitgedacht werden; durchdringt aber in dieser rahmenden Funktion alle Dimensionen der Bilderbuchanalyse (s. Abschn. 1.2.6). So stellt sich narratologisch die Frage, inwiefern die erzählte Handlung eine Märchenhandlung darstellt und an welche Traditionen die Geschichte anknüpft. Auch bezogen auf die Gestaltung des Textes und die Wahl erzählerischer Mittel sind solche Bezugnahmen zu klären. Bei adaptierten Märchentexten ist z. B. zu prüfen, inwiefern tradierte Textfassungen aufgegriffen oder abgewandelt werden (auch bezogen auf den sprachlichen Duktus, die Erzählperspektive etc.). Visuell kann besprochen werden, inwiefern *typische* Motive und *konventionelle* Darstellungsformen gewählt wurden (Schlüsselszenen, Figurendarstellung, Raumgestaltung/Bildaufbau etc.). Bezogen auf die Text-Bild-Relationen ist zu klären, inwiefern dem Text – wie traditionell üblich – die Funktion des Leitmodus zukommt und welche Funktion in diesem Kontext die Bilder einnehmen. Auch die paratextuelle Dimension kann auf den Märchenbezug befragt werden.

> **Leitfragen zur Analyse eines Märchenbilderbuchs**
> - Welche Märchen bzw. Märchenmotive werden aufgegriffen? Auf welche Fassung wird Bezug genommen?
> - Werden Handlung, Figuren, Raum und Zeit des Märchens eher konventionell wiedergegeben oder abgewandelt?
> - Wie grenzt sich die Form der Erzählung von den traditionellen Darstellungskonventionen des Märchens ab (z. B. Kombination mehrerer Märchen, Parodie, Dekonstruktion, Intertextualität, Metafiktion und Selbstreferenzialität etc.)?
> - Wird der Text der Märchenvorlage wortwörtlich übernommen oder wird er bearbeitet? Wie verändert sich durch die Bearbeitung der Charakter des Verbaltextes?
> - Inwiefern wird der konventionelle Märchenton aufgegriffen/verändert?
> - Wie wird mit den konventionellen Schlüsselszenen des Märchens umgegangen?
> - Wie werden die Märchenfiguren und ihre Umgebung dargestellt?

## 8.2 Modellanalysen: *Hänsel und Gretel* (Markus Lefrançois, 2011) und *Rotkäppchen hat keine Lust* (Sebastian Meschenmoser, 2016)

Auf dieser Grundlage kann eine systematische Bilderbuchanalyse stattfinden, die die Spezifik des festen Genrebezugs berücksichtigt. Um das bereits oben erwähnte weite Spektrum der Varianten der (post-)modernen Märchenbilderbuchgestaltung anzudeuten, werden im Folgenden zwei Märchenbilderbücher kontrastiv analysiert. Die übergreifende Frage beider Analysen ist dabei, wie das Märchen als Stoff der literarischen Gestaltung ins multimodale Medium übertragen und adaptiert wird.

### 8.2.1 *Hänsel und Gretel*

**Kontext des Bilderbuchs:** Innerhalb einer Reihe von Bilderbüchern zu ausgewählten bekannten Grimm'schen Märchen wie *Dornröschen, Aschenputtel, Schneewittchen* und *Die Bremer Stadtmusikanten,* die vom Reclam Verlag herausgegeben und von Markus Lefrançois illustriert wurden, ist 2011 das Märchenbilderbuch *Hänsel und Gretel* erschienen. Als Textgrundlage diente hier die Ausgabe letzter Hand der Brüder Grimm von 1857 in der von Heinz Rölleke (2010) herausgegebenen Fassung, die in einigen Teilen angepasst wurde. Insofern zeigen sich in diesem ersten Analysebeispiel hinsichtlich der verbalen und narrativen Dimension kaum Abweichungen zum konventionellen Märchenverständnis, das im Zusammenhang mit den *Kinder- und Hausmärchen* entsteht. Bilderbücher, die sich auf eine originäre Textfassung stützen und darauf verzichten, diese zu vereinfachen, zu kürzen oder zu pädagogisieren, erheben oft den Anspruch, den Gehalt des Märchens gerade durch die bildliche Gestaltung zu unterstreichen bzw. diesen durch neue Sinnebenen zu erweitern. Unterschiede zum konventionellen Märchenbilderbuch zeigen sich hier in der Regel in der bildlichen Dimension. Lefrançois nutzt hierfür farbig aquarellierte Zeichnungen, die durch die Komposition, Farbgestaltung und einzelne Bilddetails das Märchen anreichern (s. Abb. 8.1).

**Adaption der Märchenhandlung:** Angelegt an die Vorlage zeigt sich hier eine konventionell einsträngige Handlung, die den beiden kindlichen Protagonist/innen Hänsel und Gretel vom Haus der Eltern in den Wald zur Hexe folgt. Dabei geraten die Kinder in verschiedene Notsituationen, die sich beginnend bei der familiären Armut, über das Aussetzen und Verlaufen im Wald, bis zur Bedrohung durch die Hexe zunehmend steigern.

Das Figurenarsenal kennzeichnet sich durch seine eindimensionalen Typen, wie den über seinen Beruf beschriebenen armen Holzhacker und dessen Frau. Durch die flächenhafte Darstellung der Charaktere wird der Kontrast zwischen Gut und Böse – hier in den Personen der Stiefmutter und der Hexe – in Text und Bild deutlich erkennbar. Auch wenn es am Ende Gretel ist, die einen Mord begeht, wird sie als positive Persönlichkeit dargestellt, die im Text keine Bedenken zeigt und keine

**Abb. 8.1** Cover: *Hänsel und Gretel* (Grimm/Lefrançois 2011)

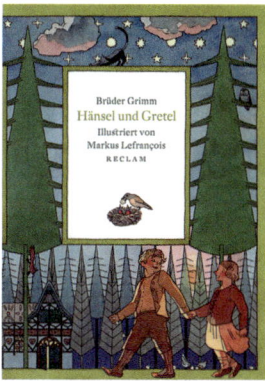

Innenwelt entfaltet. Nur das Bild zeigt in der Darstellung der Mimik und Gestik, was dem Mädchen bei dieser Tat abverlangt wird. Ihr ganzer Körper richtet sich gegen die Hexe, ihr Gesicht ist verzerrt und Schweiß und Tränen rinnen über ihr Gesicht (vgl. S. 30 f.).

**Raum und Zeit:** Der unspezifische Ort und die unbestimmte Zeit der Märchenhandlung werden über die Illustrationen konkretisiert. Durch die abgebildete Architektur der Fachwerkhäuser beim Eltern- und Hexenhaus, die ärmliche Kleidung der Figuren mit Nachtkleid, Kopftuch und Stulpen und durch historische Werkzeuge wie einer Sense, die bedrohlich über dem Bett der Kinder hängt, wird das Märchen wie konventionell üblich in ein mittelalterliches Sujet gesetzt. Während die Zeitangaben im Text sehr vage bleiben, gelingt es Lefrançois über die Gestaltung der Jahreszeiten in seinen Bildern nicht nur einen zeitlichen Rahmen zu setzen, sondern die Narration auch atmosphärisch zu verdichten. So beginnt das Märchen im tiefsten Winter und endet mit dem Heimweg im Sommer. Der Aufenthalt bei der Hexe entzieht sich jeder Zeit, da die Hintergründe ausgespart werden. Das pluriszenische Bild zur Befreiung der Kinder zeigt eine Zeitraffung, in welcher Hänsel und Gretel zu Jugendlichen heranwachsen, welches später noch diskutiert werden soll (vgl. S. 32 f.).

**Erzählperspektive:** Konventionell zeigt sich auch die auktoriale Erzählinstanz, die distanziert von den inneren Prozessen die Handlung schildert. Dies wird ebenfalls in der Perspektive der Bilder deutlich. Der Betrachtende schaut von außen auf das Geschehen, was besonders im Querschnitt des Hexenhauses deutlich wird, der einen Einblick in alle Räumlichkeiten gewährt (vgl. S. 26 f.). Während die Protagonist/innen selig am Kaminfeuer speisen, sieht der Rezipierende bereits eine Kammer mit Tinkturen und eingeweckten Sonderbarkeiten, den Käfig, den hochflammenden Ofen und die Schätze auf dem Dachboden. Eine Nähe wird dann im Bild erzeugt, wenn Gesichter fokussiert und vergrößert abgebildet oder besondere Perspektiven verwendet werden. Unzuverlässigkeit im Erzählen werden indes kaum und nur in wenigen Fällen über das Bild sichtbar. So zeigt die Szene der Überfahrt der Kinder über das Gewässer am Ende des Märchens die Ente in ihrer realistischen Größe (vgl. S. 34 f.). Da aber beide Kinder bereits übergesetzt wurden, bleibt die Frage bewusst als ironischer Kommentar offen, wie dieses kleine Tier eine solche Last hätte tragen können.

**Märchenton:** Erzählt wird das Märchen *Hänsel und Gretel* nach der Vorlage der KHM (7. Auflage letzter Hand), welche orthografisch gerade in Bezug auf die Interpunktion kaum merklich modernisiert wurde. Lediglich der Vers „Knuper, knuper, kneischen" wurde an die gebräuchlichere Variante Ludwig Bechsteins angelehnt („knusper, knusper, kneischen", S. 25).

Betrachtet man die sprachliche Gestaltung des Textes, zeigt sich der typische Märchenton der Brüder Grimm, der sich nicht zwingend durch eine schlichte Wortwahl und einen einfachen Satzbau kennzeichnet. Teilweise entstehen hier komplizierte Nebensatzkonstruktionen, auf die in Bilderbüchern oder Erstlesewerken oft verzichtet wird. Im Zuge der Überarbeitungen durch Wilhelm Grimm wurde der Märchentext schon im Entstehungszeitraum vielfach verändert und inhaltlich und stilistisch an die Vorstellungen der damaligen Zeit angepasst. So findet man nicht nur wörtliche Rede in Form verschiedener Dialoge, sondern auch Verse und Formeln wie „Der Wind, der Wind, das himmlische Kind" (S. 25) oder Sprichwörter wie „Wer A sagt muss auch B sagen" (S. 19).

**Bildkomposition:** Mit der Bebilderung werden dem traditionellen Text unkonventionelle Akzente entgegengesetzt. Auf fünfzehn Doppelseiten illustriert Lefrançois prägnante Szenen des Märchens wie beispielsweise das Warten der Kinder am Lagerfeuer, das Hexenhaus oder den Stoß der Hexe in den Ofen. Dabei ist er darauf bedacht, durch Motivwahl, Perspektiven und Gestaltung des Bildraumes dennoch unkonventionelle Bilder zu erzeugen. So wird das Gespräch der Eltern aus einer unüblichen Froschperspektive dargestellt (vgl. S. 34 f.). Die Rezipierenden nehmen dazu den Blickwinkel der Mäuse ein, die über den Dielenboden kriechen und als stille Teilnehmer die Szene verfolgen. Die hell erleuchtete linke Seite, die das elterliche Ehebett zeigt, in dem der Vater mit vor dem Gesicht gehaltenen Händen zusammengesunken sitzt, während ihn die Stiefmutter verkniffen anschaut, und die dunklere rechte Seite, auf der die Kinder in ihren Betten wach liegen, werden durch einen Stützbalken des Hauses optisch voneinander getrennt. So erhalten die Betrachtenden einen Rundumblick durch den Raum und gleichzeitig wird die Bedrohung der Kinder deutlich.

**Bildstil:** Die Bilder von Lefrançois sind gekennzeichnet durch verhältnismäßig dominante Linien, die als Rahmung der Farbflächen dienen. In den Illustrationen lassen sich Anleihen zum Jugendstil und im Speziellen zu den Bildern Otto Ubbelohdes (1867–1922) wiederfinden. Der grafische Bildstil ermöglicht einerseits eine Vielzahl an Details, die es zu betrachten gibt, andererseits gelingt es durch die kantigen und teilweise abstrahierten Zeichnungen, die Bilder auch symbolisch aufzuladen. Die Büsche vor der Tür des Holzhackers werden als einfache Rundbögen dargestellt, die mit der dunklen Farbgestaltung und der mit schnellen Strichen erzeugten Struktur wie Grabsteine wirken (vgl. S. 10 f.).

Auch der aquarellierte Farbauftrag bietet ein breites Farbspektrum. Allein durch den Einsatz verschiedener Farbfamilien gelingt Lefrançois eine Strukturierung der Handlung im Buch. Werden die ersten Seiten zunächst mit Grau-, Blau- und Grüntönen ausgestaltet, die eine düstere kalte Atmosphäre schaffen, wird der Übergang in das Fantastische beim Hexenhaus nicht nur durch eine Abstrahierung der Zeichnung erzeugt, sondern auch über die Farben Rot, Braun und Gelb in ihren Abstufungen. Sie weisen auf die Gefahr hin, die sich am Ende in einem satten Grün und Gelb auflöst. Teilweise wird auch mit Farbkontrasten gearbeitet, um die Bildwirkung hervorzuheben. Fokussiert die Szene der Kinder am Lagerfeuer die Figuren in der Ferne durch ein intensives Gelb, welches das dunkle Blau durchbricht und Hoffnung spendet (vgl. S. 14 f.), erscheint der Irrweg durch den Wald als Einheitsgrau, in dem Hänsel und Gretel kaum erkennbar zu verschwinden drohen (vgl. S. 22 f.). Die meisten Bilder werden formatfüllend ausgestaltet, in fünf Bildern wird der Weißraum als Gestaltungsmittel genutzt.

**Figurendarstellung:** Die Darstellung der Figuren erfolgt mit Blick auf konventionelle Märchenbilderbücher eher stereotyp. Hänsel wird als derjenige, der am Anfang die Initiative ergreift, etwas älter dargestellt als seine Schwester Gretel. Am Ende wirken sie gleichaltrig. Die Hexe als besonderer Märchentypus wird als alte, hässliche Frau in einer Naheinstellung in eindrücklicher Weise herangezoomt. Die lange Nase mit Warzen, die roten, trüben Augen, Falten und schiefen Zähnen rufen beim Rezipierenden Ekel hervor (vgl. S. 28 f.). Wird sie im folgenden Bild in den Ofen geschubst, verliert sie noch mehr an Menschlichkeit, indem ihre Gliedmaßen zu einer Fläche verschmelzen und lediglich das erschrockene Gesicht bleibt (vgl. S. 30 f.).

**Zusammenspiel von Bild und Text:** Monoszenische als auch pluriszenische Bildkompositionen wechseln sich ab. In jede ist der Text bereits als festes Element eingebettet, sodass keine räumliche Trennung der beiden Ebenen stattfindet. Die Typografie ist gekennzeichnet durch eine ausreichend große, aber schlichte Serifenschrift. Wie die Beobachtungen auf der narrativen Dimension bereits andeuten, kennzeichnet sich das Bild-Text-Verhältnis in *Hänsel und Gretel* durch eine Symmetrie. Dabei folgen die Illustrationen parallel den im Text dargestellten Handlungsmomenten. Das Konzept ist somit von der Dominanz des Verbaltextes konventioneller Märchenbilderbücher gekennzeichnet. Durch die Bilder wird dieser konkretisiert, indem Orte, Zeit und Figuren differenziert ausgestaltet werden. Durch die Komposition und Farbgestaltung wird Atmosphäre erzeugt und mit Hilfe einzelner Bildelemente werden neue Lesarten eröffnet. Den Bildern kommt in diesem Fall die Funktion zu, den Text zu erweitern, indem dieser mehr Eindringlichkeit bekommt, oder neue Deutungen erlaubt, wie bei der Analyse einer ausgewählten Doppelseite noch gezeigt werden soll.

**Detailanalyse:** Beispielhaft für die Machart des Bilderbuchs und für die Adaption des Märchens in den Bildern Lefrançois' ist die vorletzte Seite, auf der die Befreiung Hänsels durch Gretel und das Einsammeln der Schätze verbildlicht wurde (s. Abb. 8.2). Der Text des Originalmärchens ist sowohl in den Weißraum als auch in Bildgegenstände wie Kisten und Fässer mit Gold und Geschmeide, die sich im Vordergrund befinden, eingefasst. Er wurde in einzelne Sinnabschnitte geteilt, die sich in dem pluriszenischen Bild mit drei Handlungsmomenten parallel verfolgen lassen. Als erstes öffnet Gretel die Stalltür, danach feiern beide ihren Sieg über die Hexe und tanzen gemeinsam, um schließlich die Reichtümer

**Abb. 8.2** Doppelseite: Die Befreiung Hänsels (Grimm/Lefrancois 2011, S. 32 f.)

in ihre Taschen zu stecken, wie es im Text beschrieben wird. Trotz der Vorliebe für außergewöhnliche Perspektiven wird in diesem Bild der Hintergrund nicht ausdifferenziert, stattdessen heben sich die Figuren in ihrer Aktivität durch den weißen Bildraum ab.

Der Mehrwert der Bilder liegt in der Erweiterung des Textes. Von Szene zu Szene verändern sich einerseits die Farben von Rot zu Gelb, was die Erlösung von der Gefahr verspricht, und zum anderen werden die Kinder wie in einer Zeitraffung zunehmend älter. Dieser Reifungsprozess, den vor allem Gretel durchlebt, wird im Bild explizit. Sie steht in der Schlussszene als junge Frau selbstbewusst neben ihrem Bruder, die Hände in die Hüfte gestützt und blickt diesen an. Hänsel, der von den Schätzen unter sich regelrecht angestrahlt wird, greift unterdessen nach dem Schwert, als wolle er seine Rolle als Beschützer wieder aufnehmen. Durch die Bilder erfolgt eine vertiefte Auseinandersetzung mit dem Märchen. Die Doppelseite bietet nicht nur Vorstellungsbilder, sondern auch Deutungsmöglichkeiten.

### 8.2.2 Rotkäppchen hat keine Lust

**Kontext des Bilderbuchs:** Das Märchenbilderbuch *Rotkäppchen hat keine Lust* von Sebastian Meschenmoser ist 2016 im Thienemann Verlag erschienen. Bereits der Titel des Buchs und das Cover (s. Abb. 8.3) deuten darauf hin, dass das Märchen *Rotkäppchen* (KHM 26) als Referenz genutzt, das Märchen jedoch als Parodie mit Rollentausch umgesetzt wurde, der auch bei der Analyse der Einzeldimensionen des

**Abb. 8.3** Cover: *Rotkäppchen hat keine Lust* (Meschenmoser 2016)

Bilderbuchs immer wieder dominant hervortritt. Das Bilderbuch ist der erste Band einer Trilogie von Märchenadaptionen des Autors, zu der auch *Die verflixten sieben Geißlein* (2017) und *Vom Wolf, der auszog, das Fürchten zu lehren* (2018) gehören. Dabei bezieht sich vor allem der letzte Band deutlich auf seine Vorgänger und vereint die Einzelgeschichten zu einem eigenen Märchen über drei Wolfsbrüder und ihre (märchen)untypischen Eigenschaften.

**Adaption des Märchenstoffs:** Das vorliegende Bilderbuch erzählt die Geschichte eines Wolfes, der hungrig nach einem Kind sucht, um es aufzufressen. Da begegnet ihm Rotkäppchen, das zornig durch den Wald stapft. Es soll zur Großmutter gehen, die Geburtstag hatte, und Geschenke bringen. Allerdings schockiert die Geschenkauswahl den Wolf, denn Rotkäppchen zeigt ihm einen Ziegelstein, eine Socke und einen Kaugummi. Der Wolf weiß jedoch besser, was Großmütter mögen, und besorgt Rotkäppchen Blumen, Wein und einen Kuchen. Dafür wird er auch gleich zum Kaffeetrinken eingeladen und erlebt einen wunderbaren Nachmittag bei der Großmutter mit Köstlichkeiten und vielen Fotoalben. Rotkäppchen indes sieht darin nur einen verschwendeten Tag. Während der Wolf die Großmutter abends zu Bett bringt, anschließend auf der Couch übernachtet und schließlich sogar bei ihr einzieht, beschließt Rotkäppchen, in der Wolfshöhle zu leben und eine gefürchtete Räuberin zu werden.

**Veränderte Perspektiven:** Im Unterschied zur bekannten Märchenvorlage beginnt das Märchen nicht mit der Einführung des Rotkäppchens und seinem besonderen Merkmal der roten Kappe, das in der Grimm'schen Fassung auch gleich die enge Verbindung zwischen Rotkäppchen und der Großmutter deutlich macht. In der Ausgabe der Kinder- und Hausmärchen von 1857 heißt es: „Einmal schenkte sie [die Großmutter, d. Verf.] ihm ein Käppchen von rotem Sammet, und weil ihm das so wohl stand und es nichts anders mehr tragen wollte, hieß es nur das Rotkäppchen" (Brüder Grimm 2010, S. 150). Im Bilderbuch hingegen wird gleich zu Beginn der Wolf fokussiert und die Perspektivierung erfolgt über einen personalen Erzähler und eine interne Fokalisierung. Zunächst wird der mit einem märchentypischen Motiv, seinem Hunger, vorgestellt. Allerdings geht hier bereits das Bilderbuch über dieses stereotype Merkmal hinaus, denn er ist nicht nur hungrig, sondern auch einsam. Poetisch formuliert der Text: „Der Wolf fühlte sich bitter" (ebd., S. 6). Doch in dieser Situation kommt die Großmutter des Wolfes ins Spiel und er erinnert sich an einen guten Rat derselben: „[W]enn du dich einmal bitter fühlst, friss ein süßes Kind. Das hilft immer! Und obendrein bist du dann satt" (ebd.). Der Wolf weiß, dass man leichtsinnige Kinder allein auf Waldwegen finden kann und begibt sich auf die Suche. Hier scheint er bereits über ein Erfahrungswissen bezogen auf die märchentypische Handlungslogik von *Rotkäppchen* zu verfügen.

Allerdings verläuft die Begegnung mit Rotkäppchen nicht wie erwartet. Zwar sieht sie wie ein passendes Opfer aus, doch bricht ihr folgendes Verhalten die Handlungslogik des Ausgangsmärchens und führt zur Irritation bei den Lesenden. Rotkäppchen wird grob, egoistisch und launisch dargestellt. Während es mit Mimik und Gestik seinen negativen Emotionen Ausdruck verleiht, wirkt der Wolf im Lauf der Begegnung zunehmend sensibler, einfühlsam und rücksichtsvoll.

**Unkonventionelle Figuren:** Das bekannte Kontrastpaar Rotkäppchen – Wolf aus dem Märchen, bei dem Rotkäppchen als naives, aber zuvorkommendes Kind und der Wolf als bedrohlicher und listiger Gegenspieler dargestellt wird, wird im Bilderbuch dekonstruiert. Die erwarteten Rollen werden neu gefasst und teilweise auch verkehrt. Immer wieder erscheinen Referenzen auf die Grimm'sche Märchenfassung, etwa wenn der Wolf entscheidet, dass für den Geburtstag der Großmutter Kuchen, Wein und Blumen die besten Geschenke seien. Im Gegensatz zum ursprünglichen Märchen wirkt auch die Figur der Großmutter verändert, weniger „krank und schwach". Vielmehr wird sie im Bild als agile Frau mit roten Pausbacken und sehr dynamisch in ihren Bewegungen dargestellt. Sie hat eine Vorliebe für besondere Fotoalben z. B. von Kuchen oder Kartoffeln, die sie mit dem Wolf betrachtet. In der bildlichen Darstellung wirkt sie gesund, wohlgenährt und lebenslustig, wenn auch etwas exzentrisch, denn sie wird stets mit einem Huhn auf dem Kopf gezeigt. Das Verhalten des Rotkäppchens wird von der Großmutter weder negativ noch positiv gewertet. Vielmehr scheint diese das Kind zu ignorieren, denn auch Rotkäppchens Entschluss, die Kaffeerunde zu verlassen, wird nicht kommentiert. Am Ende der Begegnung, beim Ins-Bett-gehen, wird noch einmal ein Bezug zur Märchenvorlage hergestellt und durch Abweichung verfremdet. Die Geschichte erreicht ihren Höhepunkt nicht im Fressakt des Wolfes, sondern im friedlichen Schlaf der Großmutter und der Zuneigungsbekundung zwischen Wolf und derselben durch ihre gemeinsamen Interessen. Rotkäppchen gerät dabei mehr oder weniger aus dem Fokus der Geschichte und findet nur noch am Rande eine Erwähnung (auf dem Nachsatzpapier).

Auch verbal wird das bekannte Paar Rotkäppchen – Wolf adaptiert: Während sich der Wolf im Bilderbuch sehr gewählt ausdrückt und teilweise veraltete Höflichkeitsfloskeln verwendet wie z. B. „Junges Fräulein, darf ich es wagen…" (ebd., S. 9), setzt der Text das Rotkäppchen dazu in ein antipodisches Verhältnis. Wenn sie sich überhaupt über direkte Rede zu Wort meldet, was im Buch nur zweimal der Fall ist, spricht sie verkürzt in elliptischen Sätzen, sodass der Sprachton ebenso rüde wirkt wie das gesamte Auftreten des Mädchens. Auch sprachlich werden Wolf und Mädchen demnach als Kontrastpaar, aber entgegen der konventionellen Zuordnung inszeniert.

**Genretransformation:** Das Märchen wandelt sich dadurch von der Warngeschichte zur Parodie einer Beziehungsgeschichte, die den Wolf und die Großmutter in den Blick rückt und die kindlichen Launen des Mädchens ignoriert. Somit umgeht das Buch pädagogische Implementierungen und Warnungen und konzentriert sich auf ein Positivbeispiel für gelingende Beziehungen. Dabei wird weder nach den Ursachen für die Haltung des Mädchens noch nach den Beweggründen für das Verhalten der Großmutter gefragt. Lediglich das Agieren des Wolfes wird mit seinen eigenen positiven Großmutter-Erfahrungen kontextualisiert.

Diese Entwicklung des tradierten Stoffs wird auch durch die **grafische Umsetzung** der Bilder unterstützt. Die Bleistiftzeichnungen wirken skizzenhaft und dynamisch, was vor allem die Darstellung von Mimik und Gestik eindrücklich werden lässt. Die Bilder wurden mit Aquarellfarbe koloriert, allerdings spielt der Hintergrund nur auf wenigen Doppelseiten eine Rolle. Vielmehr agieren die Figuren häufig vor einem Weißraum und ggf. einer Horizontlinie. So wird der Blick ganz auf die Figuren selbst gelenkt. In der Regel gibt es bei der Bildkomposition einen doppelten Fokus, einmal auf den Wolf und einmal auf Rotkäppchen, sodass die Betrachtenden zwischen den beiden Polen wechseln und die unterschiedlichen Ausdrücke oder Haltungen vergleichen können bzw. ein Spannungsverhältnis aufgebaut wird. Während z. B. der Wolf selbstvergessen auf einer Wiese Waldblumen pflückt, steht Rotkäppchen in einer aggressiven Haltung mit den Händen zu Fäusten geballt und in die Hüften gestemmt auf einem Baumstamm und beobachtet den Wolf (vgl. S. 14 f.).

**Bild und Text** stehen im Bilderbuch in der Regel in einem komplementären, mitunter aber auch kontrapunktischen Verhältnis, wodurch ebenfalls Komik erzeugt wird. Beide Erzählmodi wirken im Verhältnis zueinander recht ausgewogen. Mitunter nimmt das Bild aber auch Entwicklungen der Geschichte vorweg, die im Text erst später angesprochen werden, z. B. sieht man schon, als der Wolf und die Großmutter noch vergnügt beim Kaffee sitzen, wie Rotkäppchen am Rand des Bildes sitzt und von der Situation genervt ist (vgl. S. 24 f.). Die Bildfolgen sind z. T. in dichter Frequenz und über die Doppelseite hinweg pluriszenisch angelegt, was die Handlung stellenweise filmisch wirken lässt. Dieser Eindruck wird durch die dynamische Darstellung der Figuren verstärkt.

**Detailanalyse:** Die ausgewählte Doppelseite (s. Abb. 8.4) zeigt die erste Begegnung von Wolf und Rotkäppchen als hochfrequente Bildfolge. Der Text führt das Mädchen als „süß" und „leichtsinnig" (S. 8) ein und steht damit im kontrapunktischen Verhältnis zur bildnerischen Darstellung. Diese zeigt eher eine äußere Fokalisierung des Wolfes, wobei der vorhergehende Text auch eine interne Fokalisierung ermöglicht und der Blick der Betrachtenden zunächst deutlich auf den Wolf gerichtet ist. Rotkäppchens Gesicht wird zunächst nicht gezeigt. Aber an ihrem Gang, der Haltung (geballte Fäuste, große Schritte) und der grimmigen Miene auf Seite 9 erkennt man bereits die Abneigung und Abwehrhaltung des Kindes gegen die gestellte Aufgabe. Auf dem Weg durch den Wald scheint Rot-

**Abb. 8.4** Doppelseite: Begegnung zwischen Rotkäppchen und dem Wolf (Meschenmoser 2016, S. 8 f.)

käppchen den Wolf gar nicht wahrzunehmen. Auch die Haltung des Wolfes, sitzend auf einem Stamm oder auch fragend, passt nicht zu den Erwartungen an das typische Verhalten dieser Figur. Er lauert dem Kind nicht auf. Seine Anrede „Junges Fräulein, darf ich's wagen? Wohin des …" (S. 9) kann er nicht einmal beenden, da ist das Mädchen schon an ihm vorbei. Sein Erstaunen über das Verhalten des Mädchens wird auch durch seine Mimik und Gestik (offener Mund und erhobener Zeigefinger) sowie durch den erstaunten Gesichtsausdruck des Baums ausgedrückt.

## 8.3 Fazit

Der Vergleich der beiden ausgewählten Werke verdeutlicht eindrücklich die Breite des Spektrums aktueller Märchenbearbeitungen im Bilderbuch. Das von Joosen aufgespannte polare Verhältnis von *duplicates* und *rewritings* ist dabei nur eine heuristische Konstruktion, um die Vielfalt der verschiedenen Adaptions- und Darstellungsphänomene im Spannungsfeld von *Aufgreifen* und *Abgrenzen* von der Tradition der Märchenbearbeitung und -bebilderung beschreibbar zu machen. Die Auswahl der beiden Bilderbücher wirft nur ein Schlaglicht auf diese Vielfalt.

Für die Methodik der Märchenbilderbuchanalyse zeigt sich aber anhand der beiden Beispiele, dass die analytischen Schwerpunktsetzungen zwischen verschiedenen Märchenbilderbüchern stark variieren können. Es hängt von der Art der Adaption der Märchentexte ab, welche analytischen Kategorien und welche damit zusammenhängenden Leitfragen für die Analyse dominant werden und welche eher randständig zu behandeln sind. So waren bei der hier vorgestellten Auswahl bei *Hänsel und Gretel* eher die Betrachtung der visuellen Umsetzung produktiv, während bei *Rotkäppchen hat keine Lust* eher die veränderte Narration in den Blick rückte.

Im Anschluss an die Analyse der Märchenbilderbücher können dann rezeptionsbezogene Fragen angeschlossen werden. Während Bilderbücher, die eher als *rewritings* zu bezeichnen sind, mit dem märchenbezogenen Vorwissen ihrer Lesenden spielen, können *duplicates* auch zum Kennenlernen der Märchentexte genutzt werden.

## Literatur

## Primärliteratur

Grimm, Jacob/Grimm, Wilhelm: *Kinder- und Hausmärchen*. Ausgabe letzter Hand mit den Originalanmerkungen der Brüder Grimm. 1. Band [1857]. Hg. v. Heinz Rölleke. Stuttgart 2010.
Meschenmoser, Sebastian: *Rotkäppchen hat keine Lust*. Stuttgart 2016.
Grimm, Jacob und Wilhelm/Lefrançois, Markus: *Hänsel und Gretel*. Stuttgart 2011.

## Sekundärliteratur

Bettelheim, Bruno: *Kinder brauchen Märchen*. München 1977.
Bluhm, Lothar: „Leserlenkung durch Illustration. Die Titelkupfer der ‚Kinder- und Hausmärchen' der Brüder Grimm". In: Gabriela Scherer/Steffen Volz/Maja Wiprächtiger-Geppert (Hg.): *Bilderbuch und literar-ästhetische Bildung. Aktuelle Forschungsperspektiven*. Trier 2014, 213–231.
Duckstein, Johanna: „Das war ja vielleicht früher so! Orientierungen von Grundschulkindern zu aktuellen Märchenbilderbüchern". In: Michael Bahn/Kathrin Heintz/Gabriela Scherer (Hg.): *Das narrative Bilderbuch. Türöffner zu literar-ästhetischer Bildung, Erzähl- und Buchkultur*. Trier 2020, 183–200.
Freyberger, Regina: *Märchenbilder – Bildermärchen. Illustrationen zu Grimms Märchen 1819–1945. Über einen vergessenen Bereich deutscher Kunst*. Oberhausen 2009.
Joosen, Vanessa: „Picturebooks as Adaptations of Fairy Tales". In: Bettina Kümmerling-Meibauer (Hg.): *The Routledge Companion to Picturebooks*. London/New York 2018, 473–484.
Mattenklott, Gundel: „Märcheninszenierungen im zeitgenössischen Bilderbuch". In: Gundel Mattenklott/Kristin Wardetzky (Hg.): *Metamorphosen des Märchens*. Baltmannsweiler 2005, 100–119.
Nikolajeva, Maria: „Illustration". In: Donald Haase (Hg.): The Greenwood Encyclopedia of Folktales and Fairy Tales. Vol. 2. Westport 2008, 468–478.
Ritter, Alexandra/Ritter, Michael: „Aktuelle Tendenzen im Märchenbilderbuch". In: Julia Knopf/Ulf Abraham (Hg.): *Bilderbücher*. Theorie, Band 1. Baltmannsweiler ²2019, 73–84.

Ritter, Alexandra: *Bilderbuchlesarten von Kindern. Neue Erzählformen im Spannungsfeld von kindlicher Rezeption und Produktion*. Baltmannsweiler ²2017.

Ritter, Michael: „Märchen-Apps zwischen Spiel und Erzählung. Eine Spurensuche". In: *kjl&m* 16/2 (2016), 23–32.

Sahr, Michael: *Zeit für Märchen*. Baltmannsweiler 2007.

Schmitt, Christoph: „Die Märchenillustration – Bildnerische Reflexionen auf Märchen der Brüder Grimm". In: Kurt Franz/Günter Lange (Hg.): *Bilderbuch und Illustration in der Kinder- und Jugendliteratur*. Baltmannsweiler 2005, 68–92.

Staiger, Michael: „Erzählen mit Bild-Schrift-Kombinationen". In: Julia Knopf/Ulf Abraham (Hg.): *Bilderbücher*. Theorie, Band 1. Baltmannsweiler ²2019, 14–26.

Tabbert, Reinbert: „Postmoderne Märchenbilderbücher". In: Martin Anker/Anke Harms/Claudia Maria Pecher/Juliane Schmidt (Hg.): *Grimms Märchenwelten im Bilderbuch. Beiträge zur Entwicklung des Märchenbilderbuches seit Mitte des 20. Jahrhunderts*. Baltmannsweiler 2015, 167–187.

Thiele, Jens: „Was macht das Bild mit dem Märchen? Kritische Blicke auf Märchenillustrationen". In: Günter Lange (Hg.): *Märchen. Märchenforschung. Märchendidaktik*. Baltmannsweiler 2004, 163–184.

# Sachbilderbuch

**9**

Peter Rinnerthaler

## Inhaltsverzeichnis

9.1 Theoretische Grundlagen .................................................. 169
    9.1.1 Definitionsansätze und Typologien................................. 169
    9.1.2 Ordnungsprinzipien des Sachbilderbuchs........................... 173
9.2 Modellanalyse: *Ich bau mir einen großen Bruder* (Anaïs Vaugelade, 2017) ........ 176
    9.2.1 Narrative Ordnung ............................................. 176
    9.2.2 Bildstrategien der Ordnung...................................... 180
9.3 Fazit................................................................... 182
Literatur .................................................................... 182

## 9.1 Theoretische Grundlagen

### 9.1.1 Definitionsansätze und Typologien

„Fritz war ein unordentlicher Knabe" (Moritz 2013, S. 145). Mit diesen Worten eröffnet Carl Philipp Moritz den *Versuch einer kleinen praktischen Kinderlogik welche auch zum Theil für Lehrer und Denker geschrieben ist* (1786). Denn „[d]as eine Strumpfband steckte in der Rocktasche, und das andere hing unter'm Spiegel. Rock und Weste lagen oben und der Hut lag unten" (ebd.). Die von Moritz in seiner *Kinderlogik* als sinnstiftend angepriesene „Ordnung im ‚Kopf'" (Wild 2008, S. 72), „die große Kunst des Eintheilens und Ordnens, des Vergleichens und Unterscheidens, worauf die ganze Glückseligkeit des vernünftigen Menschen beruhet" (Moritz 2013, S. 147), scheint nicht nur Fritz abhandengekommen zu

---

P. Rinnerthaler (✉)
Wien, Österreich

© Springer-Verlag GmbH Deutschland, ein Teil von Springer Nature 2022
B. Dammers et al. (Hg.), *Das Bilderbuch*,
https://doi.org/10.1007/978-3-476-05824-9_9

sein. Auch die junge Protagonistin des Sachbilderbuchs *Ich bau mir einen großen Bruder* (2017) hält nicht viel von einem aufgeräumten Kinderzimmer. Ob das Prinzip der Ordnung lediglich zwei fiktionalen ‚Sachbuch'-Figuren fremd wurde oder ob es, wie Ekkehard und Herbert Ossowski es formulieren, dem „Trend zum Narrativen im Sachbuch für Kinder und Jugendliche" (2011, S. 375) gewichen ist, wird in diesem Kapitel beispielhaft in den Fokus genommen.

**Historischer Kontext:** Mit Bezug auf den Ursprung der Gattung Sachbuch im deutschsprachigen Raum, der stets auf das Jahr 1658 datiert wird, also auf jenes Jahr, in dem Johann Amos Comenius' *Orbis sensualium pictus* erstmals veröffentlicht wurde, gilt eine das menschliche Verständnis strukturierende Ordnung als konstitutiv für das Sachbuch und dessen langfristige Entwicklung als Gattung. Mit Rekurs auf Otto Brunken und Bettina Hürlimann halten Ossowski und Ossoswski (2011, S. 371) weiter fest, dass Comenius' Anschauungsbuch, das die Welt in Abschnitte wie „Die Zeit", „Die Geographie" oder „Von der Geschichte" segmentiert, bis in die 1960er-Jahre „Mustergültigkeit" hatte. Die sich der systematisierten Ordnung verschriebenen Sachtext-Tradition schreibt sich in der Aufklärung in Form der enzyklopädischen Schriften fort, „in denen in systematischer Anordnung umfassend über die verschiedensten Wissensgebiete informiert wird" (Wild 2008, S. 89). Erst im 19. Jahrhundert entwickelt sich das Sachbuch laut Jörg Steitz-Kallenbach (2005, S. 36) grundlegend formal weiter, indem „spannende Handlungen mit geographischen und historischen Informationen angereichert" werden. Eine frühe Form der narrativen Gestaltung im Sachbuchbereich sieht Steitz-Kallenbach eingangs des 20. Jahrhunderts zum Beispiel bei Heinrich Scharrelmanns *Ein kleiner Junge. Was er sah und hörte als er noch nicht zur Schule ging* (1908).

Eine stringente, über die Zeit nachvollziehbare Gattungsentwicklung weg von auf Ordnung basierenden Anschauungsbüchern (wie dem wegweisenden *Orbis pictus*) bzw. weg von Enzyklopädien hin zu Sachbüchern, in denen das narrative Moment dominiert, darf jedoch nicht angenommen werden. Vielmehr ist anstelle einer formalen Verengung von einer Pluralisierung oder – wie es Nikola von Merveldt (2018, S. 234) bezeichnet – von einer „Hybridisierung" der Gestaltungsformen auszugehen. Davon zeugt einerseits die oft in der Fachliteratur postulierte Unmöglichkeit „[e]ine allgemeingültige Definition des Begriffs Sachbuch" (Ossowski/Ossowski 2011, S. 364) zu finden und andererseits die in diesem Zuge stets neu ausverhandelten Typologien, die von Forscher/innen aktualisiert werden, um das breite Sachbuch-Formenspektrum ansatzweise einfangen zu können.

**Forschungsdesiderate:** Zu bedenken ist, dass das Fehlen einer allgemeingültigen Definition nicht nur das Sachbuch per se betrifft, sondern auch die im Handlungssystem der Kinder- und Jugendliteratur unterschiedenen Begriffe ‚Sachbuch für Kinder- und Jugendlichev sowie ‚Sachbilderbuch' bzw. ‚Bildersachbuch' (s. u. Definitionskasten). Das verwundert nicht, da – wie von Merveldt (2018, S. 242) aufzeigt – bis dato keine Studie vorliegt, die einen historischen oder systematischen Überblick über das „genre of informational children's literature" geben könnte: „There is still little research and a lack of consensual terminology or typology for the analysis of informational imagery and the various forms of

## 9.1 Theoretische Grundlagen

text – image interaction." Zusammengefasst heißt das, dass es weder eine breit anerkannte Definition der Gattung Sachbuch gibt (vgl. Ossowski 1996, S. 1; Franz 2001, S. 13; Ossowski/Ossowski 2011, S. 364) und darüber hinaus ein Forschungsdesiderat im Bereich des Sachbilderbuchs vorliegt.

Annäherungen zu definitorischen Beschreibungen von in Frage kommenden Gemeinsamkeiten werden auffallend oft ex negativo umgesetzt (vgl. Franz 2011, S. 13). Begriffe, die in dieser Auseinandersetzung in mehreren Studien abgegrenzt werden, sind: wissenschaftliche Literatur, Schulbuch, Lehrbuch, Fachbuch, Lexikon und fiktionale Literatur.

**Definitionsversuche:** Einzelne Bestrebungen, die den Versuch einer Definition wagen, und auf die immer wieder Bezug genommen wird, stammen von Klaus Doderer (aus dem Jahr 1961), Richard Bamberger (1965), Jörg Steitz-Kallenbach (2005), Martin Hussong (2011) und Nikola von Merveldt (2019). Während Bamberger von einem Sachbuch spricht, wenn Wissensstoffe „verlebendigt" werden und Doderer sprachliche sowie kompositorische Mittel für eine gleichzeitig unterhaltende und belehrende Vermittlung fordert (vgl. Ossowski 2011, S. 364–365), ist für Hussong zentral, dass „die Darstellung der Fachsprache weitgehend entkleidet" (zit. nach Franz 2011, S. 9) wird. In Steitz-Kallenbachs Überlegungen scheinen zwei Aspekte unstrittig:

> Sachbücher sind mit Gegenständen der wirklichen Welt befasst, d. h., sie beschäftigen sich nicht mit fiktionaler, sondern mit non-fiktionaler Wirklichkeit, der Wirklichkeit also, die wir gemeinhin als die Realität bezeichnen. Darüber hinaus vermitteln sie denjenigen Wissen über diese Welt, die nicht Fachleute auf dem jeweiligen Gebiet sind. (Steitz-Kallenbach 2005, S. 34)

Steitz-Kallenbach (ebd., S. 35) ist es auch, der in einer längeren Definition (s. u. Definitionskasten) zentral auf die Bildebene verweist und somit auf die spezifische Erzählform des Bilderbuchs und dessen ästhetische Verfahren inklusive Bild-Text-Interdependenz aufmerksam macht. Franz und von Merveldt heben schließlich hervor, wie wichtig die „kunstvolle Gestaltung" (Franz 2011, S. 10) auch im Sachbuch ist:

> Informational literature for children thus tends to rely heavily on graphics and pictures, employing them in different forms and functions, often pushing the limits of printing technology and communicative conventions more radically than adult nonfiction. Overall, it seems that over the last two centuries, the text-image ratio in informational books has continually shifted in favor of images […]. (von Merveldt 2018, S. 232)

Von Merveldt beschreibt hier eine quantitative sowie qualitative Entwicklung der Bild-Text-Beziehung im illustrierten Kindersachbuch. Zwar nehmen die (innovativen) Illustrations- und Drucktechniken per se bzw. die Qualität der Bildebene vordergründig keinen Einfluss auf das Prinzip der Ordnung zeitgenössischer Sachbücher für Kinder und Jugendliche. Das quantitative (sich verschiebende) Verhältnis von Text und/zu Bild kann jedoch das Verhältnis von Sache und Erzählung, das für viele Typologien ausschlaggebend ist, beeinflussen und dadurch eine zentrale Rolle für die Weise, wie Sachbilderbücher in sich „geordnet" sind, einnehmen.

**Typologie und *visual thinking*:** So definieren Ekkehard und Herbert Ossowski das „Sachbilderbuch" als „vorwiegend bild-erzählerisch" (2011, S. 377), wodurch ebenfalls der quantitativ hohe Bildanteil als definitorischer Aspekt innerhalb der insgesamt sechsteiligen Ossowski'schen Typologie herangezogen wird. Bei den Begriffen „Erzählsachbuch" und „Sacherzählbuch" werden allerdings nicht bildästhetische Merkmale gemessen, sondern das Verhältnis von „Sache" und „erzählerischen Mitteln" gegenübergestellt (ebd.). Franz hebt mit Blick auf den Stellenwert der Illustration im Kinder- und Jugendsachbuch hervor, dass dort wie im Bilderbuch unterschiedliche Techniken wie die „einfachsten Skizzen und Zeichnungen über sämtliche Maltechniken und Drucktechniken bis zur Fotographie, Montage, Collage usw." (2011, S. 11) zum Einsatz kommen. Ossowski (1996, S. 10) steuert in seinem Beitrag zu einem Lexikon der Kinder- und Jugendliteratur eine entscheidende Überlegung für die Beziehung zwischen der Bildebene und dem Prinzip der Ordnung im zeitgenössischen Sachbuch für Kinder- und Jugendliche bei: Techniken werden „je nach ihrer Funktion als Informations- oder Illustrationsmittel oder auch als Interpretations- und Erläuterungshilfen eingesetzt". Von Merveldt erweitert Ossowskis Ansatz, der die Funktion der Bildebene auf ein bloßes ‚Illustrieren' im wortwörtlichen Sinn reduziert. Vielmehr würde die Bildebene für eine aktive, interpretative Rezeption sorgen: „Informational books thus go far beyond facts, readily available elsewhere, to awaken curiosity, inspire awe, and nurture community." (von Merveldt 2018, S. 232).

Mit der Hinwendung zu der bildästhetischen Ebene soll die Bedeutung der Textebene im Sachbuch (für Kinder und Jugendliche) keinesfalls degradiert werden, sondern, im Bewusstsein des *pictorial turn*, auf die Tragweite des durch von Merveldt hervorgehobenen *visual thinking* im Bereich der Rezeption von Kinder- und Jugendliteratur aufmerksam gemacht werden. Dieser Ansatz fördert zudem das Verständnis dafür, wie Bilder als „main communicator of information" (ebd., S. 233) fungieren können, um dadurch das Prinzip der Ordnung neu zu gestalten, und wie im Falle des Bilderbuchs *Ich bau mir einen großen Bruder,* einen äußerst zeitgemäßen, nicht nur in der Wissenschaft immer wieder geforderten und geförderten Ansatz in das Sachbuch zu setzen: Die (bild-ästhetische) Darstellung von Prozesshaftigkeit.

---

**Definitionen**

- **Sachbuch:** Von einem Sachbuch kann dann gesprochen werden, wenn sich der Inhalt mit der „non-fiktionale[n] Wirklichkeit" (Steitz-Kallenbach 2005, S. 34) beschäftigt, sich die Form der Wissensvermittlung nicht an einem Fachpublikum orientiert und somit auch keine Vorkenntnisse oder Fachsprache vorausgesetzt werden.

- **Sachbilderbuch:** Das Sachbilderbuch unterscheidet sich zum Sachbuch (für Erwachsene) durch den quantitativen und/oder qualitativen Einsatz von grafischen Gestaltungsmittel, wodurch die Wissensvermittlung maßgeblich von der bildästhetischen Ebene geprägt wird.
- **Fiktionalität:** Trotz der Annahme bzw. der Zielsetzung, dass Sachbücher auf faktuale Weise eine nicht-fiktionale Wirklichkeit darstellen, verfolgen Text- und Bildebene oft sehr unterschiedliche Strategien zur Abbildung von Realität. So können Sachinformationen im Text zum Beispiel auf realistische Weise vermittelt, die bildästhetische Darstellung jedoch wirklichkeitsfern(er) umgesetzt werden.

## 9.1.2 Ordnungsprinzipien des Sachbilderbuchs

**Das (un-)ordentliche Anschauungsbuch:** Das Gegenteil von Chaos versuchen seit jeher Anschauungsbücher herzustellen. Dem Prinzip der Ordnung verschrieben und in der Tradition des *Orbis sensualium pictus* stehend, werden (in Relation zur Dimension der Bilderbuchseiten große) Illustrationen vor reduziertem Hintergrund ins Zentrum gestellt, um eine klare sowie sinnstiftende Einheit mit deskriptiven Texten herzustellen. Neben einem vereinheitlichten Aufbau der Bilderbuchseite sorgt ein holistisch anmutendes Kategorisierungssystem in Form von Kapitelüberschriften für die bereits von Moritz geforderte „Ordnung im Kopf". Während konventionelle Anschauungsbücher, darunter fallen auch die durch von Merveldt als „topic books" bezeichneten Werke, die konventionelle Themen auf formalistische Weise vermitteln (vgl. 2018, S. 233), brechen oder spielen unkonventionelle Anschauungsbücher auf kreative Weise mit einer scheinbaren Ordnung. So macht die Verfasserin von *Bibi Dumon Taks große Vogelschau* (2018, S. 8) bereits im Vorwort transparent, dass die Bestrebungen des Anschauungsbuchs aus dem 18. Jahrhundert, auf dem ihr Sachbuch basiert, an den eigenen Vorgaben scheitern: „Durch diese Regeln ist das Buch ein wenig chaotisch geworden. Es ist, um es mal so zu formulieren, nicht gerade logisch aufgebaut. Greifvögel, Wasservögel, Singvögel, alle Arten sind bunt gemischt, weil sie in zufälliger Reihenfolge bei Nozeman eintrafen." Nicht reflexiv, da weder Vor- noch Nachwort über die Genese des Buchs berichten, aber durch einen ironisch getexteten Untertitel zeigt *Das große Wissenssammelsurium* (2017) von James Brown und Richard Platt an, dass es sich seiner Tradition, nämlich der des Anschauungsbuchs, durchaus bewusst ist, jedoch auf ironisch unsortierte Weise mit dessen Ordnung bricht: „Vom Seemannsknoten bis zum Sonnensystem – nützliches und unnützes Wissen für Schlauköpfe". Anschließend werden 30 scheinbar wahllos aneinandergereihte Bildtafeln mit identischem Doppelseitenaufbau sowie viel Text präsentiert, sodass der Eindruck einer zufällig entstandenen bzw. absichtlich durchmischten Sortierung entsteht. Der „Musik-Notation" (S. 20–21) folgen zum Beispiel „Die Bauteile des Fahrrads" (S. 22–23), danach kommen „Erdaufbau & Erdatmosphäre" (S. 24–25), darauf „Das Griechische Alphabet" (S. 26–27) und

„Schrauben und Nägel" (S. 28–29). Kein Thema ist einem anderen übergeordnet; Wissen erscheint egalitär.

**Räumliche und zeitliche Ordnung:** Seit jeher und nicht nur seit der Hinwendung zur Bildebene im Zuge des *pictorial turn*, wird die Ordnung räumlich strukturierter Sachbücher von Illustrationen geprägt. Das ist der Tatsache geschuldet, dass die (Aktions-)Räume der inneren Sachbuchordnung (z. B. die unterschiedlichen Habitate verschiedener Tierarten) umfangreich illustriert werden müssen, um sie in Folge beschreiben zu können. Zwei Beispiele dafür sind *Wüsten, Berge, Fjorde. Landschaften und ihre bewegte Geschichte* (Claire Lecœuvre und Vincent Mahé, 2017) und *Pyramiden, Kreml, Kölner Dom. Die schönsten Bauwerke der Welt* (Virginie Aladjidi und Emmanuelle Tchoukriel, 2012). Der Aufbau der beiden räumlich sortierten Sachbilderbücher ist identisch: Dem Vorwort folgt eine Weltkarte, auf der die beschriebenen Landschaften bzw. Bauwerke verortet werden. Schließlich werden Seite für Seite die Topografien beschrieben bzw. die Gebäude historisch eingeordnet.

Sachbücher, die einer zeitlichen Ordnung folgen, sind dagegen nicht in diesem Ausmaß auf illustratorische Gestaltungsmittel angewiesen wie räumlich bestimmte Werke, da die Einteilung in Epochen einfacher durch auf Text basierenden Mitteln umgesetzt werden kann; Überschriften oder grafisch einfach gestaltete Zeitleisten sorgen für die nötige Strukturierung. Einen anderen Ansatz verfolgt das Sachbilderbuch *Die Zeitreise. Vom Urknall bis heute* (Peter Goes, 2018), indem die einzelnen Epochen auf je einer Doppelseite als detailreiche Wimmelbilder dargestellt werden. Kulturräume, epochenprägende Bauwerke, historische Momente, wichtige Persönlichkeiten und vieles mehr sind Teil eines schwarz illustrierten und die Doppelseiten bestimmenden Zeitbandes, dem kurze erläuternde Textpassagen anbei gestellt werden.

**Klassisch-populäre Ordnung:** Als Sachbücher mit klassisch-populärer Ordnung können jene Werke bezeichnet werden, die sich durch eine relativ freie interne Kategorisierung auszeichnen, die zwar sinnbildende Einheiten bildet, jedoch nicht wie in den bereits erläuterten Typen davor, in räumliche, zeitliche oder strikt zu unterscheidende thematische Aspekte segmentieren muss. Vor allem die offene Realisierung der formalen Gestaltung unterscheidet die klassisch-populäre Ordnung von Sachbüchern, die zum Beispiel noch in der Tradition der Anschauungsbücher stehen. Die freie Form der Ordnung verlangt keinen sich wiederholenden Seitenaufbau, der z. B. Text und Bild feststehende Bereiche und Größen vorschreibt, sondern je nach Bedarf dem einen oder dem anderen mehr Raum und informierende Verantwortung zugesteht.

Der Aufbau dieser Sachbücher erinnert bereits an Fachbücher bzw. wissenschaftliche Literatur, da Inhaltsverzeichnisse einleitend jene Subthemen definieren, die schließlich in Unterkapiteln abgearbeitet werden. Bei drei neueren Sachbilderbüchern ist diese identisch aufgebaute Struktur zu finden: *Das Fahrrad. Vom Hochrad bis zum E-Bike* (Haseop Jeong/Seungyeion Cho, 2016), *So ein Mist. Von Müll, Abfall und Co.* (Melanie Laibl/Lili Richter, 2018) und *Die wunderbare Welt der Insekten* (Bart Rossel/Medy Oberendorff, 2019). Zudem wird bei allen drei Beispielen ein Register in den Anhang gestellt, dass das Nachschlagen zentraler Begriffe ermöglicht.

**Lustvolle Ordnung:** Die Popularität der Lust am Ordnen kann als eine noch relativ junge Entwicklung im Sachbuchbereich bezeichnet werden. Insbesondere seit dem Erscheinen des Sachbuchs *Walross, Spatz und Beuteteufel. Das große Sammelsurium der Tiere* (Adrienne Baumann, 2013) ist unkonventionelles und für Humor sorgendes Sortieren immer wieder im Sachbuchbereich für Kinder- und Jugendliche zu finden. Dabei spielt abermals das Bild eine zentrale Rolle, indem auf dieser Ebene Tiere zusammengeführt werden, die nicht durch Abstammung oder Lebensraum Gemeinsamkeiten aufweisen, sondern weniger naheliegende und kreative Parallelen übergestülpt bekommen. Beispiele für Kapitel dieser Ordnung sind: ‚Die Lauten', ‚Die Treuen', ‚Die Schlauen', ‚Die Verfluchten' oder ‚Die Schnellen', wobei Letztere in Barmans Illustration nur von Speedlines und beigestellten Namen dargestellt werden, um anzuzeigen, dass diese schwer zu sichten sind. Die Gemeinsamkeit der Tiere wird also offenbar verbal markiert. Ohne den Text scheinen die Gemeinsamkeiten gar nicht unbedingt nachvollziehbar.

**Erzählte Ordnung:** Narrativ dominierte Sachbuchgestaltungen geben das Prinzip der Ordnung dabei nicht auf. Die Struktur des Sachbuchs wird hier weniger durch ein durchgängiges Konzept aus Abschnitten, Überschriften und identischem Seitenaufbau hergestellt. Sie wird vielmehr durch die narrative Einbettung realisiert. Die narrativen Gestaltungsformen im Sachbilderbuch schöpfen aus dem breiten Spektrum der Bilderbuchkunst: Von der Ich-Erzählung einer Stechmücke (z. B. *Gerda Gelse. Allgemeine Weisheiten über Stechmücken,* Heidi Trpak/Laura Momo Aufderhaar, 2013) über personales Erzählen, das ein Mädchen „Ein Jahr in Opas Garten" (Untertitel) begleitet (vgl. *Was wächst denn da?*, Gerda Müller, 2014) zu auktorialen und sich reimenden Formen des Erzählens über die Vielfalt der Insekten (*Das große Summen,* Angela Diterlizzi/Brendan Wenzel, 2019).

---

**Leitfragen zur Analyse von Sachbilderbüchern**
- Welchem Ordnungsprinzip folgt das Sachbilderbuch?
- Welche Gegenstände werden ausgewählt und miteinander in Beziehung gesetzt, um die ‚Sache' darzustellen?
- Welche Situierung (Raum) und welche Figuren werden zur Darstellung der ‚Sache' gewählt?
- Aus welchem Betrachterstandpunkt (Perspektive) werden die Gegenstände dargestellt?
- Wie lässt sich das Verhältnis von Faktualität und Fiktionalität im Hinblick auf die Sprachhandlungsstruktur, die Wirklichkeitsnähe und den sprachlichen Stil bzw. die Erzählform beschreiben?

## 9.2 Modellanalyse: *Ich bau mir einen großen Bruder* (Anaïs Vaugelade, 2017)

**Inhalt und Gestaltung:** Anaïs Vaugelade hat ein Sachbilderbuch gestaltet, das eine breite Fülle an wissenschaftlich fundierten Sachinformationen zum Thema menschliche Anatomie vermittelt, diese jedoch in Form einer fiktionalen Erzählung aus der Sicht einer 4- bis 5-jährigen Ich-Erzählerin namens Susa abwechslungsreich und bildgewaltig in Szene setzt.

Eingeleitet wird der Prozess des Großen-Bruder-Bauens durch einen klaren wie einfachen, ersten Satz: „Heute baut sich Susa einen großen Bruder." (Vaugelade 2017, S. 6) Noch bevor auf der zweiten nummerierten Doppelseite über das Innenleben des menschlichen und des tierischen Körpers in Text und Bild informiert wird, stehen das Thema und die Einordnung in die Gattung Sachbuch gemäß von Merveldts Postulat „Paratexte sind die wichtigsten Faktualitätssignale" (2019, S. 19) bereits fest. Denn neben illustrierten Körperteilen und einem Holzskelett auf knallgelbem Cover, wird dank des Untertitels „Wie unser Körper funktioniert" klar, dass die ‚Sache' Anatomie im Mittelpunkt des Bilderbuchs stehen wird (s. Abb. 9.1). Mit der Form des geschlossenen Dramas vergleichbar, ist die kindliche Protagonistin mithilfe von Puppen, Stofftieren, eines aufgrund der Größe und Erfahrung als erwachsene Figur markierten Krokodils und einer auf jeder Doppelseite konsultierten Enzyklopädie ausschließlich damit beschäftigt, dieses eine Projekt durchzuführen. Neben der Einheit der Handlung wird der an eine Bühne erinnernde Aktionsraum und das für Versuche genutzte Nebenzimmer weder durch Zeitsprünge noch durch Figurenbewegung verlassen.

Das rund 31 mal 39 cm messende Bilderbuch im Hochformat setzt sich aus durchgehend abfallend gestalteten Doppelseiten (ohne Rand oder Rahmen) zusammen, die mit Ausnahme einer Seite, auf der mikroskopische Fotografien montiert werden, mit einem konstant feinen Tuschestift-Strich auf weißem Hintergrund illustriert sind. Die stark gesättigte Kolorierung erhöht den Kontrast markant. Die durchgehend beibehaltene Zentralperspektive sorgt dafür, dass das inszenierte Chaos der Wimmelbildszenerie in Normalsicht sowie die Parallelität von Sachtexten und Infografiken in abgesetzten Sprech- und Denkblasen (s. Abb. 9.2) erfahr- sowie wahrnehmbar bleibt.

### 9.2.1 Narrative Ordnung

Prägend für dieses Sachbilderbuch ist die narrativ bestimmte Ordnung, mit der sich *Ich bau mir einen großen Bruder* fundamental von anderen Ordnungstypen abgrenzt, die oben beschrieben wurden (s. Abschn. 9.1.2). Der Begriff „Erzählsachbuch", so wie ihn Steitz-Kallenbach (2005, S. 44) versteht, beschreibt sehr treffend, wie die Rezeption bei *Ich bau mir einen großen Bruder* vonstattengeht: „Im Übergang zum Erzählsachbuch sind Bücher einzuordnen, in denen die Bilder zwar noch die Erstwahrnehmung bestimmen, der Text aber eine gewisse Eigenständigkeit als Erzählung gewinnt." Ob es sich bei Anaïs Vaugelades Werk gemäß

## 9.2 Modellanalyse: *Ich bau mir einen großen Bruder* (Anaïs Vaugelade, 2017)

**Abb. 9.1** Cover: *Ich bau mir einen großen Bruder* (Vaugelade 2017)

Ossowskis (2000, S. 673) Spezifizierung, um ein „Erzählsachbuch", in dem „die Sache selbst im Mittelpunkt [steht] und […] mit erzählerischen Mitteln dargestellt [wird]" oder um ein „Sacherzählbuch", das sich „im Rahmen einer Erzählung mit einer Sache" beschäftigt, liegt in der Entscheidung der Betrachter/in. Das Bilderbuch bietet mehrere Lektüremodi an, die von einem Wimmelbildsuchspiel über die Konzentration auf den im unteren Bereich der Seiten gesetzten Erzähltext zur ausschließlich sachspezifischen Lektüre der Informationstexte in den Sprech- und Denkblasen reichen können (s. Abb. 9.2). Aber auch eine immersive bzw. partizipative Beschäftigung mit der Unternehmung einen großen Bruder zu bauen, ist vorstellbar. Auch Steitz-Kallenbach weist darauf hin, dass durch das erzählende Moment eine andere Form der Rezeption zum Tragen komme als das bei einer konventionellen Sachbuch-Lektüre der Fall ist: „Mit der Einführung handlungstragender Charaktere, mit der Einnahme einer Erzählperspektive, mit Erzählerrede und Personen sowie anderen erzählerischen Gestaltungsmitteln beginnen erzähltechnische Eigengesetzlichkeiten den Text zu bestimmen, der gleichwohl in dieser erzählerischen Struktur Sachwissen vermittelt." (Steitz-Kallenbach 2005, S. 44).

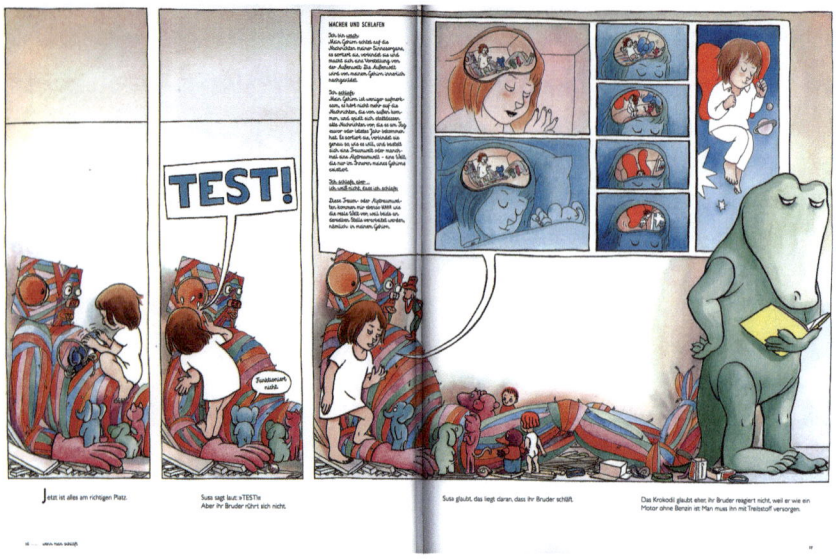

**Abb. 9.2** Doppelseite: Wachen und Schlafen (Vaugelade 2017, S. 26 f.)

**Faktualität und Fiktionalität:** An dieser Stelle sei an von Merveldts (2018, S. 234) eingangs erwähnte Überlegung der „Hybridisierung der Formen" erinnert, die zum einen eine spielerische Mischform zwischen Faktualem und Fiktionalem und andererseits zwischen Deskriptivem und Narrativem erlaube. Genau in diesem Spannungsverhältnis steht *Ich bau mir einen großen Bruder*, da Text- und Bildebene eine Vielzahl an Gestaltungsformen anbieten. Um die Fülle der verwendeten Darstellungsstrategien im Detail analysieren zu können, kann laut von Merveldt auf das „Drei-Perspektiven-Modell" nach Nickel-Bacon/Groeben/Schreier (2000) zurückgegriffen werden:

> Zunächst gilt es aus pragmatischer Perspektive zu bestimmen, ob eine einfache (faktual) oder doppelte (fiktional) Sprachhandlungsstruktur vorliegt (Werkkategorie Fiction / Non-Fiction). In einem zweiten Schritt soll auf inhaltlich-semantischer Ebene die Wirklichkeitsnähe graduell bemessen werden (wirklichkeitsnah / wirklichkeitsfern). Schließlich geht es drittens in darstellungsbezogen-formaler Perspektive um die narratologisch-stilistische Analyse der Vermittlungsformen (realistisch / unrealistisch). (von Merveldt 2019, S. 17)

In *Ich bau mir einen großen Bruder* lassen sich folgende Aspekte finden:

- **Sprachhandlungsstruktur:** Sprachlich kommt es zu einer regelrechten Vielstimmigkeit, die sich nicht nur in dialogischer Form zeigt, sondern durch Parallelitäten von (Sach-)Texten vervielfacht wird. Folgende Sprachhandlungen bzw. Textformen können unterschieden werden:

a) **Erzähltext,** der mit einer den Aktionsraum abtrennenden Linie vom restlichen (Bild-)Raum separiert ist und primär die Handlung der Erzählung vorantreibt, aber auch basale Sachinformationen mittransportiert.
b) **Dialoge,** die in Sprechblasen von einzelnen oder mehreren Figuren initiiert werden. Die Cowboy-Puppe stellt beispielsweise immer wieder kritische Fragen: „Aber Susa, wenn du zwei lange Stücke nimmst, dann kann dein Bruder die Knie nicht beugen!" (S. 9).
c) **Infostimme,** die direkt in den Bildraum gestellt ist und in Orange gehaltenen Großbuchstaben kommentiert, was Susa gerade produziert: „So fabriziert Susa einen Muskel" (S. 13).
d) **Deskriptive Infokästen,** die durch die gelbe Hintergrundfarbe mit dem Bilderbuch selbst, aber auch mit der in die Erzählung illustrierten Enzyklopädie korrespondieren und von einfachen Funktionen wie Legenden zu komplexen Beschreibungen körperbezogener Prozesse reichen; z. B. wie Schallwellen im Ohr verarbeitet werden (S. 19).
e) **Experimentdokumentation,** die in abgerundeten Infokästen in Comicstrip-Form kurze Versuche zeigt, die von dem erwachsenen Krokodil angeleitet und von einzelnen Stofftieren durchgeführt werden; z. B. „Im Zimmer nebenan schlägt das Krokodil ein Seh-Experiment vor." (S. 18)

- **Inhaltlich-semantische Ebene:** Die in diesem Sachbilderbuch gestaltete Hybridform, die faktuale Aspekte mit einem fiktionalen Erzählstrang verbindet, inszeniert ein fantastisches Narrativ – vergleichbar mit dem Kinderzimmer-Konzept des Animationsfilm-Franchise TOY STORY (seit 1995) –, um mit mehreren Stofftier-Figuren, je einer kindlichen und einer erwachsenen Figur, das Thema Anatomie prozesshaft umzusetzen. Sowohl das Figurenarsenal als auch die Adaption des Prometheus-Stoffes im Bilderbuchformat sind als wirklichkeitsfern zu beurteilen.
- **Narratologisch-stilistische Analyse:** Die Sache ‚Anatomie' wird in Bild und Text zwar spielerisch, aber nicht völlig verfremdet dargestellt. Neben technischen oder naturalistischen Zeichnungen wird – wie bereits erwähnt – z. B. auch Fotomaterial eingesetzt, um die Funktionsweisen des Körpers auf realistische Weise darzustellen. Die gewählten Materialien, die im Text und in der Illustration zum Bau gewählt werden, sind für das eingangs formulierte Ziel der Operation als unrealistisch zu bezeichnen. Vaugelade greift anders als etwa Mary Shelleys Hypotext *Frankenstein* (1823) nicht auf menschlich-organisches Material zurück, sondern auf für Kinder zugängliche Stoffe, wie Ketchup als Blutersatz oder Gummibänder, die die Funktion der Muskeln erfüllen sollen.

Diese vielstimmige, wirklichkeitsferne und unrealistische Erzählung, die mit kindlichem Eifer einen avancierten Bauprozess auf spielerische Weise umzusetzen versucht, steht in der Sachbuch-Tradition Bambergers, der das Sachbuch von einem Individuum her charakterisiert sehen möchte: „[…] wir verfolgen die Entwicklung einer Erfinder- oder Entdeckerpersönlichkeit" (Franz 2011, S. 7). *Ich bau mir einen großen Bruder* setzt zudem um, was Doderer als Humanisierungstendenz im Sachbuch benannte:

> Das echte Sachbuch [...] scheint uns gerade wegen dieser Humanisierungstendenzen in unserer Zeit von großem bildenden Wert zu sein, weil es die Chance hat, die Welt der Technik, der Forschung und der Arbeit, die Welt um uns und in uns nicht entseelt darzubieten, sondern immer das beseelte Wesen Mensch in seiner Auseinandersetzung mit der Wirklichkeit zu zeigen. (Doderer 1961, S. 278f.)

### 9.2.2 Bildstrategien der Ordnung

Die rezeptive und kommunikative Wirklichkeit der Kinder und Jugendlichen des 21. Jahrhunderts ist, wie es auch der Sachbuchgestaltung nachgesagt wird, von Hybridität geprägt. Bild- und Filmtechniken, unterschiedliche Textformen und grafische Erzählverfahren pluralisieren die Mediengewohnheiten der Rezipient/innen der Gegenwart. Das heißt nicht, dass explizites Wissen über diverse Kommunikationsformen bei Kindern und Jugendlichen vorausgesetzt werden kann, jedoch, dass das Sachbilderbuch *Ich bau mir einen großen Bruder* implizit mit diesen Sehgewohnheiten auf produktive Weise spielt. So wird nicht nur – wie zuvor erwähnt – die Experimentdokumentation in Form von Comicstrips realisiert, sondern auch der Haupthandlungsstrang in einzelnen Panels sequenziert, wodurch die Prozesshaftigkeit des kindlichen Vorhabens konstruktiv eingesetzt wird. Ein Beispiel ist auf Seite 26 zu finden, als ein schon menschliche Form angenommener Bruder-Dummy von der Protagonistin mit dem Wort „Test!" in Betrieb genommen werden soll. Exemplarisch sei hier die Inbetriebnahme des Bruders genannt, die durch drei Panels in ein Davor, den Moment der erfolglosen Inbetriebnahme und ein Danach unterteilt wird. Neben den Erzähltechniken des Comics werden auch unterschiedliche Qualitäten von Zeichen auf sinnstiftende Weise eingesetzt, die nicht abstrakt oder arbiträr erscheinen, da sie aus dem Alltag (des Kindes) entnommen werden. Als es heißt „So fabriziert Susa eine Nase und eine Zunge" (S. 20) werden darunter ein elektrischer Stecker und ein Haushaltsschwamm skizziert, um die Formen oder auch die Funktionsweisen der Sinnesorgane mit bekannten Formen zu verbinden.

Steitz-Kallenbach verweist darauf, dass durch die Auswahl von illustrierten Gegenständen Rückschlüsse auf die kindliche Welt gemacht werden können, und geht auf vier weitere Aspekte (2005, S. 39 f.) ein, die bei einer Analyse von illustrierten Sachbüchern interpretiert bzw. analysiert werden können:

**Auswahl und Kombination:** Neben der Aussagekraft über das Platzieren und das Weglassen von Gegenständen, können auch Informationen aus den vielseitigen Kombinationen von Gegenständen gewonnen werden (vgl. Steitz-Kallenbach 2005, S. 39). Im Sinne des Prinzips der Ordnung ist es ebenfalls erkenntnisreich, in welchen Verbindungen gegenständliche Bildbestandteile dargestellt werden. So zeigen Ordnungssysteme meist auch Hierarchien an, die durch rein quantitative oder durch Aspekte der Reihenfolge interpretiert werden können. Ein Beispiel für diese Interpretationsmöglichkeit ist der Einsatz von Medien in diesem Sachbilderbuch. Während eine gelbe Enzyklopädie als theoretischer Wegweiser auf jeder Doppelseite konsultiert wird, ist z. B. kein Laptop oder Smartphone zu sehen. Digitale Medien werden jedoch nicht komplett ausgeklammert, da Telefone als Kommunikationsmittel durchaus in den deskriptiven Prozess eingebunden werden. Neben diesem quantitativen Ansatz kann auch die Reihenfolge des Bauprozesses als hierarchische Ordnung der Organe des Körpers hervorgehoben werden.

**Situierung:** Auf den Einsatz der Zentralperspektive sowie der Einheit von Handlung, Zeit und Raum wurde bereits hingewiesen, dass trotz der Fülle an Bildbestandteilen keine Überforderung eintritt (s. Abb. 9.2). Steitz-Kallenbach bringt in Bezug auf die Situierung von Figuren und Gegenständen raumtheoretisch-semantische Überlegungen ins Spiel, die die Wahl des gestimmten Raums – also „wie der Raum in seiner Atmosphäre wahrgenommen wird" (Haupt 2004, S. 70) – aber auch die Platzierung der Aktanten im Raum aufgreifen (vgl. Steitz-Kallenbach 2005, S. 39). Besonders hervorzuheben für Vaugelades Sachbilderbuch ist die Tatsache, dass es keine räumlichen Grenzen, Barrieren oder eine hierarchische Ordnung für die Figuren im Aktionsraum zu geben scheint. Jede Figur kann ohne Rücksicht auf Größenverhältnisse oder Körperbeschaffung, jeden Bereich des Aktionsraumes erreichen und bespielen, womit ein egalitäres Gesellschaftsbild in einem Mikrokosmos angedeutet wird.

**Personal und Handlung:** „Alter, Geschlecht und Anzahl der Personen sowie die Handlungen mit den abgebildeten Gegenständen machen dem Kind, das das Sachbuch betrachtet, unterschiedliche Angebote für sein jeweiliges Verständnis der Sachen." (ebd., S. 40) Die Protagonistin Susa erscheint in ihrem Handeln als völlig autonom, kein menschlicher Erwachsener ist in Sicht, dennoch kann sie gleichzeitig auf die produktive Kraft ihrer Kinderzimmer-Gemeinschaft vertrauen. Das Konzept der Intersektionalität wird durch die fiktionale Handlung mit Stofftieren und der eingesetzten anthropomorphisierten Figurenzeichnung zwar auf gewisse Weise ausgehebelt, kann bei einem reflektierenden Lektüreprozess aber durchaus thematisiert werden.

**Perspektive:** Der Betrachterstandpunkt ist im Sachbilderbuch *Ich bau mir einen großen Bruder* durchgehend auf Augenhöhe mit der Protagonistin, wodurch keine extremen Auf- oder Untersichten und damit verzerrte Größenverhältnisse entstehen. Die Semantik dieser Perspektive bietet den Betrachter/innen somit keine gottähnliche erhabene Wimmelbildperspektive an, wodurch das Gelingen des Prozesses unmittelbarer wirkt und zu einer empathischen Lesehaltung führen kann.

**Steuerung von Affekten:** Affektiv gestaltet ist diese Narration durch die Ordnung der Ereignisse, die in Form einer gedoppelten Klimax nach zwei missglückten Versuchen für Spannung über den Ausgang der Erzählung sorgt. Der dramatische Höhepunkt bzw. erfinderische Tiefpunkt des Plots wird zudem nicht auf Anhieb und nicht logisch im Sinne eines biologischen Ansatzes aufgelöst, sondern *deus ex machina* und humorvoll zu Ende gebracht. Es sind die dahingebrabbelten Worte „Widu bielen?" (S. 50) der kleinen Schwester, die den schlafenden Riesen zum Leben erwecken und den Prozess des Großen-Bruder-Bauens zu einem gelungenen Feldversuch werden lässt.

## 9.3 Fazit

Hält man Anaïs Vaugelades *Ich bau mir einen großen Bruder* in Händen, wird schlagartig klar: das Sachbuch ist größer, bunter und unkonventioneller (im Erzählen) geworden. Das ist eine Entwicklung, die für die Geschichte des Bilderbuchs ebenfalls zutrifft, die allerdings die Bilderbuchforschung dank der ständigen Auseinandersetzung mit grafischen Erzählformen nicht wirklich überrascht. Dass die Kunstform Illustration im Sachbilderbuch auf breiter Ebene Einzug gehalten hat, wird allein an den Größenverhältnissen der Bücher erkennbar. So wird auf haptische Weise spürbar, dass man der grafischen Gestaltung mehr Platz zugesteht. Expertinnen und Experten im Bereich Sachbuch bleibt nichts Anderes übrig, als auf die Erkenntnisse der Bilderbuchforschung zurückzugreifen, um das komplexe Erzählen in Bild und Text adäquat analysieren und vermitteln zu können.

Folglich muss narratologischen Aspekten mehr Platz eingeräumt werden, da die klassischen Ordnungsprinzipien im Sachbuch – wie auch im Falle von *Ich bau mir einen großen Bruder* – aufgebrochen werden. Anaïs Vaugelades vielstimmiges Erzählen zeigt auf kunstvolle Weise, wie kreativ die Vermittlung von Sachthemen ins Bilderbuch gesetzt werden können. Das Buch ist ein mediales Hybrid, das Techniken aus den Medien Comic, Fotografie, Wimmelbilderbuch, Sachbuch und Film spielerisch zusammenführt. Maßgeblich ist am Ende jedoch auch das Medium, das diese unterschiedlichen Informations- und Erzählebenen unter ein Dach zu bringen vermag: das Bilderbuch, das mit all seinen erzähltechnischen und medienaffinen Kompetenzen als zeitgemäßer Vermittler für Sachbuchthemen nicht mehr wegzudenken ist.

## Literatur

### Primärliteratur

Brown, James/Platt, Richard: *Das große Wissens-Sammelsurium. Vom Seemannsknoten bis zum Sonnensystem – nützliches und unnützes Wissen für Schlauköpfe*. Hildesheim 2017.
Dumon Tak, Bibi: *Bibi Dumon Taks große Vogelschau. Von Luftakrobaten, Überfliegern und Krachmachern*. Hildesheim 2018 (niederl. 2017).
Vaugelade, Anaïs: *Ich bau mir einen großen Bruder. Wie unser Körper funktioniert*. Frankfurt a. M. 2017 (franz. 2016).

### Sekundärliteratur

Doderer, Klaus: *Das Sachbuch als literarpädagogisches Problem*. Frankfurt a. M. 1961.
Franz, Kurt: „Was ist ein Sachbuch? Gedanken zu einer aktuellen Kinder- und Jugendbuchgattung". In: *kjl&m* 63/2. München 2011, 3–15.

Haupt, Birgit: „Zur Analyse des Raums". In: Peter Wenzel (Hg.): *Einführung in die Erzähltextanalyse. Kategorien, Modelle, Probleme.* Trier 2004, 69–87.

Merveldt, Nikola von: „Fiktionalität des Faktischen. Theoretische Überlegungen zum Kinder- und Jugendsachbuch". In: Gabriele von Glasenapp/Emer O'Sullivan/Caroline Roeder/Michael Staiger/Ingrid Tomkowiak (Hg.): *Fakt, Fake und Fiktion.* Jahrbuch der Gesellschaft für Kinder- und Jugendliteraturforschung 2019, 14–26. https://doi.org/10.23795/JahrbuchGKJF2019-vonMerveldt.

Merveldt, Nikola von: „Informational Picturebooks". In: Bettina Kümmerling-Meibauer (Hg.): *The Routledge Companion to Picturebooks.* London/New York 2018, 231–245.

Moritz, Karl P.: „Versuch einer kleinen praktischen Kinderlogik welche auch zum Theil für Lehrer und Denker geschrieben ist" [1786]. In: Jürgen Jahnke (Hg.). *Sämtliche Werke.* Kritische und kommentierte Ausgabe. Band 6. Berlin/Boston 2013, 143–232.

Nickel-Bacon, Irmgard/ Groeben, Norbert/Schreier, Margit: „Fiktionssignale pragmatisch: Ein medienübergreifendes Modell zur Unterscheidung von Fiktion(en) und Realität(en)". In: *Poetica* 32/3. Paderborn 2000, 267–299.

Ossowski, Herbert: „Das Sachbuch". In: Kurt Franz/Günter Lange/Franz-Josef Payrhuber (Hg.): *Kinder- und Jugendliteratur. Ein Lexikon.* 2. Erg.-Lfg. Meitingen 1996, 1–12.

Ossowski, Herbert: „Sachbücher für Kinder und Jugendliche". In: Günter Lange (Hg.): *Taschenbuch der Kinder- und Jugendliteratur.* Baltmannsweiler 2000, 657–684.

Osswoski, Ekkehard/Ossowski, Herbert: „Sachbücher für Kinder und Jugendliche". In: Günter Lange (Hg.): *Kinder- und Jugendliteratur der Gegenwart. Ein Handbuch.* Baltmannsweiler 2011, 364–391.

Steitz-Kallenbach, Jörg: „Bildersachbücher und Sachgeschichten. Wissensvermittlung durch Bild und Text". In: Kurt Franz/Günter Lange (Hg.): *Bilderbuch und Illustration in der Kinder- und Jugendliteratur.* Baltmannsweiler 2005, 32–52.

Wild, Reiner: „Aufklärung". In: Ders. (Hg.): *Geschichte der deutschen Kinder- und Jugendliteratur.* Stuttgart/Weimar ³2008, 43–95.

# Spielbilderbuch

**10**

Eva-Maria Dichtl

## Inhaltsverzeichnis

10.1 Theoretische Grundlagen . . . . . . . . . . . . . . . . . . . . . . . . . . . . . . . . . . . . . . . . . 185
    10.1.1 Zeitgenössische Erscheinungsformen. . . . . . . . . . . . . . . . . . . . . . . . . . . . . 186
    10.1.2 Zur Materialität des Spielbilderbuchs. . . . . . . . . . . . . . . . . . . . . . . . . . . . . 189
    10.1.3 (Doppel-)Adressierung!? . . . . . . . . . . . . . . . . . . . . . . . . . . . . . . . . . . . . . . 189
    10.1.4 Ludische Merkmale des Spielbilderbuchs . . . . . . . . . . . . . . . . . . . . . . . . . 190
10.2 Modellanalysen: *Tupfst du noch die Tränen ab?* (Jörg Mühle, 2017)
und *DIE NIMMTES-NIMMTES-FRAU* (Květa Pacovská, 2018) . . . . . . . . . . . . . . . . 191
    10.2.1 *Tupfst du noch die Tränen ab?* . . . . . . . . . . . . . . . . . . . . . . . . . . . . . . . . . . . 191
    10.2.2 *DIE NIMMTES-NIMMTES-FRAU* . . . . . . . . . . . . . . . . . . . . . . . . . . . . . . . 195
10.3 Fazit. . . . . . . . . . . . . . . . . . . . . . . . . . . . . . . . . . . . . . . . . . . . . . . . . . . . . . . . . . . . . 198
Literatur . . . . . . . . . . . . . . . . . . . . . . . . . . . . . . . . . . . . . . . . . . . . . . . . . . . . . . . . . . . . . . 199

## 10.1 Theoretische Grundlagen

Spielbilderbücher sind Bilderbücher, die ihre (kindlichen) Adressat/innen mit eingefügten spielerischen Elementen zur Interaktion auffordern (vgl. Al Chammas 2012, S. 7). Von dieser Definition ausgehend lassen sich vielgestaltige Bild-Text-Medien dem Spielbilderbuch zuordnen. Von Guckloch-, Mitmach- oder Fühlbilderbüchern über Leporellos bis hin zu Pop-Up-Bilderbüchern: Sie alle laden ihre Rezipient/innen zum Spielen ein. Nach wie vor gelten als Spielbilderbücher aber zumeist kleinformatige Pappbilderbücher für die Kleinkindhand, die sich, unter dem Deckmantel vermeintlicher Kindgemäßheit (vgl. Dammann-Thedens 2020, S. 212 ff.; vgl. Dichtl 2017, S. 158 ff.), einer Einfachheit in Bild, Text und

---

E.-M. Dichtl (✉)
Institut für Sprache und Literatur Abteilung Deutsch, Pädagogische Hochschule Gmünd, Schwäbisch Gmünd, Deutschland
E-Mail: Eva-Maria.Dichtl@ph-gmuend.de

© Springer-Verlag GmbH Deutschland, ein Teil von Springer Nature 2022
B. Dammers et al. (Hg.), *Das Bilderbuch,*
https://doi.org/10.1007/978-3-476-05824-9_10

deren Zusammenspiel mit additiven Spielfunktionen bedienen. Dabei können die Spielformen (s. u. Definitionskasten) vom reinen Additum an der Grenze zum Lernspielzeug bis zur ergänzenden Rezeptionshandlung eines erzählenden Bilderbuchs reichen, wie nachstehende Ausführungen zu zeitgenössischen Erscheinungsformen und Besonderheiten des Spielbilderbuchs zeigen.

Im Folgenden werden spielbilderbuchspezifische Merkmale an zwei kontrastiven Werken aufgezeigt, die sich in ihrer Spielfunktion ähneln, jedoch in Adressat/innenbezug, Inhalt und Gestaltung die mögliche Bandbreite zeitgenössischer Spielbilderbücher aufzeigen möchten. Die den Analysen zugrundeliegenden Kategorien orientieren sich an Analyseinstrumenten zum Bilderbuch, wie sie Michael Staiger (s. Abschn. 1.2) und Tobias Kurwinkel (2020) entwickelt haben.

### 10.1.1 Zeitgenössische Erscheinungsformen

Längst hat sich das Spielbilderbuch von seinen Anfängen als Anschauungsbuch in der Tradition des *Orbis sensualium pictus* (1658) von Johann Amos Comenius und als zumeist literarisch und bildnerisch wenig exponierte Massenware emanzipiert (vgl. Abschn. 2.1). Obgleich nach wie vor große Spielzeughersteller wie Ravensburger (Produktlinie *ministeps*) oder Geschenkbuchverlage wie arsEdition Spielbilderbücher konzipieren, zeigen renommierte Bilderbuchverlage (Moritz Verlag, Tulipan etc.) oder Nominierungen bei Literaturpreisen, ein verändertes Interesse am Spielbilderbuch als Bild-Text-Medium. Fokussiert wird nun vielfach eine Narration, die mithilfe von Bild, Text und spielerischen Elementen erzählt wird.

**Klapp- und Ziehbilderbücher:** Axel Scheffler und Julia Donaldson, die Schöpfer des *Grüffelo* (1999), legten 2000 eine Bilderbuchreihe vor, deren spielerische Elemente narrative Funktion haben: *Wo steckt Mathilda Huhn?* (2000d), *Kaninchen ist sooo müde* (2000c), *Der Fuchs sucht seine Socken* (2000b), *Der Bär schreibt heute Briefe* (2000a). Die beweglichen Bildelemente als Klappen sind Teil der in der Narration angeregten gemeinsamen Suche nach Mathilda Huhn, der Ursache des Kraches, den Socken des Fuchses oder den Adressaten von Bärs Briefen. Im Falle der vier gleichartigen Pappbilderbücher erweitern oder doppeln die Klappen das Erzählen auf Bild- und Textebene nicht: Das Aufklappen, die Spielfunktion selbst, fungiert als konstitutiver Teil der Narration in Bild, Text und Spiel. Die vier Such- und Entdeckabenteuer von Rosa Ferkel, Kaninchen Ruth, Fuchs und Bär sind durch Aufmachung, Spielfunktion, gereimten Schrifttext und anthropomorphisierte Tierfiguren weitgehend parallelisiert, können aber durch die jeweils eigene Geschichte auch als vier einzelne Werke betrachtet werden.

**Gucklochbilderbücher:** Neben Bild-Text-Narrationen laden auch textlose Werke zum Spielen ein. Das 2013 erschienene Pappbilderbuch *Überall Linien* der Südkoreanerin Jimi Lee, das 2014 mit dem Deutschen Jugendliteraturpreis prämiert wurde, versucht mithilfe einer ausgestanzten horizontalen Linie die kindliche Erfahrungswelt zu entdecken. Im Kleiderbügel, der Tischplatte oder den Essstäbchen wird die gerade Linie als geometrisches Element sichtbar und gibt je nach gewähltem Untergrund spannende Ausblicke frei. Je ein Gegenstand oder

Figurenensemble erstreckt sich mittig über eine Doppelseite vor weißem Hintergrund. Die für die Collage verwendeten Papiere evozieren Räumlichkeit in einer ansonsten sehr reduzierten flächigen Bildkomposition.

**Fühlbilderbücher und Sound Books:** Werden unterschiedlich inszenierte Materialien zum primär haptischen Spielangebot, spricht man von Fühlbilderbüchern. Hier zeigt sich die Spannbreite von konventionell gestalteten Bildspielzeugen mit dominierendem Spielanteil bis hin zu eigenständigen Bild-Text-Narrationen mit Spielfunktionen, die der Narration zugrunde gelegt sind. Die Reihe *Streicheln und Lauschen* aus dem Usborne Verlag arbeitet mit Fühlelementen und Soundangeboten: Wie sich das Fell eines Löwen anfühlt, der beim Tasten mithilfe eines versteckten Soundchips brüllt, lässt sich in *Ich brülle! Glaubst du nicht? Dann streichle mich!* (Taplin/Larranga 2020) akustisch und visuell erfahren. Materialien wie Felle, Stoffe, Papiere als Teil eines zweidimensional angelegten Bildes und integrierte Soundeffekte dominieren die kindliche Rezeption.

**Fingerpuppenbilderbücher:** Ganz offensichtlich laden ins Spielbilderbuch integrierte Fingerpuppen zum Spielen ein. Verlage wie Ravensburger oder Coppenrath haben hierzu eigene Reihen, in denen durch Gucklöcher platzierte Fingerpuppen eine weitere Spieldimension eröffnen. Hier wird mittels einer intendierten Vorlesesituation die Narration mithilfe der Fingerpuppe inszeniert. Auch beliebte Bilderbuchtexte werden zum Nachspielen mit Puppen als Fingerpuppenbilderbuch adaptiert (*Weißt du eigentlich, wie lieb ich dich hab? Hier bin ich! Ein Fingerpuppenbuch* 2019).

**Pop-Up-Bilderbücher:** Adaptionen von Bilderbuchklassikern wie Eric Carles *Die kleine Raupe Nimmersatt* (1969) lassen sich auch unter den sogenannten Pop-Up-Bilderbüchern finden (*Die kleine Raupe Nimmersatt – Mein Pop-up-Buch* 2019). Hier wird der Überraschungseffekt der sich entfaltenden dreidimensionalen Objekte für die Narration genutzt. So dienen Pop-Ups (s. u. Definitionskasten) in *Die kleine Raupe Nimmersatt* der aktiven Auseinandersetzung mit gefressenen Nahrungsmitteln oder der aktiven Teilhabe an der Verwandlung zum wunderschönen Schmetterling. Insbesondere durch den Akt des Umblätterns ergibt sich hier eine Dynamisierung, die die Geschichte durch dreidimensionale Elemente lebendig werden lässt. Dass Pop-Ups in Aufstell- oder Theaterbilderbüchern (vgl. Al Chammas 2012, S. 169) besonderen Spielcharakter haben können, zeigt das Bilderbuch *Willkommen in Wimmlingen! Das Wimmelbuch zum Aufstellen mit 34 Spielfiguren* (2013) von Rotraut Susanne Berner, das als Bühne aufgeklappt und mit zusätzlichen Aufstellfigürchen einlädt, die Geschichte der Bewohner von Wimmlingen nachzuspielen oder fortzusetzen.

**Mitmachbilderbücher:** Während bei Klapp- und Fühlbilderbüchern das Spiel durch haptische Erfahrungen und/oder motorische Tätigkeiten mit beweglichen Elementen als grundgelegt erscheint, lassen Mitmachbilderbücher je nach Spielanteil die Grenzen zum traditionellen Bilderbuch verschwinden (vgl. ebd., S. 41). Wie wenig es braucht, um Rezipient/innen im Buch zum Spiel einzuladen, zeigt das 2010 erschienene *MITMACH-BUCH* des französischen Künstlers Hervé Tullet. Die bildliche Ebene zeigt eine weiße Fläche und Punkte in den Grundfarben Gelb, Rot und Blau. Auf der Textebene werden den Rezipient/innen Anweisungen gegeben: „Drücke auf den gelben Kreis und blättere die Seite um" (Tullet 2018,

S. 3). Das nächste Bild zeigt die Folge der Handlung: Es erscheint ein zweiter gelber Kreis. Die Interaktion durch Handlungsaufforderungen einer Erzähler/innenfigur und simulierte Handlungskonsequenzen auf der folgenden Bildseite sind konstitutive Elemente der Konzeption, die Tullet in unzähligen Spielvarianten veröffentlicht hat, etwa in *Farben-Spiel* (2014) oder *Machst du mit?* (2016).

**Leporellos:** 2013 wurde mit *Ein Entlein kann so nützlich sein* von Isol (i.e. Marisol Misenta) ein Spielbilderbuch für den Deutschen Jugendliteraturpreis in der Sparte Bilderbuch nominiert. Die reduzierten Zeichnungen zeigen ein kleines Kind vor einfarbigem Hintergrund, das mit seiner Gummiente spielt. Auf den ersten Blick handelt es sich um ein konventionell gestaltetes Spielbilderbuch mit klarem Adressatenbezug: Thematik, Handlung, Aufmachung aus festem Karton und in quadratisch handlichem Format, eine reduzierte Farbigkeit sowie ein Bildaufbau mit zentralen Bildelementen vor neutralem Hintergrund. Zwei gespiegelte Cover (Titel der Vorderseite „Ein Entlein kann so nützlich sein"; Titel der Rückseite „Ein Kind kann so nützlich sein"), die Umkehrung der verwendeten Grundtöne Blau und Gelb, wechselnde Schrifttexte aus der Sicht der Ente und des Kindes sowie die Technik des ziehharmonikaartig gefalteten Leporellos verweisen allerdings auf ein innovatives Erzählkonzept: den Perspektivenwechsel zwischen Kind und Gummiente auf das gemeinsame Spiel. Durch das grundgelegte Faltprinzip des Leporellos lässt sich die kindliche Sicht als Bilderreihe auf einen Blick betrachten, um anschließend auf der Rückseite die Perspektive der Ente zu übernehmen.

**Misch- und Zwischenformen:** Dass Spielformen auch in Misch- und Zwischenformen Bild und Text bereichern können, zeigen die Spielbilderbücher von Giuliano Ferri *Wer versteckt sich hier?* (2019) und Eva Tharlet *Mama, Papa und ich* (2019). Klappen in Ferris Pappbilderbuch, die an dreidimensionale Pop-Up-Elemente (s. u. Definitionskasten) grenzen, verbergen, welche Tiere sich in den Kisten versteckt halten. Fußabdrücke und individuell gestaltete Kisten sowie der Schrifttext unterstützen das gemeinsame Ratespiel. Ähnlich innovativ kombiniert Eva Tharlet mögliche Spielformen in ihrem Pappbilderbuch für die Kleinsten. Mithilfe von Klappen, leporelloartigen Pappen und Stanzungen wird vom gemeinsamen Spiel einer dreiköpfigen Bärenfamilie erzählt. Durch die beweglichen Elemente wechselt das Bärenkind zwischen den Eltern hin und her oder verändert sein Mienenspiel.

---

**Definitionen**

- **Frühe-Konzepte-Bücher:** Bilderbücher für Kleinkinder in handlichem Format und aus fester Pappe, die Gegenstände aus der kindlichen Erfahrungswelt wirklichkeitsnah abbilden. Der Schrifttext dient der Bezeichnung der abgebildeten Gegenstände (vgl. Dichtl 2017, S. 25; vgl. Kurwinkel 2020, S. 268; s. auch Abschn. 1.2.2).
- **Inszenierende Typografie:** Nutzung von Schriftgröße und -arten und/oder von Setzungen des Schrifttextes zur Unterstützung beim inszenierenden Vorlesen. Durch Positionierung, Größe oder auch

> Gerichtetheit der Schriftbildlichkeit wird Lautstärke und Intonation beim Vorlesen angeregt (vgl. Kurwinkel 2020, S. 172).
> - **Pop-Ups:** Dreidimensionale gefaltete Elemente, die beim Umblättern aus der ebenen Fläche heraustreten. Pop-Up-Bilderbücher unterscheiden sich durch ihre Dreidimensionalität von Klapp- und Ziehbilderbüchern (vgl. Kato 2014, S. 184; vgl. Montanaro Staples 2018, S. 180).
> - **Spielformen:** Spielangebote im Bilderbuch, verstanden als aktive Spielmöglichkeiten, die sich beispielsweise durch eine besondere Mechanik wie bei Pop-Ups, durch haptische Elemente wie bei Fühlbilderbüchern oder bewegliche Elemente wie Klappen (Klappbilderbüchern) und Stanzungen (Gucklochbilderbücher) oder durch ein besonderes Format (Leporellos) beim Betrachten ergeben (vgl. Al Chammas 2012, S. 66–72).

### 10.1.2 Zur Materialität des Spielbilderbuchs

Im Spielbilderbuch zeigen sich vielgestaltige Spielarten von Materialität, wie Rita Finkbeiner (2018) sie unter dem Aspekt ‚der Art oder Beschaffenheit des Textträgers zur Konstitution der im Buch erzählten Geschichte' aufzeigt. Nach Michael Staiger sind es paratextuelle Elemente (s. Abschn. 1.2.6), die, sofern ihre Materialität zum Rezeptionsverstehen beitragen, für eine Bild-Text-Textträger-Narration konstitutiv werden können. Textträger können in Oberflächenbeschaffenheiten und Materialien wie fester Pappe, Folien oder Glanzpapieren auf ganz unterschiedliche Art und Weise als Erzählelemente eingebaut werden, wie der vorangegangene Blick auf zeitgenössische Erscheinungsformen deutlich macht. So erweisen sich bewegliche Pappelemente in Giuliano Ferris *Wer versteckt sich hier?* (2019) wie auch der spielerisch initiierte Perspektivwechsel im angelegten Leporello *Ein Entlein kann so nützlich sein* (Isol 2013) als konstitutiv für die Geschichte. Aus der im Buch referenzierten Materialität ergeben sich Möglichkeiten zum Spiel, die der Narration grundgelegt sind.

Abzugrenzen hiervon sind Spielbilderbücher wie oftmals aufwändig gefertigte Fühlbilderbücher, deren haptische Anreize der *histoire* nicht dienlich sind oder gar von ihr ablenken. In Lernspielzeugen wie *Auf und zu, das kenn ich schon! Mit Klettverschluss, Knöpfen und Schleife* (Flad 2018) wird die Narration zum schmückenden Beiwerk der zu erlernenden motorischen Fähigkeiten durch unterschiedliche Materialien.

### 10.1.3 (Doppel-)Adressierung!?

Im Allgemeinen liegt dem Spielbilderbuch eine primär kindliche Adressierung zugrunde. Insbesondere die adressatenspezifische Akkommodation von Spielfunktionen hinsichtlich zu erlernender motorischer und haptischer Fertigkeiten wird dabei grundgelegt. Auch thematische Ausrichtung, Bildgestaltung sowie paratextuelle Elemente verweisen auf einen explizit kindlichen Adressat/innenentwurf: Wirklichkeitsnahe Darstellungen von narrativen Bildinhalten aus der unmittelbaren kindlichen Lebenswelt kennzeichnen das parallelisierende Erzählen in eindeutigen Bild-Text-Bezügen. Der Text ist als Vorlesetext deutlich vom Bild separiert und verfolgt ein in der Regel geschlossenes Erzählkonzept. Jene Titel explizit für Kinderhand zeichnen sich zudem in ihrer Zweckorientierung an der Grenze zum Lernspielzeug durch ein handliches Format, stabiles Material und eine materialisierte Aufmachung häufig ohne narrative Funktion aus. Als literarischer Gegenstand oftmals verkannt und zum Lernspielzeug degradiert, werden erwachsene Vermittler/innen durch vermeintliche Gütekriterien, die mit Formulierungen wie „pädagogisch wertvoll" oder „erstes Lernen" als Käufer/in und Mitleser/in gezielt angesprochen, als Adressat/innen jedoch nicht berücksichtigt.

Spielbilderbücher bieten in ihren Erscheinungsformen aber auch offene Adressat/innenentwürfe wie beispielsweise das 2011 erschienene Gucklochbuch *A Book with a Hole* (dt. *Das Buch mit dem Loch,* 2012). Hervé Tullet lädt die Rezipient/innen ein, den gestanzten Hohlraum in der Mitte imaginativ oder konkret handelnd zu füllen. Vom Kochtopf über den leeren Teller können im Guckloch Ergänzungen auf Papier gemalt, Köpfe durchgesteckt oder Ausschnitte gesucht werden.

Oftmals komplex und aufwändig mechanisiert (z. B. mithilfe auf Spannung gehaltener Papierkonstruktionen) verschwindet die Grenze von kindlichen und erwachsenen Adressat/innen auch in Pop-Up-Bilderbüchern: Das eigenständige kindliche Spiel mit den oftmals fragilen Pop-Up-Elementen ist im Falle von Bilderbuchklassikern wie *Die kleine Raupe Nimmersatt* (1969) nicht intendiert. Solche aufwändig konstruierten Werke haben vielmehr den Charakter eines Kunstobjekts.

### 10.1.4 Ludische Merkmale des Spielbilderbuchs

Durch die Möglichkeiten, aktiv das Erzählgeschehen mitgestalten zu können, entsprechen Varianten des Spielbilderbuchs dem Kerncharakteristikum von Computerspielen. Gerade die in Mitmachbüchern angelegten Handlungen ähneln den Spieloptionen innerhalb des ludischen Regelrahmens von Computerspielen. So beeinflussen spezifische Handlungen durch das Einhalten von vorgegebenen Spielregeln den Fortgang einer Spielhandlung (vgl. Boelmann 2015, S. 107 ff.). Jene Optionen lassen sich auch auf die spielerischen Anlagen des Spielbilderbuchs beziehen: Text- und/oder bildbasierte Handlungsaufforderungen, Klappen, Dreh- oder Aufklappmechanismen involvieren die Rezipient/innen in das narrative Geschehen und können die Narration mitgestalten. Je nach Grad der Immersion, nach Britta Neitzel verstanden als „Hineingezogenwerden[] in einen Text, Bild, oder ein anderes Medium" (2012, S. 76), öffnet sich Raum für Interaktivität auch im Spielbilderbuch. Dabei können Spielkonzepte Beteiligungen anbieten, die eng der Narration folgen oder in eigenen Spielformen (s. o. Definitionskasten), wie etwa dem Fingerpuppenspiel oder auf der Bühne von Aufklappbüchern – erweitert bzw. fortgeführt werden. Jene Involvierungskonzepte, die der Immersion und Interaktivität dienen, lassen sich analog zu den Ausführungen Neitzels (2012, S. 85 ff.) mit unterschiedlichen, für das Spielbilderbuch relevanten Modi beschreiben: Als aktionale Involvierung in Form von konkreten Handlungsaufforderungen, die oftmals mit ökonomischer Involvierung einhergehen, indem die Erfüllung eine simulierte Konsequenz als Belohnung bereithält; sensomotorisch involviert durch funktional gestaltete Oberflächenbeschaffenheiten und Materialien; audiovisuell durch integrierte Soundchips; visuell involviert durch versteckte Bildelemente oder kombiniert mit räumlich involvierten Elementen von Pop-Ups. Ähnlich wie bei Computerspielen werden über diese Involvierungstechniken Interaktivität und/oder empathisches Mitfühlen der Rezipient/innen oder gar Perspektivenübernahme evoziert. Im Spielbilderbuch erfolgt eine emotionale Involvierung durch das Mitfühlen mit der literarischen Figur im angelegten Perspektivenwechsel. Hier handelt es sich nach Neitzel (vgl. 2012, S. 102) um eine andere Form der emotionalen Involvierung als im Computerspiel, da der/die Spieler/in – zumeist als Avatar – Protagonist/in der Spielhandlung selbst ist. Dass aber auch diese Grenze im Spielbilderbuch verschwimmen kann, zeigen nachstehende Werkanalysen.

> **Leitfragen zur Analyse von Spielbilderbüchern**
> - Welche formalen, inhaltlichen, bildlichen, verbalsprachlichen und/oder haptischen Gestaltungsaspekte markieren den Spielcharakter des Buchs?
> - Welche Funktion(en) nimmt das Spiel innerhalb des Buchs ein?
> - Welche Involvierungsstrategien werden dabei genutzt?
> - An welchen formalen, inhaltlichen, bildlichen, verbalsprachlichen und haptischen Elementen wird der Adressatenbezug deutlich?
> - Inwiefern verändert sich die Rezeption der Narration durch die vorliegenden Spielanteile?

## 10.2 Modellanalysen: *Tupfst du noch die Tränen ab?* (Jörg Mühle, 2017) und *DIE NIMMTES-NIMMTES-FRAU* (Květa Pacovská, 2018)

### 10.2.1 *Tupfst du noch die Tränen ab?*

**Kontext:** Nach *Nur noch kurz die Ohren kraulen?* (2015) und *Badetag für Hasenkind* (2016) erschien 2017 *Tupfst du noch die Tränen ab?* von Jörg Mühle im Moritz Verlag. Seine Reihe vom Hasenkind wurde mittlerweile mehrfach aufgelegt und in verschiedene Sprachen übersetzt.

Jörg Mühle wurde mehrfach mit namhaften Preisen für seine Werke ausgezeichnet wie beispielsweise dem Leipziger Lesekompass 2018 für sein Bilderbuch *Zwei für mich, einer für dich* (2019) oder dem Deutschen Jugendliteraturpreis 2018 für seine Illustration im Kinderbuch *Viele Grüße, Deine Giraffe* (2018). Zusammen mit Anke Kuhl und Philipp Waechter, beide mehrfach prämierte Kinderbuchautor/innen, arbeitet Mühle in der Labor Ateliergemeinschaft in Frankfurt am Main, die mit ihren gemeinsam gestalteten Kinder-Künstler-Kritzelbüchern *Anmalen, Weitermalen, Selbermalen* (2009) bekannt geworden ist.

**Mitmachbilderbuch:** Mitmachbilderbücher verzichten in der Regel auf haptisch erfahrbare oder bewegliche Elemente und suchen im Rezeptionsprozess selbst ihre Adressat/innen durch Text- und/oder Bildsprache zum aktiven Handeln zu motivieren. Auch Jörg Mühles drittes Mitmachbuch vom Hasenkind sucht seine kindlichen Adressat/innen zum Mitmachen zu bewegen. Das Cover mit dem Titel *Tupfst du noch die Tränen ab?* (2017) und der Bildraum mit verletzter zentraler Gestalt nehmen vorweg: Hasenkind ist hingefallen und benötigt Hilfe (s. Abb. 10.1).

**Expliziter Adressatenentwurf:** Mühles Bände reihen sich in Aufmachung und Thematik in die Ordnung der Frühe-Konzepte-Bücher (s. o. Definitionskasten) ein. Schon das quadratische Hardcover mit 20 abgerundeten Doppelseiten aus fester Pappe verweist auf einen explizit kindlichen Adressat/innenentwurf. Wie seine beiden Vorgänger erzählt Mühles dritter Band in reduzierter Bildsprache von Alltagssituationen einer kindlichen Protagonist/in: dem Zubettgehen, dem

**Abb. 10.1** Cover: *Tupfst du noch die Tränen ab?* (Mühle 2017)

Reinemachen und vom Stürzen. Ganz in der Tradition dieser allerersten Bücher für Kleinkinder wird auf Vorsatzpapier und Titelei verzichtet (vgl. Kurwinkel 2020, S. 80). Auf dem hinteren Buchdeckel findet sich ein Impressum mit einer kurzen Aufforderung zum Mitmachen als Kurzbeschreibung und Verweisen auf die beiden ersten Bände. Peritext, text- und bildimmanente Aspekte verweisen auf eine explizite kinderliterarische Adressierung (vgl. Weinkauff 2014, S. 265). Die Thematik orientiert sich an der kindlichen Leser/in und ihrer unmittelbaren Erfahrungswelt. Die einsträngige Handlung schildert chronologisch den Sturz, die Verletzung, den aufkommenden Schmerz, den nötigen Trost und schließlich die Linderung. Erzählzeit und erzählte Zeit fallen zusammen und schaffen so eine raumzeitliche Nähe zwischen der Hauptfigur, der Erzählerfigur und der Rezipient/in. Die Rezipient/in erlebt den Sturz des Hasenkindes unmittelbar während des Erzählvorganges. Die typisierte, anthropomorphisierte Figur des Hasenkindes verbleibt ohne Namen, seine Kleidung geschlechtsneutral. Weder bildliche noch verbalsprachliche Erzählebene verweisen auf einen Raum, was das Geschehen in jede denkbare Alltagssituation der Kinder übertragbar macht.

**Serialität:** Während Mühle in Band 1 (2017) sein Hasenkind in Bild und Textsprache vorstellt „Das ist Hasenkind" (S. 1), beginnt in Band 3 die Episode mit dem Satz „Aua! Hasenkind ist hingefallen" (S. 1) und dem bereits gefallenen Protagonisten im Bildtext. Dem Serialitätsprinzip der bisherigen Bände folgend, bleibt die Figur ein anthropomorphisiertes, stark typisiertes Hasenkind, das durch reduziert-naive Gestaltungsprinzipien klar zu erkennen ist. Neben dem proportional verzerrten, etwas zu großen Kopf charakterisieren die wesentlichen Merkmale zur Bestimmung eines Hasen wie Barthaare, Hasenzähne, lange Ohren und das weiße Fell das Hasenkind. Auch verbalsprachlich lässt die Bezeichnung ‚Hasenkind' keine weitere Individualisierung zu. Aufmachung, Thematik, Handlungsstruktur, Schrifttext, Bildsprache und ludische Elemente wurden in der Reihe konsequent parallelisiert. Wird im ersten Band das Hasenkind noch vorgestellt, verzichtet Mühle in den Folgebänden darauf und beginnt z. B. in Band 3 direkt mit der Episode *Heut ist Badetag* (S. 2). Serielle Vertrautheit schaffen, neben dem wiederkehrenden Hasenkind, die analoge bildnerische Technik und Aufmachung sowie die Spieltechniken von aktionaler und ökonomischer Involvierung. Das Spiel zwischen direkten Handlungsaufforderungen und simulierten Konsequenzen als Belohnung entlastet die Vorstellungsbildung und schafft Sicherheit für das kindliche Rezeptionsverhalten. Durch Doppelseiten voneinander getrennt, verweisen Bild- und Schrifttext auf die intendierte Rezeptionssituation der erwachsenen Vorleser/innen des entdeckenden Kindes. Typografisch kennzeichnet eine serifenlose Schrift in Annäherung an eine unverbundene Handschrift die Erzählerrede. Interjektionen wie „Aua!" (Mühle 2017, S. 2) interpretieren durch Schriftgröße und dynamische Setzung die vorgesehene Lautstärke und Betonung beim inszenierenden Vorlesen (vgl. Kurwinkel 2020, S. 172).

**Spielkonzept**: Die spielerischen Anteile in der Interaktion zwischen Erzähler/innenrede und erwünschter Rezipient/innenhandlung ziehen sich durch die Gesamtkonzeption Mühles. Dabei laden sowohl Bildsprache als auch der Schrifttext zur Interaktion ein.

Im Schrifttext wendet sich eine Erzähler/innenfigur in direkter Rede an die Rezipient/in und bittet sie um Mithilfe. Wortwahl und Satzbau sind konzeptionell mündlich. Auslassungen, Interjektionen, ein verkürzter Satzbau „Oje – voll auf den Arm […]!" (S. 3) und Ausrufezeichen zur Bekräftigung von Emotion evozieren Nähe zum primär mündlichen Sprachgebrauch der kindlichen Rezipient/innen (vgl. Dürscheid 2006, S. 47). Einfache Satzkonstruktionen wie „Hasenkind ist hingefallen" (S. 2), direkte Aufforderungen wie „Streichle es am Rücken" (S. 12) und Fragesätze wie „Wie können wir's nur trösten?" (S. 12) fordern die Kinder zum Mitmachen auf. Das Kind wird zur zentralen Gestalt der Spielhandlung und dabei ähnlich emotional involviert wie in Computerspielen.

Auf Seite 14 erfolgt neben dem Schrifttext „Tupf ihm noch die Tränen ab" eine weitere nonverbale Handlungsaufforderung durch den Bildtext in Form einer Tücherbox (s. Abb. 10.2). Ein Wechselspiel, das mehrfach Berücksichtigung findet, wie beispielsweise bei der Erstversorgung mit einem Pflaster (vgl. S. 8) oder beim Naseschnäuzen mit der bereitgestellten Tücherbox. Sie dienen neben dem Schrifttext der aktionalen Involvierung. Abgeschlossen werden die Interaktionen ökonomisch involviert durch direkte Rückmeldungen und Lob für die kindlichen Rezipient/innen: „Danke, das hat gut getan! Das hast du wirklich toll gemacht" (S. 13).

Während der Schrifttext zunächst die Spielfunktion gestaltet (s. o. Definitionskasten), erzählen enge Bildfolgen chronologisch vom Sturz des Hasenkindes. Mühle verbindet in seinen monoszenischen Bildfolgen flächige Kolorierungen mit einer konturierenden Zeichnung der Umrisse. Die farblich reduzierte Gestaltung des Hasenkindes erfolgt durch angedeutete Licht-Schattenverhältnisse in pastelligen Grundtönen sowie Schwarz und Weiß. Die Bildsprache nutzt das Hasenkind als wiederkehrendes visuelles Element, auf weiterführende Kontextinformationen beispielsweise zum Raum oder zur Protagonistin selbst wird verzichtet. Die zentrale Figur dominiert in frontaler Ausrichtung als klar konturierte Repräsentant/in die Bildmitte. Lediglich angedeutete Schatten verweisen auf den Boden, auf dem Hasenkind gestürzt ist. Weitere raumschaffende Mittel werden nicht genutzt. Zurückhaltend neutrale Hintergründe treten als *negative space*

**Abb. 10.2** Doppelseite: Tränen trocknen (Mühle 2017, S. 14 f.)

zugunsten der formatfüllenden Protagonist/in im Bildraum zurück. Bildebene und Schrifttext sind in einer Außensicht auf das Geschehen fokalisiert.

Das Verhältnis von Bild und Schrifttext kennzeichnet die Anreicherung: Verbalsprachlich durch Handlungsaufforderungen wie „Sag noch einen Zauberspruch, […]" oder „Streichle es am Rücken" (S. 11 f.) oder bildsprachlich durch Werkzeuge wie ein Pflaster oder eine Tücherbox wird „[…] die Informationsvergabe durch das jeweilige andere Zeichensystem ausgeweitet […]" (Staiger 2014, S. 20) und dient der im Mitmachbilderbuch primär angelegten aktionalen Involvierung.

### 10.2.2 DIE NIMMTES-NIMMTES-FRAU

**Kontext:** 2018 erschien „als Ausdruck der hohen Wertschätzung für ihr künstlerisches Schaffen […]", so der Autor Werner Thuswaldner in der Widmung, *DIE NIMMTES-NIMMTES-FRAU* zum 90. Geburtstag der tschechischen Malerin Květa Pacovská beim Verlag Michael Neugebauer Edition.

Bekannt wurde die freischaffende Künstlerin durch ihre mehrfach prämierten Bilderbücher und Illustrationen. 1991 erhielt sie den Deutschen Jugendliteraturpreis für ihr 1990 erschienenes Bilderbuch *eins, fünf, viele*, ein Zahlenbuch mit besonderem Spielcharakter: Pacovská jongliert mit aufklappbaren Elementen, ausgestanzten Flächen, haptischen Erhebungen, Spiegelfolien und Öffnungen in der ihr typischen farbintensiven Collagetechnik (s. Abb. 10.3).

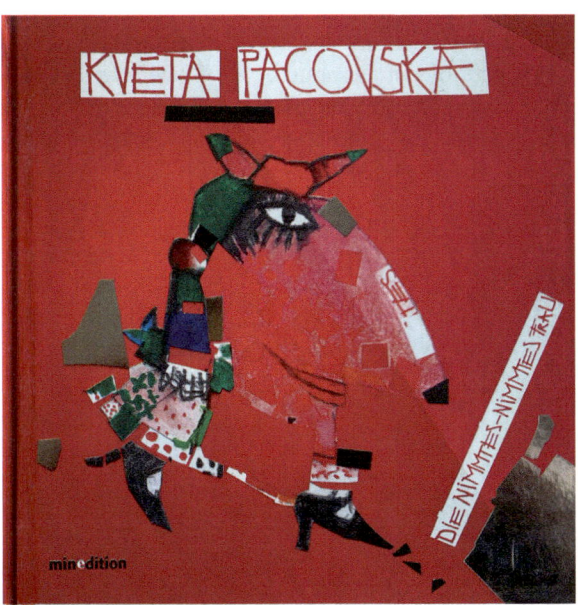

**Abb. 10.3** Cover: *DIE NIMMTES-NIMMTES-FRAU* (Pacovská 2018)

**Experimentelles Spielbilderbuch:** *DIE NIMMTES-NIMMTES-FRAU* reiht sich nahtlos ein in Pacovskás experimentierfreudiges Werk: An der Grenze zwischen Spielbilderbuch und traditionellem Bilderbuch, zwischen erwachsenen und kindlichen Adressat/innen, zwischen Malerei, Collage und Grafik, zwischen Adaption und kreativer Transformation, zwischen Literatur und Kunst, lässt sich das Werk nach Thiele (2003, S. 88) und Al Chammas (2012, S. 177) als experimentelles Spielbilderbuch beschreiben.

Pacovská adaptiert die Handlung des englischen Märchens *The Story of the three Bears* (1837) in Bild und Text: Eine alte Frau bricht in das Haus des großen, des mittleren und des kleinen Bären ein. Die Frau, die alle „Nimmtes-Nimmtes-Frau" nennen, nimmt sich genau wie im englischen Märchen all das, was ihr gefällt. Sie probiert die drei Stühle und nimmt auf dem kleinsten Platz. Sie testet die Löffelchen und isst mit dem kleinsten die Suppe auf. Schließlich fällt sie im dritten Bett, dem kleinsten, in einen tiefen Schlaf. Als die Bären vom Honigsammeln aus dem Wald nach Hause kommen, flieht die Nimmtes-Nimmtes-Frau.

Mit Stilelementen märchenhaften Erzählens beginnt Pacovská die zentrale Handlung: „Es war einmal eine kleine, alte Frau, die in der Nirgendwowelt lebte" (s. Abb. 10.4). Märchentypisch verzichtet sie auf die Fixierung von Ort und Zeit. Während im englischen Märchen von einer alten Frau die Rede ist, individualisiert sie die eindimensional angelegte Figur als Elisabeth, die alle Leute nur die „Nimmtes-Nimmtes-Frau" nennen (s. Abb. 10.4). Die Handlung der märchenhaften Erzählung bleibt einsträngig. Das Vorsatzpapier des hinteren Buchdeckels schließt mit dem Hinweis, Pacovská erzähle aus Erinnerungen an ihre Kindheit. Eine Collage auf dem fliegenden Blatt kann somit als Selbstbildnis der Künstlerin gedeutet werden. Analog zur bildnerischen Technik der Collage montiert Pacovská Erinnerungen der Kindheit aus intertextuellen Versatzstücken des Märchens und eigenen Ergänzungen zu einem Gesamten (vgl. Madeheim 2019). Ihre Handlung endet mit einem Resümee der Bären: Sie schwören sich, beim nächsten Waldgang die Fenster zu schließen. Eine kreative Transformation der Autorin, die im englischen Märchen *The Story of the three Bears* (1837) nicht zu finden ist.

**Abb. 10.4** Doppelseite: Es war einmal… (Pacovská 2018, S. 18 f.)

**Offener Adressat/innenentwurf:** Pacovskás komplexes Erzählen in Bild und Text entzieht sich jeglicher Zuschreibung. Sie bedient sich eines offenen Adressat/innenentwurfes, in welchem kein explizit kindlicher, jugendlicher oder erwachsener Textentwurf zu erkennen ist. Schlüsselreize in Bild und Text evozieren individuelle Interpretationen, die an eigene Erfahrungen anknüpfen (vgl. Weinkauff 2014, S. 278). Vielfache Lesarten werden sicht- und lesbar, die sich aus intertextuellen Verweisen auf das Märchen oder Bildzitaten der in der Collage verwendeten Versatzstücke ergeben. Dass Pacovská in der *NIMMTES-NIMMTES-FRAU* keine einheitliche Lesart beabsichtigt, deutet das vorangestellte Zitat im Peritext an: „Meine Bilderbücher sind ein Zusammenspiel unterschiedlicher Leseweisen" an. Hier verweist sie auf die kognitiven Ergänzungsleistungen durch die Rezipient/innen, die die Interpretation ihres Werkes erfordern.

**Spielkonzepte:** Das Spiel mit Bild und Text, haptischen Elementen wie Pop-Ups und Oberflächenbeschaffenheiten sowie montierter Erzählung kennzeichnet die Vielschichtigkeit der *NIMMTES-NIMMTES-FRAU*.

Der Schrifttext erzählt im Präteritum die Geschichte, unterstützt von onomatopoetischen Elementen wie dem Schnarchen der Nimmtes-Nimmtes-Frau oder Interjektionen, die Bewegungen evozieren. Spannung erzeugt Pacovská durch Steigerungen wie „Sie kam noch näher und noch etwas näher, bis sie ganz nah war. Und was hat sie dann gemacht? Sie kam noch einen Schritt näher, viel näher […]" (S. 22–25). Mit Fragen wie „Und dann? Und dann? Und dann?" (S. 36 f.) fordert Pacovská ihre Rezipient/innen auf, den Fortgang der Geschichte zu antizipieren.

Auf der Bildebene spielt Pacovská mit Mitteln der Collage: Sie abstrahiert, verfremdet, arrangiert und verzerrt. Neues entsteht, indem verschiedene Materialien arrangiert auf einen Untergrund geklebt und um grafische Elemente und Farbflächen erweitert werden. Geschnittene Papiere, Emailkorrespondenzen, handschriftliche Textbausteine, Rechnungen, Zahlenfolgen oder Entwürfe auf liniertem gelochten Skizzenpapier werden neu angeordnet und mit Zeichnungen, Diffraktionsfolien und geprägten Silberflächen gestaltet. Pacovskátypisch ist zudem die Dominanz der Farbe Rot. Durch Komplementärkontraste lenkt die Künstlerin die visuelle Wahrnehmung auf die handlungstragende Figur der Nimmtes-Nimmtes-Frau. Ihre Figurendarstellungen kennzeichnen massige Wesen mit verzerrten Proportionen. Kopf und Nase dominieren die zumeist in Seitenansicht visualisierten Figuren und erinnern an Auflösungen in kubistisch geometrische Formen oder Verzerrungen wie im Surrealismus.

Formal scheinen den lebendigen, spannungsgeladenen Bildkompositionen keinerlei Ordnungsprinzipien zu unterliegen. Auf geometrische Bildelemente, die vermeintlich wahllos auf den zumeist neutralen Untergrund gestreut zu sein scheinen, folgen rhythmische Reihungen von Farbflächen. Angedeutete Symmetrien werden durch betont diagonale Elemente gebrochen. Jede (Doppel-)Seite kann als Kunstwerk für sich stehen. Kohärenz erzeugt Pacovská durch wiederkehrende Figuren, Farbflächen sowie bildnerische Techniken.

Auch hinsichtlich des Verhältnisses, in dem Text und Bild im Werk zueinanderstehen, spielt Pacovská mit Seh- und Rezeptionsgewohnheiten ihrer Rezipient/innen. Mal ergänzen sich die Erzählebenen, mal erzählt nur das Bild und manchmal wiederum erweitern sie sich durch zusätzliche Informationen (s. Abschn. 1.2.4; Vorst 2014, S. 94).

Ludische Elemente wie Pop-Ups und Oberflächenbeschaffenheiten ergänzen die Narration. Auf insgesamt vier Doppelseiten verbindet die Künstlerin die Seiten mit einem weiteren gefalteten Papier, das dreidimensional hervortritt. Dabei übernimmt das Dreidimensionale unterschiedliche Funktionen: Bildelemente wie die Erzählerfigur (vgl. Abb. 10.4) werden in den Vordergrund gerückt, Raumwirkungen verzerrt oder das bewegliche Element entschwindet im Weißraum. Obgleich der Überraschungseffekt auch hier fasziniert, sind die beweglichen Elemente nicht als verschönernde Aufmachung, sondern als eigenständige narrative Elemente der Gesamtkonzeption zu verstehen (vgl. Montanaro Staples 2018, S. 186), die der Verwirrung und Irritation dienen.

Neben räumlichen Involvierungsstrategien finden sich auch aktionale Handlungsaufforderung an die Rezipient/innen: „WAS MUSS MAN TUN, UM IN DIESES BUCH HINEINZUKOMMEN? MAN MUSS DEN PASSENDEN SILBERNEN SCHLÜSSEL FÜR DIE KLEINE TÜR FINDEN" (S. 10–11). Die Informationen des Schrifttextes werden durch die Bildebene ausgeweitet. Sie zeigt eine anthropomorphisierte Maus, die an einer Glocke zieht und um Einlass bittet. Zur Verdeutlichung wird typografisch zwischen einer Versalienschrift der visuellen Erzählinstanz und der serifenlosen Druckschrift des eigentlich märchenhaften Erzähltextes unterschieden. Die Antwort auf die Frage erhält die Rezipient/in mitten in der Erzählung, angekündigt vom formatfüllenden Gesicht der so gedeuteten Erzählfigur auf der Bildebene (vgl. S. 31). Was die Betrachter/in bildsprachlich sensomotorisch involviert durch die angedeutete Silberfolie in der Tasche der Maus erkennen konnte, wird nun verbalsprachlich belegt: „VORNE, HINTEN, GERADEAUS, WER HAT DEN SCHLÜSSEL? DIE KLEINE MAUS" (S. 32).

Pacovská greift in ihrem Spiel auf vielfältige Gestaltungsformen der Bilderbuchkunst zurück: Bildgestaltung, Bild-Text-Erzählstruktur, Typografie, Prägedruck und Pop-Up-Elemente. Rezensionen zum Werk versuchen mit Assoziationen wie ‚berauscht', ‚Lustprinzip' oder ‚Explosion' jene ästhetische Komplexität zu fassen, deren spielerische Elemente die sehr offen assoziativ angelegte Erzählung mitgestalten und habitualisierte Seh- und Rezeptionsgewohnheiten ihrer Betrachter/innen herausfordern.

## 10.3 Fazit

Oftmals zu Unrecht als kindliche Trivialliteratur auf ihre zumeist dominierende Spielfunktion reduziert, zeigt sich die Bandbreite zeitgenössischer Spielbilderbücher von emotional anrührender Massenware für Kleinkinder bis hin zum ästhetisch höchst komplexen Grenzgänger mit offenem Adressat/innenbezug. Spielbilderbücher kennzeichnen heute ein heterogenes Nebeneinander von adaptierten

Klassikern, konventionellen und ästhetisch komplexen Erzählkonzepten, textlosen Narrationen sowie vielgestaltigen Spielformen in Misch- und Zwischenformen.

Die stark divergenten Werkbeispiele zeigen gleichwohl gemeinsam, dass Spielfunktionen nicht nur additives Beiwerk sein müssen, sondern als integraler Bestandteil der Narration zu verstehen sind. Beide Analysen verweisen auf das erzählerische Potenzial von Spielformen durch unterschiedliche Involvierungsstrategien. Im *Hasenkind* (2017) ist die Mitmachfunktion der Narration grundgelegt. Pop-Up-Elemente und Oberflächenbeschaffenheiten in der NIMMTES-NIMMTES-FRAU (2018) streuen Verwirrung bei der Erschließung narrativer Zusammenhänge und erhöhen die Komplexität des Textes. Bei beiden Spielkonzepten entsteht im Zusammenspiel zwischen Bild, Text und spielerischen Elementen eine Narration, die neue Arten der Vermittlung und Rezeption mit sich bringt.

## Literatur

## Primärliteratur

Berner, Rotraut S.: *Willkommen in Wimmlingen! Das Wimmelbuch zum Aufstellen mit 34 Spielfiguren.* Weinheim 2013.
Carle, Eric: *Die kleine Raupe Nimmersatt – Mein Pop-up-Buch.* Hildesheim 2019.
Ferri, Giuliano: *Wer versteckt sich hier?* Bargteheide 2019.
Flad, Antje: *Auf und zu, das kenn ich schon! Mit Klettverschluss, Knöpfen und Schleife.* Würzburg 2018.
Isol: *Ein Entlein kann so nützlich sein.* Wien 2013.
Lee, Jimi: *Überall Linien.* Bargteheide 2013.
Mühle, Jörg: *Tupfst du noch die Tränen ab?* Frankfurt a. M. 2017.
Pacovská, Kvĕta: *DIE NIMMTES-NIMMTES-FRAU.* Richtenberg 2018.
Pacovská, Kvĕta: *eins, fünf, viele.* Richtenberg 1990.
Scheffler, Axel/Donaldson, Julia: *Der Bär schreibt heute Briefe.* Weinheim 2000a.
Scheffler, Axel/Donaldson, Julia:*Leerzeichen Der Fuchs sucht seine Socken.* Weinheim 2000b.
Scheffler, Axel/Donaldson, Julia: *Kaninchen ist sooo müde.* Weinheim 2000c.
Scheffler, Axel/Donaldson, Julia: *Wo steckt Mathilda Huhn?* Weinheim 2000d.
Taplin, Sam/Larranaga, Ana M.: *Ich brülle! Glaubst du nicht? Dann streichle mich!* London 2020.
Tharlet, Eva: *Mama, Papa und ich.* Bargteheide 2019.
Tullet, Hervé: *MITMACH-BUCH.* Rheinfelden 2010.
Tullet, Hervé: *Das Buch mit dem Loch.* Rheinfelden 2012.

## Sekundärliteratur

Al Chammas, Tamara: *Das Spielbilderbuch. Ästhetische Formen und Chancen frühkindlicher Förderung.* (2012), http://oops.uni-oldenburg.de/1373/1/alcspi12.pdf (03.12.2020).
Boelmann, Jan M.: *Literarisches Verstehen mit narrativen Computerspielen.* München 2015.
Dammann-Thedens, Katrin: *Bilderzählungen im Gespräch. Kindliche und erwachsene Rezeptionspraktiken zwischen Konvention und Irritation.* München 2020.

Dichtl, Eva-Maria: *Das zeitgenössische Bilderbuch. Didaktische Chance und Herausforderung in der elementarpädagogischen Ausbildung.* Frankfurt a. M. 2017.
Dürscheidt, Christa: *Einführung in die Schriftlinguistik.* Stuttgart ³2006.
Finkbeiner, Rita: „Narration und Materialität im Bilderbuch". In: Florence Baillet/ Anne-Laure Daux-Combaudon (Hg.): *Materialitäten der Narration.* Paris 2018, 195–208.
Kato, Hiloko: „A new generation of pop-up books – Alice for the iPad und die Bedeutung der Materialität und medialer Technik für den Textsortenwandel." In: Stefan Hauser/Ulla Kleinberger/Kersten Sven Roth (Hg.): *Musterwandel – Sortenwandel. Aktuelle Tendenzen der diachronen Text(sorten)linguistik.* Bern 2014, 183–206.
Kurwinkel, Tobias: *Bilderbuchanalyse. Narrativik – Ästhetik – Didaktik.* Tübingen ²2020.
Madeheim, Marvin: „Pacovská, Květa: DIE NIMMTES-NIMMTES-FRAU" (2019), http://www.kinderundjugendmedien.de/index.php/bilderbuchkritiken/2674-pacovska-kveta-die-nimmtes-nimmtes-frau (22.01.2020).
Montanaro Staples, Ann: „Pop-Up and Movable Books." In: Bettina Kümmerling-Meibauer (Hg.): *The Routledge Companion to Picturebooks.* London/New York 2018, 180–190.
Neitzel, Britta: „Involvierungsstrategien des Computerspiels". In: GamesCoop: *Theorien des Computerspiels zur Einführung.* Hamburg 2012, 75–103.
Staiger, Michael: „Erzählen mit Bild-Schrifttext-Kombinationen. Ein fünfdimensionales Modell der Bilderbuchanalyse". In: Ulf Abraham/Julia Knopf (Hg.): *Bilderbücher. Band 1: Theorie.* Baltmannsweiler 2014, 12–23.
Thiele, Jens: *Das Bilderbuch. Ästhetik, Theorie, Analyse, Didaktik, Rezeption.* Bremen 2003.
Vorst, Claudia: „Bilderbuch und Empirie. Ein Forschungsbericht." In: Anja Pompe (Hg.): *Literarisches Lernen im Anfangsunterricht. Theoretische Reflexionen – Empirische Befunde – Unterrichtspraktische Entwürfe.* Baltmannsweiler ²2014, 89–101.
Weinkauff, Gina: „Textimmanente Adressatenentwürfe im Bilderbuch. Versuch einer Typologie." In: Gabriela Scherer (Hg.): *Bilderbuch und literarästhetische Bildung. Aktuelle Forschungsperspektiven.* Trier 2014, 26–285.

# Thema Familie im Bilderbuch

**11**

Gabriela Scherer

## Inhaltsverzeichnis

| | | |
|---|---|---|
| 11.1 | Theoretische Grundlagen | 201 |
| | 11.1.1   Erwartbare Stoff- und Motivversatzstücke zum Thema in Bild und Text | 201 |
| | 11.1.2   Familienmodelle im kinderliterarischen Diskurs | 203 |
| 11.2 | Modellanalysen: *Alles Familie!* (Alexandra Maxeiner/Anke Kuhl, 2010) und *Bösemann* (Gro Dahle/Svein Nyhus, 2003) | 205 |
| | 11.2.1   *Alles Familie!* | 205 |
| | 11.2.2   *Bösemann* | 210 |
| | 11.2.3   *Alles Familie!* und *Bösemann* im Vergleich | 215 |
| 11.3 | Fazit | 216 |
| Literatur | | 217 |

## 11.1 Theoretische Grundlagen

### 11.1.1 Erwartbare Stoff- und Motivversatzstücke zum Thema in Bild und Text

Erfolgt die Betrachtung eines literarischen Textes unter thematischen Gesichtspunkten, liest man diesen unter einem übergeordneten Sinnzusammenhang. Die Fragestellung ist dabei inhaltlich fokussiert. Die angenommene thematische Rahmung beeinflusst sodann sowohl dessen Analyse als auch dessen Deutung (s. u. Definitionskasten). Bei einem thematologischen Ansatz werden Themen, Stoffe und Motive strukturanalytisch, problemorientiert sowie funktions- und diskursgeschichtlich untersucht (vgl. Lubkoll 2009, S. 749).

---

G. Scherer (✉)
Institut für Germanistik, Universität Koblenz-Landau, Landau, Deutschland
E-Mail: scherer@uni-landau.de

**Ebenen der thematologischen Untersuchung:** Die nachfolgend besprochenen Bilderbücher lassen sich unter dem Thema Familie bündeln. Das besagt: Sie konkretisieren die abstrakte Idee von Familie. Wie variantenreich in Text und Bild sie dies tun, wird die Analyse zeigen. Schwierigkeiten können sich gelegentlich bei der Unterscheidung zwischen den im Fachjargon gebräuchlichen Termini ‚Thema', ‚Stoff' und ‚Motiv' ergeben, die zwar Unterschiedliches bezeichnen, aber nicht vollkommen trennscharf voneinander abgrenzbar sind (s. u. Definitionskasten). Pointiert ausgedrückt kann man aber so viel zur Klärung sagen: Was terminologisch unter Thema gefasst wird, hat gegenüber Stoff und Motiv einen höheren Abstraktionsgrad.

Die Frage nach stofflichen Bezügen eines (kinder- und jugend-)literarischen Textes richtet sich auf ein konkretes Sujet, welches in Abwandlungen immer wieder neu erzählt wird. Die Analyse ist hier umso ertragreicher, je klarer der oder die Referenztexte erkannt und die Neuakzentuierung herausgearbeitet wird. Als weltliterarischer Stoff im Zusammenhang mit dem übergeordneten Thema Familie kann beispielsweise das Sujet ‚Der verlorene Sohn' gelten (vgl. Frenzel 1992b, S. 737 ff.). Diese im Lukas-Evangelium erzählte Parabel findet sich in zahlreichen Variationen in der europäischen Literatur wieder (im deutschsprachigen Raum beispielsweise in Schillers Drama *Die Räuber*, 1781).

Die Frage nach Motiven in einem (kinder- und jugend-)literarischen Text hat kleinere und auch konkretere semantische Einheiten im Blick als die Frage nach dem Thema. Zum Beispiel kann eine bestimmte Figur motivisch auftreten. Im Themenkomplex Familie ist etwa das Motiv der Kindsmörderin geläufig (vgl. Frenzel 1992a, S. 763 ff.), klassisch realisiert in der Gretchentragödie in Goethes *Faust*-Dramen (1772 ff.) und als misslingender Versuch der Stiefmutter in Grimms *Schneewittchen* (1812) variiert. Ein die elterliche Autorität überstrapazierender Vater ist ebenfalls ein Gedanke im Umfeld von Familie, der als Figur konkrete Gestalt annehmen kann in literarischen Texten (z. B. in Christine Nöstlingers fantastischem Kinderroman *Wir pfeifen auf den Gurkenkönig*, 1972). Ein Motiv kann aber auch den Handlungsverlauf konturieren, etwa Inzest, wie beispielsweise die Geschwisterliebe in Tiecks Märchen *Der blonde Eckbert* (1797), oder sexueller Missbrauch, wie die großväterlichen Berührungen der Enkelin im Jugendbuch *Rotkäppchen muss weinen* (2009) von Beate Teresa Hanika.

**Definitionen**

- **Thema**: Die Frage nach dem Thema eines literarischen Textes ist inhaltlich fokussiert und zielt auf den Überschneidungsbereich von Textbeschreibung und Textinterpretation (vgl. Lahn/Meister 2016, S. 207 f.). Die Textanalyse erfolgt dabei unter einem abstrakten Oberbegriff (z. B. ‚Familie').
- **Stoff**: Die Bezeichnung ‚Stoff' leitet sich her aus Gewebe, Material (vgl. Doering 2007, S. 735). Unter Stoff wird demnach ein Sujet gefasst, das bereits in einem Geflecht aus Figuren, Ereignissen, Handlungen

## 11.1 Theoretische Grundlagen

und Konflikten vorliegt und jeweils mit Veränderungen in Figurenkonstellation, Handlungsschauplatz, Geschehensverlauf etc., aber mit identischem Handlungskern, bloß anders akzentuiert erneut erzählt wird. Die Bezugnahme, die in der literarischen Neubearbeitung eines bestimmten Stoffes zu früheren Texten oder zum Ursprungstext erkennbar ist, nennt man Intertextualität (vgl. Lahn/Meister 2016, S. 209).

- **Motiv**: Mit ‚Motiv' wird eine kleinere und auch konkretere semantische Einheit bezeichnet als mit dem Begriff ‚Thema' (vgl. ebd., S. 210). Ein Motiv ist „die kleinste strukturbildende und bedeutungsvolle Einheit eines Textganzen" (Lubkoll 2009, S. 750). Motive sind Bauelemente im literarischen Textgefüge, die meist durch gesellschaftliche Konventionen ideell geformt sind, wie etwa stereotype Figuren (z. B. „die böse Stiefmutter", „der autoritäre Vater"), deren Gefühlslage (z. B. „Eifersucht", „Wut") oder Handlungen (z. B. „Kindsmord").

### 11.1.2 Familienmodelle im kinderliterarischen Diskurs

**Adressatenbezug und Normierungseffekte:** Der spezifische Adressatenbezug von Kinder- und Jugendliteratur wirkt sich sowohl auf die darin thematisierten Inhalte als auch auf deren Textstrukturen aus (vgl. Nickel-Bacon 2017, S. 137). Thematisch gesehen ist Familie mit ihrer intergenerationalen Grundstruktur ein überaus typischer Gegenstand kinderliterarischer Texte (vgl. Daubert 2000). Was kinder- und jugendliterarische Familienbilder diskursiv anbieten und zugleich auch modellhaft vermitteln, ist die Auseinandersetzung mit „Werte[n] und Wertungen in Bezug auf familiale Rollen und ihre Rollenträger" (Nickel-Bacon 2017, S. 137). Da Kinder entwicklungsbedingt im identifikatorischen Modus lesen, sind die mit der Lektüre einhergehenden Normierungseffekte nicht gering einzuschätzen (vgl. ebd.). Ob Vaterfiguren als Autoritäten im erzieherischen Zentrum eines Familienverbundes stehen – so im Zeitalter der Aufklärung, beispielhaft etwa in Joachim Heinrich Campes kinderliterarischer Romanadaption *Robinson der Jüngere*, 1779 –, sagt nicht nur etwas über die Idealvorstellungen hinsichtlich Familienmodellen und Geschlechterrollen in der jeweiligen Zeit aus. Es impliziert auch prägende Wirkungen auf die Vorstellungswelt junger Leser/innen – man denke z. B. an die überhöhten Muttergestalten, die als emotionale und sozialisatorische Mitte der bürgerlichen Familie fungieren, typischerweise anzutreffen in kinderliterarischen Texten der Romantik und des Biedermeier sowie in Texten, die in deren ideologischer Traditionslinie stehen (vgl. Ewers/Wild 1999).

**Historischer Wandel:** Die thematische Gestaltung von Familie im Medium Bilderbuch orientiert sich bis gegen Ende des 20. Jahrhunderts am Idealbild einer behüteten Kindheit im Schonraum Familie, unangefochten von unschönen Dingen wie beispielsweise finanzielle Sorgen oder väterliche Gewalttätigkeit, die eine problemorientierte Betrachtung des Familienalltags zutage fördern könnte.

Familienmodelle jenseits der Imagination einer in Eintracht agierenden Vater-Mutter-Kind(er)-Haustier(e)-Kleinfamilie kommen im narrativen Bilderbuch erst seit Beginn des 21. Jahrhunderts zur Darstellung (vgl. Roeder/Ritter 2017). Erzählinhalte wie Trennung der Eltern (z. B. in *Mama ist groß wie ein Turm*, 2001, von Brigitte Schär und Jacky Gleich), prekäre Familienverhältnisse (etwa in *Schnipselgestrüpp*, 2010, von Christian Duda und Julia Friese) und häusliche Gewalt (wie in *Bösemann*, norw. OA 2003, dt. Übers. 2019, von Gro Dahle und Svein Nyhus) sind auf dem Bilderbuchmarkt neueren Datums. Darin unterscheidet sich das Bilderbuch vom Kinder- und Jugendroman, in dem bereits seit den 1970er Jahren tradierte Familienstrukturen und deren Rollenbilder hinterfragt werden und spätestens seit den 1980er Jahren von Brüchen im Familiengefüge und von *gender trouble* erzählt wird (vgl. Oetken 2017, S. 162).

**Diversifizierungstendenzen:** Aus brüchigen Familienkonstellationen resultierende Patchworkfamilien tauchen 2010 dann aber gleich in mehreren Bilderbüchern auf: in Ute Krauses komisch-fantastischem Bilderbuch *Wann gehen die wieder* (2010) und in den beiden auf realistischen Wirklichkeitsmodellen beruhenden Sachbilderbüchern *The Great Big Book of Families* (dt. *Du gehörst dazu! Das große Buch der Familien,* 2010) von Mary Hoffman und Ros Asquith sowie *Alles Familie! Vom Kind der neuen Freundin vom Bruder von Papas früherer Frau und anderen Verwandten* (2010) von Alexandra Maxeiner und Anke Kuhl. Insbesondere Letzteres informiert über viele weitere, im tatsächlichen Alltag von Kindern aktuell beobachtbare Diversifizierungen von intergenerationalem Zusammenleben und sozialen Rollen – wie etwa gleichgeschlechtliche Paare mit Nachwuchs oder Familienhaushalte mit alleinerziehendem Elternteil.

---

**Leitfragen zur Bestimmung des thematischen Rahmens im Bilderbuch**
- Weisen Paratexte (wie z. B. Titel oder Untertitel) auf eine thematische Rahmung hin?
- Sind Anzeichen konventioneller Art für eine bestimmte thematische Rahmung gegeben (wie etwa Stoffe und Motive, die unter dieser Rahmung erwartbar sind)?
- Lassen sich intertextuelle Anspielungen erkennen, die für eine bestimmte thematische Rahmung sprechen (wie Bild- und/oder Textzitate, typische Figuren etc.)?
- Lassen sich funktions- und diskursgeschichtliche Traditionslinien aufweisen (z. B. zu früheren Epochen)?
- Wird das Thema eher narrativ (fiktional-ästhetisches Bilderbuch) oder eher informierend (Sachbilderbuch) dargestellt?
- Wird das Thema eher explizit (mit deutlichen Hinweisen, etwa bereits im Buchtitel) oder eher implizit (unterschwellig und unausgesprochen, aber dennoch klar erkennbar) verhandelt?

## 11.2 Modellanalysen: *Alles Familie!* (Alexandra Maxeiner/Anke Kuhl, 2010) und *Bösemann* (Gro Dahle/Svein Nyhus, 2003)

### 11.2.1 *Alles Familie!*

**Kurzbeschreibung des Bilderbuchs *Alles Familie!*:** Das Bilderbuch ist 2010 als Hardcover im Klett Kinderbuchverlag in Leipzig erschienen. Text und Idee stammen von Alexandra Maxeiner, Umschlaggestaltung, Satz, Layout und Illustrationen von Anke Kuhl. Das Sachbilderbuch, dessen Bild- und Verbaltext auf dem Cover sofort paratextuell die thematische Rahmung Familie erkennen lässt (s. Abb. 11.1), wirft, im Detail und in seiner Gänze betrachtet, einen geradezu ethnografischen Blick auf die vielfältigen konkreten Ausprägungen von verwandtschaftlich und/oder sozial geregelten Beziehungsgeflechten, die unter der Vorstellungseinheit Familie subsumiert werden. Der in einem verkürzten Ausrufesatz im Haupttitel pointiert auf den Punkt gebrachte Sachgegenstand, um den es in dem Bilderbuch geht, wird durch einen kindermundartig verschachtelten Unter-

**Abb. 11.1** Cover: *Alles Familie!* (Maxeiner/Kuhl 2011)

titel ausgeführt, mittels dem in möglichst großer Komplexität von potenziellen Familienmitgliedern die Rede ist: *Vom Kind der neuen Freundin vom Bruder von Papas früherer Frau und anderen Verwandten.*

**Auszeichnungen:** *Alles Familie!* wurde mehrfach ausgezeichnet: u. a. im Dezember 2010 mit der Eule des Monats der Fachzeitschrift *Bulletin, Jugend & Literatur*, im Januar 2011 mit der Kröte des Monats der Studien- und Beratungsstelle Kinder- und Jugendliteratur STUBE und schließlich im Herbst 2011 mit dem Deutschen Jugendliteraturpreis.

**Einordnung in das Gesamtwerk:** Anke Kuhl ist Teil der Frankfurter Ateliergemeinschaft Labor, Alexandra Maxeiner wird auf deren Internetseite (https://cargocollective.com/laborproben) aktuell (2020) unter der Überschrift „Freunde" aufgeführt. Die beiden Künstlerinnen haben bereits mehr als ein Sachbilderbuch gemeinsam gestaltet, das Beachtung gefunden hat. Hinsichtlich humoristischer Betrachtung und Toleranz ähnlich aufgebaut wie *Alles Familie!* ist ihr Sachbilderbuch rund um das Thema Essen *Alles lecker! Von Lieblingsspeisen, Ekelessen, Küchendüften, Erbsenpupsen, Pausenbroten und anderen Köstlichkeiten* (2012).

**Erzählendes Sachbuch:** Was die Gattungszugehörigkeit angeht, so enthält die Bezeichnung „erzählendes Sachbuch" (Becker 2012, S. 104) einen Hinweis auf den hybriden Charakter von *Alles Familie!*. Für das moderne Sachbuch ist eine Vermischung von faktualen und fiktionalen Elementen seit Ende des 20. Jahrhunderts nicht unüblich, auch wenn es vorrangig der Vermittlung von Wissen dient (s. Kap. 2). *Alles Familie!* ist ein solcher Bilderbuchmischtyp, der narrative und fiktional-ästhetische Elemente enthält, obwohl es als informierendes Sachbilderbuch intendiert ist. Im großen Reigen von mono- und multikulturellen Familienverbünden, traditionellen Vater-Mutter-Kind(er)-Haushalten, Alleinerziehenden mit Kind(ern), Patchwork- und Regenbogenfamilien, den Maxeiner/Kuhl präsentieren, treten mittels Zeichnung und Namensgebung individualisierte Figuren auf, die in unterschiedlichen Kontexten Ausschnitte aus dem Familienalltag zeigen.

**Fiktional-ästhetische Appellstruktur:** Die erkennbare Wiederkehr einzelner Figuren im Textverlauf verleiht dem Sachbilderbuch Erzählcharakter und reichert dessen Informationsgehalt und Aufklärungsintention mit fiktional-ästhetischer Appellstruktur an, die Identifikation, Empathie und Fremdverstehen befördert und so den kognitiven Gebrauchswert dieses Sachbilderbuchs an sinnlich-emotionalen Kunstgenuss koppelt. Zu Letzterem lädt nicht zuletzt auch das Karikaturhafte ein – beispielsweise die Illustration des lapidaren Verbaltextes „Bei einigen Familien sieht man gleich, dass alle zusammengehören", die einen schmunzeln lässt, wenn man sich die Bekleidung inklusive Stofffetzen am Haustier dieser Familie anschaut (s. Abb. 11.2). Oder auch die Text-Bild-Kombination, die eine stumm am Esstisch sitzende Vater-Mutter-Kind-Konstellation ins Spiel bringt (S. 30), bei der sich die Zuspitzung zur Karikatur dieser überaus gesitteten Familienmahlzeit aus der intertextuellen Anspielung auf das Gegenmodell des *Zappelphilipp* speist, das in Heinrich Hoffmanns *Struwwelpeter* (1845) vorliegt.

**Wertungsfreie Reflexion:** Der ernsthaften Auseinandersetzung mit historischen und aktuellen Familienmodellen sowie den vielfältigen (post-)modernen Abwei-

**Abb. 11.2** Detail: Zusammengehörigkeit karikiert (Maxeiner/Kuhl 2011, S. 33)

**Abb. 11.3** Detail: Untolerierbare Gewalt in Familien (Maxeiner/Kuhl 2011, S. 29)

chungen des traditionellen Standards laufen die komisierenden Effekte in Bild und Text nicht zuwider. Vielmehr ist den Reflexionen über komplexe Sachverhalte wie *Vom Kind der neuen Freundin vom Bruder von Papas früherer Frau und anderen Verwandten* damit eine Prise Humor beigemischt, der an keiner Stelle verletzt, aber für die kommensurable Leichtfüßigkeit in einem an Kinder adressierten Medium sorgt. Gewertet und deutlich Stellung bezogen wird einzig dort, wo es zugunsten des Kinderwohls Not tut: Ein prügelnder Vater (s. Abb. 11.3) gehört zwar zweifellos in das Tableau einer realitätsnahen Betrachtung des Alltags in Familien, steht jedoch jenseits des heutzutage gesamtgesellschaftlich Akzeptierten (vgl. auch Becker 2012, S. 105; Scherer 2017, S. 269).

**Detailanalyse:** Während die Auseinandersetzung mit der paratextuellen Rahmung (Titel und Titelbild, s. Abb. 11.1) oben zur Kurzbeschreibung des Bilderbuchs gute Dienste geleistet hat, spielen hier nun Überlegungen zu konventionellen Elementen (Stoffe und Motive) eine Rolle, die das abstrakte Thema Familie konkret ausgestalten, sowie die Suche nach intertextuellen Anspielungen, die für das Begriffsfeld Familie typisch sind, etwa Bild- und/oder Textzitate, typische Figuren. Da es sich um ein erzählendes Sachbilderbuch handelt, wird auch die Aufmerksamkeit auf intratextuelle Verknüpfungen ergiebig sein. Und selbst ein extratextueller Verweis ist in diesem Fall auffindbar.

**Visuelle Narrativität und intermodales Zusammenspiel:** Zum Einstieg in die detaillierte Analyse der ausgewählten Doppelseite (S. 22 f.; s. Abb. 11.4) ist zunächst ein Blick auf deren visuelle Narrativität sowie das intermodale Zusammenspiel von Text und Bild hilfreich: Es handelt sich um eine monoszenische Bilderreihe, die in einem symmetrischen Verhältnis zum Verbaltext

**Abb. 11.4** Exemplarische Doppelseite aus *Alles Familie!* (Maxeiner/Kuhl 2011, S. 22 f.)

steht. Diese Art der visuellen und intermodalen Gestaltung durchzieht das ganze Bilderbuch – mit Ausnahme einer Doppelseite.

**Intratextuelle Verknüpfung:** Jene anders gestaltete Doppelseite (S. 14 f.) präsentiert stattdessen ein monoszenisches Einzelbild, auf dem der kleine Junge im Zentrum steht, der in der für die Detailanalyse betrachteten siebten Doppelseite auf der linken Bildseite unten rechts in die Arme des südländisch aussehenden Mannes gekuschelt in einer Sprechblase liebevoll verlauten lässt: „Mein allerbester Dreiviertelpapa!" (s. Abb. 11.4). Damit ist eine intratextuelle Verknüpfung zur dritten Doppelseite mit dem monoszenischen Einzelbild gegeben: Aus jenem Einzelbild, das eine Familienaufstellung zeigt, deren komplexe Verwandtschaftsverhältnisse durch Pfeile und Begleittext geklärt werden, geht hervor, dass der Junge Jakob heißt und der als „Dreiviertelpapa" bezeichnete Mann Diego ist, der neue Freund von Jakobs Mutter Ute. Beim genauen Hinsehen ergeben sich weitere Aufschlüsse intratextueller Art: Das Mädchen mit Brille und Latzhosen, das auf S. 22 links von Jakob und Diego zu dem etwas konsterniert blickenden Mann sagt „Du bist bloß mein blöder Zweitvater", heißt Lena und ist die Stiefschwester von Jakob. Katja, die zweite Frau von Jakobs Vater Dirk, hat Lena mit in die neue Ehe gebracht. Jakob hat aber auch noch eine leibliche Schwester: Hannah. Wie er ist sie die Tochter aus der zerbrochenen Beziehung von Ute und Dirk. Auf S. 22 spricht Hannah ihre Stiefmutter Katja fragend als „Halbmami" an (s. Abb. 11.4).

**Intertextuelle Anspielung:** Von Lena und ihrer Zweitmutter („Halbmami") ist aber auch ein Bogen zu einer intertextuellen Anspielung geschlagen, welche sich aus dem ersten Bild auf S. 22 (links oben) deutlich aufdrängt: Unschwer ist in jenem Bild die böse Stiefmutter aus dem Grimm'schen Märchen *Schneewittchen* zu erkennen (KHM 53, 1812, dort unter dem Titel *Sneewittchen*), die dem

Mädchen, das eine Haut so weiß wie Schnee und Haare so schwarz wie Ebenholz hat, einen vergifteten Apfel anpreist, mit dem sie die jüngere Rivalin loszuwerden hofft, die neuerdings vor dem Zauberspiegel als die Schönste im Land ausgelobt wird.

**Konventionelles Motiv:** Bei der Figur der bösen Stiefmutter handelt es sich gleichzeitig um ein konventionelles Motiv, das in einem Bilderbuch, das dem Thema Familie gewidmet ist, erwartbar ist. Es entbehrt allerdings nicht der Komik, dass die Stiefmutter auf Französisch ausgerechnet „belle-mère" – zu Deutsch: „schöne Mutter" – genannt wird, wie die nebenstehende, auf die Apfelszene aus *Schneewittchen* anspielende Text-Bild-Kombination mitteilt. Analog heißt der Stiefvater auf Französisch „schöner Vater". Auf Schwedisch kommt das Wort ‚Plastik' ins Spiel, sodass hier auf Deutsch von „Plastikmama" und „Plastikpapa" die Rede ist – augenzwinkernd als aufblasbare Gummipuppen illustriert. „Viele Kinder" aber „denken sich selber aus, wie sie ihre neuen Elternteile nennen" wollen, die sich aus Patchworkfamilien ergeben – daher die hier in Betracht gezogenen Namen „Halbmami", „Zweitvater" und „Dreiviertelpapa" für die Stiefeltern.

**Brechung der Konvention:** Während die böse Stiefmutter eine stereotype Figur aus der Welt der Märchen ist, handelt es sich bei der Oma um eine prototypische Erscheinung in Familienaufstellungen. Wenig prototypisch aber ist es, wenn die Großmutter die Mutterrolle einnimmt, wie es das erste Bild auf S. 23 in Szene setzt. Die Konvention besagt, dass Kinder bei ihren Eltern, Stiefeltern oder auch Adoptiveltern aufwachsen. Aber es gibt eben auch Alltagssituationen, in denen Kinder bei ihren Großeltern, Tanten oder Onkels groß werden. Auch Kinderheime und Waisenhäuser kommen in Betracht für unkonventionelle Familienverbünde – und hierbei steht das SOS-Kinderdorf, das am Ende der analysierten Doppelseite in Bild und Verbaltext thematisiert wird, der konventionellen Eltern-Kinder-Familie wiederum näher als die Oma-Mama mit ihrem Enkel-Kind.

**Komplexität:** Die exemplarisch ausgewählte Doppelseite zeigt die humorvolle, wertungsfreie und verständliche Darstellung in Verbaltext und Bild, mit der Maxeiner und Kuhl der Komplexität und Vielfältigkeit von (post-)modernen Familienkonstellationen gerecht werden. Die Text-Bild-Kombinationen spielen mit konventionellen Vorstellungen und intertextuellen Versatzstücken aus dem Themenkomplex Familie. Dass dabei auch überraschend Neues in den Imaginationsraum tritt – wie etwa die „schöne Mutter" als Alternative für die stereotyp böse Stiefmutter, die das Prädikat, die Schönste im Land zu sein, an ihre Stieftochter abgeben muss, wenn diese zur jungen Frau heranwächst –, ist Teil der fiktional-ästhetischen Anleihen dieses narrativen Sachbilderbuchs. Sprachlich ebenso wie literarisch betrachtet handelt es sich hierbei um ein durchaus anspruchsvolles Angebot zur Sinnerschließung.

**Typografie und extratextueller Kontextbezug:** Ein vergleichbar hoher Herausforderungsgrad ergibt sich auch aus der Schrift selbst, mittels derer der Verbaltext gestaltet ist. Der Text ist sehr umfangreich und typografisch einem handschriftlichen Schriftbild nachempfunden. Das Ganze ähnelt dadurch einem Familienalbum früherer Zeiten, in das man Fotos geklebt und per Hand Kommentare zu den Bildern geschrieben hat – was wiederum als Darstellungsform sehr gut passt für ein Sachbilderbuch zum Thema Familie und einen extratextuellen Kontextbezug herstellt.

### 11.2.2 Bösemann

**Kurzbeschreibung des Bilderbuchs *Bösemann*:** In deutscher Übersetzung ist das Bilderbuch 2019 als Hardcover beim NordSüd Verlag in Zürich erschienen. Der Titel des norwegischen Originals, das 2003 von Cappelen in Oslo aufgelegt wurde, lautet *Sinna Mann,* wörtlich übersetzt: „wütender Mann" (*Angryman* in der amerikanischen Ausgabe 2019). Die thematische Rahmung Familie ist erst auf den zweiten Blick zu erkennen: Der Frontdeckel zeigt einen kleinen Jungen in grau-weißer Umgebung, auf der in Großbuchstaben BÖSE MANN geschrieben steht, zwischen diesen beiden Wörtern eingebettet die Namen von Autorin und Illustrator (s. Abb. 11.5). Das Kind blickt in einer Art und Weise aus dem Cover heraus, dass auch geschlossen werden könnte, BÖSE MANN sei eine unheimliche Märchen- oder Sagengestalt in den Schnee bedeckten Bergen des Nordens, vor der sich der kleine Junge fürchtet. Aus der Inhaltsbeschreibung auf dem Rückdeckel geht dann aber unmissverständlich hervor, dass das Buch Familie thematisiert: BÖSE MANN tritt in Gestalt des Vaters nämlich in den eigenen vier Wänden seiner Familie auf. „*Da ist etwas im Wohnzimmer./Das ist Papa./Das ist Bösemann.* […] Gro Dahle erzählt von Angst, Wut und der Hilflosigkeit in Bojs Familie." (S. 46, Herv. im Orig.) Im Bild des Rückdeckels blickt das Kind unter einem großen Stuhl versteckt hervor (s. Abb. 11.6). Dass Peritexte wie diese in Text und Bild Rezeption und Deutung eines Textes lenken, gilt auch für das Medium Bilderbuch (s. Kap. 1).

**Internationale Beachtung:** In der internationalen Bilderbuchforschung wird *Bösemann* als revolutionäre Erscheinung in der Kinderliteratur gepriesen (vgl. Bjorvand 2010, S. 217). Das Lob gilt dabei nicht nur dem brisanten Sujet des gewalttätigen Ehemanns und Vaters in gut situierter Familie, das mit der verbreiteten Vorstellung bricht, häusliche Gewalt sei ein Unterschichtsphänomen (vgl.

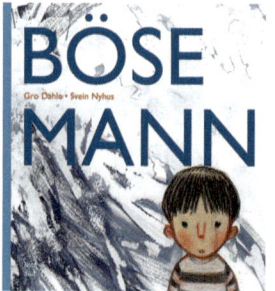

**Abb. 11.5** Cover: *Bösemann* (Dahle/Nyhus 2019)

11.2 Modellanalysen: *Alles Familie!* und *Bösemann*

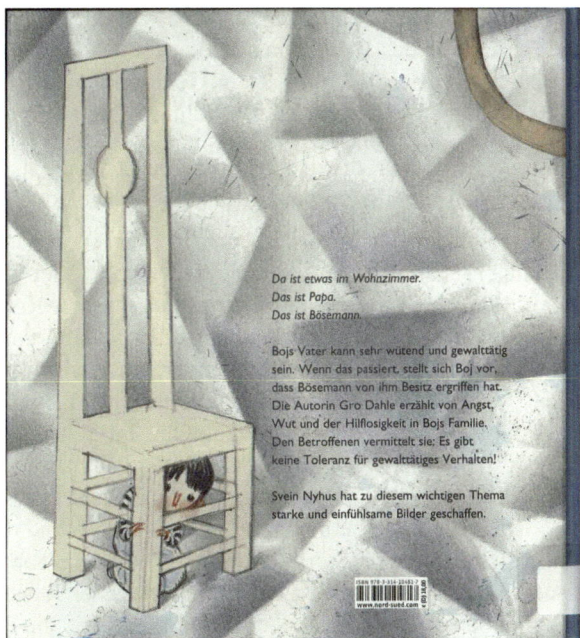

**Abb. 11.6** Buchrückseite: *Bösemann* (Dahle/Nyhus 2019, S. 46)

Scherer 2017). Auch die Darstellung, wie das Kind den plötzlich aufflammenden Zorn und die unkontrollierten Wutausbrüche sowie die anschließenden Reuebekundungen und Besserungsversprechen des Vaters erlebt und verarbeitet, ist seiner speziellen Ästhetik und poetischen Sprache wegen Grund für die internationale Wertschätzung des Buchs. Wegen der inhaltlich ebenso wie künstlerisch ungewöhnlichen Ausgestaltung des Themas zählt es zum Segment der kontroversen und herausfordernden Bilderbücher (vgl. Evans 2016, S. 208). Sprachlich, bildästhetisch und literarisch ist es anspruchsvoll.

**Auszeichnungen:** Die Originalausgabe wurde für mehrere norwegische Literaturpreise nominiert und erhielt 2003 den Preis des norwegischen Kultur- und Kirchenministeriums für Kinder- und Jugendliteratur. In der deutschen Übersetzung von Christel Hildebrandt wurde *Bösemann* 2019 die Silberne Feder des deutschen Ärztinnenbundes verliehen.

**Einordnung in das Gesamtwerk:** Die Titelei der deutschen Ausgabe weist Svein Nyhus, der für die Bilder verantwortlich zeichnet, als Kinderbuchillustrator und -autor aus, seine Gattin Gro Dahle, die den Text des Bilderbuchs geschrieben hat, als Lyrikerin und Romanautorin. Auch ein früheres von Nyhus' Bilderbüchern, *Pappa!* (1998), führt das väterliche Elternteil im Titel.

**Narratives Bilderbuch mit Irritationspotenzial:** *Bösemann* entfaltet sein Thema narrativ aus der Sicht des Kindes. Die Erzählung beginnt mit einer Geburtstagsfeier im Wohnzimmer eines Mann-Frau-Kind-Haushalts

(s. Abb. 11.7). Hier „lacht" Mama zur Feier des Tages „in ihrem schönsten Kleid" (S. 8). Auch die Einrichtung des Wohnraums wirkt, als sei sie von Designerhand entworfen: Ein Läufer ziert den Boden und ein Goldfischglas die Kommode. Es sind Details in der bildlichen und verbalen Darstellung dieser Familienidylle, die schon auf dieser ersten Doppelseite für Irritation sorgen: Auf der Kommode liegt ein Hammer neben dem Goldfischglas, in dem zwei unterschiedlich kleine rote sowie ein größerer, grimmig guckender, schwarzer Fisch gefangen sind – das ist ein symbolisch zu verstehender Hinweis auf den Dreipersonenhaushalt in seiner gemeinsamen Gefangenschaft. Zudem ziert die Tapete eine Vielzahl züngelnder Feuer, die klobigen Hände des Vaters sind glutrot und eine mit Rosinen gefüllte, gelbe Schale steht so auf dem Eck eines Tisches, dass wenig zum Runterfallen fehlt. Und auch der Anblick der übertrieben aufgeräumt lachenden Mutter, die auf dünnen Beinchen Kuchen balancierend in die Wohnstube fliegt, sollte Zweifel aufkommen lassen an der scheinbaren Familienidylle. Im Schrifttext macht sich der Junge um den Zustand seines Vaters Gedanken: „Ist Papa leise? Ist Papa fröhlich? Ist Papa ruhig?/Ja. Jetzt ist Papa ruhig. Jetzt ist Papa fröhlich!/Sieh nur, wie fröhlich Papa ist! Er ist lieb wie die Äpfel auf dem Tisch und die Rosinen in der gelben Schale." (Ebd.). Wer bemerkt, wie knapp vor dem Kippen die gelbe Rosinenschale auf dem Tisch platziert ist, horcht auf, dass der Junge diesen grobschlächtigen Papa mit den feuerroten Händen als „lieb […] wie die Rosinen in der gelben Schale" wahrnimmt (vgl. auch Bjorvand 2010, S. 221).

**Bösemanns Verheerung:** Die Stimmung in Bild und Text schlägt auf den folgenden Seiten schnell um. Auf dem Sofa, dem sich der Vater auf der zweiten Doppelseite rechts im Bild zuwendet, liegt ein Schraubenschlüssel. Und am Ende des Verbaltextes links werden die Schrauben auch erkennbar angezogen: „Pst, sagt Mama. Obwohl Boj doch gar nichts sagt./Sei leise, sagt Mama." (S. 10) Drei Doppelseiten später geht der Mann im Bildzentrum dann mit dem Schraubenschlüssel in der Hand Wut entbrannt auf Frau und Kind los. Nach dem Höhepunkt seines Wutanfalls (s. Abb. 11.8) ist im Bildraum alles eiskalt, aschegrau und zerbrochen; im Verbaltext dazu steht: „Das Feuer hat Bösemann verbrannt." (S. 23) Bösemann hat sich wieder in den Keller zurückgezogen und Papa verspricht, dass

**Abb. 11.7** Doppelseite: Erzähleingang *Bösemann* (Dahle/Nyhus 2019, S. 8 f.)

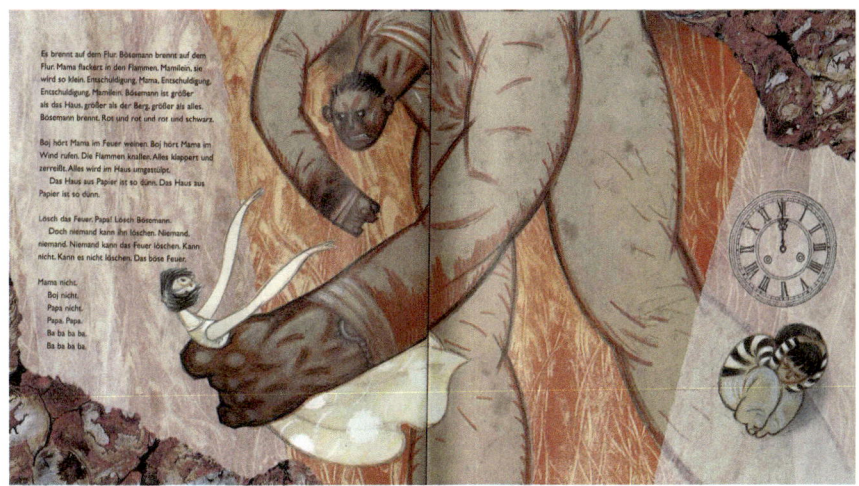

**Abb. 11.8** Exemplarische Doppelseite aus *Bösemann* (Dahle/Nyhus 2019, S. 20 f.)

er sich nie wieder in Bösemann verwandeln wird. Boj aber denkt: „Das kann er leicht sagen, denn das hat Papa früher schon einmal gesagt. Viele Male hat er das gesagt." (Ebd.) Der Kleine weiß, Bösemann sitzt seinem Vater fortwährend lauernd im Nacken. Jetzt ist jedoch erst einmal Trost angesagt – allerdings nicht für Boj und Mama, sondern für Papa: „Armer Papa, sagt Mama und holt die weiße Seide hervor und bindet einen weißen Seidenschal um Papas Hände. Um Papas rote Hände. […] Und Boj muss Papa trösten und Papileins salzige Tränen schmecken." (S. 24).

**Stoffliche Anspielung:** Die Geschichte endet damit, dass Boj es selbst schafft, durch einen langen Gang mit zugeschlossenen Türen, die aufzuschließen seine Mutter nicht fähig ist, ins Freie zu gelangen (vgl. S. 29). „Draußen gibt es keine verschlossenen Türen. Alles ist offen. Die einzigen Türen, die es hier gibt, das sind die Türen in Boj." (S. 30) „Die Wände halten" zwar „dicht". „Aber etwas ist drinnen. Das weiß Boj. Das ist Papa." (Ebd.) Boj erzählt dem Hund der Nachbarin sowie der ihn umgebenden Natur vom Ungeheuer in seiner Familie. Gegenüber der Nachbarin selbst, die etwas zu ahnen scheint, bleibt sein Mund jedoch verschlossen. Schließlich schreibt Boj einen Brief an einen imaginären König: „Papa haut, schreibt Boj./Ist das meine Schuld?, schreibt Boj." (S. 34) Den Brief in der Hand, eilt der König herbei, ihm öffnen sich alle Türen: „Das ist nicht deine Schuld, Boj, sagt der König und schüttelt den Kopf." (S. 36) In diesem Auftritt liegt eine stoffliche Anspielung in Variation zur Bibelstelle vor, in der Jahwe Moses erscheint und spricht, dass er die Schuld der Väter an den Söhnen bis ins dritte und vierte Glied hinein verfolgen wird. Was die seelische Verheerung Bojs angeht, ist die Symbolik dieser stofflichen Anleihe noch in ihrer Abwandlung ambivalent. Der König, der hier als innere Helferfigur des Kindes wie Gottvater zu seinem Schutz herbeieilt, könnte in Bojs Erwachsenenleben nämlich später als

Rächer in Boj selbst wiederkehren. Auf ein solches schlimmes Ende jenseits des im Bilderbuch Erzählten deutet u. a. ein Satz, der auf der ersten Doppelseite der Erzählung prominent am Ende des Textblocks steht: „Vielleicht werde ich auch einmal wie Papa, denkt Boj." (S. 8) Aus familientherapeutischen Kontexten ist das Muster der Wiederholung von Traumata der eigenen Kindheit in vertauschter Rollenbesetzung – aus dem kindlichen Opfer generiert sich der erwachsene Täter – hinlänglich bekannt: „A boy who sees his father beat his mother, is 300 times more likely to become violent himself." (Bjorvand 2010, S. 229).

**Ausweg(losigkeit):** Der König in *Bösemann* befiehlt Papa vor Boj auf die Knie zu fallen, Boj um Verzeihung zu bitten und sein eigenes Versagen als Vater zuzugeben: „Das ist nicht deine Schuld, sagt Papa./Das ist meine Schuld." (S. 37). Durch dieses Schuldeingeständnis des Vaters, das sein Kind reinwäscht von Schuld, läuft die Erzählung auf die Andeutung der Therapierbarkeit von Bojs Papa heraus, der offenbar selbst unter einem gewalttätigen Vater gelitten hat (vgl. S. 38 f.). Auf der letzten Doppelseite ist denn auch eine fröhliche Familienszene zu sehen, umrahmt von Bojs imaginären Helfer/innen Pudel, Nachbarin, König. Der Peritext im Nachsatz listet diverse Internet-Adressen für den deutschsprachigen Raum auf, an die sich von häuslicher Gewalt Betroffene wenden können. Gibt es demnach einen Ausweg aus der im Erzähleingang angedeuteten Ausweglosigkeit? Der Blick auf den hinteren Buchdeckel (s. Abb. 11.6), auf dem Boj wie sein Vater mit glutroten Händen, Gesicht und Ohren zu sehen ist, lässt Zweifel am guten Ausgang der Erzählung aufkommen.

**Visuelle Narrativität und intermodales Zusammenspiel:** Zur visuellen Narrativität sowie zum intermodalen Zusammenspiel von Text und Bild der in Abb. 11.8 gezeigten Doppelseite ist festzuhalten, was durchgängig für die Seitengestaltung von *Bösemann* gilt: Sie zeigt ein monoszenisches Einzelbild, das in einem symmetrischen Verhältnis zum Verbaltext steht. Der Verbaltext steht als großer Textblock am Rand. Ins Zentrum der exemplarisch herausgegriffenen Doppelseite ist die übermächtig große Vaterfigur gesetzt – hier sprengt seine Gestalt sogar das Bild: „Bösemann ist größer als das Haus, größer als der Berg, größer als alles." (S. 20) Auf den anderen Doppelseiten, in denen er und nicht Boj im Fokus steht, hat sein grobschlächtiger Körper auch immer bloß knapp Platz. Eine Ausnahme hierzu bildet einzig Seite 38 f., auf der sich der Vater im Angesicht des Königs auf den Knien vor Boj entschuldigen muss. Dort ist seine Gestalt kleiner als diejenige von Frau und Kind und groß im Bild steht der allmächtige König.

**Intratextuelle Verknüpfungen:** Der flammende Hintergrund und die durchgängig rot eingefärbte Gestalt des Vaters signalisieren wie schon auf der vorhergehenden Doppelseite die ungezügelte Gewalttätigkeit des Vaters, die sich hier an der Ehefrau austobt. Diese hat sich im vorausgehenden Bild schützend vor das Kind gestellt. Gegenüber der Doppelseite davor ist Bojs Geste des Zuhaltens von Augen und Ohren hier noch verstärkt. Der Ringelpulli, den er durchgängig auf allen Seiten trägt, erinnert mit seinen Streifen bestimmt nicht zufällig an die Bekleidung Gefangener – geradezu grauenerregend verstärkt sind die Streifen von Sträflingskleidung an der Figur des Vaters im Bild, auf dem die Mutter dem Gatten seine vom Prügeln verletzten Hände verbindet und er von seinem Sohn getröstet wird (vgl. S. 27). Im Verbaltext der hier exemplarisch betrachteten Doppelseite steht: „Bösemann brennt. Rot und rot und rot und schwarz." (S. 20) Dies verweist zum einen auf die beiden Bildseiten mit dem Goldfischglas, in dem neben zwei roten Fischen ein schwarzer schwimmt (vgl. S. 8 und S. 40). Zum anderen ist der Mann hier wie auch auf dem vorhergehenden Bild reichlich rot eingefärbt; auf drei der folgenden Doppelseiten jedoch ist er als versengter, aschgrauer Klotz ins Bild gesetzt, die Haare dort jetzt schwarz und nur noch seine Finger rot.

**Inter-, intra- und extratextuelle Anspielungen:** Die Art und Weise, wie der wutentbrannte Vater dargestellt ist, lässt ihn monströs erscheinen. Sein Kopf ist im Vergleich zu seinem Körper verschwindend klein – damit erinnert seine Gestalt an Trolle, deren im Verhältnis zum Rest ihrer Erscheinung kleiner Kopf ihre Dummheit veranschaulichen soll. Aber auch die Filmfigur King Kong und insbesondere die Schlussszene aus dem gleichnamigen Film von 1933 wird als Bildzitat aufgerufen: Wie die Schauspielerin Ann Darrow im Film *King Kong* am Ende klein und zerbrechlich in den Pranken des Monsters baumelt, schaukelt auch die Mutter auf Nyhus' Bild in den deformierten, riesigen Händen ihres Mannes einer fragilen Porzellanpuppe ähnlich über dem Abgrund (vgl. auch Bjorvand 2010, S. 225). Die Haltung des Jungen drückt aus, dass er nichts sehen und hören will von dem Geschehen, das sich in seiner Familie Tag für Tag wiederholt. Die Uhr, unter der er sich zusammenkauert, steht auf zwölf. Damit zeigt sie an, dass es nicht mehr „fünf vor zwölf" wie in der Redewendung ist, auf die das Bilddetail anspielt. Das aber kann zweierlei bedeuten. Einerseits ist in der hier betrachteten Szene die Stunde angebrochen, in der – wenn zwölf Uhr auf Mitternacht steht – die bösen Geister freien Lauf haben. Andererseits ist damit aber möglicherweise auch symbolisiert, dass keine Hoffnung auf Vermeidung der drohenden Katastrophe mehr besteht – sie nimmt ja auch in der Bildmitte bereits erschreckend deutlich ihren fatalen Lauf. Letzteres enthält aber auch einen intratextuellen (vgl. S. 38 f.) und extratextuellen (vgl. Bjorvand 2010, S. 229) Verweis auf die Ausweglosigkeit, mit der sich Opfer häuslicher Gewalt im schlimmsten Fall über Generationen hinweg konfrontiert sehen.

**Motivische Figur:** Ein prügelnder Vater ist ein im Thema Familie erwartbares Motiv. Sein Auftreten in einem an kleine Kinder und ihre erwachsenen Mitleser/innen adressierten Bilderbuch und die schonungslose Art der Inszenierung ist selten. Insbesondere die Darstellung der väterlichen Gewaltexzesse im Familienalltag einer modellhaften Bilderbuch-Familie ist nicht nur auf der hier exemplarisch herausgegriffenen Doppelseite ungewöhnlich konkret und nahezu ausweglos.

### 11.2.3 *Alles Familie!* und *Bösemann* im Vergleich

**Intertextueller Rekurs auf kanonisierte Texte:** Das aufbegehrende Potenzial von Kindern wird in beiden hier analysierten Bilderbüchern zum Thema Familie unter intertextuellem Rekurs auf kanonisierte Texte ins Spiel gebracht: Ist es bei

Maxeiner/Kuhl *Struwwelpeter*, der deutlich erkennbar ironisch aufgerufen wird, so referieren Dahle/Nyhus implizit auf die Bibel, indem sie das Kind einen Brief an einen imaginären Übervater schreiben lassen, in dem der eigene Vater des Fehlverhaltens bezichtigt wird.

**Konventionelle Elemente:** Die Figur des zu erziehenden Kindes, wie es in *Alles Familie!* im informatorischen Modus in dessen Bilderreigen vorkommt, ist ein konventionelles Element im Themenkomplex Familie. Dieses Kindheitsbild steht diskursgeschichtlich betrachtet in der Tradition der Aufklärung. Das von der Schuld seiner Vorväter unbefleckte Kind, dem in *Bösemann* in der Gestalt eines imaginären Königs die Last der Verantwortung für das Böse in seiner Familie von den Schultern genommen wird, ist uns ebenfalls als Idee vertraut, allerdings aus dem Kindheitsdiskurs der Romantik, der die archetypische Vorstellung eines idealen menschheitsgeschichtlichen Naturzustandes auf die Lebensphase der Kindheit übertrug (vgl. Alefeld 1996, S. 22). Zu denken ist hierbei etwa an den Aphorismus von Novalis, der besagt, wo Kinder sind, da ist ein goldenes Zeitalter. Ungewöhnlich für das Kindermedium Bilderbuch ist der Zweifel, der in *Bösemann* am Hoffnungsträger Kind nagt. Dass Kinder zum zornigen Wiedergänger ihrer Väter und Großväter werden können, ist dem Bild- und Text-Raum, den Dahle und Nyhus entwerfen, nämlich ebenfalls eingeschrieben.

Ohne seine dem Toleranzgedanken verpflichtete Darstellung der Vielfalt heutiger Familienstrukturen zu torpedieren, geht das Familienalbum von Maxeiner/Kuhl genauso entschieden mit nicht Tolerierbarem im informierenden Bilderreigen seiner einzelnen Familienszenen um (s. Abb. 11.4) wie dies das Bilderbuch von Dahle/Nyhus am Beispiel seiner Bilderbuch-Familie narrativ ausführt und eindrucksvoll inszeniert.

## 11.3 Fazit

Was die thematische Rahmung angeht, so macht es das stärker auf Information denn Narration ausgerichtete Sachbilderbuch *Alles Familie!* Rezipient/innen allein schon aufgrund der expliziten Nennung des Themas im Titel einfacher als *Bösemann*, den zentralen Inhalt auf den ersten Blick zu erkennen. Den thematischen Schwerpunkt eines Bilderbuchs zu erfassen, ist aber ein wesentliches Element einer stimmigen Lesart. Dächte man durch allzu flüchtige Betrachtung von Text und Bild im Erzähleingang von *Bösemann* beispielsweise, die thematische Rahmung dieses Bilderbuchs sei „Geburtstag" (s. Abb. 11.7), würde man in der Folge eine stimmige Deutung des Bilderbuchs sowie dessen Intention beim Lesen klar verfehlen.

Implizit ist Familie als Themengeber in *Bösemann* schon auf der ersten Doppelseite gut fassbar (s. Abb. 11.7). Doch selbst wenn man dies sogleich begreift, suggeriert die Szene zunächst fälschlich, es würde sich hier eine geradezu vorbildliche Bilderbuch-Familie im Bild präsentieren. Details wie Hammer und gefährlich nah am Tischrand stehende Schale machen einen jedoch bei genauerer Betrachtung stutzig.

*Bösemann* verfolgt eine Aufklärungsintention, und zwar in doppelter Adressierung an die primären kindlichen Leser/innen und die erwachsenen Mit- bzw. Vorleser/innen. Damit steht dieses Bilderbuch funktionsgeschichtlich betrachtet in einer pädagogisch orientierten kinder- und jugendliterarischen Traditionslinie. Das Buch zeigt eine dysfunktionale Familie, in der die Erfahrung häuslicher Gewalt zum Alltag von Frau und Kind gehört. Es ist explizit dazu gemacht, dass seine Rezipient/innen aufhorchen und ggf. Hilfe holen, für sich oder Andere: Dahle und Nyhus haben *Sinna Mann* im Auftrag des norwegischen Familientherapeuten Øivind Aschjem im Zusammenhang mit dem Projekt Vitne til Vold (Zeugen der Gewalt) geschrieben und illustriert; und auch die Publikation der deutschen Übersetzung im NordSüd-Verlag in Zürich wurde vom Kinderbund Schweiz unterstützt (vgl. Dahle/Gro 2019, Impressum).

Peritextuelle Informationen wie diese sind relevant für Analyse und Deutung. Nicht zuletzt bieten sie aber auch eine Handhabe, die Qualität eines Buchs relativ rasch einschätzen zu können. Vergleichbares gilt auch für Hinweise auf Auszeichnungen, die üblicherweise auf Buchdeckel vorn oder hinten erscheinen. Im Fall von *Alles Familie!* verweist der Aufkleber des Deutschen Jugendliteraturpreises auf dem Cover (s. Abb. 11.1) darauf, dass die mit zeitgenössischer Kinder- und Jugendliteratur befasste Literaturkritik dieses Bilderbuch für empfehlenswert hält. Ein Buch wie *Bösemann,* dem nicht nur Preise verliehen worden sind, sondern das auch in mehreren Sprachen übersetzt sowie in einer medialen Adaption als Animationsfilm vorliegt (2009, von Anita Killi), hat es noch einfacher, für Forschungszwecke wahrgenommen zu werden und in der internationalen Bilderbuchforschung Aufmerksamkeit zu erregen.

## Literatur

## Primärliteratur

Dahle, Gro/Nyhus, Sven: *Bösemann.* Aus dem Norwegischen von Christel Hildebrandt. Zürich 2019 (norw. 2003).
Maxeiner, Alexandra/Kuhl, Anke: *Alles Familie! Vom Kind der neuen Freundin vom Bruder von Papas früherer Frau und anderen Verwandten.* Leipzig ²2011 (EA 2010).

## Sekundärliteratur

Alefeld, Yvonne-Patricia: *Göttliche Kinder. Die Kindheitsideologie in der Romantik.* Paderborn u. a. 1996.
Becker, Susanne Helene: „Alles Familie!" In: Dies. (Hg.): *99 Lesetipps. Bücher für Grundschulkinder.* Seelze 2012, 104–107.
Bjorvand, Agnes-Margrethe: „Do Sons Inherit the Sins of Their Fathers? An Analysis of the Picturebook *Angry Man.*" In: Teresa Colomer/Bettina Kümmerling-Meibauer/Cecilia Silva-Díaz (Hg.): *New Directions in Picturebook Research.* New York/London 2010, 217–231.

Daubert, Hannelore: „Familie als Thema der Kinder- und Jugendliteratur". In: Günter Lange (Hg.): *Taschenbuch der Kinder- und Jugendliteratur. Bd. 2: Medien und Sachbuch, ausgewählte thematische Aspekte, ausgewählte poetologische Aspekte, Produktion und Rezeption, KJL im Unterricht.* Baltmannsweiler 2000, 684–705.

Doering, Sabine: Eintrag „Stoff". In: Dieter Burdorf/Christoph Fasbender/Burkhard Moenninghoff (Hg.): *Metzler Literatur Lexikon.* Stuttgart $^3$2007, 735f.

Evans, Janet: „Challenging and Controversial Picturebooks. Children's Response to *Smoke* by Antón Fortes and Joanna Concejo". In: Gabriela Scherer/Steffen Volz (Hg.): *Im Bildungsfokus: Bilderbuchrezeptionsforschung.* Trier 2016, 205–224.

Ewers, Hans-Heino/Wild, Inge (Hg.): *Familienszenen. Die Darstellung familialer Kindheit in der Kinder- und Jugendliteratur.* Weinheim u. a. 1999.

Frenzel, Elisabeth: *Motive der Weltliteratur.* Stuttgart $^4$1992a.

Frenzel, Elisabeth: *Stoffe der Weltliteratur.* Stuttgart $^8$1992b.

Lahn, Silke/Meister, Jan Christoph: *Einführung in die Erzähltextanalyse.* Stuttgart $^3$2016.

Lubkoll, Christine: „Thematologie". In: Jost Schneider (Hg.): *Methodengeschichte der Germanistik.* Berlin 2009, 747–762.

Nickel-Bacon, Irmgard: „Familienbilder. Genderorientierungen durch Sympathielenkung im kinderliterarischen Diskurs". In: Dieter Wrobel/Tilman von Brandt/Markus Engeln (Hg.): *Gestaltungsraum Deutschunterricht.* Baltmannsweiler 2017, 137–148.

Oetken, Mareile: „Alles ist Familie. Familienbilder im Bilderbuch". In: Caroline Roeder/Michael Ritter (Hg.): *Familienaufstellungen in Kinder- und Jugendliteratur und Medien (=kjl&m 17.extra).* München 2017, 159–171.

Roeder, Caroline/Ritter, Michael (Hg.): *Familienaufstellungen in Kinder- und Jugendliteratur und Medien (=kjl&m 17.extra).* München 2017.

Scherer, Gabriela: „Familienbilder ‚lesen'. Didaktische und rezeptionsbezogene Perspektiven auf die Ikonographie von Familie im neuen Bilderbuch". In: Caroline Roeder/Michael Ritter (Hg.): *Familienaufstellungen in Kinder- und Jugendliteratur und Medien (=kjl&m 17.extra).* München 2017, 265–278.

# Figurenanalyse im Bilderbuch

## 12

Lena Hoffmann

## Inhaltsverzeichnis

| | | |
|---|---|---|
| 12.1 | Theoretische Grundlagen | 219 |
| | 12.1.1 Figurenanalyse und Erzähltext | 219 |
| | 12.1.2 Figurenanalyse und Bilderbuch | 224 |
| 12.2 | Modellanalyse: *Der Tod auf dem Apfelbaum* (Kathrin Schärer, 2015) | 226 |
| | 12.2.1 Die Figur des personifizierten Todes in Bilderbüchern der Gegenwart | 226 |
| | 12.2.2 Im Widerstreit mit dem freundlichen Tod? | 228 |
| | 12.2.3 Der Tod und das Leben | 234 |
| 12.3 | Fazit | 235 |
| Literatur | | 236 |

## 12.1 Theoretische Grundlagen

### 12.1.1 Figurenanalyse und Erzähltext

**Figuren als fiktionale Konstrukte:** Die Auseinandersetzung mit Figuren gehört zu den zentralen Forschungsfeldern der Literatur-, Theater- und Medienwissenschaften. Folgt man dem Lemma „Figur" des *Reallexikons der deutschen Literaturwissenschaft,* so übernehmen Figuren in Texten aller Art zusammen mit Handlung, Zeit und Raum zentrale sinnstiftende Funktion. Dabei wird explizit darauf hingewiesen, dass sich Funktionen wie Gestaltungen von Figuren je nach Epoche und Gattung bzw. Medium ändern können (vgl. Platz-Waury 1997, S. 587). Nicht verwunderlich ist es also, dass die Literatur- und Medienwissenschaften schon lange diverse Beschreibungs- wie Analysemethoden von

---

L. Hoffmann (✉)
Institut für Jugendbuchforschung, Goethe-Universität Frankfurt am Main,
Frankfurt am Main, Deutschland
E-Mail: le.hoffmann@em.uni-frankfurt.de

© Springer-Verlag GmbH Deutschland, ein Teil von Springer Nature 2022
B. Dammers et al. (Hg.), *Das Bilderbuch,*
https://doi.org/10.1007/978-3-476-05824-9_12

Figuren diskutieren. Als zentral für die wissenschaftliche Auseinandersetzung mit Figuren ist Manfred Pfisters Monografie *Das Drama* (Erstpublikation 1977) zu nennen. Pfister sind nicht nur entscheidende Beschreibungs- und Analysekriterien im Umgang mit Figuren zu verdanken, auf die im Folgenden weiter eingegangen wird, sondern auch die Betonung der Wichtigkeit dessen, dass wir Figuren eben als Figuren und nicht etwa als Charaktere, geschweige denn als Personen verstehen und bezeichnen (vgl. Bachorz 2004, S. 51). Diese begriffliche Schärfung ist deshalb von entscheidender Bedeutung, weil sie die Gemachtheit, die Konstruktion, den ästhetisch-fiktionalen Status dieser Figuren betont, die nicht etwa mit Menschen aus der empirischen Realität gleichzusetzen sind.

**Medialität:** Pfisters Studie aber, ihr Titel verrät es, beschäftigt sich mit dem Drama. In der literaturwissenschaftlichen Forschung und Lehre bezieht man sich deshalb häufig auf Grundlagentexte, die seine Erkenntnisse auf andere Gattungen übertragen. Für diese Modellanalyse und ihre theoretisch-methodische Rahmung beziehe ich mich auf einen Text von Stefanie Bachorz, die in „Zur Analyse der Figuren" (Bachorz 2004) Methoden zur Figurenanalyse in Erzähltexten zusammenträgt und mit ihren Vor- und Nachteilen diskutiert. Das Bilderbuch aber ist wegen seiner Kombinationen aus Text und Bild und wegen seiner spezifischen Materialität ein Medium, bei dem die Figurenanalyse noch um weitere Dimensionen ergänzt werden muss. Im Folgenden werden deshalb die von Bachorz zusammengestellten Ansätze mit den Dimensionen der Bilderbuchanalyse nach Michael Staiger (s. Kap. 1) gekoppelt. Im Laufe des Kapitels werden immer wieder Analogien auch zum Medium Film und zum Theater gezogen. Diese Medien aber erfordern beim figurenanalytischen Arbeiten auch eine Auseinandersetzung mit Performanz, mit Schauspiel, Ton, Schnitt etc. Im Bereich der Perspektive und des Raums (inklusive Setting und Requisite) allerdings ist es sinnvoll, die Medialität des Bilderbuchs mit der des Theaters und des Films zusammenzudenken.

**Rezeptionsästhetik:** Wer beginnt, sich mit Figuren zu beschäftigen, stößt schon bald auf das Problem, das von Pfister (unter anderem) als begriffliches Problem identifiziert wurde. Beim Lesen vergleichen wir das Handeln von Figuren mit menschlichem Handeln, das uns aus der uns umgebenden Realität bekannt ist; Bachorz bezeichnet dies als „notwendige Grundvoraussetzung des Lesens" (Bachorz 2004, S. 53). Dementsprechend kann man literarische Figuren zusammendenken mit Identitätswahrnehmung und Fremdverstehen. Dem vorliegenden Kapitel ist aber an solch einer rezeptionsästhetischen bzw. literaturdidaktischen Ausrichtung nicht gelegen, es konzentriert sich auf die am Text belegbaren Verfahren und Signale. Wer sich mit Figuren beschäftigt, muss aber dies beachten: Figuren sind vom Text gestaltete Konstrukte, die über direkte wie indirekte, thematische wie formale Marker Assoziationen evozieren, die die Lesenden bei der Lektüre mit ihren Vorstellungen von Personen abgleichen bzw. zu diesen ergänzen. Fotis Jannidis bezeichnet in diesem Sinne literarische Figuren als „mentale Modelle" (2004, S. 177). Es geht jedoch nicht darum über individuelle Assoziationen in der Rezeption zu spekulieren, sondern sich auf das zu beziehen, was der Text konkret zeigt.

**Methodische Ansätze:** Bachorz trägt im Wesentlichen vier methodische Ansätze zusammen, die bei der Analyse von Figuren zur Orientierung dienen können: Handlungsmodell, Figurenkonstellation, Figurenkonzeption und Figurencharakterisierung (s. Definitionskasten und Tab. 12.1).

**Figur und Funktion:** Das in der Forschung am häufigsten herangezogene Handlungsmodell zur Analyse von Figuren stammt von Algirdas Julien Greimas. Dieses Modell teilt Figuren entlang ihrer Funktionen für die Handlung in Typen ein. Unterschieden wird hier in Subjekt, Objekt, Opponent bzw. Helfer, Adressat und Schiedsrichter (vgl. Bachorz 2004, S. 54 f.). Genretypische Erzähltexte weisen häufig ein Figurenarsenal auf, das entlang dieser Typologie organisiert ist. Deswegen erweist sich das Modell zur Analyse auch nur dann als wirklich gewinnbringend, wenn die Konflikte und insbesondere Interessenkonflikte zwischen den Figuren vielschichtig sind.

**Positionen und Beziehungen:** Bei der Figurenkonstellation werden die Positionierungen der Figuren zueinander untersucht (vgl. ebd., S. 57). Dabei lassen sich wesentlich die Funktionen der jeweiligen Figuren für das Handlungsgeschehen aufdecken. Ferner kann die Figurenkonstellation aber auch als Teil der Figurenkonzeption und Figurencharakterisierung betrachtet werden, da die Beziehung der Figuren zueinander deren Anlage im Text unterstützt; Eigenschaften können über Kontrastierung oder Analogie zu anderen Figuren verdeutlicht werden. Lassen sich Allianzen, Parallelen oder auch Gegenpositionen bestimmen? Innerhalb der Figurenkonstellationen wird hauptsächlich zwischen Paaren und Dreieckskonstellationen unterschieden (vgl. ebd., S. 56). Im Folgenden seien die drei bekanntesten Konstellationen vorgestellt; es gilt aber zu bedenken, dass sich auch über die Positionierung von vier und mehr Figuren zueinander oder, in psychologisch orientierten Lesarten, einer Figur im Widerstreit mit sich selbst Rückschlüsse ziehen lassen können.

**Tab. 12.1** Methodische Ebenen der Figurenanalyse und ihre zentralen Kategorien

| Methodische Ebene | Kategorien |
| --- | --- |
| Handlungsmodell (Aktanten) | • Subjekt<br>• Objekt<br>• Adressat<br>• Opponent<br>• Schiedsrichter<br>• Helfer |
| Figurenkonstellation | • Kontrastpaar<br>• Korrespondenzpaar<br>• Dreieckskonstellation |
| Figurenkonzeption | • statisch vs. dynamisch<br>• eindimensional vs. mehrdimensional<br>• völlig definiert vs. offen, mysteriös<br>• transpsychologisch vs. psychologisch |
| Figurencharakterisierung | • direkt<br>• indirekt |

Das Kontrastpaar ist am stärksten vertreten bei Oppositionsfiguren, die sich in einer Gut/Böse-Dualität gegenüberstehen. Solch schematische Figurenkonstellationen sind beispielsweise aus Genreliteratur wie dem prototypischen Abenteuerroman bekannt (vgl. Klotz 1984, S. 114) und werden häufig mit ‚Protagonist/Antagonist' benannt. Von einem Kontrastpaar lässt sich aber auch dann sprechen, wenn keine ausgeprägte Gegnerschaft zwischen Figuren besteht, diese aber als Gegenpole, eben kontrastierend, gegenübergestellt werden (vgl. Bachorz 2004, S. 57).

Im Gegensatz zum Kontrastpaar werden beim Korrespondenzpaar Analogien zwischen Figuren betont, dadurch vielleicht auch auf Handlungsebene Allianzen gebildet (das ist aber nicht zwingend notwendig). Bei der Analyse von Figurenkonstellationen gilt es immer zu berücksichtigen, dass Texte mit hinlänglich bekannten Konstellationen spielen können – dass sich ein angebliches Kontrast- also im Laufe der Handlung auch als Korrespondenzpaar erweisen kann und umgekehrt.

Häufig treten Dreieckskonstellationen in Texten auf und schaffen eine ganz eigene Dynamik zwischen den Figuren. Innerhalb dieser Formierung können wieder Kontrast- und Korrespondenzpaare auftreten. Die Dreieckskonstellation findet sich in klassischen Erzählszenarien im Kampf um die richtigen Ehepartner/innen (wie es Bachorz für *Stolz und Vorurteil* beschreibt, vgl. Bachorz 2004, S. 57), aber auch beispielsweise Joanne Rowlings Romanreihe um den Zauberlehrling Harry Potter setzt in ihr Zentrum eine Dreieckskonstellation; die Dynamik zwischen Harry, Ron und Hermine wird in jedem Band neu durchgespielt.

Bezogen auf die Konstellationen sei Bachorz' Darstellung noch um eine Kategorie erweitert, die zwar auch aus der Dramentheorie kommt, sich auf den Erzähltext aber gewinnbringend anwenden lässt und von Tobias Kurwinkel für die Bilderbuchanalyse beschrieben wird. Die Unterscheidung nämlich in Haupt-, Neben- und Randfiguren (vgl. Kurwinkel 2020, S. 103) kann die Bestimmung der Funktionen der Figuren noch einmal erleichtern.

**Komplexität:** Bei der Figurenkonzeption konzentrieren wir uns darauf, wie vielschichtig Figuren im Erzähltext angelegt sind. Eine Klassifizierung von Figuren in „round" und „flat", wie Edward M. Forster sie 1927 vorgeschlagen hat, greift in vielen Fällen zu kurz, weswegen die Forschung sich heute überwiegend auf die ausdifferenziertere Typologie nach Pfister beruft (vgl. Bachorz 2004, S. 57 f.). Diese sei kurz mit ihren wichtigsten Begrifflichkeiten umrissen:

Mit den Gegenpolen ‚statisch' und ‚dynamisch' lässt sich begrifflich fassen, ob eine Figur Entwicklung zeigt oder aber von Beginn bis zum Ende des Textes gleich und unveränderlich gezeichnet ist.

Eindimensional angelegte Figuren sind durch eine vorrangige Eigenschaft, eine zentrale Idee, ein zentrales Anliegen markiert, während mehrdimensionale Figuren unterschiedliche Eigenschaften, Ideen und vielleicht auch Anliegen in sich vereinen und über den Textverlauf hinweg unterschiedliche Seiten präsentieren können, die die Leser/innen zu einem Gesamtbild zusammensetzen müssen.

Mit dem Begriffspaar ‚völlig definiert' und ‚offen, mysteriös' können wir unterscheiden, ob Handlungen, Gedanken, Gefühle von Figuren für die Lesenden transparent und nachvollziehbar dargelegt sind (definiert) oder ob Ambivalenzen

## 12.1 Theoretische Grundlagen

oder Leerstellen im Text die Lesenden im Unklaren lassen und sich erst nach und nach ein schlüssiges Bild ergibt – wenn überhaupt (offen, mysteriös).

Mit den Kategorien ‚transpsychologisch' und ‚psychologisch' wird insbesondere ein eventueller metafiktionaler Status (s. Kap. 13) von Figuren untersucht. Mit Pfister bezieht sich dieses Begriffspaar in erster Linie auf das Drama, hier wären transpsychologische Figuren solche, die aus der Handlung heraus und zum Publikum herantreten können, dem Publikum gegenüber dann das eigene Handeln mit allen Konsequenzen darlegen (vgl. ebd., S. 59). Heute ist diese Art von ‚Durchbrechen der vierten Wand' aus vielen Medien bekannt, beispielsweise aus der TV-Serie HOUSE OF CARDS oder aus Mo Willems Bilderbuch *We are in a Book!* (2010, dt. *Das Buch über uns* 2015).

**Textuelle Verfahren der Charakterisierung:** Die Figurencharakterisierung stellt mitunter die größte Herausforderung dar. Zum einen muss zwischen direkten und indirekten Verfahren des Textes unterschieden werden:

Unter die direkten Verfahren zählt man die Zuschreibungen durch den Erzähler, andere Figuren oder auch eine eventuelle Selbstbeschreibung der zu analysierenden Figur. Von welcher Instanz die direkte Charakterisierung auch vorgenommen wird, immer gilt es die Verlässlichkeit des Gesagten kritisch zu hinterfragen. Die mangelnde oder nur unzureichende Verlässlichkeit dieser direkten Aussagen kann aber für die weitere Charakterisierung fruchtbar gemacht werden. Wie Bachorz es beschreibt: „Jede explizite Fremdcharakterisierung ist stets auch eine implizite Selbstcharakterisierung, denn sowohl für reale Personen als auch für literarische Figuren gilt, dass wenig so charakteristisch ist wie ihre Haltung zu den Menschen ihrer Umgebung." (2004, S. 60).

Zu den indirekten Verfahren der Figurencharakterisierung werden die Handlungen der Figuren, die Arten und Weisen des Sprechens (bspw. auch Dialekte), das äußere Erscheinungsbild und die Räume, in denen sie auftreten, gezählt. Mitunter dienen auch die Namen zur indirekten Figurencharakterisierung.

Bei der Figurenanalyse gilt es also zunächst zu entscheiden, welche der vorgestellten Methoden für den jeweiligen Text gewinnbringend ist. Das kann nur auf Grundlage des Texts entschieden werden. So erweist sich z. B. für die Analyse des Bilderbuchs *Der Tod auf dem Apfelbaum* das Handlungsmodell nicht als zielführend, da sich der zentrale Konflikt nur zwischen zwei Figuren abspielt. In den meisten Fällen wird sich zeigen: Die Figurenanalyse wird dann die interessantesten Ergebnisse erzielen, wenn verschiedene methodische Zugänge miteinander kombiniert, eventuell sogar noch um weitere Betrachtungsdimensionen ergänzt werden.

**Definitionen**

- **Handlungsmodell**: Mit dem Handlungsmodell werden Figuren entlang ihrer Funktionen für den Handlungsfortgang typisiert. Das Handlungsmodell „stellt gerade nicht die individualisierenden und realitätsimitierenden bzw. -entlehnten Qualitäten der Figur in den Mittelpunkt,

sondern ihre rollengebundene Funktion" (Nieragden 2013, S. 213). Es können so insbesondere Konflikte aufgedeckt werden, die nicht auf den ersten Blick ersichtlich sind.
- **Figurenkonstellation:** Unter Figurenkonstellation versteht man, „das System der Figuren eines Textes und ihrer Beziehungen" (Eder 2010, S. 239). Bei der Analyse der Figurenkonstellation beschäftigt man sich also zentral mit den Positionierungen der Figuren mit- und zueinander.
- **Figurenkonzeption:** „Die Figurenkonzeption als spezifische Konkretisierung eines Menschenbildes bewegt sich seit der Antike zwischen Abstraktion und Individualisierung" (Platz-Waury 2007, S. 588). Auf Ebene der Figurenkonzeption wird dementsprechend vor allen Dingen die Mehrdimensionalität von Figuren untersucht, daran anknüpfend auch ihre eventuelle Wandelbarkeit.
- **Figurencharakterisierung:** Auf der Analyseebene der Figurencharakterisierung wird versucht, die im Text angelegten konkreten Eigenschaften der Figuren zu beschreiben. Dabei wird grundsätzlich zwischen direkten/expliziten und indirekten/impliziten Verfahren unterschieden, Figuren zu charakterisieren (vgl. Jannidis 2011, S. 91).

### 12.1.2 Figurenanalyse und Bilderbuch

Die Figurenanalyse in Bild-Schrifttext-Erzählungen nimmt in den zentralen Forschungstexten zu diesen noch einen eher geringen Teil ein. So beschreibt auch Jens Meinrenken für den Comic, dass Bedeutung, Potenzial und vielfältige Funktionen von Figuren im Comic in der Forschungsdiskussion noch erstaunlich wenig Beachtung finden (vgl. 2010, S. 230). Die einschlägige deutschsprachige Forschungsliteratur zum Bilderbuch schlägt vor, die oben vorgestellten Analysemodelle zur Analyse von Figuren im Erzähltext auch auf das Bilderbuch zu übertragen (vgl. Kurwinkel 2020, S. 102; s. Abschn. 1.1.3). Gerade für das erzählende Bilderbuch bieten die vorgestellten Methoden ganz sicher fruchtbare Zugänge. Dennoch sollte man sich, widmet man sich der Figurenanalyse in Bilderbüchern, die Eigenheiten dieses Mediums vor Augen führen.

Herausfordernd für die Analyse ist das Bilderbuch deshalb, weil es als multimodaler Text verschiedene Zeichensysteme miteinander verknüpft; in der gegenseitigen Beeinflussung verändern Bild und Schrifttext ihre Form und Funktion (vgl. Kap. 1). Dabei können wir nicht wissen, wie viele Informationen die Lesenden zur Wahrnehmung einer Figur den Bildern, wie viele dem Schrifttext und wie viele ihrer Kombination entnehmen und können deswegen nur umsichtig jenes Zusammenspiel beschreiben.

**Zeigen und Beschreiben:** Das Spezifische des Bilderbuchs, gerade mit Blick auf die dargestellten Figuren, ist, dass es, ganz wie Jens Eder es für den

Film beschreibt, ein Medium des „konkreten, anschaulichen und unmittelbarpräsentischen *Zeigens* [Herv. im Orig.]" (2014, S. 327) ist. Figuren werden in ihrer physischen Erscheinung (z. B. Mimik, Gestik, Körperlichkeit, Kleidung etc., s. Abschn. 1.1.3) nicht nur beschrieben, sondern auch gezeigt; häufig ersetzt das Zeigen hier sogar das Beschreiben. In diesem Kontext ist es dann wichtig, die von Staiger zusammengetragenen Analyseaspekte zur bildlichen Dimension (s. Abschn. 1.2.3) zu untersuchen; gewichtet nach dem, was der Untersuchungsgegenstand anbietet.

Beschreibung und bildliche Darstellung müssen nicht kongruent sein. Über den Schrifttext aber, und hier unterscheidet es sich von Eders Anschauungen zum Film, ist das Bilderbuch gleichzeitig ein Medium des „abstrakt-sprachlichen Beschreibens" (ebd.).

**Intermediale Analogien:** Die Analogien zwischen Bilderbuch und audiovisuellen Medien sind nicht von der Hand zu weisen und tauchen in der Forschung auch in sprachlichen Wendungen auf. So spricht Staiger beispielsweise mit Bezug auf die *page turns* von einer Vergleichbarkeit mit dem Vorhang im Theater (s. Abschn. 1.2.5) und auch Meinrenken konstatiert, Comics trügen „deutliche Züge des Theaters in sich" (2010, S. 235). Wir haben es bei der Figur im Bilderbuch gewissermaßen mit einer gedoppelten Konstruktion zu tun; mit einer Figur des Zeigens und Beschreibens. Die gezogene Analogie zu audiovisuellen Medien hilft auch, die Bedeutung des Raumes für die Figurenanalyse hervorzuheben. So erscheinen die Figuren in *Der Tod auf dem Apfelbaum* als wie auf einer Bühne platziert, der sie umgebende Raum kann zur Figurencharakterisierung dienen (s. Abschn. 12.2). Die Positionierung der Figuren auf der ‚Bühne' kann im Besonderen Rückschlüsse auf die Figurenkonstellation zulassen, auf die Dynamiken der Figuren zu- und untereinander. Ebenso kann die Positionierung eine Beziehung zwischen Figur und Lesenden fingieren, kann beispielsweise die Blickrichtung der Figur als zum Lesenden hin oder vom Lesenden weg lesbar sein. Die bildliche Darstellung von Figuren und Raum kann dabei gleich einer Theaterinszenierung als (eine mögliche) Interpretation des vom Schrifttext Erzählten verstanden werden.

**Raum und Materialität:** Für die Analyse des Raums und der Positionierung der Figuren in diesem Raum ist es wichtig, das Bilderbuch als Medium mit spezifischer Materialität ernst zu nehmen. So kann neben den paratextuellen Elementen gerade die Knickkante sinnkonstituierend sein, wie es Simon Messerli für das Bilderbuch *Die Menschen im Meer* aufzeigt (vgl. 2015, S. 10). Die Knickkante unterteilt bei einer Doppelseite den Raum oder ordnet, ganz ähnlich dem Schnitt beim Film, auch bei Einzelseiten die Bilder nebeneinander an. Sie kann Grenzen zwischen Figuren symbolisieren, die dann natürlich auch überschritten werden können.

> **Leitfragen zur Figurenanalyse im Bilderbuch**
> - Welcher Raum umgibt die Figur?
> - Wie werden die Figuren innerhalb dieses Raumes zueinander positioniert?
> - In welchem Verhältnis steht die Darstellung der Figur im Schrifttext zu ihrer Darstellung im Bild?
> - Inwiefern trägt die bildnerische Gestaltung der Figuren (Farbgebung, Zeichenstil, Mimik etc.) zu ihrer Charakterisierung bei?
> - Trägt auch das Material zur Figurenkonstellation, Konzeption und Charakterisierung bei?
> - Welche direkten und indirekten Verfahren zur Figurencharakterisierung lassen sich innerhalb der Analysedimensionen des Bilderbuchs beschreiben?
> - Zeigt die Figur sich als veränderlich und wenn ja, wie?
> - Legen Text und/oder Bild stets offen, warum die Figur handelt, wie sie handelt?
> - Lassen sich zwischen verschiedenen Figuren Analogien oder Kontraste ausmachen?

## 12.2 Modellanalyse: *Der Tod auf dem Apfelbaum* (Kathrin Schärer, 2015)

### 12.2.1 Die Figur des personifizierten Todes in Bilderbüchern der Gegenwart

Dieses Kapitel erläutert Möglichkeiten der Figurenanalyse exemplarisch an Darstellungen des personifizierten Todes. Dies liegt vor allen Dingen an der Vielzahl an Bilderbüchern, die in den letzten 15 bis 20 Jahren erschienen sind und genau diese Figur ausgestalten. Margarete Hopp verzeichnet für diese einen deutlichen Publikationsanstieg seit 2002 (vgl. Hopp 2015, S. 231).

**Topische Merkmale und Verfremdung:** Viele dieser spezifischen Bilderbücher eint, dass sie die personifizierten Todesfiguren nicht angsteinflößend oder erschreckend, sondern eher bedauernswert und freundlich darstellen. Darüber hinaus eint sie, dass die jeweiligen Tode in ihrer bildlichen Darstellung eine Kombination topischer Merkmale (bspw. Schwarze Kutte, Totenschädel, Sense) und verfremdender Elemente aufweisen.

**Der Tod als Begleiter:** Ein sehr bekanntes Beispiel findet sich in Wolf Erlbruchs *Ente, Tod und Tulpe* (2007). Der Tod ist hier der selbstverständliche, der freundliche, pragmatische Begleiter. Der topische Totenschädel wird kombiniert mit einem einfachen Kittelkleid. In Erwartung des Abschieds trägt der Tod, als Zeichen der Würdigung, eine Tulpe in Händen (s. Abb. 12.1).

**Der kleine Tod:** Auch Kitty Crowthers *Der Besuch vom Kleinen Tod* (dt. 2011) kennzeichnet den personifizierten Tod als freundliches Wesen. Der Kleine Tod, mit

**Abb. 12.1** Detail: Der Tod als Begleiter (Erlbruch 2007, S. 9)

**Abb. 12.2** Detail: Der kleine Tod (Crowther 2018, S. 21)

schwarzer Kutte und Sense versehen, ist physisch klein, kleiner als die meisten Menschen, die er abholt (s. Abb. 12.2). Der Schrifttext ruft Mitleid mit der Figur hervor, die erst dann nicht mehr einsam ist, als ein Kind zu seiner Begleiterin wird.

**Der lebensfrohe Tod:** Der Tod in *Die schlaue Mama Sambona* (2007) von Hermann Schulz und Tobias Krejtschi kann einem ebenso fast leidtun: Der List der Mama Sambona ist er nicht gewachsen, er kann sie am Ende nicht zu sich holen. Der Tod ist hier ein Bürokrat, ein grauer Herr, der sich nur über seine knöchernen Hände und Füße verrät (s. Abb. 12.3), der aber den Freuden des Lebens ergeben ist: „Und weil der Tod auch Humor hatte und für sein Leben gern tanzte, ließ er sich mitreißen." (Schulz/Krejtschi 2013, S. 24).

**Der verzweifelte Tod:** Zu guter Letzt sei ein Blick auf *Als der Tod zu uns kam* (2011) von Jürg Schubinger und Rotraut Susanne Berner geworfen. Der Tod ist hier ein Fremder, Unglücklicher, der in ein Dorf kommt, das den Tod nicht kennt, und der auf die verzweifelte Frage der Leute, „Wo ist sein Leben hingekommen?" (Schubiger/Berner 2016, S. 24), auch keine Antwort weiß. Wieder wird der topische Totenschädel kombiniert mit den Topos verfremdenden Elementen; die Sense beispielsweise wird ersetzt durch einen Regenschirm, der dem von seinem Dasein gebeugten Tod als Gehstock dient (s. Abb. 12.4).

**Abb. 12.3** Detail: Der lebensfrohe Tod (Schulz/Krejtschi 2013, S. 25)

**Abb. 12.4** Detail: Der verzweifelte Tod (Schubiger/Berner 2016, S. 12)

Es ist also nicht nur ein Anstieg an Bilderbüchern zu verzeichnen, die die Figur des personifizierten Todes zeigen, auch lässt sich ein wiederkehrendes Muster erkennen. Der Schrifttext charakterisiert die Figur als freundlich, sogar liebens- und durchgehend bemitleidenswert. Die bildliche Darstellung greift auf Bildkonventionen zurück und kombiniert diese aber mit Elementen, die der Figur ihre Bedrohlichkeit nehmen.

Das im Anschluss analysierte Bilderbuch *Der Tod auf dem Apfelbaum* sticht durch eine Abwandlung dieses Musters aus den Publikationen hervor.

### 12.2.2 Im Widerstreit mit dem freundlichen Tod?

**Kurzbeschreibung des Bilderbuchs:** Auch Kathrin Schärers *Der Tod auf dem Apfelbaum* (2015) stellt Leser/innen einen freundlichen, mitfühlenden Tod vor. Der Fuchs und die Füchsin sind alt geworden, die anderen Tiere rauben ihnen die Äpfel vom Baum. So lange, bis dem Fuchs eines Tages ein Zauberwiesel in die Falle geht. Für seine Freiheit erfüllt das Wiesel dem Fuchs seinen Wunsch und verzaubert den Apfelbaum, sodass fortan alle Tiere daran kleben bleiben, die sich den Äpfeln nähern. Als der Tod kommt, um den Fuchs zu holen, macht der sich erneut den Zauber zu Nutze: Er bittet den Tod, ihm einen letzten Apfel zu holen, und hält ihn dadurch auf dem Baum fest. Die Jahre vergehen, die Füchsin stirbt und der Fuchs wird immer einsamer und einsamer. So lange, bis er sich entscheidet, den Tod vom Baum zu befreien, ihn zu umarmen und mit ihm fortzugehen.

## 12.2 Modellanalyse: *Der Tod auf dem Apfelbaum* (Kathrin Schärer, 2015)

**Abb. 12.5** Cover: *Der Tod auf dem Apfelbaum* (Schärer 2015)

Schärers Bilderbuch stellt sich über die anthropomorphisierten Tierfiguren und den demonstrativen, lehrreichen Charakter der Erzählung in die Tradition der Fabel (vgl. Grubmüller 1997, S. 555).

**Fuchs und Tod im Widerstreit:** Schärer knüpft in *Der Tod auf dem Apfelbaum* an topische Figurenzeichnungen und über die Gattung Fabel tradierte Gattungsmuster an. So ist der listige Fuchs als Figur hinlänglich bekannt – auch der entindividualisierte Name „Fuchs" in Schärers Text lässt zunächst eine so stereotype Zeichnung vermuten. Bevor die Figur des personifizierten Todes näher betrachtet wird, soll ein Blick auf die Gestaltung der Figur des Fuchses geworfen werden, die für die Analyse der Figurenkonstellation sowie die Analyse der Figur Tod zentral ist.

**Vom schlauen, aber harmlosen Fuchs:** Von Beginn an zeichnet die heterodiegetische Erzählinstanz das Bild einer harmlosen, eher mitleiderweckenden Figur: „Der Fuchs und die Füchsin sind alt. Kaum ein Tier fürchtet sich mehr vor ihnen" (Schärer 2015, S. 8). Diese direkte Figurencharakterisierung wird vom den Text dominierenden Bild unterstützt. Unerreichbar und vom Ärger des Fuchses völlig unberührt sind hier Äpfel wie Amseln; aus der Vogelperspektive blicken Leser/innen auf den alten, ausgezehrten, klein erscheinenden Fuchs herab (vgl. S. 8 f.). In den beiden zitierten Sätzen steckt darüber hinaus der erste Hinweis darauf, dass es sich beim Fuchs, wenn nicht direkt um eine dynamische, so doch auf jeden Fall um eine der Veränderung unterworfene Figur handelt. Schlau aber sind die Füchse noch immer (vgl. S. 12). Der Umgang mit dem Zauberwiesel kennzeichnet den Fuchs über seine Handlungen indirekt als freundliche und verlässliche Figur. So befreit er das Wiesel „vorsichtig" (S. 13) aus seiner Falle und lässt es schließlich, wie versprochen, frei (vgl. S. 14). Auch alle Tiere, die nach dem Zauber des Wiesels auf dem Apfelbaum kleben bleiben, befreit der Fuchs schließlich wieder (vgl. S. 17). Noch bevor Tod und Fuchs einander zum ersten Mal begegnen, wird der Fuchs auf Ebene der Figurenkonzeption als mehrdimensionale und eher dynamische Figur, auf Ebene der Figurencharakterisierung als harmlos, bedauernswert, freundlich und verlässlich eingeführt. Die Füchsin ist wegen ihrer spärlichen Auftritte eher als Randfigur zu bezeichnen, deren Funktion, das wird im Folgenden gezeigt, über die allmähliche Änderung des Fuchses voll ausgeschöpft wird.

**Die Knickkante als Grenze zwischen Leben und Tod:** Ab dem Zeitpunkt, an dem die Figur des Todes ins Leben des Fuchses tritt, ist der im Bilderbuch dargestellte Raum gleich einem Bühnenbild (bis auf wenige Ausnahmen) fixiert. Die Begegnung zwischen Tod und Fuchs wird um den Baum herum organisiert. Der Tod wird in Gestalt eines Fuchses gezeigt, das ist unzweifelhaft, allerdings trägt er über seinem Fell eine Art ‚Fuchsanzug', ein Fuchskostüm, wie Menschen es vielleicht zur Kostümierung tragen würden. So wird die Vermenschlichung der Figur, die der Figur des Fuchses in Größe und Statur ansonsten gleicht, durch die Kostümierung betont; gleichzeitig wird sie dem Fuchs so verfremdet. In dieser Bekleidung des personifizierten Todes liegt auch – im Sinne einer über den Intertext organisierten Figurenkonstruktion – eine Referenz auf Maurice Sendaks *Where the Wild Things Are* (s. Abb. 12.6).

Dass *Der Tod auf dem Apfelbaum* mit Sendaks Bilderbuch auch die Idee teilt, innerpsychologische Konflikte der Hauptfigur durch andere Figuren darzustellen, wird im Laufe der Analyse noch gezeigt.

Die erste bildliche Darstellung des Todes in *Der Tod auf dem Apfelbaum* zeigt ihn darüber hinaus dem Fuchs gegenübergestellt aufrechtstehend. Sein Wesen ist nicht eigentlich materiell, die Wiese, auf der er steht, scheint durch seine Hinterpfoten durch (s. Abb. 12.7).

Schärer knüpft in der Darstellung des personifizierten Todes durchaus an topische Darstellungen an. Gleichzeitig spielt sie mit diesen konventionellen Vorstellungen. Der Tod in Menschengestalt wird hier, der Logik der Fabel folgend, zum Tod in Fuchsgestalt, und die schwarze Kutte wird in ein helles, durchscheinendes Fuchskostüm eingetauscht.

**Abb. 12.6** Detail: Max in seinem Kostüm (Sendak 1967, S. 17)

## 12.2 Modellanalyse: *Der Tod auf dem Apfelbaum* (Kathrin Schärer, 2015)

**Abb. 12.7** Doppelseite: Die erste Begegnung (Schärer 2015, S. 18–19)

Der Raum bzw. die Bühne, auf die diese beiden Figuren platziert sind, ist strukturiert zum einen durch den Baum, der sie voneinander trennt; zum anderen aber durch die Knickkante, die als Grenze zwischen Tod und Fuchs fungiert und die eine Figur auf der linken, die andere auf der rechten Seite der Doppelseite platziert (vgl. S. 18 f.). Die zentrale Bedeutung dieser Grenze wird noch dadurch betont, dass die Schnauzen der beiden Tierfiguren wie Pfeile auf diese zeigen. Dieses Prinzip der Trennung der Figuren durch die Knickkante wird bis zur Auflösung konsequent durchgehalten (vgl. S. 24 f., 28 f.). Fuchs und Füchsin hingegen sind immer auf derselben Seite und miteinander dargestellt (vgl. S. 10, 23 f.). Die Knickkante, vielmehr als der Baum, ist hier also die Grenze, die den Tod vom Leben trennt. Die materielle Dimension des Bilderbuchs wird damit, wie Simon Messerli es beschreibt, sinnkonstituierend und, wie sich später zeigen wird, zum Handlungselement.

**Zwei Seiten derselben Figur:** Bleibt man zunächst rein bei der bildlichen Dimension, so scheinen wir es hier beim Tod mit einer seltsamen, dem Irdischen nicht eigentlich zugehörigen Figur zu tun zu haben, deren bildliche Darstellung aber nicht bedrohlich ist, eher freundlich wirkt. Die konsequente Trennung der beiden Hauptfiguren durch die Knickkante legt zunächst nahe, die beiden in Analogie zu Leben und Tod als Kontrastpaar zu begreifen.

Der Schrifttext markiert den Tod bei seinem ersten Auftritt als zum Fuchs gehörig und kongruiert in der Charakterisierung der Figur mit dem Bild: „Eines Tages steht sein Tod unter dem Apfelbaum. Der Fuchs erschrickt. ‚Nein, noch nicht! Lass mich noch ein wenig weiter leben!' Doch der Tod schüttelt bedauernd den Kopf." (S. 18) Auch die Reaktion des Todes auf die List des Fuchses charakterisiert ihn als freundlich und nachsichtig. Er steigt auf den Baum und pflückt dem Fuchs den Apfel, dass er dabei „seufzt" (ebd.) ist ein erster Hinweis darauf, dass er die List des Fuchses zum einen durchschaut und sie zum anderen als für den Ausgang ihrer Begegnung unerheblich begreift. Das Seufzen lässt sich so als indirektes Zeichen des Mitgefühls decodieren, das über das bedauernde Kopfschütteln vorher auch direkt verbalisiert wurde.

Das Bilderbuch etabliert im Folgenden die Positionierung von Fuchs und Tod zueinander. Dabei lässt die bildliche Darstellung über die Trennung durch die Knickkante weiter auf eine Konstellation als Kontrastpaar schließen, auch die Freude des Fuchses darüber, dass seine List funktioniert hat, kennzeichnet ihn als Gegner des Todes: „,Überlistet! Ich hab gewonnen! Du kannst erst wieder runter, wenn ich den Zauber breche. Das tu ich aber nie und nimmer! Jetzt lebe ich auf immer und ewig! Nie und nimmer! Immer und ewig!', trällert der Fuchs vergnügt." (S. 21) Die indirekte Charakterisierung des personifizierten Todes aber verdeutlicht, dass die Figurenanalyse die Kombination verschiedener Analysemodi verlangt und Autor/innen mit etablierten Konstellationen wie eben Kontrastpaaren auch spielen können. Der Tod nämlich zeichnet sich gerade dadurch aus, dass er sich dieser Kontrastierung entzieht, sich mit dem Fuchs nachsichtig zeigt und sich bezüglich des Ausgangs ihrer Begegnung weiterhin sicher ist: „Der Tod lächelt und wartet." (ebd.) Über Bild und Schrifttext wird also eine Opposition angedeutet, die bei näherer Betrachtung der Figur Tod aber nicht eindeutig festgestellt werden kann. Diese Ambivalenz kann man auch im Zusammenhang mit der bildlichen Darstellung der Figur lesen. Diese wird explizit als zum Fuchs gehörig („sein Tod") ausgewiesen, von diesem aber als etwas Fremdes wahrgenommen, gegen das es sich zu wehren gilt; der Tod ist ein Fuchs, der diesem aber durch seine Kleidung entfremdet wird. Vielleicht, so könnte man mutmaßen, da es sich ja um „seinen" Tod handelt, spiegelt die bildliche Darstellung also die Wahrnehmung des Fuchses.

**Figurenkonzeption:** Die Zeit, die vergeht und während der der Tod auf dem Apfelbaum gefangen ist, wird über diesen mit den Jahreszeiten veränderlichen Baum angezeigt (vgl. S. 25). Dieses Festsitzen auf dem Baum unterstreicht die Figurenkonzeption des Todes als statisch; sein Verhalten ändert sich nicht, er „wartet" (S. 22) und „lächelt" (S. 24). Der Tod ist eben unveränderbar, so sehr der Fuchs sich auch darum bemüht.

Die dynamische Figur in Schärers Text ist der Fuchs. Indem sich seine Umgebung verändert – die Füchsin stirbt, alle Freunde sterben, der Fuchs wird immer älter und einsamer – ändert die Figur sich schließlich auch selbst, hin zu der Bereitschaft, ihren Tod anzunehmen. Die letzte Doppelseite des Haupttextes *zeigt* uns dies über Bild und Material. Der Tod ist vom Apfelbaum befreit, Fuchs und Tod umarmen einander und sind auf derselben Seite, rechts der Knickkante, platziert (vgl. S. 33). Der Übertritt der als Grenze zwischen Tod und Leben fungierenden Knickkante unterstreicht also das dynamische Element der Figur Fuchs, und wird außerdem zum zentralen Element der Handlung, denn der Stillstand von Fuchs und Tod – nur das Umfeld und die Umgebung verändern sich – wird erst mit diesem Übertritt aufgelöst. Als jenseits irdischer Kategorien stehender Figur ist dem Tod jedoch die Existenz auf beiden Seiten der Grenze möglich, so ragt seine Schnauze links über die Knickkante hinaus.

## 12.2 Modellanalyse: *Der Tod auf dem Apfelbaum* (Kathrin Schärer, 2015)

Als Figur einer Anderswelt wird der Tod hier auch direkt über die Erzählinstanz *beschrieben:* „Für den Tod ist keine Zeit verstrichen, für ihn gibt es weder Zeit noch Raum." (S. 32) Seine Umarmung bedeutet für den alten Fuchs Erleichterung (vgl. ebd.). Spätestens jetzt ist ersichtlich, dass eine umfassende Beschreibung der Figurenkonstellation als Kontrastpaar im Widerspruch zu ihrer Dynamik steht. Wohl aber wird durch die (auch räumliche/materielle) Gegenüberstellung der beiden Figuren Dynamik auf der einen, Statik auf der anderen Seite als Kontrast etabliert.

Wenn man mit Staiger auch die paratextuelle Dimension zur Analyse der Figur des personifizierten Todes heranzieht, wird eine Deutung der beiden Figuren als Oppositionsfiguren zueinander verunmöglicht. Die Umschlagseite 4 (S. 36) zeigt die Vorderseite des Todes und die Rückseite des Fuchses. Die beiden sind also zwei Seiten ein und derselben Figur; indem sie einander an der Hand halten und der Körper des Fuchses durch den durchsichtigen Körper des Todes hindurchscheint, wird ihre physische Zusammengehörigkeit im Bild in Szene gesetzt. Der Klappentext verrät, dass Schärers Bilderbuch davon handelt, „dass der Tod zum Leben gehört" (ebd.). So scheint es letztlich, dass zur Figurenanalyse des personifizierten Todes in *Der Tod auf dem Apfelbaum* zwangsläufig die Analyse der Figur des Fuchses dazugehört, weil sie ein und dieselbe Figur zu sein scheinen. Das, was als kontrastierend dargestellt wird, kann damit gelesen werden als Psychologisierung einer Figur, die im Widerstreit mit sich selbst liegt, die das Ende des Lebens zu akzeptieren lernen muss. Die Figur im Bilderbuch als gedoppelte Konstruktion, als Figur des Zeigens und Beschreibens, wird in Schärers Text also erneut gedoppelt und uns über die Knickkante als zwei Seiten einer Geschichte präsentiert.

**Bildliche Gestaltung:** Schärers Bilderbuch, so viel sollte ersichtlich geworden sein, legt eine analytische Fokussierung insbesondere der materiellen Dimension der Bilderbuchanalyse nahe. Hinsichtlich der Beziehung der Figuren Fuchs und Tod, der die Idee einer Harmonisierung von Leben und Tod zugrunde liegt, ist aber auch die bildliche Gestaltung interessant. *Der Tod auf dem Apfelbaum* zeigt weder farbliche Kontraste noch scharfe Linien. Der bildnerische Stil mit seinen harmonischen Farbgebungen unterstreicht die Idee von Akzeptanz und auch einmal mehr die Idee, dass Leben und Tod nicht eigentlich ein Kontrastpaar sind. Die Darstellung des Todes ist im Vergleich mit der des Fuchses eine Darstellung verblassten Lebens; die Figur ist nicht nur deutlich heller, sondern sogar transparent gestaltet. Darüber hinaus erfolgt die Charakterisierung der Figuren nicht eigentlich über die Ebene des Zeigens, von der Altersmarkierung des Fuchses einmal abgesehen, die aber auch auf der Ebene des Beschreibens vorgenommen wird. Die unveränderliche, ruhige Mimik des Todes aber verdeutlicht einmal mehr das Statische dieser freundlichen Figur.

### 12.2.3 Der Tod und das Leben

Die für die folgende Detailanalyse herangezogene Doppelseite ist für den Fortgang der Handlung zentral und verdeutlicht überdies wichtige Konzeptionen und Funktionen des Figurenarsenals. Der Tod der Füchsin raubt dem Fuchs die Freude am Leben wie auch die Freude an seinem (vermeintlichen) Sieg über den Tod (vgl. S. 24). Auf Ebene der Figurenkonzeption eröffnet der Schrifttext hier den Blick auf den Fuchs als dynamische Figur, deren Perspektive sich mit geänderten Umständen auch ändern kann. Ebenso wird er als mehrdimensionale Figur vorgestellt, die mehr umtreibt als der Wunsch nach dem ewigen Leben und die das Zusammenspiel von Tod und Leben auch hinterfragen kann: „‚Tod, was hast du getan?! Wie kann es sein, dass meine Füchsin stirbt? Du sitzt doch hier fest?'" (ebd.) Die Füchsin als Randfigur hat damit ihre Funktion für den Fortgang der Handlung und die Entwicklung der Figur Fuchs erfüllt, da ihr Tod den Fuchs erstmals zu einem Umdenken zwingt. Die direkte Figurencharakterisierung des Fuchses über den Erzähler hat zuvor seine enge Bindung an die Füchsin etabliert; „alle Sorglosigkeit [ist] verschwunden", der Fuchs fühlt sich „einsam und verlassen" (ebd.).

In seiner Entgegnung charakterisiert der Tod sich selbst direkt als Wesen, das jenseits irdischer Gesetzmäßigkeiten steht: „‚Du hast nur deinen eigenen Tod gebannt. Ich kann gleichzeitig anderswo sein, in anderer Gestalt.'" (ebd.) Hier spricht die Figur aus, was ihre bildliche Darstellung schon zuvor angedeutet hat: Sie ist nicht eigentlich materiell.

Zentral für die Charakterisierung des personifizierten Todes, v. a. auch für die Ebene der Figurenkonstellation, sind auch bei dieser Doppelseite wieder die bildliche Dimension sowie die Knickkante (s. Abb. 12.8). Die Knickkante trennt als Grenze Fuchs und Tod voneinander, deren Schnauzen sowie die überwiegend kahlen Äste des Baumes weisen in einer zeigenden Geste auf genau diese Grenze hin und betonen dadurch ihre Bedeutung. Der Baum, auf dem der Tod gefangen ist, verliert letzte Blätter. Diese sind die einzigen, die die Grenze

**Abb. 12.8** Doppelseite: Der zugewandte Tod (Schärer 2015, S. 24–25)

zwischen Fuchs und Tod, zwischen Leben und Tod also, passieren. In einer fast topischen Metaphorik werden hier also die Jahreszeiten als Bild für den Kreislauf des Lebens miteinbezogen.

**Indirekte Charakterisierung:** Der Tod nun wird über seine Positionierung indirekt charakterisiert. Er nähert sich dem Fuchs so weit, wie der Zauber des Wiesels es ihm erlaubt, zeigt sich diesem liebevoll zugewandt und scheint über diese Nähe auch Mitgefühl auszudrücken. In direkter Selbstcharakterisierung verunmöglicht der Tod eine Beschreibung der Figurenkonstellation als Kontrastpaar: „Das Leben braucht mich."' (ebd.) Die Identifizierung des Todes als an seinem Unglück Schuldigen und auch die Knickkante als Grenze scheinen also eher die Perspektive des Fuchses zu spiegeln, für den diese Trennung eine notwendige ist, solange er das Ende des Lebens noch nicht akzeptieren kann. Dass über die Positionierung des Todes seine liebevoll-mitfühlende Haltung zum Fuchs ausgedrückt wird, wird dann besonders deutlich, wenn man vergleichend die vorangegangene Doppelseite zur Analyse hinzuzieht. Der Baum hängt voller Äpfel (vgl. S. 22), Fuchs und Füchsin sind noch innig vereint (vgl. S. 23) und der Tod ist von den beiden abgewandt, schaut in die andere Richtung, als wolle er sie noch in Ruhe ihr Leben genießen lassen (vgl. S. 22).

## 12.3  Fazit

Neben Handlung, Raum und Zeit erfüllt die Figur in allen Formen der Narration eine zentrale, sinnstiftende Funktion. Dabei bedingt die Medialität der Erzählung auch die Darstellungsmöglichkeiten figuraler Textelemente. Während im schriftlichen Erzähltext der Schwerpunkt auf den Modus des Beschreibens gelegt ist, bietet die bildliche Ebene in Drama, Film und Bilderbuch jeweils spezifische Möglichkeiten, Figuren mimetisch darzustellen. Im Gegensatz zu Film und Drama setzt das Bilderbuch statische Bilder ein. Gerade das Material des Bilderbuchs verdient dabei Berücksichtigung, macht es das Bilderbuch doch zu etwas grundsätzlich Anderem als den Erzähltext oder auch audiovisuelle Medien. Diese Besonderheiten des Mediums Bilderbuch machen es erforderlich, die umrissenen Methoden zur Figurenanalyse mit den von Staiger beschriebenen Dimensionen zur Bilderbuchanalyse (s. Kap. 1) zu koppeln. Das bedeutet aber nicht, dass sich Elemente wie die Knickkante bei jedem Bilderbuch als so sinnkonstituierend zeigen wie in *Der Tod auf dem Apfelbaum*. Vielmehr muss auf Basis jedes Gegenstandes entschieden werden, welche Analysedimensionen und methodischen Ansätze sich als bedeutsam für die Figurendarstellung erweisen. So können bei zahlreicherem Personal Handlungsmodell und Figurenkonstellation eine höhere Relevanz erlangen, in der Auseinandersetzung mit bestimmten Genres und Gattungen (z. B. Märchenbilderbücher) bietet sich die Betrachtung genretypischer Figurenkonzeptionen an. Eine vernetzte Betrachtung der Dimensionen hingegen ist ungeachtet möglicher methodischer Schwerpunktsetzungen immer erforderlich. Die hier erläuterten Ansätze bieten in Kombination mit den Dimensionen des Bilderbuchs ein vielfältiges Instrumentarium zur Analyse der komplexen Darstellungsformen literarischer Figuren im Bilderbuch. Das Bilderbuch als Medium des Zeigens und Beschreibens gibt Anlass, die wissenschaftliche Diskussion um die Figurenanalyse weiterzuführen.

## Literatur

## Primärliteratur

Crowther, Kitty: *Der Besuch vom kleinen Tod*. Hamburg ⁴2018 (franz. 2004).
Erlbruch, Wolf: *Ente, Tod und Tulpe*. München 2007.
Schärer, Kathrin: *Der Tod auf dem Apfelbaum*. Zürich 2015.
Schubiger, Jürg/Berner, Rotraut S.: *Als der Tod zu uns kam*. Wuppertal ²2016 (EA 2011).
Schulz, Hermann/Krejtschi, Tobias: *Die schlaue Mama Sambona*. Wuppertal ⁵2013 (EA 2007).
Sendak, Maurice: *Wo die Wilden Kerle wohnen*. Zürich 1967 (engl. 1963).

## Sekundärliteratur

Bachorz, Stefanie: „Zur Analyse der Figuren". In: Peter Wenzel (Hg.): *Einführung in die Erzähltextanalyse. Kategorien, Modelle, Probleme*. Trier 2004, 51–67.
Eder, Jens: „Figurenkonstellation" In: Günther Schweikle/Irmgard Schweikle/Dieter Burdorf/Christoph Fasbender/Burhard Moenninghoff (Hg.): *Metzler Lexikon Literatur: Begriffe und Definitionen*. Stuttgart ³2010, 239.
Eder, Jens: *Die Figur im Film. Grundlagen der Figurenanalyse*. Marburg ²2014.
Grubmüller, Klaus: „Fabel". In: Klaus Weimar/Harald Fricke/Klaus Grubmüller/Jan-Dirk Müller (Hg.): *Reallexikon der deutschen Literaturwissenschaft*. Band I A–G. Berlin 1997, 555–558.
Hopp, Margarete: *Sterben, Tod und Trauer im Bilderbuch seit 1945*. Frankfurt a. M. 2015.
Jannidis, Fotis: *Figur und Person. Beitrag zu einer historischen Narratologie*. Berlin 2004.
Jannidis, Fotis: „Figur" In: Gerhard Lauer/Christine Ruhrberg (Hg.): *Lexikon Literaturwissenschaft. Hundert Grundbegriffe*. Stuttgart 2011, 90–93.
Klotz, Volker: „Abenteuer-Romane". In: Zdenko Škreb/Uwe Baur (Hg.): *Erzählgattungen der Trivialliteratur*. Innsbruck 1984, 113–123.
Kurwinkel, Tobias: *Bilderbuchanalyse. Narrativik – Ästhetik – Didaktik*. Tübingen ²2020.
Meinrenken, Jens: „Figurenkonzepte im Comic". In: Rainer Leschke/Henriette Heidbrink (Hg.): *Formen der Figur. Figurenkonzepte in Künsten und Medien*. Konstanz 2010, 229–246.
Messerli, Simon: „Die Knickkante im Bilderbuch *Die Menschen im Meer* als dialektisches Material." In: Christine Lötscher/Ingrid Tomkowiak (Hg.): *Stofflichkeiten. Aspekte der Materialität in populären Literaturen und Medien*. Zürich 2015, 9–19.
Nieragden, Gören: „Literarische Figurendarstellung". In: Ansgar Nünning (Hg.): *Metzler Lexikon der Literatur- und Kulturtheorie*. Stuttgart ⁵2013, 213–214.
Platz-Waury, Elke: „Figur". In: Klaus Weimar/Harald Fricke/Klaus Grubmüller/Jan-Dirk Müller (Hg.): *Reallexikon der deutschen Literaturwissenschaft*. Band I: A–G. Berlin 1997, 587–589.

# Teil IV
# Modellanalysen: Referenzen und Wechselbeziehungen

# Metafiktionalität im Bilderbuch

**13**

Antje Arnold

## Inhaltsverzeichnis

| | | |
|---|---|---|
| 13.1 | Theoretische Grundlagen | 239 |
| | 13.1.1 Begriffliche Grundlagen | 239 |
| | 13.1.2 Metafiktionalität in Text-Bild-Kombinationen | 243 |
| | 13.1.3 Der Analyse-Gegenstand des metafiktionalen Bilderbuchs | 244 |
| | 13.1.4 Beispiele für metafiktionale Bilderbücher | 246 |
| 13.2 | Modellanalyse: *Der Wolf, der aus dem Buch fiel* (Thierry Robberecht/Grégoire Mabire, 2015) | 249 |
| | 13.2.1 Eine metafiktionale Märchen-Parodie | 249 |
| | 13.2.2 Narratologische und bildsemiotische Metafiktionalität | 250 |
| 13.3 | Fazit | 254 |
| Literatur | | 255 |

## 13.1 Theoretische Grundlagen

### 13.1.1 Begriffliche Grundlagen

Metareferenzen, auch Metaisierungsverfahren genannt, sind ein solch integraler Bestandteil von Kunst in inzwischen sämtlichen, nicht nur komischen, Medien, dass sogar ein ‚metareferentieller Turn' ausgerufen wurde (Wolf 2009, S. 12–17). Von einer logisch höheren Ebene aus (,meta'), wird über das Referenzobjekt (Text, Film, Medien, Kunst) kommuniziert. Aus einer Fülle an Metaisierungstendenzen konzentriert sich das folgende Kapitel auf Metafiktionalität als Dachbegriff für fiktionale Medien, die ihre Fiktivität selbstreflexiv zur Schau stellen. Deren

---

A. Arnold (✉)
Institut für deutsche Sprache und Literatur II, Universität zu Köln, Köln, Deutschland
E-Mail: a.arnold@uni-koeln.de

© Springer-Verlag GmbH Deutschland, ein Teil von Springer Nature 2022
B. Dammers et al. (Hg.), *Das Bilderbuch,*
https://doi.org/10.1007/978-3-476-05824-9_13

Stellenwert lässt sich beschreiben "as a reaction to a binary opposition which seems to have become particularly unstable in our culture […]: the opposition of reality vs. fiction." (ebd., S. 36). Besonders facettenreich, so die These, erkundet das Bilderbuch metafiktionale Tendenzen.

**Selbstreferenzialität:** Literatur ist nie nur Inhalt, es geht nie bloß um die Handlung. Literatur sagt immer auch etwas über sich selbst aus. Indem sie Aussagen über das Produzieren von Kunst und über die fiktive Welt und ihre Gemachtheit tätigt, sagt sie zugleich auch etwas über ihre Wirkungsbedingungen und somit über die Rolle der Leser/innen aus. Diese Selbstbezüglichkeit wird ‚Selbstreferenzialität' genannt. Sie kann besonders in den Vordergrund rücken, z. B. in postmodernen Texten, sie kann aber auch besonders gut versteckt werden, z. B. in Texten des Realismus.

**Metareflexivität:** Indem Literatur sich stets auf sich selbst bezieht, entsteht eine übergeordnete textologische Ebene, die es bei der Analyse zu bedenken gilt. Damit ist gemeint, dass bereits der zu analysierende Schrift- bzw. Bild-Text seine Textualität und Medialität reflektiert. In diesem Sinne spricht man auch von ‚Metareflexivität'. Damit steht auch fest, dass die jeweiligen Zeichenmodalitäten bedeutungsgenerierend und als grafische Elemente nie zufällig platziert sind. Dieses Phänomen der Metareflexivität geht quer durch die literarischen Gattungen und Medien, ist also transgenerisch und transmedial zu betrachten; für die literarische Wertung bedeutet dies, die längst obsolete Unterteilung in niedere und hohe Literatur aufzugeben. Dass sich so folglich die Komplexität eines literarischen Textes erhöht, hat etwas damit zu tun, dass es auch ungeachtet dessen mehrere Ebenen der Beobachtung gibt, die sich narratologisch aufschlüsseln lassen, z. B. indem ein binnenfiktionales Geschehen von einer übergeordneten Erzählinstanz gerahmt wird, was wiederum von den Leser/innen ‚beobachtet' wird, ohne dass der Prozess explizit metafiktional genannt werden müsste. Diese selbstreferenzielle Eigenschaft der Literatur fordert dazu auf, sich metakognitiv, aber zugleich anhand einer Geschichte anschaulich über eigene Denkgewohnheiten und Interpretationswege Gedanken zu machen (vgl. zur „kognitive[n] Flexibilität in der Realitäts-Fiktions-Verbindung" Groeben/Dutt 2011, S. 67).

**Fiktionssignale:** Wird die eigene Fiktionalität als eines der wichtigsten Merkmale von Literatur thematisiert, nennt man solche Texte/Bilder ‚metafiktional' (s. u. Definitionskasten), wenngleich nicht jeder literarische Text auch fiktional sein muss. Fiktionssignale, wie die Floskel ‚es war einmal', können so konventionalisiert sein, dass sie nicht auffallen, aber sie können auch als Regelverstöße gegen die narrative Logik ins Zentrum des Textverstehens rücken, beispielsweise, indem sie ausgelassen oder an die logisch falsche Stelle platziert werden. Daraus können paradoxe Grenzüberschreitungen innerhalb der Fiktion (‚Spiel im Spiel'), zwischen *histoire* und *discours* und womöglich der außerliterarischen Wirklichkeit resultieren (s. u. Metalepse im Definitionskasten).

**Der Fiktionsvertrag** (in der Begriffsprägung von Eco 1999): Der spielerische Aspekt ist zentral, denkt man an den sog. ‚Fiktionsvertrag', der die Eigenständigkeit des fiktionalen Textes garantieren soll, indem die Regeln der wirklichen Welt ausgesetzt werden und indem die Leser/innen akzeptieren, dass das fiktive Geschehen und seine Darstellung einer fiktiven Wahrheit entsprechen. Es handelt sich also um eine sozial und kulturell habitualisierte Haltung (‚Als-ob-Modus') gegenüber Literatur, die darauf beruht, die Regeln der fiktiven Welt für den Moment der Lektüre als gültig zu akzeptieren (nach Coleridge 1817, S. 2) und die empirische Überprüfung von möglichen Referenzen auf die außerliterarische Wirklichkeit nicht zum Ziel des Lesens zu erheben. Erst auf diese Weise werden ‚Grenzen' sichtbar, die explizit überschritten werden können. Einschränkend ist zu betonen, dass die subjektive Involvierung kein (Selbst-)Vergessen der Fiktions-Wirklichkeits-Grenze bedeutet (vgl. Vendrell Ferran 2014, S. 318). In genau dem Maße aber, wie den Leser/innen bewusst ist, dass auch die außerliterarische Wahrheit immer eine Frage der Perspektive ist, mithin einem sozialen Konstruktionsprozess unterliegt, weiß auch der metafiktionale Text um seine Künstlichkeit und stellt sie zur Schau (z. B. mittels Fiktionsironie). (Para-)Textuelle Fiktionssignale geben Hinweise für die, jederzeit aufkündbare, Einstellung zum Text (vgl. umfassend Bareis/Nordrum 2015). Dadurch werden eine Reihe von literarischen Konventionen in Frage gestellt, z. B. dass eine Erzählung eine lineare, kohärente (Sinn-)Einheit bilden müsse – man denke an das romantische Fragment. Im postklassischen Sinne werden literarische Großerzählungen somit abgelehnt. In den performativen Künsten ist dabei etwa an Verfremdungseffekte wie im Brecht'schen Theater zu denken.

**Illusion:** Andererseits sind es solche Konventionen, die den Leser/innen die Irritation ersparen, sich nicht im Text zurechtzufinden oder sich nicht erst auf die Fiktion einlassen zu können. Das Einlassen auf die Fiktion mittels Fantasie geschieht durch die Illusion, was nichts anderes als Vorstellungsbildung bedeutet. Im Begriff der Illusion verbirgt sich der Spielbegriff ‚illudere', der aber auch den der Täuschung, im Sinne einer Wahrnehmungstäuschung, beinhaltet. Diese zwei Seiten der Medaille erklären die sog. ‚Fiktionsironie'. Fragt man also nach dem Verhältnis von Illusionsbildung bzw. ihrer Akzeptanz durch den Fiktionsvertrag und Metafiktionalität, so lassen sich unterschiedliche Grade von sowohl illusionsstörenden als auch illusionsfördernden Wirkungen feststellen (vgl. etwa Hauthal 2007, S. 9). Dabei entscheidet nicht nur die Explizitheit einer metafiktionalen Äußerung über die Wirkung, sondern auch ihre Funktionsweise, die durchaus ambivalent sein kann. So kann beispielsweise der eigentlich illusionsstörende Fiktionsbruch, dass der Erzähler in seiner Geschichte aus der Rolle fällt, indem er sein eigenes Erzählen thematisiert, als besonders authentisch und nähesprachlich wahrgenommen werden und dadurch wiederum die Illusion fördern, zu beobachten etwa an der Mündlichkeitsfiktion in *Tschick:* „Ist das unklar, was ich da rede? Ja, ich versuchs später nochmal" (Herrndorf 2010, S. 8). Die Aufkündigung des Fiktionsvertrags aufgrund mangelnder Vorstellungsbildung symbolisiert August Kopischs Bilderbuch *Die Heinzelmännchen von Köln* (1836). Mit der Kerze, also im Lichte misstrauischer Vernunft, vertreibt die Schneiderin die als momentane Realität genossenen Heinzelmännchen, fiktive Figuren, die es nur gibt, wenn die Imagination sie zulässt und im Schutz der Nacht zum Leben erweckt. Die Illusion ist unwiederbringlich zerstört, weil die fiktive Welt der Heinzelmännchen der empirischen Überprüfung der immerhin auch fiktiven Kölnerin nicht standhalten kann, was die Kölner in ihre desolate Lage bringt, wieder selbst arbeiten zu müssen. Die Klage von der mangelhaften Illusionsbildung ist selbst ein Topos, der beispielsweise die Hauff'schen Märchen mit der berühmten Beschwerde des von den Menschen ausgeschlossenen Märchens bei Mutter Fantasie einleitet.

Es kann also festgehalten werden, dass metafiktionale Texte eine deutliche Tendenz zur Illusionsbrechung zeigen; sie können aber zugleich auch weitere Spielarten von Metareflexivität aufweisen, durch deren Kombination sich die Wirkung wieder zugunsten der Illusion verschieben kann. Besonders hervorzuheben ist die Erzeugung von Komik und Ironie an dieser Stelle. Das ist sicher einer der ausschlaggebenden Gründe dafür, weshalb postmoderne Texte oft metafiktional sind.

**Definitionen**

- **Metafiktionalität:** Darunter wird die graduell und strukturell je variable (Selbst-)Thematisierung eines Kunstwerks als fiktional (im Sinne von konstruiert, gemacht) verstanden. Solche potenzierenden Darstellungsverfahren sind bis Homer rückverfolgbar und können allgemein unter dem Oberbegriff ‚Metareferenz' eingegrenzt werden als "special, transmedial form of […] self-reference produced by signs or sign configurations which are (felt to be) located on a logically higher level, a 'metalevel', within an artefact or performance; this self-reference, which can extend from this artefact to the entire system of the media, forms or implies a statement about an object-level, namely on (aspects of) the medium/system referred to" (Wolf 2009, S. 31). Bedeutungsüberschneidungen mit Schlagwörtern der Selbstreflexivität/-referenzialität oder Rückbezüglichkeit haben forschungshistorische Gründe. Wie sich Metafiktionalität aber in Inhalt und Darstellung abbildet und wie ihre Verfahrensweisen funktionalisiert sind, ist äußerst vielfältig, kontext- und konventionsabhängig. Grundsätzlich lässt sich Metafiktionalität am ehesten als Spiel begreifen, das seit jeher für Literatur charakteristisch ist: ein Spiel um die Illusion einer nicht wirklichen Welt, das zwischen Bild/Schrift-Text und Leser/innen ausgetragen wird.
- **Metalepse:** Die narrative Metalepse in der strukturalistischen Prägung Genettes bezeichnet einen Ebenensprung d. h. "a deliberate transgression between the world of the telling and the world of the told" (Pier 2016), was als logikwidrig gelten darf: Dabei können die Erzählebenen ‚physisch' durchbrochen werden, z. B. wenn der Erzähler in seiner Geschichte auftaucht (ontologische M.), oder verbal, wenn der Erzähler das Verhalten der Figuren gegenüber den Leser/innen kommentiert (rhetorische M.) (vgl. aber zur Fülle an Termini und Definitionen Pier 2016). Diese paradoxe Grenzüberschreitung einer semiotischen Welt betrifft Figuren, die aus dem

## 13.1 Theoretische Grundlagen 243

> Fotorahmen oder der Leinwand in die als real repräsentierte Welt hinübertreten oder umgekehrt Figuren, die wie in Cornelia Funkes Tintenherz-Trilogie in Bücher ‚hineingelesen' werden. Räumliche Entgrenzung findet statt in Peter Weirs Film THE TRUMAN SHOW (1998), wenn sich die Welt als Fernseh-Studio entpuppt; zeitliche, wenn die Dimensionen im MARVEL CINEMATIC UNIVERSE durch Zeitreisen verknüpft werden.
> - *mise en abyme*: Sonderfall einer potenziell unendlichen impliziten Metalepse, wie z. B. das Buch im Buch (im Buch) in Michael Endes *Unendlicher Geschichte* (1979). Sie ist gekennzeichnet als „paradoxe Konstruktion, bei der Binnen- und Rahmenerzählung einander wechselseitig enthalten" (Martínez/Scheffel 2016, S. 219).

### 13.1.2 Metafiktionalität in Text-Bild-Kombinationen

Die Forschung zur Metafiktionalität in Text-Bild-Kombinationen bildet ein Desiderat, das sich im Grunde auf die Erforschung transmedialer Metafiktion insgesamt bezieht (vgl. zum Begriff der Repräsentation z. B. Thoss 2015, S. 15–18). Konsens ist allerdings, dass metafiktionale Texte zu zentralen Kennzeichen der postmodernen Gesellschaft geworden sind (vgl. Silva-Díaz 2018, S. 69).

**Multimodalität:** Es kann die These aufgestellt werden, dass metafiktionale Bild-Text-Kombinationen dabei eine herausragende Rolle einnehmen, denn das multimodale Spiel mit den Zeichen, ob komplementär, synchron oder konträr, kann verbal, visuell, haptisch und materiell durch das zuweilen buchstäbliche Aufbrechen der Lesekonventionen, beispielsweise durch Löcher im Buch, sinnlich besonders anschaulich gemacht werden (vgl. Pantaleo 2014, S. 15). Ein Beispiel für dieses nicht erst postmoderne Einbrechen der fiktiven Welt in die Wirklichkeit ist Øyvind Torseters *Das Loch* (2012), in dessen Buchmitte sich ein kleines kreisrundes – materiell ‚reales' – Loch befindet, das intradiegetisch in der fiktiven Welt schließlich entdeckt und im Labor untersucht wird, jedoch seine beunruhigende Präsenz nicht verliert. Ob die Fiktion somit Teil der außerliterarischen Realität wird, wie Silvá-Diaz (2018, S. 74) postuliert, ist diskutabel (vgl. ausführlich und medienübergreifend Bareis/Nordrum 2015).

Metafiktionale Bilderbücher der Gegenwartsliteratur gehören in vielfacher Weise zum Lektürekanon, wie David Wiesners *Die drei Schweine* (2001) (vgl. weiterführend Staiger 2016, S. 36 f.). Während die Feststellung zutrifft, dass postmoderne Bilderbücher so gut wie immer auch metafiktional sind, weil explizite Selbstreflexivität zur postmodernen Haltung gegenüber jedweder Wahrnehmung gelten kann, darf die Verbindung von Postmoderne und Metafiktionalität nicht den Blick in die Literaturgeschichte verschließen; zumal ‚postmodern' kein Epochenkennzeichen ist. Als Beispiel für einen hochgradig metafiktionalen Text darf Lewis Carrolls *Alice's Adventures in Wonderland* (*Alice im Wunderland*) (1865), illustriert von John Tenniel, gelten, zu dessen Beginn sich die von dröger Literatur gelangweilte Alice fragt, wozu Bücher ohne Bilder überhaupt gut sein sollen.

**Adressierung:** Metafiktionale Literatur gilt als anspruchsvoll; die Doppelcodierung metafiktionaler Bilderbücher liegt entsprechend auf der Hand bei solchen, die besonders medienreflexiv und -kritisch sind. Gerade wenn das Thema von Buch vs. Digitalisat humoristisch oder ironisch reflektiert wird, ist ein Vorwissen notwendig, über das Kinder in der Regel zwar handlungspraktisch, aber nicht fachterminologisch verfügen, wie in Lane Smiths *Das ist ein Buch* (2011): Der Begriff Wi-Fi-Anschluss ist ebenso unüblich, wie Twitter noch nicht die entscheidende Rolle spielen wird. Dessen ungeachtet funktioniert der Spannungsaufbau im Dialog zwischen Affe und Esel reibungslos, die Antwort „Nein, das ist ein Buch" bleibt stets gleich. Sonja Klimek postuliert in diesem Sinne unterschiedliche Funktionen der Metaisierung, denn für die symmedial geprägten jüngeren Leser/innen bedeuteten Metafiktionen einen integrativen Bestandteil von solcher Literatur, die „zum Nachdenken über sich selbst" und den „eigenen Status zwischen Schein und Sein anregen" würde (2009, S. 19), und Maria C. Silva-Díaz betont, dass die Forschung metafiktionale Bilderbücher mit kindlichen Adressaten überwiegend als „not as radical as that which uses postmodern fiction to attack humanist values" einordnet (2018, S. 71); der spielerische Aspekt dominiere bei jenen.

Gegenüber den Versuchen, postmoderne Mehrfachadressierung einzuhegen, indem Metafiktionalität funktionalisiert wird, soll hier vorgeschlagen werden, abseits normativer Setzungen einer anzunehmenden Rezipientenschaft die verschiedenen Funktionen und Wirkungsgrade von Metafiktionalität deskriptiv zu erfassen. Ein möglichst wenig wertender Ansatz hat den Vorteil, dass offenbleiben kann, ob es sich um dekonstruktive oder spielerische Darstellungsverfahren oder auch ihre Kombination handelt; das Interesse liegt darin, die vielfältigen metafiktionalen Verfahren typologisch zu beschreiben und einzuordnen (s. Abschn. 13.1.3).

### 13.1.3 Der Analyse-Gegenstand des metafiktionalen Bilderbuchs

Die Begründung dafür, dass sich Bilderbücher also insbesondere für avanciertes, experimentell metafiktionales Erzählen eignen, liegt in der Kombination von Text und Bild selbst: Es wird non-linear, nämlich diskontinuierlich auf zwei Zeichensysteme verteilt, erzählt, die aber quasi simultan zur Verfügung stehen (vgl. Silva-Díaz 2018, S. 70). Damit eignet sich das Bilderbuch per se besonders für das Thema der Metafiktionalität.

**Fiktionssignale:** Um Regelabweichungen allerdings verstehen und genießen zu können, müssen Kenntnisse über Codes und Konventionen von multimodalen Text-Ensembles existieren, die die Eigenständigkeit aller Modi eines Bilderbuchs und ihr medial unterschiedliches ‚Herstellen' von Fiktion ernst nehmen (vgl. weiterführend Packard 2016, insbesondere S. 139–143). Wie immer diskutiert aber auch hier die Forschung, ob es überhaupt eindeutige Zuweisungen wie Fiktionssignale geben kann. Dennoch: Fiktions- und Realitätssignale sind die ‚Eintrittskarten' für das semiotische Spiel, das sich besonders in den experimentellen intermodalen Bezügen entfaltet und weniger in der ‚nur' binären Differenz Realität vs. Fiktion, deren Grenze durch Metafiktion geradezu ständig infrage gestellt wird. Damit korrespondiert auch die Feststellung, dass metafiktionale Darstellungsverfahren inzwischen transmedial verfügbar und popularisiert worden sind (vgl. Thoss 2015).

Die größte Herausforderung jedoch, die sich für eine Analyse ergibt, ist der Facettenreichtum der Bezugnahmen. Als kleinster gemeinsamer Forschungskonsens gilt, dass metafiktionale Bilderbücher "fiction about fiction" sind und stets etwas über sich selbst aussagen ("fiction that includes within itself a commentary on its own narrative", beides Hutcheon 2013, S. 1) – um es zu verkomplizieren, könnte man mit Gérad Genette zu Recht behaupten, das gelte für alle Literatur. Aber nicht jeder Text kehrt seine Gemachtheit explizit nach außen, und in engerem Sinn von Metafiktionalität ist es sinnvoll, sich nur auf solche Texte zu konzentrieren, die es tun.

Systematisierungsversuche, wie beispielsweise derjenige für transmediale Analysen metaleptischer Darstellungsverfahren von Jean-Marc Limoges (2011), versuchen den metaleptischen „narrativen Kurzschluss" (Wolf 1993, S. 356) erzähltextanalytisch, in der Regel nach Genette, abzubilden und fragen nach Hierarchie und Richtung (von welcher Welt in die andere?) und dem Modus (wie stellt sich die Überschreitung dar?). Es gibt allerdings in der Erzählforschung selbst (zu Meta-, Extra-, Intra-, Hypodiegesen) einen ebenso großen Forschungsdissens wie entsprechend hinsichtlich Metareferenzen, sodass Erklärungen für Metalepsen von der extra- in die intrafiktionale Welt bis dato schwach bleiben – so etwa, wenn es vage heißt, dass die Grenze ‚aufgeweicht' werde (vgl. Limoges 2011, S. 202 f.).

**Fiktionsbewusstsein:** Für die Analyse ist es allerdings ratsam, davon auszugehen, dass die Differenz zwischen zwei ‚Welten' deutlich markiert wird (Kukkonen 2011, S. 7), und allein die Reflexion solcher Markierung (explizit/implizit, affirmativ/kritisch) und ihre Analyse interessiert und nicht so sehr die (wohl irrelevante) Frage nach einer ‚wahren' Realitäts-Fiktions-Unterscheidung. Das bedeutet jedoch, dass Metafiktionalität grundsätzlich eine hohe (Wissens-) Anforderung an die Rezeption stellt. Zur Verdeutlichung wird der Prozess kurz umrissen: Im ersten Schritt müssen, in Anlehnung an Norbert Groeben und Carsten Dutt 2011, auf drei Ebenen – Paratext, *discours*, *histoire* – konventionalisierte Fiktions- und Realitätssignale festgestellt werden können, die im Kontext des zu analysierenden Texts für aussagefähig gehalten werden. Damit sind a) paratextuelle, also fiktionsexterne Merkmale, gemeint, die z. B. pragmatisch die Gattung betreffen; b) geht es um die Darstellungsweise (*discours*), z. B. die Vermittlung der erzählten Welt, und c) um die Darstellungsinhalte der Geschichte (*histoire*), wie z. B. eine übernatürliche fiktive Welt. In einem zweiten Schritt, also mit der vorhandenen (impliziten) Kenntnis, wie Literatur funktioniert, lassen sich erst metafiktionale Verfahren erkennen, die diese Funktionsweise offenlegen, reflektieren, variieren oder damit brechen.

### 13.1.4 Beispiele für metafiktionale Bilderbücher

**Fictio-Metafiktion:** Dabei können intradiegetisch, also in der Geschichte selbst, Selbstbezüge hergestellt werden. Es gibt kein Bilderbuch, das den Akt des Fingierens (*fictio*) – "It is pretend" – so witzig erklärt wie Mo Willems' *I'm a frog* (2013). Und dass sich die Willems-Figuren Piggie und Gerald im Verlaufe des *We are in a book!* (2010) ihres ontologischen Status im Verhältnis zum adressierten (impliziten) Publikum bewusstwerden (und nicht bereits sind!), lässt den Kunstcharakter (*fictio*) der Geschichte zum eigentlichen Thema werden, sodass die Handlung ohne weitere Ereignisse bleibt – eine metafiktionale Strategie der Aufmerksamkeitssteuerung.

**Lesen als *mise en abyme*:** Auch in Cornelia Funkes *Das Buch, das niemand las* (2018) wird die Ebene der Geschichte hin zu den impliziten bzw. realen Leser/innen in einer vertikal verbalen Metalepse durchbrochen, denn im Paratext, hier der Widmung und dem Untertitel (s. Abb. 13.1), werden diese explizit so wie in der Geschichte angesprochen und das Bücherlesen wird als *mise en abyme* im Bilderbuch gespiegelt. Die Zeitlichkeit der erzählten Welt wird somit entgrenzt. Diese Korrespondenz von scheinbar realer und fiktiver Buchlektüre eröffnet ein metafiktionales Spiel, das Fiktionalität verschleiert und die Geschichte als nunmehr, auch stilistisch so erkennbare, faktuale Erklärung dafür ausgibt, wie existenziell das Bücherlesen für die anthropomorphen Bücher ist, ein Thema, das sich intertextuell durch Funkes gesamtes Werk zieht.

**Materieller Kontext:** Auf andere Weise macht das Bilderbuch *Die Tür* (2018) von Britta Teckentrup deutlich, wie Literaturrezeption funktioniert. Indem die

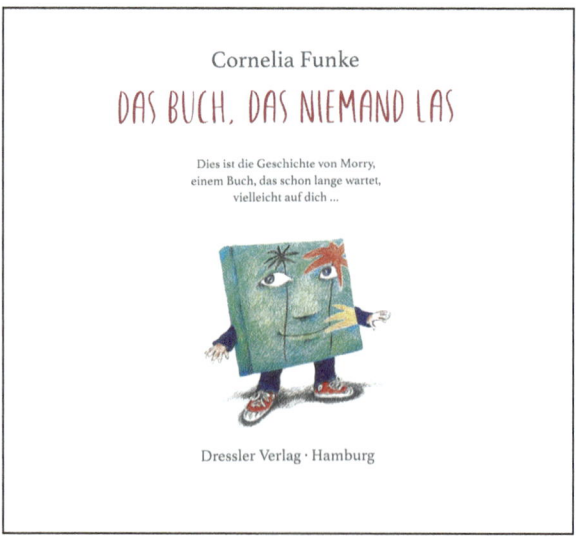

**Abb. 13.1** Titelei: *Das Buch, das niemand las* (Funke 2018)

## 13.1 Theoretische Grundlagen

Materialität des Bilderbuchs realiter durchbrochen wird, nämlich indem sich aus der Pappe herausgestanzte ‚Türen' auf jeder Seite öffnen lassen, wird das symbolische Eintreten in die fiktive Welt der Fantasie haptisch erfahrbar und die Metafiktionalität explizit gemacht. Aber auch auf impliziter Ebene ist das Bilderbuch metafiktional: Der Text des Bilderbuchs gibt, wie man zunächst glauben könnte, Handlungsanweisungen auf intradiegetischer Ebene, denn mit dem „du" korrespondiert visuell eine Figur (s. Abb. 13.2). Tatsächlich aber muss die Handlung von den Leser/innen ausgeführt werden, und zwar vordergründig das Türöffnen, das als metafiktionaler Verweis auf das Umblättern einer Seite die Voraussetzung für die Lektüre symbolisiert.

**Page turn als Metalepse:** Noch deutlicher konturiert wird die Korrespondenz von *page turn* und *suspense* (vgl. dazu auch Sipe 2009) und hypodiegetischen Ebenensprüngen in Richard Byrnes *We're in the wrong book* (2016), in dem die Figuren seitenweise visuell verschieden gestaltete Textsorten durchwandern müssen. Der Hund "accidentally bumped them both off the page" (S. 4) und nun ist der leserseitige *page turn* der unsichtbare Weißraum, der die Hypodiegesen miteinander verknüpft.

**Vertikale Metalepse:** Als einen ontologischen Sprung eine Ebene höher stellt Kathrin Schärers *Johanna im Zug* (2009) den Produktionsprozess von Bilderbüchern dar, indem der paratextuelle Kontext – ein Schreibtisch, zeichnende Hände sowie der Raum um das Geschichtenblatt – stets sichtbar ist und den Blick der Leser/innen lenkt. Diese metadiegetische Repräsentation der realen Welt, nicht zu verwechseln mit der extrafiktionalen, tatsächlich realen Welt, wird gedoppelt (als *mise en abyme*), indem die Zeichnung des realen Titelblatts den Paratext und zugleich den Beginn der Geschichte bildet (s. Abb. 13.3).

**Parodie der Lesekonventionen:** Anders als in den vorangehenden Beispielen, die das Medium, seine Produktion und Rezeption thematisieren, werden in *Das Neinhorn* (2019) von Marc Uwe Kling und Astrid Henn die Lesekonventionen des

**Abb. 13.2** Doppelseite: Türen auf- und zuschließen (Teckentrup 2018, S. 1 f.)

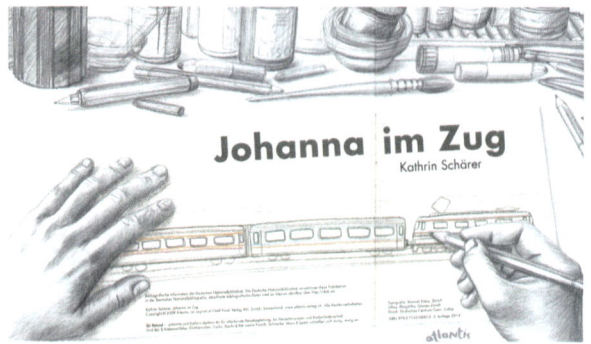

**Abb. 13.3** Doppelseite: Titelei (Schärer 2009)

Märchens parodiert. Es wird erst in scheinbarem Märchenton von einer Königstochter erzählt: „Da kamen sie an einem großen Turm vorbei. Ganz oben war eine Prinzessin eingesperrt." Daraufhin unterbricht die Erzählung mit dem metafiktionalen Kommentar, der sich *ad spectatores,* also auf eine Stufe mit den Leser/innen begibt: „Das ist ja klar, denn in solchen Türmen ist immer ganz oben eine Prinzessin eingesperrt" (s. Abb. 13.4). Dieser intertextuelle metafiktionale Kommentar stellt eine direkte Verbindung zu den performativen Künsten dar, die mit der Durchbrechung der vierten Wand, wie prominent in der Fernsehserie HOUSE OF CARDS (2013–2018) oder der Comicverfilmung DEADPOOL (2016), spielen und so dramatische Ironie erzeugen.

**Abb. 13.4** Einzelseite: Turmszene (Kling/Henn 2019, S. 23)

**Intertextualität:** Aber auch intertextuelle Bezüge, die nicht den Kontext, wie z. B. Gattungskonventionen, sondern die Inhalte betreffen, können als metafiktionale Verweise ausgemacht werden. So taucht der Grüffelo in einem anderen Bilderbuch des ‚Donaldson/Scheffler-Universums', nämlich *The Smeds and the Smoos* (*Die Schnetts und die Schmoos*) (2019), rein visuell auf und verweist damit auf das extrafiktionale Werk des Autorenteams, ohne dass die Illusion der eigentlichen Geschichte gestört würde.

---

**Leitfragen für die Analyse von metafiktionalen Bilderbüchern**
- Thematisiert der Schrift-/Bild-Text sich selbst bzw. seine Fiktionalität (auf Ebene des Paratexts, der Darstellung, der Geschichte, in der Anrede der Leserschaft, in Bezug auf andere Texte)?
- Gibt es Metalepsen, d. h. werden Ebenen logikwidrig (in Bild- und/oder Schrifttext) überschritten?
- Wechseln Figuren/Gegenstände physisch/ontologisch oder verbal/rhetorisch die Ebenen (extra- nach intradiegetisch, vertikal)?
- Wechseln Figuren von einer Geschichte in die nächste (hypodiegetisch, horizontal)?
- Wird die als real repräsentierte außerliterarische Welt einbezogen (meta- nach intradiegetisch, vertikal)
- Werden (implizite) Leser/innen adressiert (Stichwort: aus der Rolle Fallen) oder wird die vierte Wand zum Publikum durchbrochen?
- Gibt es Symbole für das Übergehen von einer in die andere Welt (Türen, Spiegel, *infinity stones* etc.)?
- Wie wirkt der Illusionsbruch (Distanz/Nähe, Irritation/Komik, Antipathie/Sympathie, Authentizität/Künstlichkeit)?
- Verteilt sich die Fiktionsironie auf Text und Bild komplementär, symmetrisch oder asymmetrisch?

---

## 13.2 Modellanalyse: *Der Wolf, der aus dem Buch fiel* (Thierry Robberecht/Grégoire Mabire, 2015)

### 13.2.1 Eine metafiktionale Märchen-Parodie

**Das Rotkäppchen-Narrativ:** Das von Thierry Robberecht verfasste und von Grégoire Mabire illustrierte Bilderbuch *Le loup tombé du livre* (dt. *Der Wolf, der aus dem Buch fiel*) (2015) reiht sich in die inzwischen zahlreichen Märchen-Parodien der

Gegenwartsliteratur ein; besonders häufig dafür gewählt wird *Rotkäppchen*. Der (im deutschsprachigen Raum: Grimm'sche) Stoff ist bekannt, die Figuren sind typisiert und im kulturellen Gedächtnis verankert, sodass eine Parodie – ein metafiktionales Genre per se – besonders leicht zu erkennen ist und somit auch für junge Leser/innen funktionieren kann. Silva-Díaz (2018) stellt zudem am Rotkäppchen-Narrativ das Potenzial metafiktionaler Infragestellung von Erzähltraditionen für die Kritik an hegemonialem Erzählen bzw. Deutungsmustern heraus. Wie auch Kathrin Heintz (2019) zeigt, unterläuft Robberechts/Mabires Bilderbuch sowohl in Bild- wie Schrifttext das Stereotyp vom ,bösen' Wolf, dessen Rolle dennoch ambivalent bleibt (vgl. S. 145 ff.).

**Geschichte:** Das vorliegende Bilderbuch beginnt allerdings nicht mit dem Märchenstoff, sondern situiert die Handlung in einem Kinderzimmer. Darin steht ein übervolles Bücherregal, aus dem ein Buch mit Geschichten vom Wolf herausfällt. Als es auf dem Boden aufschlägt, fällt der Wolf heraus und sieht sich unvermittelt dem Haustier, einer Katze, ausgeliefert. Der Wolf versucht, in sein Buch zurückzugelangen, aber weil er nicht die richtige Seite findet, wird ihm der Zutritt verweigert. Auch aus anderen Büchern wird er verjagt, bis er schließlich in *Rotkäppchen* landet und dort auf das Rotkäppchen trifft, das schon daran verzweifelt, seine Rolle nicht erfüllen zu können, weil ein Wolf fehlt. Großmütig schlägt er dem Mädchen vor, die Rolle des Wolfs einzunehmen. Nachdem er Rotkäppchen versichert hat, dass er seine Rolle kenne, machen sie sich Arm in Arm auf den Weg zur Großmutter – visuelle Schlussblende und narratives *happy end* zugleich.

### 13.2.2 Narratologische und bildsemiotische Metafiktionalität

In der folgenden Beispiel-Analyse der Doppelseite 12 f. soll der Versuch unternommen werden zu zeigen, wie sich Metafiktionalität narratologisch und bildsemiotisch beschreiben lässt und welche Funktionsweise die entsprechende Wirkung entfaltet. Auch wenn im Folgenden Schrift- und Bildtext zunächst nacheinander analysiert werden, darf ihre intermodale Verknüpfung im Bilderbuch nicht aus dem Blick geraten: Schrift- und Bildtext wechseln sich jeweils ab, auf Seite 12 ist ein Textfeld als Vignette geblendet, während Seite 13 komplett vom Bild ausgefüllt wird (s. Abb. 13.5). Dieser gestalterische Wechsel durchzieht das gesamte Bilderbuch.

**Verbale Dimension:** Für die Analyse der Doppelseite ist jedoch zunächst ein kurzer Blick auf den Kontext notwendig: Vorgängig ist der Spannungsaufbau durch den *page turn*. Der Wolf ist nämlich von einem Schaf aus seinem Buch wieder hinausgeworfen worden, weil er an falscher Stelle versucht hatte, zurückzukehren. Der Wolf ist dabei diejenige Figur, die zwischen den Hypodiegesen, das sind hier die Bücher aus dem Kinderzimmer, wechselt (horizontale ontologische Metalepse). Die Tatsache, dass er weder inhaltlich noch (bild-)stilistisch in diese Bücher passt, verdeutlicht einen weiteren Ebenensprung, nämlich von der eigentlichen Intradiegese – aus dem Buch in ein fiktives Kinderzimmer geratener Wolf – in die Geschichten der jeweiligen Bücher aus dem Regal (vertikale Metalepse).

**Abb. 13.5** Doppelseite: Auf der Flucht vor der Katze (Robberecht/Mabire 2015, S. 12 f.)

Der Text auf Seite 12 eröffnet nun das nächste Ereignis: Der Wolf versucht erneut, in sein Buch zu gelangen, wird aber dieses Mal von konkurrierenden Wölfen verscheucht. Ihre Begründung ist ein Paradebeispiel für das komplexe, explizit metafiktionale Spiel mit den Ebenen, das den Witz und die Herausforderung dieses Bilderbuchs ausmacht: „,Kommst du jetzt schon?', knurrten sie. ,Jetzt, wo die Geschichte zu Ende ist? Tolle Leistung.'" Die zitierte direkte Rede ist konventionell im Präteritum gehalten. Aber was die Wölfe sagen, hat es in sich. Die Illusionsstörung liegt darin, dass sie sich selbst als fiktive Figuren einer Geschichte thematisieren. Weil solche Rückbezüglichkeit – die Kenntlichmachung des fiktionalen Artefakts durch die Benennung ‚Geschichte' – aber in sachlogischem Widerspruch zum (Welt-)Wissen über die Rezeptionspraktiken von Literatur steht, können sich folgende Wirkungen einstellen: Komik oder Irritation, je nach Fiktionskompetenz der Leser/innen. Diese explizite Metafiktionalität wird zudem noch dadurch gedoppelt, dass diese Wölfe mit dem Wolf, der aus dem Buch fiel, sprechen (können). Sie sind sogar ironiefähig („tolle Leistung") und verhalten sich somit sozial und emotional, wie sich Menschen in Gruppen gegenüber Außenseitern verhalten können.

Die Szene zeigt, dass hier, wie im gesamten Text, mit einer narratologischen Unumstößlichkeit gespielt wird: Die Figuren eines Erzähltextes sind eigentlich nicht mehr und nicht weniger, als sie sagen oder über sie erzählt wird (als mentale Repräsentationen). Es handelt sich eben gerade nicht um reale Personen mit psychologischer Tiefendimension, die die Leser/innen quasi ‚auf die Couch' legen könnten (s. Kap. 12). Die Figuren hier allerdings sind ‚mehr' als ihre Geschichte, sie können abseits der Erzählung Gespräche führen, sie können aus Büchern fallen oder in andere hineinschlüpfen und sogar die Geschichten verändern. Sie sind im wahrsten Sinne autonome Handlungsträger. Darauf weist im Übrigen auch der letzte Satz der Erzählung hin, mit dem der Wolf Rotkäppchen beruhigt, seine Rolle zu kennen: „Ich weiß, was zu tun ist." Es handelt sich, so kann man die metafiktionale Aussage am Schluss verstehen, um Inszenierungen der jeweiligen Figuren, die ihre eigene Fingiertheit allerdings verbergen, um „den Kindern den Spaß nicht zu verderben" (S. 29). Da das rhetorische Prinzip der Verbergung von Künstlichkeit aber innerfiktional ausagiert wird, entfaltet sich extrafiktional Fiktionsironie, die eine komische Wirkung zur Folge hat.

**Bildliche Dimension:** Das metafiktionale Ausbrechen aus der Welt der Erfindung lässt sich auch an der Bildsemiotik erkennen. Mit der Flucht vor den anderen Wölfen wird die Buchgrenze aufgelöst, indem der Protagonist als Figur aus dem aufgeklappten Buch herausgelangt. Die anderen Wölfe sind aber auch nicht nur auf das Papier des gezeichneten Buchs gebannt, sondern haben die materielle Grenze ebenfalls passiert, indem ihre Schnauzen knurrend aus dem Buch ragen. Dies korrespondiert mit der Schrifttextbeschreibung. Jedweder fiktiven Figur, so lässt sich behaupten, wird eine Existenz jenseits der fiktiven Welt zugestanden – dies allerdings, und das ist der Witz dabei, natürlich nur innerhalb der fiktiven Welt des Bilderbuchs *Der Wolf, der aus dem Buch fiel*.

Den Titel dieses Buchs kennen wir zwar nicht, dafür sind aber diese ihn verscheuchenden Wölfe visuell gleich aussehend, ganz im Gegensatz zur Bildstilistik der anderen Bücher, in die sich der Wolf flüchtet. Der Wechsel zwischen den Büchern wird durch diese, für verschiedene Textsorten eigentümliche Stilveränderungen verdeutlicht. Diese Buchgrenzen wirken dennoch letztlich illusionsfördernd, weil sie als etablierte Seh- und Lektürekonventionen nicht hinterfragt werden. Implizit metafiktional ist somit die Selbstreflexion solcher Rezeptionskonventionen, die auf paratextueller Ebene Genres und Medien determinieren.

Gegenüber dem vergleichbaren Nebeneinander dieser Geschichten ist die Verbildlichung der vertikalen Metalepse von besonderer Bedeutung: Am Größenunterschied von größerer Kinderzimmer-Katze und Buch-Wolf zeigt sich der Ebenensprung. Das logikwidrige Aufeinandertreffen beider evoziert eine ironische Distanz, zumal der zuvor böse Wolf nun komisch hilflos, wenn nicht sogar bemitleidenswert wirkt. Der Größenunterschied kann sich als *mise en abyme* lesen für die Rezeptionssituation einer als real imaginierten Welt, in der Kinderzimmer und Bewohner/innen immer ‚größer' als das Geschichteninventar sind: "Moving this boundary of metalepsis within fiction can lead to nightmarish mise en abymes, but it does not change the nature of the boundary as long as the new level remains hierarchically different from the previous level and thus reproduces the fiction-reality distinction [...]" (Kukkonnen 2011, S. 8). In postmoderner Mehrfachadressierung kann diese Spiegelung sowohl identifikatorisch als auch spielerisch gelesen werden.

**Intermodale Dimension:** Hinter diesem Bildausschnitt der Wolfsszene eröffnet sich eine weitere bildlich-textologische Ebene mit der Katze. Was im Text nach dem Rauswurf durch eine Leerzeile als nächstes Ereignis markiert wird, ist im Bild nicht sequentiell voneinander getrennt. Die Linearität des Erzählten wird im visuellen Modus zusammengezogen, die Katze lauert gleich hinter dem Buch, die Simultaneität – Rauswurf und Lauern – verstärken die Bedrohung des Wolfes, die in der bangen Frage ihren Ausdruck findet: „Wo sollte der Wolf jetzt hin?" (S. 12). Das eigene Buch ist keine Option mehr.

Schließlich wird eine besondere Spannung in Schrift- und Bildtext aufgebaut. Der Schrifttext setzt mit dem Spannungsmarker „in letzter Sekunde" ein, typografisch stehen vier parataktisch aufgebaute, kurze Sätze untereinander, die schnelles und gehetztes Lesen einfordern. Die vergebenen Informationen sind: Der Wolf klettert auf das turmhohe Bücherregal, um in ein obenstehendes Buch zu schlüpfen, während die Katze unten auf seinen Absturz wartet. Der Vergleich des Regals mit einer „Felsklippe" verweist auf die Gefahr des Unterfangens. Der Schrifttext endet auf dieser Seite ohne Lösung in Glück oder Unglück. Die semiotische Bedeutung des *page turns* als einer bewussten Verzögerung und spannungsvergrößernden Kluft wird hier ganz deutlich: Es geht um Leben oder Tod.

In diesem Sinne verhalten sich Schrift und Bild symmetrisch, denn eben diese Spannung wird auch im Bild aufgebaut, indem von einem fast unendlichen Oben auf das überdimensionale Bücherregal herabgeschaut wird, der Boden mit der im Verhältnis immer noch großen Katze weit entfernt und im Bildmittelpunkt der verzweifelt kletternde Wolf zu sehen ist. Die Inszenierung der vertikalen Achse als potenziell unendlich – auch das als Metareferenz ausdeutbar – wird durch die Licht-Dunkel-Verhältnisse verstärkt. Wie durch den Schein einer runden Deckenlampe liegen die oberen Regalböden im Dunkeln, während sich der hellste Punkt des Zimmers auf Katze und Ursprungsbuch konzentriert. Auch hier ist offen, wie die Flucht enden wird.

**Fiktionsironie:** Diese Beobachtungen führen zu einem interessanten, da unerwarteten Interpretationsergebnis: Während die metafiktionale Thematisierung der Fiktions-Wirklichkeits-Differenz in hohem Maße illusionsstörend wirkt, weil sie Komik und die entsprechend genretypische Distanz der Rezipient/innen erzeugt, vermag die Bilderbucherzählung zugleich eine packende Was-Spannung zu etablieren, die auf der emotionalen Involviertheit der Leser/innen basiert. Zeitweilig, so kommt es einem vor, kann die Verfolgungsjagd zwischen Katze und Wolf vom Thema der Metafiktionalität losgelöst gelesen werden, so, als ob es den Ebenenunterschied – die fiktive Welt der Katze ist nicht die des Wolfs – nicht gäbe. Dann geht es nur mehr darum, welches Tier siegen und/oder die Sympathie der Leser/innen davontragen wird. Ein identifikatorisches ‚Versinken' in der Erzählwelt ist also keineswegs ausgeschlossen.

Die Fiktionsironie also, die durch die Reflexion auf den Konstruktcharakter des Erzählten zustande kommt, kann phasenweise ‚übergangen' werden – allerdings nur, um in der nächsten Episode mit Macht zurückzukehren und die Leser/innen wieder auf den ‚Boden' postmoderner Relativierung zurückzuholen. Die komische Diskrepanz zwischen Sprachstil und Bildtext sowie Spannungsaufbau und Illusionsbruch bedeuten eine ständige Akkomodation des Gelesenen. Es zeigt sich also letztlich auch hier die für gegenwartsliterarische Bilderbücher so typische Verknüpfung von Metafiktionalität als strukturellem Verfahren und Postmoderne als Erzählhaltung: Das Bilderbuch ist mehrfach adressiert und somit in mehreren Hinsichten als unterhaltsam rezipierbar, nämlich mit und ohne den Einbezug der Verstehensanforderungen Selbstreflexivität, Ironie und Intertextualität; ein Fiktionsbewusstsein muss allerdings vorausgesetzt werden, gilt es doch, einen aus Büchern fallenden Wolf für die Dauer der Lektüre zu akzeptieren.

## 13.3 Fazit

Der Paratext zum *Wolf, der aus dem Buch fiel* lautet „eine Geschichte". Es handelt sich dabei um ein eindeutiges Fiktionssignal, das, wie der Titel im Präteritum und der Klappentext, der Illusionsförderung zugeschlagen werden kann. Zugleich machen Titel und Paratext – „eine lustig-rasante Reise durch Bücher, Märchen und Geschichten" – aber auch schon klar, dass es sich um eine Geschichte über Fiktionsgrenzen handelt. Das Thema dieses Bilderbuchs lautet also ganz eindeutig ‚Metafiktionalität'.

Ist der Paratext bislang dasjenige Fiktionssignal, das einzig unumstritten eindeutig ist (vgl. Eco 1999, S. 166; unterstützt auch durch empirische Bildungsforschung bei Pantaleo 2014, S. 40), sind alle anderen Hinweise auf die Fiktionalität eines Textes situations-, konventions- und somit zeitgeschichtsabhängig. Zugleich aber ist, wie hier zu zeigen versucht wurde, davon auszugehen, dass fiktionale Texte ihre eigenen Grenzen – als erfundene Geschichten (*ficta*) in ihrer Gemachtheit (*fictio*) – deutlich markieren, denn nicht anders wären Metareferenzen überhaupt zu verstehen (zur "notion of difference" vgl. Kukkonen 2011, S. 7).

Zur Überschreitung also braucht es vorgängige Regeln; diese aber sind, denkt man an die narrative Metalepse, paradox, mithin nicht nach wahr/falsch auflösbar. Ästhetische Erfahrung ist, könnte man behaupten, genauso strukturiert: "illusion is somehow defined by the co-presence of its contrary" (Pape/Burwick 1990, S. 14). Das erlaubt also letztlich beides: Immersion und (analytische) Distanz. Oder anders ausgedrückt: Es geht um das "puzzling through the multiple layers of meaning and ambiguity in picturebooks with metafictive devices" (Pantaleo 2014, S. 331).

Ausblickend lässt sich festhalten, dass sich die Analyse von metafiktionalen Bilderbüchern mit ganz grundlegenden Fragen nach den Produktions- und Rezeptionsbedingungen von Kunst allgemein bzw. von Text-Bild-Kombinationen im Besonderen beschäftigt. Damit geht zwar einerseits der Anspruch einher, die einzelnen Darstellungsverfahren narratologisch und bildsemiotisch sehr präzise auseinanderhalten zu müssen. Andererseits aber lohnt sich eine solche Exaktheit des ‚mikrophilologischen' Blicks, in dem er das Potential metafiktionaler Bilderbücher aufzeigt, es mit der Komplexität der realen Welt spielerisch ('puzzling'), und aufgrund der meta-fiktionaler Distanz womöglich psychisch entlastend, aufzunehmen.

# Literatur

## Primärliteratur

Byrne, Richard: *We're in the wrong book*. New York 2016.
Carroll, Lewis/Tenniel, John: *Alice's Adventures in Wonderland*. Warwickshire 1865.
Funke, Cornelia: *Das Buch, das niemand las*. Hamburg 2018.
Herrndorf, Wolfgang: *Tschick*. Hamburg 2010.
Kling, Marc Uwe/Henn, Astrid: *Das Neinhorn*. Hamburg 2019.
Kopisch, August: *Die Heinzelmännchen von Köln*. Leipzig 1836.
Miller, Tim: DEADPOOL. 20th Century Fox, USA 2016.
Robberecht, Thierry/Mabire, Grégoire: *Der Wolf, der aus dem Buch fiel*. Ravensburg 2015 (franz. 2015).
Teckentrup, Britta: *Die Tür*. Berlin 2018.
Torseter, Øyvin: *Das Loch*. Weinheim 2012.
Schärer, Kathrin: *Johanna im Zug*. Freiburg i. B. 2009.
Scheffler, Axel/Donaldson, Julia: *Die Schnetts und die Schmoos*. Weinheim 2019.
Smith, Lane: *Das ist ein Buch*. München 2011.
THE TRUMAN SHOW. Regie: Peter Weir. USA 1998. DVD/Blu-ray: Paramount Pictures.
Willems, Mo: *We are in a book!* New York 2010.
Weier, Peter: The truman show. Paramount Pictures, USA 1998.

## Sekundärliteratur

Bareis, Alexander/Nordrum, Lena (Hg.): *How to Make Believe. The Fictional Truths of the Representational Arts*. Berlin, Boston 2015.
Coleridge, Samuel T.: *Biographia Literaria; or Biographical Sketches of My Literary Life and Opinions*. Bd II. London 1817.
Eco, Umberto: *Im Wald der Fiktionen. Sechs Streifzüge durch die Literatur*. Übersetzt aus dem Italienischen von Burkhart Kroeber. München/Wien 1999.
Genette, Gérard: *Métalepse. De la figure à la fiction*. Paris 2004.
Groeben, Norbert/Dutt, Carsten: „Fiktionskompetenz". In: Matías Martínez (Hg.): *Handbuch Erzählliteratur. Theorie, Analyse, Geschichte*. Stuttgart/Weimar 2011, 63–67.
Hauthal, Janine/Nadj, Julijana/Nünning, Ansgar/Peters, Henning: „Metaisierung in Literatur und anderen Medien: Begriffsklärungen, Typologien, Funktionspotentiale und Forschungsdesiderate". In: Janine Hauthal/Julijana Nadj/Ansgar Nünning/Henning Peters (Hg.): *Metaisierung in Literatur und anderen Medien. Theoretische Grundlagen – Historische Perspektiven – Metagattungen – Funktionen*. Berlin 2007, 1–21.
Heintz, Kathrin: „Das Narrativ vom bösen Wolf in zeitgenössischen Bilderbüchern und im politischen Diskurs". In: Jessica Ullrich/Alexandra Böhm (Hg.): *Tiere erzählen: Tierstudien*. Berlin 2019, 143–151.
Hutcheon, Linda: *Narcissistic Narrative. The Metafictional Paradox*. Reiusse. Waterloo CA 2013.
Klimek, Sonja: „Die Metalepse in der zeitgenössischen Kinder- und Jugendliteratur. Ein paradoxes Erzählphänomen im Zeitalter der Medialisierung". In: *interjuli* 1/1 (2009), 5–22.
Kukkonen, Karin: „Metalepsis in Popular Culture: An Introduction." In: Karin Kukkonen/Sonja Klimek (Hg.): *Metalepsis in Popular Culture*. Berlin 2011, 1–21.
Limoges, Jean-Marc: „Metalepsis in Animation Film." In: Karin Kukkonen/Sonja Klimek (Hg.): *Metalepsis in Popular Culture*. Berlin 2011, 196–212.
Martínez, Matías/Scheffel Michael: *Einführung in die Erzähltheorie*. München $^{10}$2016.

Packard, Stephan: „Bilder erfinden. Fiktion als Reduktion und Redifferenzierung in graphischen Erzählungen." In: Anne Enderwitz/Rajewsky, Irina (Hg.): *Fiktion im Vergleich der Künste und Medien*. Berlin 2016, 125–43.

Pantaleo, Sylvia: „The metafictive nature of postmodern picturebooks". In: *The Reading Teacher* 67/5 (2014), 324–332.

Pape, Walter/Burwick Frederick: „Aesthetic Illusion." In: Frederick Burwick/Walter Pape (Hg.): *Aesthetic Illusion. Theoretical and Historical Approaches*. Berlin 1990, 1–15.

Pier, John: „Metalepsis". In: Peter Hühn/Jan Christoph Meister/John Pier/Wolf Schmid (Hg.): *The Living Handbook of Narratology*. Hamburg, http://www.lhn.uni-hamburg.de/node/51.html (12.3.2021).

Silva-Díaz, Maria Cecilia: „Picturebooks and metafiction". In: Bettina Kümmerling-Meibauer (Hg.): *The Routledge Companion to Picture Books*. London/New York 2018, 69–80.

Sipe, Laurence R./Brightman, Anne E.: Young Children's Interpretations of Page Breaks in Contemporary Picture Storybooks. In: *Journal of Literacy Research* 41/1 (2009), 68–103.

Staiger, Michael: „Die drei intermedialen Schweinchen. Mediale Verrückungen eines Märchens vom 19. bis ins 21. Jahrhundert". In: Heidi Lexe (Hg.): *gorkicht im gemank. Mediale und ästhetische Verrückungen (in) der KJL*. Wien 2016, 27–38.

Thoss, Jeff: *When Storyworlds Collide. Metalepsis in Popular Fiction, Film and Comic*. Leiden 2015.

Vendrell Ferran, Íngrid: „Das Paradoxon der Fiktion". In: Tobias Klauk/Tilmann Köppe (Hg.): *Fiktionalität. Ein interdisziplinäres Handbuch*. Berlin/Boston 2014, 313–337.

Wiesner, David: Die drei Schweine. 2002 (engl. 2001). Willems, Mo: I'm a frog! New York 2013.

Wolf, Werner: „Metareference across media: The concept, its transmedial potentials and problems, main forms and functions". In: Werner Wolf (Hg.): *Metareference across Media: Theory and Case Studies. Dedicated to Walter Bernhart on the Occasion of his Retirement*. Leiden 2009, S. 1–85.

Wolf, Werner. *Ästhetische Illusion und Illusionsdurchbrechung in der Erzählkunst. Theorie und Geschichte mit Schwerpunkt auf englischem illusionsstörenden Erzählen*. Tübingen 1993.

# Werkkontext

**14**

Ben Dammers

## Inhaltsverzeichnis

| | | |
|---|---|---|
| 14.1 | Theoretische Grundlagen | 257 |
| | 14.1.1 Werkbegriff und Autorschaft | 258 |
| | 14.1.2 Kontextualisierung als Analyseschwerpunkt | 260 |
| 14.2 | Modellanalyse: *The Lost Thing* (Shaun Tan, 2000) | 261 |
| | 14.2.1 Surrealistische Verfahren und thematische Bezüge bei Shaun Tan | 262 |
| | 14.2.2 *The Lost Thing* und die Entfremdung vom Surrealen | 265 |
| | 14.2.3 Der paranoisch-kritische Blick in ein Utopia der Kombinatorik | 270 |
| 14.3 | Fazit | 273 |
| Literatur | | 273 |

## 14.1 Theoretische Grundlagen

Der in diesem Kapitel vorgestellte Analysezugang geht mit dem Werkbegriff zunächst einmal schlicht von der Annahme aus, dass ein Text – in diesem Fall ein Bilderbuch – produziert wurde und somit nicht raumzeitlich isoliert und immer schon existent ist. Implizit setzt der Werkbegriff also ein/e Autor/in voraus. Das mag trivial klingen, birgt aber – wie der Werkbegriff selbst – mit Blick auf die Relevanz der Autorschaft einigen Anlass für literaturwissenschaftliche Kontroversen. Außerdem ermöglicht erst die raumzeitliche Fixierung eine Kontextualisierung. Diese Kontextualisierung impliziert zahlreiche Folgefragen, die eine komparatistische Grundausrichtung haben. Zwar können Texte auch textimmanent betrachtet werden, die Bezugnahme auf einen Kontext bietet jedoch eine Möglichkeit der stringenten Ausrichtung.

---

B. Dammers (✉)
Institut für deutsche Sprache und Literatur II, Universität zu Köln, Köln, Deutschland
E-Mail: b.dammers@uni-koeln.de

Und so sind zunächst die zentralen Begriffe ‚Werk', ‚Autor' und ‚Kontext' sowie die daraus resultierenden analytischen Potenziale zu erschließen. Die darauf aufbauende Modellanalyse verknüpft in einem ersten Schritt den Kontext des Surrealismus mit einer vergleichenden Analyse der Texte Shaun Tans, die schließlich in einem zweiten Schritt am Beispiel von *The Lost Thing* (2000) vertieft wird.

### 14.1.1 Werkbegriff und Autorschaft

**Kein Werk ohne Autor/in:** Definitionen zum Werkbegriff (s. u. Definitionskasten) heben Merkmale hervor, die ein/e Autor/in als Urheber/in einerseits voraussetzen, andererseits von weiterer Einflussnahme ausschließen. Die in der biografischen Methode des späten 19. Jahrhunderts dominante Frage nach der Autorintention wurde spätestens Mitte des 20. Jahrhunderts als intentionaler Fehlschluss *(intentional fallacy)* zurückgewiesen (vgl. Wimsatt/Beardsley 2000). Seit Ende der 1960er Jahre wird die Intention durch den Poststrukturalismus in Frage gestellt (vgl. Wagner 2013, S. 341). Roland Barthes Aufsatztitel „Der Tod des Autors" (2000) wurde zum programmatischen Schlagwort für die Ablehnung der literaturwissenschaftlichen Sicht auf historische Autor/innen als sinnbestimmende Autorität zugunsten einer textgestützten sinnstiftenden Interpretation durch die Rezipient/innen (vgl. Lahn/Meister 2016, S. 47 f.).

**Autorfunktion:** Michel Foucaults Unterscheidung zwischen empirischem Autor und diskursiver Autorfunktion betont die Bedeutung des Autorkonzeptes zur Einteilung des Diskurses (vgl. Foucault 2000). Dem Autorkonzept werden dabei textanalytisch relevante Funktionen zugeschrieben: Fixierung des Textes, Zuordnung des Textes zu einem Œuvre, Intertextualität und Kontextualisierung (vgl. Lahn/Meister 2016, S. 52). Die Zuschreibung eines Textes zu einer/m empirischen Autor/in erlaubt also nicht über Autor/innenaussagen eine alleingültige Textbedeutung herauszufinden, ermöglicht jedoch über die raumzeitliche Fixierung eine Kontextualisierung (s. u. Definitionskasten).

**Die Rückkehr des Autors** im wissenschaftlichen Diskurs vollzieht sich schon in den 1970er Jahren vor allem im Rahmen der aufkommenden *Gender Studies* (ebd., S. 48). Die Diskrepanz zwischen „der reduktiven theoretischen Reflexion über den Autor und der literaturwissenschaftlichen Praxis" (Nünning 2013, S. 45) wird seit den 1990er Jahren diskutiert und spiegelt sich u. a. in einer steigenden Zahl wissenschaftlicher Publikationen zur Autorschaft wider (vgl. etwa Jannidis et al. 1999).

**Textfassungen und verlegerische Eingriffe:** Die Frage nach der/dem Produzent/in eines Textes ist häufig komplizierter als sie zunächst scheint und nur in Ausnahmefällen mit einer einzelnen historischen Person zu beantworten. Die gängige Publikationspraxis über Verlage ist keine unmittelbare Überlieferung von Autortext zu Rezipient/in. Ein Vergleich der unterschiedlichen Textfassungen ist zwar selten möglich, da frühe Textfassungen in der Regel unveröffentlicht bleiben. Hinweise auf Zensur oder verlegerische Eingriffe – etwa im Peritext – können aber ebenso aufschlussreich sein wie ein Vergleich von unterschiedlichen Auflagen oder Landesausgaben.

**Co-Autorschaft:** Im speziellen Fall des Bilderbuchs entsteht durch die häufige Co-Autorschaft ein weiteres Untersuchungsfeld: Sind Schrifttext und Bilder durch unterschiedliche Personen produziert worden? Existierte einer der beiden Teile bereits losgelöst vom anderen? Existieren mehrere Bildtexte zum gleichen Schrifttext (s. dazu auch Kap. 8 und 15)? Auch lässt sich ggf. eine Differenzierung des Textkorpus vornehmen.

**Definitionen**

- Der **Werkbegriff** bezeichnet das „Ergebnis einer produktiven [...] Tätigkeit. [...] Im Kontext von Literatur und Literaturwissenschaft [...] meint Werk [...] das fertige und abgeschlossene Ergebnis der literarischen Produktion, das einem Autor zugehört und in fixierter, die Zeit überdauernder Form vorliegt, so dass es dem Zugriff des Produzenten ebenso enthoben ist wie dem Verbrauch durch den Rezipienten." (Thomé 2010, S. 832 f.) Ferner ist das einzelne Werk vom Œuvre (Gesamtwerk eines Urhebers) zu unterscheiden (vgl. Burdorf 2007, S. 827). Der Werkbegriff ist insofern problematisch, als er Exklusion impliziert. Offene Interaktionen, Performances, Texte mit ungeklärter Autorschaft etc. sind im Werkbegriff nicht berücksichtigt. Ein werkkontextueller Analysezugang muss daher immer auf seine Passung zum Gegenstand hin überprüft werden.
- Der **Kontextbegriff** wird häufig intuitiv und nicht-terminologisch verwendet (vgl. Tischer/Forst/Gärtner 2018, S. 4 f.). Als Kontext wird die Menge „der für die Erklärung eines Textes relevanten Bezüge" (Danneberg 2010, S. 333) bezeichnet. Diese Bezüge lassen sich zwischen einzelnen Textelementen (intratextuell), Textabschnitt und Textganzem (infratextuell), zwei Texten (intertextuell) und zu nichttextuellen Bezugspunkten (extratextuell) herstellen (vgl. ebd., S. 333 f.). Ziel der Kontextualisierung ist es, „aus dem im Prinzip endlosen Spektrum intra- und extratextueller Kontexte einen klar eingrenzbaren und aussagekräftigen zu generieren, der die für einen Text relevanten Bezüge in den Blick bringt" (Nünning/Neumann 2013, S. 401 f.). Bei der extratextuellen Kontextualisierung ist allerdings „nicht außerhalb des Textes [...] nach Informationen über ‚nichttextuelle Gegebenheiten' zu suchen, sondern innerhalb des Textes, also [...] innerhalb der erzählten Welt und unter Berücksichtigung des im Rahmen des Erzählens vermittelten Wissens" (Luft/Ott/Theis 2015, S. 103).

## 14.1.2 Kontextualisierung als Analyseschwerpunkt

Wie Abb. 14.1 zeigt, wird über die/den Autor/in der Einzeltext einem Œuvre zugeordnet. Es bietet sich ein Textkorpus, in dem sich intertextuell Gemeinsamkeiten, Unterschiede und Entwicklungen in allen Dimensionen der Bilderbuchanalyse herausarbeiten lassen. Außerhalb des Einzeltextes und des Œuvres lassen sich weitere intertextuelle und intermediale Kontexte heranziehen, indem etwa stilistische Bezüge (z. B. ein expressionistischer Malstil) als auch explizite Bild- oder Textzitate herausgearbeitet werden (s. Kap. 17). Der Text kann außerdem mit extratextuellen Kontexten in Verbindung gebracht werden. Soziokulturelle Entwicklungen und geografische Gegebenheiten können dem Text gegenübergestellt werden. So lässt sich der Text vor dem Hintergrund zeitgenössischer Wert- und Normvorstellungen ebenso analysieren wie die sprachliche und bildnerische Darstellung vor dem Hintergrund eines kunsthistorischen Kontexts. Auch Charakteristika der dargestellten Welt lassen sich mit dem geografischen Entstehungsrahmen vergleichen, z. B. Bildbezüge zu realexistierenden Orten, Landschaftsformen oder Architektur.

In der nun folgenden Analyse wird das Korpus eingegrenzt, indem nur die Werke Shaun Tans untersucht werden, die in alleiniger Autorschaft entstanden sind. Ferner wird im Vergleich der Einzeltexte ein trotz der Heterogenität des Œuvres wiederkehrendes Merkmal herausgearbeitet. Weitere der oben genannten Möglichkeiten der werkkontextuellen Analyse werden jedoch zumindest am Rande betrachtet.

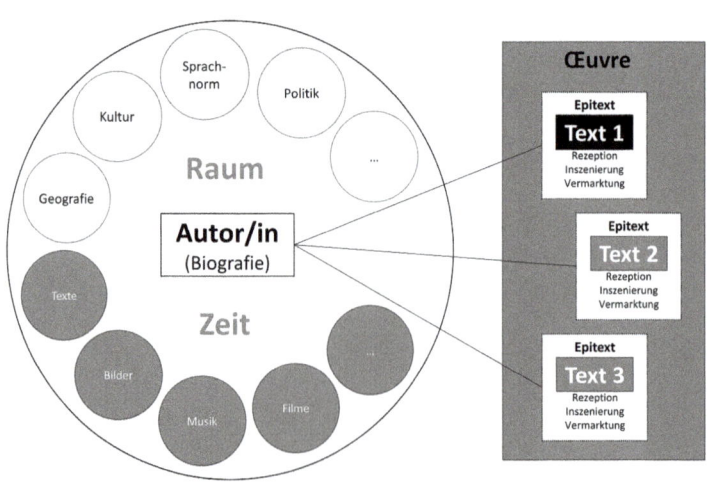

**Abb. 14.1** Ebenen der Werkkontextualisierung

> **Leitfragen zur Analyse des Werkkontextes eines Bilderbuchs**
> - Welche Gemeinsamkeiten und Unterschiede zeigen die Werke der Autor/in auf narrativer, bildlicher, verbaler, intermodaler, paratextueller/ materieller und kontextueller Ebene?
> - Lassen sich in der Chronologie der Publikationen Entwicklungen bzgl. einzelner Merkmale feststellen?
> - Lassen sich zentrale Merkmale des Œuvres in Beziehung zu einem extra-textuellen Kontext setzen?
> - Existieren mehrere Fassungen eines Werkes, die sich (vor dem Hintergrund ihres Publikationskontextes) miteinander vergleichen lassen?
> - Existiert für ein, mehrere oder alle Werke eine Co-Autor/in?
> - Welche Aspekte der empirischen Autor/in und des Werkes werden in der epitextuellen Selbst- und Fremdinszenierung betont?

## 14.2 Modellanalyse: *The Lost Thing* (Shaun Tan, 2000)

**Autor und Œuvre:** Shaun Tan gilt als einer der bedeutendsten Bilderbuchkünstler der Gegenwart. Er veröffentlichte bislang zwei illustrierte Kurzgeschichtensammlungen, vier Bilderbücher, eine Wordless Novel und lieferte die Illustrationen zu sechs weiteren Bilderbüchern anderer Textautoren. Seine Bücher wurden mit zahlreichen Preisen ausgezeichnet, u. a. Deutscher Jugendliteraturpreis 2009 für *Geschichten aus der Vorstadt des Universums,* Academy Award 2010 für die animierte Kurzfilmfassung von *The Lost Thing* und Astrid Lindgren Memorial Award 2011 für sein Gesamtwerk. Sein formal heterogenes Œuvre verhandelt wiederkehrende Themen wie Alterität, Zugehörigkeit, Entfremdung, das Verhältnis des Menschen zur Natur und Kindheit.

**Fremd- und Selbstinszenierung:** Seine Selbst- und Fremdinszenierung im Vermarktungskontext betont vor allem Tans autobiografische Inspirationsquellen, künstlerische Akribie, sein Bewusstsein für kunst- und literaturhistorische Bezugnahme sowie seinen Hang zu narrativer Offenheit. Zu diesen Fremd- und Selbstinszenierungspraktiken zählen u. a. die Publikation von Skizzenbüchern (vgl. Tan 2010a; 2010b), Interviews (State Library Western Australia 2012) und Shaun Tans Werkkommentare im Rahmen der Buchvermarktung (vgl. Hachette Australia Books 2010; 2018).

**Bildstilistische Heterogenität:** Tans bildnerischer Stil reicht von naturalistischen Bleistiftzeichnungen über pastos impressionistische Malerei hin zu Collagen, Holzschnitten und fotografisch inszenierten Pappmachéplastiken. Der weitgehend naturalistische Stil wird immer wieder durch cartoonhaft überzeichnete Figuren durchbrochen. Der Bezug zum Surrealismus wird häufig auch epitextuell in der Beschreibung von Shaun Tans Werk als „surreal" formuliert, so etwa in der wissenschaftlichen Auseinandersetzung (vgl. etwa Rudd 2010; Staiger 2013; Hateley 2017), in zahlreichen Buchbesprechungen (vgl. etwa Luen Yang

2007; Doornkaat 2009; Blum 2019) oder Künstlerporträts (vgl. etwa Swedish Arts Council 2011). Es bleibt jedoch bei punktuellen Verweisen oder gar der bloßen Erwähnung dieses Bezuges. Es stellt daher ein Desiderat dar, surrealistische Referenzen im Werk Shaun Tans umfassend und konkret nachzuweisen. Ziel der folgenden Analyse ist dabei nicht, Shaun Tans Werk als Surrealismus zu kategorisieren, sondern vielmehr über diesen extratextuellen Kontext Gemeinsamkeiten, Unterschiede und Entwicklungen innerhalb seines Œuvres aufzudecken.

### 14.2.1 Surrealistische Verfahren und thematische Bezüge bei Shaun Tan

**Der Begriff des Surrealen** ist inzwischen in den allgemeinen Sprachgebrauch übergegangen. Eine analytische Nutzung des Begriffes erfordert daher eine Differenzierung und Abgrenzung vom alltagssprachlichen Gebrauch. „In seinen Ursprüngen ist der Surrealismus eine literarische Bewegung. Und er verstand sich niemals als Stil, sondern als geistiges Programm." (Nagel 2007, S. 24) Die Kunst des Surrealismus ist aus diesem Grund ein stilistisch heterogenes Feld, er sperrt sich programmatisch gegen formale Verengung (vgl. Schneede 2006, S. 46 f.). Es lassen sich hier keine übergreifenden stilistischen Merkmale feststellen, sondern vielmehr ein Repertoire künstlerischer Verfahren, die von Vertreter/innen des Surrealismus intensiv geprägt und genutzt wurden. Der Surrealismus wurde 1924 von André Breton durch ein Manifest grundgelegt. Auch die Bezeichnung ist nicht retrospektiv entstanden, sondern von den Vertretern/innen selbst zur Beschreibung ihrer gesellschaftstheoretischen und künstlerischen Positionen gewählt worden. Breton definiert den Surrealismus in seinem Manifest:

> Surrealismus, Subst., m. – Reiner psychischer Automatismus, durch den man mündlich oder schriftlich oder auf jede andere Weise den wirklichen Ablauf des Denkens auszudrücken versucht. Denk-Diktat ohne jede Kontrolle durch die Vernunft, jenseits jeder ästhetischen oder ethischen Überlegung. (Breton 1984, S. 20)

Dieses Ziel brachte wiederkehrende Techniken, Verfahren und Motive hervor, die in verschiedenen Medien aufgegriffen wurden. Heute verbindet man mit dem Begriff des Surrealismus vor allem Werke und Vertreter/innen der Bildenden Kunst. Der literarische Ursprung und die Reichweite im Rahmen der Bildenden Kunst bieten eine große Anschlussfähigkeit bei der Betrachtung eines Bilderbuchs. So lässt sich sowohl die bildliche als auch die verbale und narrative Dimension des Bilderbuchs auf Spuren surrealistischer Verfahren, Techniken und Motive hin untersuchen.

**Das Verhältnis von Mensch und Natur:** Die Ursache für die Fehlentwicklung der westlich postindustriellen Gesellschaft und somit Notwendigkeit einer neuen Geisteshaltung sehen die Surrealist/innen – insbesondere ihr Vordenker André Breton – in der Entfremdung des Menschen von der Natur:

> For Breton, the subsequent division between subject and object, and the abandoning of traditional knowledge and analogical thinking, led to the over-privileging of instrumental reasoning. […] the surrealists argued that this had led to a dire state in which humans became alienated from both external and internal nature. (Richardson et al. 2019, S. 262)

Diese Entfremdung des Menschen von der inneren und äußeren Natur ist auch das zentrale Thema der illustrierten Kurzgeschichtensammlung *Tales from the Inner City* (dt. *Reise ins Innere der Stadt*, 2018) und dem ursprünglich ebenfalls für diese Sammlung vorgesehenen *Cicada* (dt. *Zikade*, 2018). Dabei ruft Shaun Tan mit der zwanghaften Wachstumsorientierung der postindustriellen Gesellschaft und dem instrumentellen Denken als vorherrschender Auseinandersetzungsform auch die von Breton formulierten Gründe für die Entfremdung auf.

Exemplarisch sei hier die Schmetterlingsgeschichte aus *Tales from the Inner City* (dt. *Reise ins Innere der Stadt*, 2018) genannt. Die Ankunft einer unzählbaren Menge bunter Schmetterlinge versetzt hier die Menschen „diesen kürzesten aller Augenblicke lang" (Tan 2018, S. 22) in einen unreflektierten Zustand des Staunens, der kurz nach dem Verschwinden des Naturphänomens wieder vergeht. „Später klickten unsere Sinne rasch wieder in die Werkeinstellung zurück, und das Geschwätz ging weiter." (ebd.) Über die Bezeichnungen ‚klicken' und ‚Werkseinstellung' wird eine begriffliche Nähe zum Technischen erzeugt, das hier stellvertretend für den Gegenpol zum natürlichen Urzustand des Menschen steht. Diese Opposition wird auch auf bildlicher Ebene dargestellt, indem sich die farbenprächtige Schmetterlingswolke wie ein organisch diffuser Nebel vor die scharfkantig grauen Blöcke der brutalistischen Hochhausarchitektur schiebt (vgl. ebd., S. 24 f.).

Bereits in der ersten Kurzgeschichtensammlung *Tales from outer suburbia* (dt. *Geschichten aus der Vorstadt des Universums*, 2008b) wird dieser Aspekt in ähnlicher Weise – wenn auch nicht als Leitmotiv – angesprochen (vgl. etwa Tan 2008b, S. 36 ff., 64 ff.). In anderen Werken wird das Thema latenter verhandelt, so etwa mit der Darstellung der Natur als elementarer raumzeitlicher Orientierungs- und Ankerpunkt in *The Arrival* (dt. *Ein neues Land*, 2008a, S. 22 ff., 114 f.), durch die Gegenüberstellung von Monumentalbauten, urbanem Chaos und einem Baum als Symbole für Depression und Erlösung in *The Red Tree* (dt. *Der rote Baum* 2013, S. 16 f., 18 f., 26 f., 36) und die Übernahme des suburbanen Raumes durch Tiere, Pflanzen und Wetterphänomene in *The Rules of Summer* (dt. *Die Regeln des Sommers* 2014, S. 11, 13, 17, 27, 29).

**Kombination des Disparaten:** Neben diesen deutlichen thematischen Bezügen zum Surrealismus lässt sich auch eine Verwandtschaft in den künstlerischen Verfahren Shaun Tans zu denen des Surrealismus feststellen. Letztere konzentrierten sich zunächst auf den geistigen Automatismus, im literarischen Bereich etwa mit der Technik der *écriture automatique,* einem unreflektierten und unredigierten Herunterschreiben von gedanklichen Eingebungen. Vor allem Max Ernst eröffnete mit Zufallsverfahren wie Décalcomanie, Frottage und Grattage Möglichkeiten surrealistischer Bildverfahren. „Entscheidend war der poetische Funke, den die halluzinatorischen Fähigkeiten des Geistes aus zufälligen Vorlagen schlugen."

(Nagel 2007, S. 26 f.) Die zufälligen Vorlagen konnten auch schlicht aus Fundstücken bestehen. Diese *objets trouvés* sind besonders durch die *Ready-mades* des der Surrealistengruppe zwar nicht angehörenden ihr jedoch nahestehenden Marcel Duchamps inspiriert (vgl. dazu auch Schneede 2006, S. 46 f.; Zacharias 2016, S. 10 f.). In einen neuen Zusammenhang versetzt evozieren sie neue Deutungen. Der geistige Automatismus erweitert sich hier Richtung Rezeptionsseite, indem nicht nur die/der Künstler/in durch Zufälliges inspiriert wird, sondern das Surreale auch in der/dem Betrachter/in durch die Konfrontation mit unerwarteten Kombinationen entsteht.

Die wohl bekanntesten Beispiele der surrealistischen Kombinatorik stammen von René Magritte: Ob nun Dampflok im Kamin, Fische am Himmel, nächtliche Straßenszenerie bei taghellem Himmel, Umkehrung von Objekttextur und Hintergrund oder Umkehrung der perspektivischen Größenverhältnisse. Während es bei Max Ernst vor allem um die Kombination von Disparatem oder gar Gegensätzlichem geht, zielt Magrittes vorbestimmte Kombinatorik auf die verborgene Verwandtschaft unähnlicher Elemente ab (vgl. ebd., S. 117).

Als Technik findet sich dieses Kombinieren auch in der häufig genutzten Collage wieder. In Analogie zur Bildcollage wird auch in literarischen Werken des Surrealismus der Text durch die Montage disparater Textfragmente erstellt, etwa in Bretons *Nadja* (1928). Vor allem im veristischen Surrealismus – etwa bei Salvador Dalí – bildet die sehr naturalistisch gegenständliche Darstellungsweise wunderbarer Elemente ein typisches Spannungsfeld. „Das Wunderbare […] war für Breton und die Seinen die allseitige Antriebskraft im Kampf gegen die vernünftelnde Logik, die falsche Moral". (Schneede 2006, S. 48) Das Wunderbare ist hier weder im Sinne Todorovs fantastisch noch wie im christlichen Glauben jenseitig, sondern verbirgt sich „als Widerspruch im Wirklichen" (ebd.).

Dass der Begriff des Surrealen im Zusammenhang mit Shaun Tan immer wieder auftaucht, wird vor allem am kombinatorischen Grundprinzip liegen, das sich durch die Texte Tans zieht. Allerdings lässt sich differenzieren, auf welcher Ebene hier Disparates aufeinandertrifft. So findet sich collagenhafte Montage sowohl auf Schrifttext- als auch auf Bildebene, starker Realitätsbezug im Grundsetting wird durch wunderbare Elemente durchbrochen, Bildzitate werden in einen neuen Zusammenhang gesetzt, Figuren, Zeichen und Räume aus disparaten Einzelelementen kombiniert. Dies alles lässt eine Leerstelle, erzeugt narrative Offenheit, die Raum schafft für das, was Breton metaphorisch als geistigen Funkenschlag bezeichnet. Die wohl dominanteste Form der Kombinatorik bei Shaun Tan ist das vereinzelte Auftreten wunderbarer Elemente in einem ansonsten realitätsbezogenem Grundsetting.

So erscheint das Ausgangssetting in *Ein neues Land* zunächst vertraut. Kleidung, Alltagsgegenstände und Architektur wirken allenfalls historisch inszeniert (vgl. Tan 2008a, S. 9 f.). Dieses Grundsetting wird durchbrochen von den bedrohlich durch die Gassen wabernden Drachenschwänzen (vgl. ebd., S. 13 f.). Das neue Land selbst ist zwar von radikaler Fremdheit geprägt (vgl. Staiger 2013, S. 88), ruft aber durch deutliche visuelle Bezüge zur Realität

## 14.2 Modellanalyse: *The Lost Thing* (Shaun Tan, 2000)

Kontextwissen der Rezipient/in auf (vgl. ebd., S. 89). Auch die fremde Schrift des neuen Landes ist montiert aus Bruchstücken lateinischer Schrift (zu den Quellen dieser Montagen vgl. auch Tan 2010a). Ambiguität wird hier dadurch erzeugt, dass die Einzelelemente einerseits in ihrer ursprünglichen Bedeutung erkannt werden, andererseits in neue Zusammenhänge gesetzt eine neue Bedeutung erhalten. Diese oszillierende Ambiguität destabilisiert die Betrachter/innen, indem das Irrationale und Non-naturalistische gefördert, neue Sichtbarkeiten provoziert und das Surreale kreiert wird (vgl. Richardson et al. 2019, S. 189). Durch die Dekonstruktion und Rekombination der vermeintlich vertrauten Welt wird auch ihre Konstruiertheit durch rational-kategoriales Denken freigelegt und eine vorgefertigte, schematische Deutung verhindert.

In *Der rote Baum* erscheint die Collagetechnik nicht in Form von Bildzitaten, sondern als bildnerische Technik (vgl. Tan 2013, S. 18 f.). Das Fragmentarische fungiert hier als Ausdruck der Innensicht. Das Wahnhafte wird durch die zufällige Kombination des Unvereinbaren dargestellt, das Leben als Bühne, auf der sich aus Bruchstücken montierte, rätselhafte Wesen tummeln. Besonders Bezüge zu Magrittes Werk sind hier zahlreich (vgl. etwa Schneede 2006, S. 114; Tan 2013, S. 30 f.).

In *Die Regeln des Sommers* und *Zikade* findet Kombinatorik vorwiegend auf der Figurenebene statt. Die Metamorphose als Sonderfall surrealistischer Kombinatorik bildet in *Zikade* den Wendepunkt der Erzählung und wird rein visuell in einer engen, fast daumenkinoartigen Bildfolge gezeigt (vgl. Tan 2019, S. 24 ff.). Die Verwandlung geschieht dabei auf mehreren Ebenen. Zunächst entspricht die Metamorphose der natürlichen Entwicklung einer Zikade, mit ihr verändert sich jedoch auch die Position der Figur im Verhältnis zum Menschen, was visuell durch die Verwandlung von anthropomorphisiertem Insekt zur fliegenden Zikade ohne menschliche Attribute dargestellt wird. Und schließlich vollzieht sich hier im Wortsinne, was Breton in Bezugnahme auf Max Ernst metaphorisch als Ziel des Surrealismus formulierte: „Alles muß von seiner Schale befreit werden." (Breton zit. nach Schneede 2006, S. 37)

In den beiden Kurzgeschichtensammlungen erinnern kombinatorische Elemente vor allem an Magrittes vorbestimmte Kombinatorik: Ein Taucher im Vorort (ebd., S. 22 f.), weiße Tauben, die aus einer Motorhaube aufsteigen (ebd., S. 52), Papageien, die in Langstreckenraketen nisten (ebd., S. 78 f.), ein Wald im Hochhaus (Tan 2018, S. 2 f.), ein Wal am Himmel (ebd., S. 70 f.), ein Adler im Flughafen (ebd., 244 f.). Die Liste ließe sich noch fortsetzen und zeigt, dass es sich bei der Adaption der surrealistischen Kombinatorik um ein zentrales Verfahren in Shaun Tans Œuvre handelt.

### 14.2.2 *The Lost Thing* und die Entfremdung vom Surrealen

*The Lost Thing* (dt. *Die Fundsache,* 2009) erschien 2000 als das erste Bilderbuch Shaun Tans in alleiniger Autorschaft. Schon der Titel der Originalausgabe verweist indirekt auf die Bedeutung zufälliger Fundsachen als irrationales Verfahren der Inspiration. Betont wird im Titel jedoch nicht das Finden, sondern das Verlieren. So eröffnet sich ein weiterer Bezug: Die Absicht der Surrealisten, den durch Entfremdung verlorenen Zugriff auf rohe Bewusstseinsschichten wiederzuerlangen. Im deutschen Titel *Die Fundsache* geht dieser doppelte Bezug verloren, indem die positive Seite des Prozesses betont wird. Dadurch verschiebt sich zudem die Perspektive vom verlorenen Objekt zum findenden Subjekt. Auch der Untertitel „A tale for those who have more important things to pay attention to" (Tan 2010c, S. 1) enthält im Englischen mit der Aufmerksamkeit einen Bezug zu rational gesteuerter Wahrnehmung, der im Deutschen fehlt: „Eine Geschichte für alle, die Wichtigeres zu tun haben" (Tan 2009, S. 1). Da derartige übersetzungsbedingte Verschiebungen keine Seltenheit in der deutschen Fassung sind, beziehen sich die weiteren Betrachtungen auf den englischen Ausgangstext.

**Peritextuelle Rahmung:** Die Covergestaltung (s. Abb. 14.2) unterstützt die im Titel angestoßenen Bezüge durch ihre collagenhafte Montage von Typografie im Titel, einen aus Techniklehrbüchern collagierten Hintergrund und die

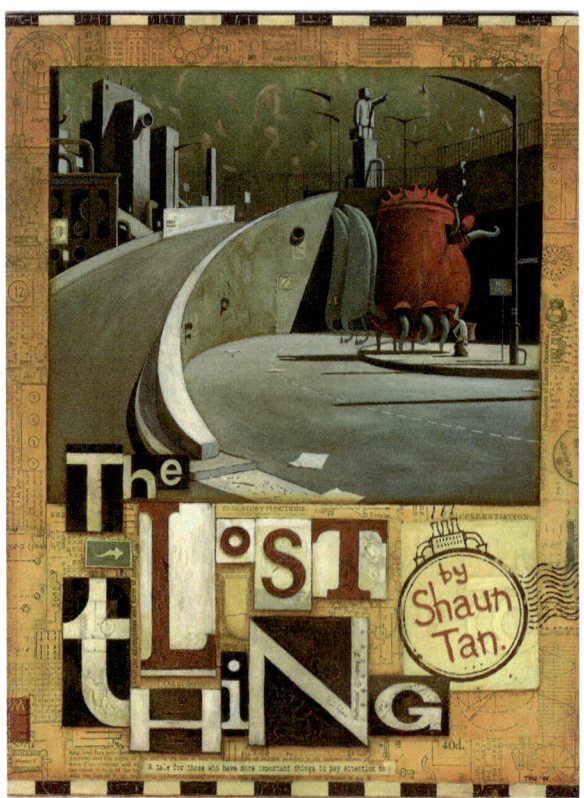

**Abb. 14.2** Cover: *The Lost Thing* (Tan 2010c)

in das Impressum eingebundenen Hinweise. Die Typografie des Titels stellt bereits ein disparates Puzzle aus unterschiedlichen Schrifttypen, -auszeichnungen und -größen dar. Die Hintergrundcollage, die auch nahezu das gesamte Layout des Haupttextes prägt, besteht aus scheinbar willkürlich zusammengestellten Schnipseln aus Physik- und Mathematiklehrbüchern, die Debra Dudek als „visual noise" (2005, S. 60) beschreibt. Bei genauerem Hinsehen sind jedoch einzelne Wörter und Phrasen zu erkennen, die in Kombination mit Bild- und Schrifttext Assoziationen anstoßen. Hier kündigt sich ein rezeptionsästhetischer Aspekt an, der weit über ein Hintergrundrauschen hinausgeht. Die Bild- und Textfragmente lassen sich auch im weiteren Verlauf immer wieder in Bezug zur Erzählung setzen (vgl. dazu auch Rudd 2010). Das kann im Sinne Dudeks als Ablenkung verstanden werden, jedoch auch umgekehrt als Einladung zur vertieften Rezeption oder – um auf den Surrealismus zurückzukommen – als Feld analoger Auseinandersetzung mit dem Text und Stimulus für den poetischen Funken.

**Die Coverillustration** schließlich besteht aus einem Bildzitat. Jeffrey Smarts *Cahill Expressway* „depicts a real Sydney freeway, renowned for its perceived ugliness, utilitarism, and more symbolically as an early example of alienated urban modernity [...]" (Hateley 2017, S. 56). Tan überspitzt diesen Utilitarismus bis zur Dysfunktion: Die Straßen führen ins Nirgendwo, Pfeile und die richtungsweisende Statue deuten in entgegengesetzte Richtungen und auf kryptische Zwecke hin, die Hauptfiguren sind in diesem urbanen Labyrinth gefangen und auf eine Betonwand ausgerichtet. Sie sind offensichtlich verloren und lungern ratlos direkt neben einem Hinweisschild herum, das Herumlungern verbietet. Die Straßenlaternen ragen wie Sensen in den Himmel, das Farbspektrum ist – anders als bei Smart – monochrom in grünlichen Grautönen gehalten (vgl. Hateley 2017, S. 57). Nur das Ding sticht mit seinem roten Körper durch den Komplementärkontrast aus dem Setting hervor und kann dadurch schnell als das im Titel erwähnte verlorene Ding identifiziert werden.

**Weitere peritextuelle Elemente** lassen metafiktional die Grenze zwischen Diegese und Rezeptionswirklichkeit verschwimmen, indem das Impressum durch die fiktiven Kontrollinstanzen der dystopischen Diegese gerahmt ist. Stempel verweisen auf die Buchfreigabe durch das Informations- und das Zensurministerium (vgl. Tan 2010c, S. 40), ein weiterer Hinweis auf die Charakteristika der erzählten Welt. In der englischen Ausgabe erweitert ein selbstreferenzieller Klappentext den Untertitel. Er entlarvt einerseits die Absicht der Rezipient/innen, durch das Lesen des Klappentextes Zeit zu sparen, andererseits verweigert er nahezu jede explizite Auskunft über den Inhalt des Buchs und bezeichnet sich selbst als Zeitverschwendung (ebd.). Auch die Nennung des Autors im Impressum bietet einen infratextuellen Bezug: Das übliche „written by" wird hier ersetzt durch „found by" (ebd.). Dem Autor wird also keine schöpferische, sondern vielmehr eine entdeckende Rolle zugewiesen, die stark an die Zufallsverfahren Max Ernsts erinnert: In seinen Frottagen ging es nicht um die Neuschöpfung, sondern um die Aufdeckung längst vorhandener Wirklichkeiten. Die Vorsatzblätter zeigen einen collagierten Hintergrund aus Skizzen zum Buch, auf dem eine Sammlung von Kronkorken aufgereiht ist (ebd.). All diese Kronkorken sind mit Ausschnitten aus technischen Illustrationen, Diagrammen und Sachtexten oder einzelnen Wörtern beklebt. Einzige Ausnahme ist ein Kronkorken, der mit dem im Haupttext wiederkehrenden Motiv der Wolke bemalt ist. Der Großteil der Kronkorken ist stark mit dem Rationalen assoziiert. Diese Assoziation mit analytisch-kategorialem Denken und Zweifeln wird erst durch die kombinatorische Fülle und akkurate Ordnung hervorgerufen. Die Wolke als herausstechende Ausnahme bildet dabei mit dem Naturbezug einen Gegenpol. David Rudd sieht in ihr ein Symbol für den Imaginationsraum (vgl. 2010, S. 136). Dabei schafft sowohl die farbliche Gestaltung im Vergleich zum monochromen Rest des Vorsatzblattes, als auch der pastose Malstil im Vergleich zur exakten Ordnung der Kronkorken und der technischen Illustrationen einen visuellen Kontrast.

Der Peritext deutet so zwar noch latent, jedoch auf zahlreichen Ebenen den Grundkonflikt der folgenden Erzählung an: Auf der einen Seite die von Utilitarismus, Technokratie und Bürokratie geprägte dystopische Diegese, auf der anderen Seite die verlorenen Elemente, die sich nicht in dieses System integrieren lassen, da sie sich jeder kategorialen Vereinnahmung entziehen.

**Dimensionen und Prozesse der Entfremdung:** Die Erzählung geht auf bildlicher Ebene vom Peritext in den Haupttext über. Der autodiegetische Erzähler wird zunächst von außen in einer Straßenbahn stehend gezeigt (vgl. Tan 2010c, S. 5). Der Erzähltext setzt auf der nächsten Seite mit einer direkten Adressatenansprache ein (ebd.), ist durch ein hohes Maß an umgangssprachlichen Formulierungen geprägt und gibt zunächst metanarrative Überlegungen des Erzählers wieder, die auch die Zuverlässigkeit der Erzählung infrage stellen (vgl. Staiger 2013, S. 83). Der eigentliche Einstieg in die Erzählung geschieht auf der folgenden Seite und betont die retrospektive Position des Erzählens. Auf bildlicher Ebene wird die bereits als industriell und kapitalistisch markierte Diegese durch einen unübersichtlichen Schilderwald als direktiv charakterisiert (vgl. Tan 2010c, S. 7). Schilder, Wegweiser und Ampeln treten im weiteren Verlauf immer wieder in der durch Betonbauten geprägten Stadt auf und verweisen auf eine schemageleitete Vorbestimmtheit des Lebens in der dargestellten Welt. Auch das bevorzugte Fortbewegungsmittel Straßenbahn bewegt sich in vorgefertigten Bahnen auf ein im Voraus determiniertes Ziel zu (vgl. Rudd 2010, S. 142). Unterstützt wird der Eindruck einer fremdbestimmten Bevölkerung durch die teilweise absurden Hinweistafeln. Die Hinweise „YOU ARE HERE" (Tan 2010c, S. 13) und „TODAY IS THE TOMORROW YOU WERE PROMISED YESTERDAY" (ebd., S. 27) sind einerseits sinnlos, andererseits deuten sie darauf hin, dass die Bevölkerung dieser Stadt selbst auf das Befolgen derart banaler Hinweise konditioniert ist (vgl. Rudd 2010, S. 137). Ein Leben im Hier und Jetzt ist offenbar nicht selbstverständlich.

**Grenzzone Strand:** In dieser Welt entdeckt der Erzähler ein Ding, das sich jeder kategorialen Einordnung entzieht. Das Ding ist eine Kombination disparater Einzelelemente: Kessel, Heuschrecke, Schrank, Krake, Dampfmaschine. Es weist keinerlei menschliche Züge auf und setzt sich nicht nur farblich, sondern auch formal und durch seine Größe von der Umgebung ab (vgl. Tan 2010c, S. 8 f.). Trotzdem scheint niemand außer dem Erzähler das Ding zu bemerken. Offenbar ist nicht nur das Ding selbst verloren, sondern auch die Fähigkeit der Menschen es wahrzunehmen (vgl. Rudd 2010, S. 138). Bezeichnenderweise findet der Erzähler das Ding am Strand, der Grenze zwischen offenem Meer und der durch absurd hohe Betonmauern trutzburghaft abgeschotteten Stadt (s. Abb. 14.3). Raumkonzeptuell werden hier an der Grenzzone Strand die unreglementierte Natur dem Industriemoloch der überreglementierten Stadt gegenübergestellt (vgl. auch Galter 2011, S. 144). Diese Grenzzone wird sowohl von den Wellen des Meeres als auch von den Strandbesuchern beansprucht. Letztere scheinen eher mechanisch und pflichtbewusst als ausgelassen Strandaktivitäten nachzugehen (vgl. Tan 2010c, S. 12 f.) Auch die Vermutung des Erzählers, sie seien „too busy doing beach stuff" (ebd.), deutet in diese Richtung.

**Die Figur als Repräsentant des Grundkonflikts:** Der Erzähler entdeckt das Ding, während er auf der Suche nach Kronkorken für seine Sammlung ist. Sigrun Galter merkt an, dass nur diese kindlich zweckfreie Sammeltätigkeit den Blick des Jungen für die Wahrnehmung des Dings schärft (vgl. Galter 2011, S. 140 f.). Diese Lesart scheint verkürzt, beachtet man die sorgsam geordneten Kronkorken auf den Vorsatzpapieren und das Bestimmungsbuch „WHAT BOTTLE TOP IS THAT?" (Tan 2010c, S. 8), das der Junge bei sich trägt. Bestimmungsbuch und akkurate Ordnung der Sammlung weisen auf die Dominanz des Kategorisierens und Katalogisierens in diesem Hobby hin. David Rudd betont außerdem den verdrehten Bezug zur Vogelbeobachtung. Während sich der Blick bei der Vogelbeobachtung Richtung Himmel hebt, zwingt die Suche nach Kronkorken zum Senken des Blickes (vgl. Rudd 2010, S. 136). Der Erzähler verkörpert den kindlichen Blick für unscheinbare und vermeintlich unwichtige Details ebenso wie

**Abb. 14.3** Doppelseite: Der Strand als Grenzbereich (Tan 2009, S. 8 f.)

das instrumentelle und kategoriale Denken. Der surrealistische Grundkonflikt ist also bereits in der Figur des Jungen angelegt und so schwankt auch sein Handeln zwischen zweckfreiem Spiel (vgl. Tan 2010c, S. 11) und systematischer Untersuchung (vgl. ebd., S. 9), unvoreingenommener Zuwendung (vgl. ebd., S. 18) und dem Drang, einen Bestimmungsort für das Ding zu finden (vgl. ebd., S. 14).

Die Suche führt ihn zu seinem Freund Pete, der im Bild durch seine künstlerische Tätigkeit und im Erzähltext durch die Verweigerung kategorialen Denkens (vgl. ebd., S. 14) als Stellvertreter der surrealistischen Weltsicht gelesen werden kann (vgl. dazu auch Dudek 2005, S. 64; Hateley 2017, S. 51). Die Eltern des Erzählers hingegen reagieren stellvertretend für die auf instrumentell kategoriales Denken konditionierte Gesellschaft zunächst mit Ignoranz, dann mit Abneigung gegen das fremde Ding (vgl. dazu auch Rudd 2010, S. 138). Über eine Zeitungsannonce findet der Erzähler das ‚Federal Department of Odds & Ends', eine staatliche Einrichtung zur Eliminierung unerwünschter, weil nicht kategorisierbarer Dinge (vgl. Tan 2010c, S. 20). In dieser kafkaesk anmutenden Einrichtung angekommen (zu dieser und weiteren Referenzen in der Darstellung der Behörde vgl. auch Rudd 2010, S. 143; Staiger 2013, S. 85), wird er zunächst mit Formularen überhäuft, trifft dann aber auf eine Reinigungskraft, die ihm nahelegt, einen anderen Ort für das Ding zu suchen (vgl. Tan 2010c, S. 25). Er erhält eine Hinweiskarte mit einem geschwungenen Pfeil, der sich von all den geradlinigen Pfeilen im Stadtbild unterscheidet (zum Motiv des geschwungenen Pfeils vgl. auch Dudek 2005, S. 64; Rudd 2010, S. 139; Hateley 2017, S. 58). Sie folgen daraufhin den Pfeilen. Ihre Suche endet schließlich an einem unscheinbaren Spalt in den Betonblöcken, dessen Beschreibung sich in Kombination mit dem gewellten Pfeil wie die Anleitung zur Suche nach dem Surrealen liest: „The sort of place you'd never know existed unless you were actually looking for it." (Tan 2010c, S. 29)

### 14.2.3 Der paranoisch-kritische Blick in ein Utopia der Kombinatorik

In diesem Spalt öffnet sich ein Portal zu einer anderen Welt, die sich stark von der zuvor dargestellten Welt abhebt (s. Abb. 14.4). Schon die Seitenausrichtung erfordert ein Umdenken der Rezipient/innen. Das Buch muss gedreht werden, um den Blick in den durch ein Graffiti als „υtΟqIA" (zur Schreibweise des Begriffs und der damit verbundenen Ambivalenz vgl. Rudd 2010, S. 141) gekennzeichneten Ort auszurichten. Michael Staiger sieht darin die surrealistische Strategie der Entfremdung (vgl. 2013, S. 86). Salvador Dalí spricht von paranoischen Bildern, die sich durch ihre Mehrdeutigkeit auszeichnen. Er zeigt dies mit dem *Paranoischen Gesicht* (1931), einer Fotografie, die in ursprünglicher Ausrichtung eine ethnologische Szene zeigt, durch Drehung aber auch die Assoziation eines Gesichtes ermöglicht (vgl. dazu auch Schneede 2006, S. 125). „Paranoisch-

**Abb. 14.4** Doppelseite: Der Blick nach Utopia (Tan 2009, S. 30 f.)

kritisch" nennt Dalí eine „spontane Methode irrationaler Erkenntnis, die auf der kritisch-interpretierenden Assoziation wahnhafter Phänomene beruht" (Dalí zit. n. Schneede 2006, S. 128). Durch die veränderte Seitenausrichtung liefert Tan einerseits einen Hinweis auf die Wahrnehmung des Erzählers, die sich in diesem Augenblick offenbar dem Surrealen öffnet. Andererseits werden auch die Rezipient/innen zu dieser kritisch-paranoischen Aktivität herausgefordert. Das geöffnete Portal wird durch einen dunklen Rahmen begrenzt, der bei Normalausrichtung noch an die Form einer Sprechblase erinnert. Das Bild tritt hier an die Stelle des Erzähltextes, denn „das radikal Fremde ist unsagbar, aber nicht unzeigbar" (Staiger 2013, S. 86). Im Gegensatz zu allen anderen Seiten des Buchs fehlt hier die Hintergrundcollage. Für diesen kurzen Moment verstummt also das rational analytisch assoziierte, visuelle Hintergrundrauschen. Sei es, weil wir mit dem Erzähler einen Augenblick des analogen Denkens erleben oder aber die Perspektive des Dings einnehmen, die ohnehin nicht durch den Filter sprachlich-kategorialen Denkens verstellt zu sein scheint.

**Kunsthistorische Referenzen:** Dreht man das Buch, wandelt sich die Form des Rahmens zu einer Türöffnung. Während Staiger diese Rahmung mit dem Blick durch ein Schlüsselloch assoziiert (vgl. Staiger 2013, S. 87), sieht David Rudd hier das sprichwörtliche Licht am Ende des Tunnels, das Erwachen der Seele nach der langen Nacht (vgl. Rudd 2010, S. 141). Dahinter eröffnet sich eine Welt ohne Fluchtpunkt und Fokus, ein Wimmelbild voller kunsthistorischer Referenzen: Von de Chirico und Miró über Max Ernst, Yves Tanguy, Paul Klee und Hieronymus Bosch bis hin zu Marcel Duchamp und Roland Penrose (vgl. Rudd 2010, S. 141; Staiger 2013, S. 86; Hateley 2017, S. 60). All diesen Künstlern ist gemein, dass sie entweder dem Kreis der Surrealisten angehörten oder ihnen zumindest eine Nähe zum Surrealismus zugeschrieben wird. Der deutlichste Bezug ist wohl der zu Giorgio de Chirico. Er lässt sich mit der pastellhaften und von Erdtönen dominierten Farbpallette, der bühnenhaften Szenerie, der von Torbögen dominierten Architektur und dem flachen Lichteinfall begründen. Anders als in den Gemälden de Chiricos wimmelt die Bühne jedoch von Figuren, die – ähnlich wie das Ding – aus Fragmenten unterschiedlicher Wesen und Artefakte zusammengesetzt scheinen. So groß die Heterogenität der Bewohner Utopias auch ist, sie eint die Eigenschaft, offenbar keinem erkennbaren Zweck zu dienen. Der Ort scheint gefunden, an den all jene Dinge gehören, die sich der Kategorisierung, dem rationalen Zugriff und dem Utilitarismus entziehen. Tan spielt hier exzessiv die Möglichkeiten der Kombinatorik durch: Akkordeon trifft auf Schreibmaschine, Schachbrett auf Leierkasten, Kängurukörper auf Flaschenhals, menschlicher Körper auf Zahnrad und immer wieder Organisches auf Mechanisches. Die meisten der Wesen scheinen zu interagieren, jedoch entzieht sich ihre Interaktion unserem verbalsprachlich, kategorial geprägten Verständnis. So gibt es Wesen, die Wölkchen ausstoßen, sich gegenseitig mit Flüssigkeiten befüllen, abstrakte Muster auf den Boden zeichnen, musizieren, gestikulieren oder sich einfach nur anschauen.

**Rückkehr in den metanarrativen Rahmen:** Mit dem Erreichen Utopias ist die Erzählung nicht beendet. Der Erzähler verabschiedet sich von dem Ding und wendet sich wieder der Klassifizierung seiner Kronkorkensammlung zu (vgl. Tan 2010c, S. 32). Er kehrt darauf in den metanarrativen Rahmen der Erzählung zurück und äußert seine Unsicherheit über die Moral der Geschichte und zur Frage, ob das Ding nun an diesen Ort gehört (ebd.). Er beschreibt schließlich, dass er immer seltener solche Dinge sehe und räsoniert über mögliche Gründe: „Maybe there aren't many lost things around anymore. Or maybe I've just stopped noticing them. Too busy doing other stuff, I guess." (ebd., S. 35) Die letzte Seite des Haupttextes ist schrifttextlos. Sie zeigt die Reinigungskraft aus der Behörde in vollständig leerer Umgebung (vgl. ebd., S. 36). Ob nun als Aufforderung zur erneuten Rezeption (vgl. Hateley 2017, S. 54), als Hinweis auf den heimlichen Helden der Erzählung (vgl. Rudd 2010, S. 142) oder gar auf eine Verstrickung der Figur in das bürokratische System, das unerwünschte Elemente in ein Ghetto abschiebt (vgl. ebd., S. 143), die Interpretationen dieses Endes sind zahlreich, da *The Lost Thing* hier – wie Tans Texte insgesamt – keine Eindeutigkeit vorgibt und die Rezipient/innen mit großen narrativen Leerstellen konfrontiert.

**Erzählung des Scheiterns:** Doch liest man die Erzählung als surreales Erweckungserlebnis des Erzählers, siegt am Ende der Teil der ambivalenten Figur, der schon zu Beginn zumindest teilweise im instrumentellen Denken verhaftet ist: Sein Versuch, das Ding seiner Bestimmung zuzuführen, führt zwangsläufig zum Verlust. Und mit ihm verliert er offenbar auch die Empfänglichkeit für den – wie Aragon es nennt – „Widerspruch […] im Wirklichen" (Aragon zit. in. Schneede 2006, S. 48). So lesen sich Aragons weitere Ausführungen zum Wunderbaren wie eine Zusammenfassung von *The Lost Thing*: „Es gelte, sich möglichst ‚lange das Gefühl für das alltäglich Wunderbare' zu bewahren, wo man doch normalerweise ‚für das Ungewöhnliche immer weniger Sinn' habe." (ebd.) Vor diesem Hintergrund ist *The Lost Thing* eine Erzählung des Scheiterns. Liest man Utopia als imaginären Raum des Wunderbaren, so existiert er eben nur durch Imagination.

Das Portal zu schließen, ist dann gleichbedeutend mit dem Auslöschen dieses Raumes und all seiner Bewohner. Und so verschwinden an diesem Punkt der Erzählung auch die von Rudd als symbolische Repräsentation der Imagination gedeuteten Wolkenpanels.

## 14.3 Fazit

Shaun Tans *The Lost Thing* macht den Anfang einer ganzen Reihe von Texten, die – wie gezeigt – zentrale Verfahren, Themen und Motive des Surrealismus aufgreifen. Während dieser Bezug in manchen Werken latent ist, lässt sich dieses erste Bilderbuch als Allegorie für die surrealistische Kritik an der Entfremdung lesen. Der Text stößt zudem die Reflexion eigener Denkmuster an und zwingt zur vertieften, assoziativen Rezeptionshaltung. Tan eröffnet der Rezipient/in ein kombinatorisches Spielfeld für analoges Denken. Auch wenn andere Texte Shaun Tans nicht immer derart dicht mit expliziten und impliziten Bezügen zum Surrealismus durchsetzt sind, lässt sich dieser rezeptionsästhetische Bezug als durchgehendes Merkmal des Œuvres festhalten. Ein weiteres sind die unzähligen inter- und extratextuellen Referenzen, die hier nur in Ansätzen diskutiert werden konnten und eine weiterführende werkkontextuelle Auseinandersetzungen mit dem Œuvre Shaun Tans erfordern.

Die werkkontextuelle Auseinandersetzung eröffnet – wie im Falle Tans gezeigt – neue Lesarten, bietet einen analytischen Fokus und einen referenziellen Rahmen, der auch eine stringente Argumentation erleichtert. Die vorliegende Modellanalyse setzt einen klaren Schwerpunkt auf den extratextuellen Kontext (Surrealismus), zeigt jedoch auch die analytischen Potenziale intertextueller (Vergleich Werk/Œuvre), infratextueller (Peritext/Haupttext) und intratextueller Kontextualisierung (Detailanalyse).

## Literatur

### Primärliteratur

Tan, Shaun: *Ein neues Land*. Hamburg 2008a (engl. 2006).
Tan, Shaun: *Geschichten aus der Vorstadt des Universums*. Hamburg 2008b (engl. 2008).
Tan, Shaun: *Die Fundsache*. Hamburg 2009 (engl. 2000).
Tan, Shaun: *Sketches from a Nameless Land. The art of the arrival*. Sydney 2010a.
Tan, Shaun: *The bird king. An artist's notebook*. New York 2010b.
Tan, Shaun: *The Lost Thing*. Sidney $^8$2010c (engl. 2000).
Tan, Shaun: *Der rote Baum*. Hamburg 2013 (engl. 2001).
Tan, Shaun: *Die Regeln des Sommers*. Hamburg 2014 (engl. 2013).
Tan, Shaun: *Reise ins Innere der Stadt*. Hamburg 2018 (engl. 2018).
Tan, Shaun: *Zikade*. Hamburg 2019 (engl. 2018).

## Sekundärliteratur

Barthes, Roland: „Der Tod des Autors". In: Fotis Jannidis/Gerhard Lauer/Matías Martínez/Simone Winko (Hg.): *Texte zur Theorie der Autorschaft*. Stuttgart 2000, 185–193 (franz. 1968).
Blum, Mechthild: „Shaun Tans surreale ‚Reise ins Innere der Stadt'" (2019), https://www.badische-zeitung.de/shaun-tans-surreale-reise-ins-innere-der-stadt--167115407.html (22.1.2020).
Burdorf, Dieter: „Werk". In: Dieter Burdorf/Christoph Fasbender/Burkhardt Moenninghoff (Hg.): *Metzler Lexikon Literatur*. Stuttgart/Weimar $^3$2007, 827–828
Breton, André: *Die Manifeste des Surrealismus*. Reinbek bei Hamburg $^{17}$1984 (franz. 1924).
Danneberg, Lutz: „Kontext". In: Klaus Weimar/Harald Fricke/Jan-Dirk Müller/Klaus Grubmüller (Hg.): *Reallexikon der deutschen Literaturwissenschaft. Neubearbeitung des Reallexikons der deutschen Literaturgeschichte*. Berlin/Boston $^3$2010, 333–337.
Doornkaat, Hans t.: „Die Poesie des Fremden" (2009), https://www.zeit.de/2009/42/L-KJ-Luchs-Shaun-Tan (22.1.2020).
Dudek, Debra: „Desiring Perception: Finding Utopian Impulses in Shaun Tan's The Lost Thing". In: *Papers: Explorations into Children's Literature* 15/2 (2005), 58–66.
Dudek, Debra: „Dogboys and Lost Things; or Anchoring a Floating Signifier: Race and Critical Multiculturalism". In: *ARIEL: A Review of International English Literature* 37/4 (2006), 1–20.
Foucault, Michel: „Was ist ein Autor?". In: Fotis Jannidis (Hg.): *Texte zur Theorie der Autorschaft*. Stuttgart 2000, 198–229 (franz. 1969).
Galter, Sigrun: „Raumsemantische Grenzüberschreitung im Bilderbuch. Der Strand als Grenzzone in Shaun Tans Die Fundsache und David Wiesners Strandgut". In: Carsten Gansel (Hg.): *Zwischen didaktischem Auftrag und grenzüberschreitender Aufstörung? Zu aktuellen Entwicklungen in der deutschsprachigen Kinder- und Jugendliteratur*. Heidelberg 2011, 131–151.
Hachette Australia Books: „The Arrival & Sketch Book by Shaun Tan Deluxe Edition" (2010), https://www.youtube.com/watch?v=Hrs69XiC9fs (22.1.2020).
Hachette Australia Books: „Shaun Tan on the mystery of Cicada" (2018), https://www.youtube.com/watch?v=gnIs_mMKfoU (22.1.2020).
Hateley, Erica: „Art, Adaptation, and the Antipodean in Shaun Tan's The Lost Thing". In: Naomi Hamer/Perry Nodelman/Mavis Reimer (Hg.): *More words about pictures. Current research on picture books and visual/verbal texts for young people*. New York 2017, 44–62.
Jannidis, Fotis/Lauer, Gerhard/Martinez, Matias/Winko, Simone (Hg.): *Rückkehr des Autors. Zur Erneuerung eines umstrittenen Begriffs*. Tübingen 1999.
Lahn, Silke/Meister, Jan C.: *Einführung in die Erzähltextanalyse* [2008]. Stuttgart $^3$2016.
Luen Yang, Gene: Stranger in a Strange Land (2007), https://www.nytimes.com/2007/11/11/books/review/Yang-t.html (22.1.2020).
Luft, Daniela C./Ott, Michael R./Theis, Christoffer: Kontext. In: Thomas Meier/Michael R. Ott/Rebecca Sauer (Hg.): *Materiale Textkulturen. Konzepte – Materialien – Praktiken*. Berlin 2015, 101–112.
Nagel, Joachim: *Die Kunst des Surrealismus*. Stuttgart 2007.
Nünning, Ansgar: „Historischer Autor". In: Ders.: *Metzler Lexikon Literatur- und Kulturtheorie. Ansätze – Personen – Grundbegriffe*. Stuttgart/Weimar $^5$2013, 45–46.
Nünning, Ansgar/Neumann, Birgit: „Kontextualisierung". In: Ansgar Nünning (Hg.): *Metzler Lexikon Literatur- und Kulturtheorie. Ansätze – Personen – Grundbegriffe*. Stuttgart/Weimar $^5$2013, 401–402.
Richardson, Michael/Ades, Dawn/Fijałkowski, Krzysztof/Harris, Steven/Sebbag, Georges (Hg.): *The International Encyclopedia of Surrealism*. London u.a. 2019.
Rudd, David: „A Sense of (Be)longing in Shaun Tan's The Lost Thing". In: *International Research in Children's Literature* 3/2 (2010), 134–147.
Schneede, Uwe M.: *Die Kunst des Surrealismus. Malerei, Skulptur, Dichtung, Fotografie, Film*. München 2006.

Staiger, Michael: „Lost and found. Bild-Wort-Inszenierungen des Fremden im Werk Shaun Tans". In: Petra Josting/Caroline Roeder (Hg.): ‚Das ist bestimmt was Kulturelles'. Eigenes und Fremdes am Beispiel von Kinder- und Jugendmedien. München 2013.

State Library Western Australia: „Shaun Tan interviewed by William McInnes" (2012), https://www.youtube.com/watch?v=mhrQQrmUi-c (22.1.2020).

Swedish Arts Council: „Shaun Tan breaks down the boundaries of storytelling – ALMA" (2011), http://www.alma.se/en/Laureates/2011-Recipient/More-about-XXX/ (22.1.2020).

Thomé, Horst: „Werk". In: Klaus Weimar/Harald Fricke/Jan-Dirk Müller/Klaus Grubmüller (Hg.): *Reallexikon der deutschen Literaturwissenschaft. Neubearbeitung des Reallexikons der deutschen Literaturgeschichte.* Berlin/Boston ³2010, 832–834.

Tischer, Ute/Forst, Alexandra/Gärtner, Ursula: Einleitung: „Text, Kontext, Kontextualisierung". In: Dies.: *Text, Kontext, Kontextualisierung. Moderne Kontextkonzepte und antike Literatur.* Hildesheim 2018, 3–15.

Wagner, Hans-Peter: „Intention". In: Ansgar Nünning (Hg.): *Metzler Lexikon Literatur- und Kulturtheorie. Ansätze – Personen – Grundbegriffe.* Stuttgart/Weimar ⁵2013, 340–341.

Wimsatt, William K./Beardsley, Monroe C.: „Der intentionale Fehlschluss". In: Fotis Jannidis (Hg.): *Texte zur Theorie der Autorschaft.* Stuttgart 2000, 84–101 (engl. 1946).

Zacharias, Kyllikki H.: *Surreale Sachlichkeit. Werke der 1920er und 1930er Jahre aus der Nationalgalerie.* Dresden 2016.

# Lyrik im Bilderbuch

**15**

Marlene Zöhrer

## Inhaltsverzeichnis

| | | |
|---|---|---|
| 15.1 | Theoretische Grundlagen | 277 |
| | 15.1.1 Literaturwissenschaftliche Annäherung an das Lyrik-Bilderbuch | 278 |
| | 15.1.2 Lyrik-Bilderbuch im Literaturunterricht | 280 |
| 15.2 | Modellanalyse: *Der Panther* (Rainer Maria Rilke/Julia Nüsch, 2018) | 281 |
| | 15.2.1 *Der Panther:* Das Dinggedicht im Bilderbuch | 281 |
| | 15.2.2 Visuelle Verortung im historischen Kontext | 283 |
| | 15.2.3 (Um-)Brüche der Umadressierung | 285 |
| | 15.2.4 Ding, Tier, Mensch: Interpretationsspielräume | 287 |
| 15.3 | Fazit | 290 |
| Literatur | | 292 |

## 15.1 Theoretische Grundlagen

„Ein Gedicht ist ein Kindergedicht, wenn ein Kind ein Gedicht liest." Die Aussage von Hans-Joachim Gelberg (2000, S. 78) ist nicht nur gleichermaßen einleuchtend wie provokant, sie verweist auch auf einen Umstand, der bezeichnend ist für das lyrische Angebot im Kinder- und Jugendbuch. Gedichte, die ursprünglich für eine erwachsene Leserschaft geschrieben wurden, haben als intendierte Kinder- und Jugendliteratur längst einen Stammplatz auf dem Buchmarkt: in illustrierten Hausbüchern und Anthologien ebenso wie in Graphic Novel, Comic und im Bilderbuch. Der Kinderbuchmarkt bietet so neben Gedichten von Paul Maar, Manfred Mai, Jutta Richter und Christine Nöstlinger auch Texte von Johann Wolfgang von Goethe, Theodor Fontane, Erich Fried oder Mascha Kaléko.

---

M. Zöhrer (✉)
KiJuLit – Zentrum für Forschung und Didaktik der Kinder- und Jugendliteratur,
Pädagogische Hochschule Steiermark, Graz, Österreich
E-Mail: marlene.zoehrer@phst.at

**Lyrik-Bilderbuch:** Lyrik-Anthologien und Hausbücher, die sich an die ganze Familie richten, stellen den Gedichten dabei meist eine Illustration zur Seite, die eine ausgewählte Situation oder ein spezifisches Motiv visualisiert und sie an zeitgenössische Sehgewohnheiten anpasst. Das Lyrik-Bilderbuch hingegen widmet sich einem einzelnen Gedicht, das sich zumeist durch eine hohe Narrativität, wie sie etwa in Balladen zu finden ist, und damit auch Darstellbarkeit auszeichnet. Das Bild ist hier weit mehr als eine Beigabe oder Illustration: Es interpretiert in und mit seitenfüllenden Bildern sowie einer kontinuierlichen Bildfolge und lenkt auf diese Weise Wahrnehmung und Rezeption des Gedichts. Neben der individuellen künstlerischen Ausgestaltung und Akzentuierung des Inhalts spielen dabei die Aufteilung der einzelnen Verse – im Fall von Balladen und längeren Gedichten auch Strophen – auf die Doppelseiten, d. h. Seitenlayout und Typografie des Bilderbuchs eine zentrale Rolle.

**Auswahl:** Welche allgemeinliterarischen Texte neben Kindergedichten den Weg ins Bilderbuch finden, hängt von mehreren Faktoren ab. Neben der Frage der Darstellbarkeit, die eng verwoben ist mit dem Thema und der sprachlichen Gestalt des Textes, ist die Frage danach, was für Kinder als Lektüre geeignet bzw. angemessen erscheint, zentral. Hier kommen der soziokulturelle Kontext, zeitgenössische Vorstellungen von Kindheit, pädagogische und didaktische Normen und Anforderungen, Regelungen des Literaturmarktes, öffentliches Interesse und politische Fragen ebenso zum Tragen wie (kommerzielle) Interessen, persönliche Überzeugungen und Vorlieben der Literaturschaffenden.

**Intention:** Als Grund für die Übernahme allgemeinliterarischer Texte wird zudem die Idee formuliert, Kindern solle über das Bilderbuch der Zugang zu herausragenden Werken ermöglicht werden. Darüber hinaus können Bilderbuchversionen als Beitrag zur Kanonpflege, die versucht, literarische Traditionen über Generationen- und Ländergrenzen hinweg lebendig zu halten, verstanden werden. Auf dem Buchmarkt lassen sich aktuell zahlreiche Beispiele für Gedichte, die ursprünglich eine erwachsene Leserschaft intendieren, als Bilderbuch finden, das sich über die visuelle Gestaltung als Buch für Kinder ausweist: auf dem deutschsprachigen Buchmarkt allen voran die Bände, die in der Kindermann-Reihe *Poesie für Kinder* erscheinen. Ferner bietet der Buchmarkt Lyrik-Bilderbücher, die sich durch eine Mehrfachadressierung oder offene Adressierung auszeichnen und Kinder wie Erwachsene gleichermaßen als Leserschaft intendieren.

## 15.1.1 Literaturwissenschaftliche Annäherung an das Lyrik-Bilderbuch

Unabhängig davon, ob ein Kindergedicht oder ein ursprünglich für eine erwachsene Leserschaft verfasstes Gedicht in das Bilderbuchformat übertragen wird, laufen bei der Übernahme von verbalsprachlichen Texten in das multimodale Bilderbuch vielfältige Prozesse auf unterschiedlichen Ebenen ab. In der (Kinder-)Literaturwissenschaft wird dieser umfassende Vorgang sowohl als

‚Adaption', ‚Bearbeitung', ‚Nacherzählung' (oft ohne konkrete Definition und/ oder Abgrenzung) als auch als ‚Transformation' (vgl. Zöhrer 2011) bezeichnet.

**Transformation:** Der Begriff, der die Beschaffenheit des Bilderbuchs als multimodalen Text mitdenkt, beschreibt eine Kombination intermedialer und intertextueller Relationen, die auf kontext- und strukturabhängigen Veränderungen beruht. Er leitet sich aus der Intertextualitätstheorie ab (insbesondere Genette 1993; vgl. auch Allen 2000) und knüpft an Aspekte der Intermedialitätsforschung an (vgl. Hansen-Löve 1983). Transformation kann dabei als Prozess wie auch als mediales Produkt verstanden werden (vgl. Zöhrer 2011). Bei der Analyse von Lyrik-Bilderbüchern geht es folglich zum einen um Text-Text-Beziehungen und zum anderen darum, die neu hinzugekommene Bildebene sowie das Zusammenspiel von Bild und Schrifttext zu untersuchen.

**Umadressierung:** Während die Transformation eines umfangreichen literarischen Werkes – Roman, Drama – in das Medium Bilderbuch die Reduktion eines Textes von 200 und mehr Seiten auf 32 bzw. 48 Seiten erfordert und auf der Textebene mit sprachlichen und stilistischen Anpassungen sowie Verfahren wie Moduswechsel, Reduktion, Aktualisierung, Transfokalisierung oder Variation einhergeht (vgl. ebd.), können Gedichte wörtlich übernommen werden. Das hier zum Tragen kommende Verfahren der Umadressierung ist eng mit den Markierungsstrategien auf paratextueller Ebene verbunden: Bild und Paratext (Genette 2001) weisen das Gedicht auch und insbesondere gegenüber den erwachsenen Mitleser/ innen als geeignete Kinderlektüre aus.

**Verfahren der Umadressierung:** Die Umadressierung übernimmt den Ausgangstext im Grundsatz wörtlich, oft werden jedoch auch hier – nicht zuletzt durch Anpassung an Rechtschreibregeln, Seitenlayout oder Typografie – kleinere Veränderungen vorgenommen. Wesentlich und charakteristisch für das Verfahren ist jedoch eine neu gestaltete Bildebene sowie das sich daraus entspinnende, ausgeprägte Wechselspiel zwischen Text und Bild: Im und durch das Bild kann das Gedicht eine Rahmung erhalten, in einen historischen Kontext eingebettet oder aktualisiert werden, wörtlich verstanden, umgedeutet oder einzelne Aspekte – Witz, pädagogische Aussage, etc. – hervorgehoben werden, das Bildhafte der poetisch verdichteten Sprache kann erklärt oder künstlerisch experimentell weitergesponnen werden. So ist es neben der Frage, was gezeigt oder erzählt wird und wie Bilder und Texte zusammenwirken, zentral, den künstlerischen Stil des Bilderbuchs zu berücksichtigen. Bilder zeigen nicht nur Szenen, Motive und Charaktere, die mit dem Text und seiner Handlung in Verbindung stehen, sondern interpretieren sie auf ihre eigene spezifische Art und Weise, die sich aus verschiedenen Faktoren wie Material, Farbgebung, Layout und Komposition ergibt (vgl. Wildeisen 2013). Balladen wie etwa Goethes *Der Zauberlehrling*, *Der Erlkönig* oder Fontanes *Herr von Ribbeck auf Ribbeck im Havelland* liegen in unterschiedlichen Bilderbuchversionen vor und machen diesen Aspekt in der vergleichenden Betrachtung besonders deutlich.

> **Definitionen**
>
> - **Adaption:** Anpassung an ein anderes Medium, das nicht Bestandteil des ursprünglichen Systems ist und das einen Wechsel des Zeichensystems bedingt (Medienwechsel) – jeweils in unterschiedliche Richtungen denkbar. Beispielsweise die Anpassung eines verbalsprachlichen, literarischen Textes für Film, Hörspiel, Computer- oder Videospiel, bildende Kunst und vice versa (vgl. Zöhrer 2011).
> - **Bearbeitung:** Umarbeitung zum Zweck der Nutzbarmachung für einen bestimmten Kontext innerhalb des literarischen Systems (ohne Medienwechsel). Zum Beispiel modernisierende, aktualisierende, straffende oder stilistisch, formal oder kompositorisch ändernde Umformung des Texts (vgl. Wilpert 1989).
> - **Medienwechsel:** Übertragung eines medienspezifisch fixierten Produkts in ein anderes (Kommunikations-)Medium (vgl. Rajewsky 2002).
> - **Transformation:** Prozess und Produkt der Textübernahme und Textumformung. Die Transformation umfasst sowohl Veränderungen auf der verbalsprachlichen Textebene als auch eine neu hinzugefügte, ikonisch codierte Bildebene (vgl. Zöhrer 2011).

### 15.1.2 Lyrik-Bilderbuch im Literaturunterricht

Grundlage für das im Folgenden näher betrachtete Bilderbuch *Der Panther* (2018) ist kein originär für Kinder oder das Medium Bilderbuch verfasster Text, sondern ein Werk, das aus dem allgemeinliterarischen in das kinderliterarische Handlungs- und Symbolsystem übernommen wurde (vgl. Gansel 2000). Bilderbücher, die auf Gedichten/Texten basieren, die ursprünglich eine erwachsene Leserschaft intendieren, bieten je nach Alter, Wissen und literarischer Sozialisation unterschiedliche Lesearten an: Erwachsenen Leser/innen können künstlerische Interpretationen zeitgenössischer Illustrator/innen neue Perspektiven auf (bekannte) literarische Werke bieten; jüngere Kinder kommen initial mit (kanonischen) Werken der Allgemeinliteratur in Berührung; jugendliche Leser/innen begegnen diesen Bilderbüchern im Rahmen des Literaturunterrichts.

**Studien zum Lyrik-Bilderbuch:** Zu Eignung und Einsatz dieser Bilderbücher im Literaturunterricht liegen Studien von Karin Richter vor, zuletzt erschienen der Band *Lebendige Klassik und verjüngte Antike* (2019), der literarische und kulturelle Bildung fokussiert. Ralph Olsen und Anna-Carina Dellwing betrachten das im Folgenden analysierte Bilderbuch *Der Panther* in ihrem Aufsatz „Ihm ist, als ob es tausend Stäbe gäbe… Anmerkungen zur Problematik der Textauswahl im inklusiven Literaturunterricht" (2019) ebenfalls unter fachdidaktischen Prämissen. Mareile Oetken nimmt u. a. in ihrem Aufsatz „Klassiker im Bilderbuch. Überlegungen zu Werktreue und Adressierung" (2015) Bilderbücher wie *Faust* (Barbara Kindermann/Klaus Ensikat, 2002), *Die Katzen von Kopenhagen* (James

Joyce/Wolf Erlbruch, 2013) und *Prinz Hamlet* (Friedrich Karl Waechter, 2005) in den Blick.

> **Leitfragen zur Analyse eines Lyrik-Bilderbuchs**
> - Handelt es sich um ein Bilderbuch oder eine Gedichtanthologie mit einzelnen Illustrationen oder Vignetten?
> - Werden dem Gedichttext erklärende oder kontextualisierende Elemente (z. B. im Peritext) zur Seite gestellt?
> - Gibt es bearbeitende Eingriffe/Veränderungen am Basistext (z. B. in Form von modernisierenden, aktualisierenden, straffenden oder stilistischen Anpassungen)?
> - Wird der Gedichttext auf die Buchseiten verteilt? Wird die Wirkung des Basistextes durch veränderte Zeilenumbrüche oder Pageturns beeinflusst?
> - Inwiefern beeinflussen Layout und Typografie die Wahrnehmung des Basistexts?
> - Wie ist die neu etablierte, interpretierende Bildebene gestaltet? Gibt es umfangreiche visuelle Ausschmückungen (z. B. Prolog, Epilog, Rahmung)? Wie werden Text und Bild miteinander in Beziehung gesetzt?
> - Welche Deutungsoptionen bietet das Lyrik-Bilderbuch? Begrenzt oder erweitert es den individuellen Interpretationsspielraum? Wird die Deutungsoffenheit der poetischen Sprache getilgt oder beibehalten?

## 15.2 Modellanalyse: *Der Panther* (Rainer Maria Rilke/Julia Nüsch, 2018)

### 15.2.1 *Der Panther:* Das Dinggedicht im Bilderbuch

Rainer Maria Rilkes Gedicht *Der Panther* zählt zu den bekanntesten Texten des Dichters und des Symbolismus. Es gilt heute als eines der bedeutendsten Beispiele für den Typus des Dinggedichts – als solches kommt es auch im schulischen Kontext häufig zum Einsatz.

**Dinggedicht:** Als lyrischer Formtypus steht das Dinggedicht für die „poetische Darstellung eines Objekts (Kunstwerk, alltägl. Gegenstand, aber auch Tier, Pflanze), wobei das lyr. Ich zurücktritt zugunsten distanziert-objektivierender Einfühlung in das ‚Ding'" (Schweikle 1990, S. 102). Diese Gedichte setzen sich eine distanzierte und sachliche Beschreibung von Objekten und äußerlich erfassbaren Objektwahrnehmungen zum Ziel, denen im Text eine Stimme verliehen wird. Zentral ist dabei das Stilmittel der Personifikation sowie die Verwendung von Metaphern. In Rilkes „Der Panther" ist eine Raubkatze im Jardin des Plantes in Paris Ausgangspunkt der Objekt-Darstellung, die sich in drei Strophen inhaltlich auf den Blick, den Gang und die Sinneswahrnehmung des Tieres bezieht.

**Abb 15.1** Cover: *Der Panther* (Rilke/Nüsch 2018, S. 1)

Thematisiert wird die Gefangenschaft, die sowohl den Blick als auch den Bewegungsradius erheblich einschränkt, wie die daraus resultierende Hoffnungslosigkeit des Panthers, der nicht nur seiner Wildheit, sondern auch seines Lebenswillens beraubt ist. Neben der wörtlich verstandenen, objektbezogenen Thematisierung der Gefangenschaft eines Wildtieres wird Rilkes „Der Panther" als Metapher für den monotonen menschlichen Alltag gelesen.

**Kontinuierliche Bilderzählung und visuelle Kontextualisierung:** „Der Panther" wurde seit seiner Erstveröffentlichung 1903 in Rilkes Sammlung *Neue Gedichte* (1907) sowie in zahlreiche illustrierte Gedichtanthologien und Schulwerke aufgenommen, die die Darstellung der Raubkatze hinter Gitterstäben zu einem ikonografisch tradierten Bild haben werden lassen. Auch das hier betrachtete Bilderbuch *Der Panther* aus der Reihe *Poesie für Kinder* setzt dieses Motiv zentral auf das Cover des Buchs (s. Abb. 15.1) und schreibt sich damit in die Tradition der illustrierten Versionen des Gedichts ein. Im Gegensatz zu Gedicht-Anthologien steht dem Medium Bilderbuch mehr als nur eine Illustration zur Verfügung, können im vorgegebenen Umfang kontinuierliche Bilderzählungen entstehen, die über das ikonische Moment hinausgehen. Die Frage, die sich im Anschluss daran stellt, ist, wie die Künstler/innen den lyrischen Basistext in ihren Bildern verarbeiten, welche Interpretation sie den Leser/innen anbieten; ob und inwiefern diese individuelle Lesart die Deutungsebenen des Gedichts erweitert oder durch die visuelle Kontextualisierung einschränkt. Im vorliegenden Beispiel von *Der Panther* ist zudem die Frage, ob und inwiefern das Bilderbuch das Gedicht auch über das Bild als allgemeinliterarischen Text ausweist, so wie dies über den Paratext explizit geschieht.

**Fragestellung:** Im Folgenden werden daher insbesondere drei Aspekte des Bilderbuchs genauer betrachtet: Zum einen die Erweiterung des Gedichts durch die ausschmückende visuelle Narration, die neben der raum-zeitlichen Verortung des Textes auch als Versuch verstanden werden kann, den Text als zeitlosen ‚Klassiker' zu markieren; das Seitenlayout, d. h. die Präsentation des Gedichttextes innerhalb der Bilderzählung; die visuelle Interpretation des Gedichts, die dessen Zugehörigkeit zum lyrischen Formtypus Dinggedicht betont.

## 15.2.2 Visuelle Verortung im historischen Kontext

Das 24 Seiten umfassende, in Halbleinen gebundene Bilderbuch *Der Panther* präsentiert den lyrischen Text als in poetisch verdichteter Sprache gestaltete Erzählung. Zu dieser Wahrnehmung als Erzähltext trägt insbesondere die bildliche Gestaltung des Dinggedichts bei, die den Lesenden eine mögliche Interpretation anbietet und durch die bildliche Amplifikation (vgl. Zöhrer 2011, S. 143 f.) eine historisch verankerte Narration entwickelt. Während die naturgetreuen, in Mischtechnik gestalteten Bilder – mit Aquarell und Buntstift kolorierte Bleistiftzeichnungen – in Bildaufbau und verwendeten Illustrationstechniken einem realistischen Stil verpflichten sind, erinnern die Bildinhalte in ihrer Formgebung an den Beginn des 20. Jahrhunderts, die die Betrachter/innen in das Paris der Jahrhundertwende versetzen. Zu dieser Wahrnehmung tragen sowohl inhaltliche als auch gestalterische Aspekte bei.

**Räumlich-zeitliche Kontextualisierung:** Bereits auf dem Schmutztitel ist eine freigestellte, alt anmutende Eintrittskarte für den Botanischen Garten, den Jardin des Plantes, in Paris abgebildet. Das gemalte Ticket ist noch nicht entwertet und auf den 6. November 1902 ausgestellt, den Tag an dem Rilke das Gedicht geschrieben haben soll (vgl. Müller 2004, S. 296). Sowohl Ort – der Jardin des Plantes wird im Untertitel des Gedichts benannt – als auch Zeit sind somit belegt und dienen als verifizierbare Referenz ebenso wie als Spiel mit Kontextwissen, über das Rilke-Kenner/innen wie auch Schüler/innen verfügen können, oder alternativ auf diese Weise vermittelt bekommen. Hier erfüllt das Bilderbuch einen impliziten Bildungsauftrag.

**Visueller Prolog:** An diese Markierung auf dem Schmutztitel schließt nach dem Innentitel eine zwei Doppelseiten umfassende textfreie Bildnarration an, die eine handlungsbasierte Legitimation für den Zoobesuch und die Beschäftigung mit dem Panther liefert. Die erste Doppelseite zeigt einen Mann am Schreibtisch, der aufgrund seines Erscheinungsbildes unschwer als Rainer Maria Rilke zu identifizieren ist (s. Abb. 15.2). Eine explizite Vorstellung gegenüber den Betrachter/innen erfolgt über das Namensschild, das auf dem Schreibtisch bzw. im unteren rechten Drittel der Doppelseite platziert ist. Dort ist zu lesen: „R. M. Rilke/Dichter & Denker" (S. 9). Rilkes Blick, der als gedankenverloren, müde, wenn nicht gar zermürbt und lustlos gelesen werden kann, zeigt in Richtung des offenen Fensters auf der linken Buchseite. Neben einem wehenden Vorhang fliegt ein Papageienvogel – dieser ist auch auf dem Innentitel zu sehen – in das Zimmer. Der Vogel ist eine intertextuelle Referenz auf das Sonett „Papageien-Park" (1907/1908), zu dem Rilke ebenfalls durch einen Besuch im Pariser Jardin des Plantes inspiriert wurde. Im Schnabel trägt der Vogel die auf dem Schmutztitel abgebildete Eintrittskarte. Sie dient innerhalb des visuellen Prologs als Überleitung bzw. Anlass für den Besuch im Botanischen Garten:

Die folgende Doppelseite zeigt Dichter und Papageienvogel außerhalb des Schreibzimmers, auf dem Weg in den Jardin des Plantes. Die linke Hälfte der Doppelseite ziert eine Bretterwand, auf der ein großes Werbeplakat für den Zoo

**Abb. 15.2** Doppelseite: Visueller Prolog (Rilke/Nüsch 2018, S. 8 f.)

im Botanischen Garten angebracht ist. Darauf sind Elefant, Schlange, Eule, Papagei, Giraffe, Flamingo und Löwe mit traurigem/müdem Blick zu sehen. Die Tiere haben eine realistische, leicht stilisierte Anmutung, wirken durch die Gestaltung des Plakats – Giraffe und Schlange ragen über den im Bild gesetzten Rahmen hinaus – sogar lebendig. Angrenzend an das Plakat ist auf der rechten Buchseite das Eingangstor des Zoos – gekennzeichnet durch das Wort „entrée" (S. 11) – abgebildet. Der Dichter ist, gekleidet in einen für die Zeit um die Jahrhundertwende typischen Anzug, von hinten zu sehen, wie er durch dieses weit geöffnete, hohe Gittertor geht. Das Durchschreiten des Tores bereitet innerhalb der Narration den Übergang zur Binnenhandlung, d. h. zum Gedichttext vor, der auf der folgenden Doppelseite mit der Titelnennung beginnt.

**Abgrenzung der Erzählebenen:** An dieser Stelle wird das Gezeigte erneut zeitlich und räumlich präzise verortet – im rechten unteren Bildrand ist handschriftlich „6. November 1902, Paris" (ebd.) vermerkt. Zentral ist in *Der Panther* dabei vor allem die klar differenzierbare Gestaltung der zeitlosen Binnen- sowie der historisch kontextualisierten Rahmenhandlung sowie die sich daran anschließende Möglichkeit zur Abgrenzung und Durchdringung von bebildertem Gedichttext und visueller Rahmung. Die beiden ersten Doppelseiten heben sich durch die Farbgebung, die durch den Sepiaton explizit an alte Fotografien angelehnt ist, deutlich von der Visualisierung des Gedichts ab. Unterstützt wird die fotografische Anmutung der Rahmenhandlung durch die Tatsache, dass die Bilder im Gegensatz zu jenen, die Rilkes Verse begleiten, nicht seitenfüllend gestaltet sind. Sie werden stattdessen räumlich begrenzt, mit abgerundeten Ecken, auf einem dunkelbraunen Untergrund arrangiert. Die zeitliche Differenz, die zwischen diesen Aufnahmen und dem Akt des Betrachtens im Hier und Heute besteht, wird zusätzlich durch pointiert gesetzte ‚Wasserflecken', die an Stockflecken und ausgeblichene Stellen in Fotografien erinnern, betont.

Der visuelle Prolog, der am Ende des Buchs in einzelnen, ebenfalls in sepiafarben gehaltenen Vignetten wieder aufgegriffen wird, verortet Rilkes Gedicht räumlich und zeitlich und bettet es über die textfreie Bilderzählung zugleich derart ein, dass *Der Panther* als Geschichte eines Zoobesuchs und damit als eine in zeitlich gegliederte Abfolge von Handlungen und Wahrnehmungen gelesen werden kann.

**Bild im Bild:** Den Übergang zwischen visueller Rahmung und Gedicht markiert die Doppelseite, die den Untertitel des Gedichts „Im Jardin des Plantes, Paris" präsentiert, gestalterisch: Wie ein ovaler Rahmen umschließen das Porträt des Dichters auf der linken Doppelseite und ein alter knorriger Baum, dessen Äste zum Kopf des Dichters hinüberreichen, auf der rechten Seite den Bildraum. Innerhalb dieser sepiafarbenen Einfassung ist erstmals der Käfig des Panthers – das schwarze Tier wendet Dichter und Vogel den Rücken zu – zu sehen. Durch die kühle Farbgebung, die von den Farben Blau, Grau und Schwarz bestimmt wird, grenzt sich dieser als Bildausschnitt klar von der visuellen Rahmenhandlung ab, sodass die unterschiedlichen Erzählebenen eindeutig zu identifizieren sind: Die altmodisch anmutende Welt des Dichters ist ganz in Brauntönen gehalten, wohingegen die Welt des Panthers – in der Bilddetails, die eine zeitliche Kontextualisierung erlauben, fehlen – in Grau-Blau gestaltet ist. Bemerkenswert ist in diesem Zusammenhang die Tatsache, dass die Trennung durch die zu Beginn eingeführten Elemente – der Papageienvogel, das Zoo-Plakat – im fortschreitenden Verlauf der Bilderzählung gebrochen wird und sich beide Ebenen und Farbräume zunehmend durchdringen, sodass das Aufeinandertreffen wie auch die Vereinnahmung des Panthers durch den Dichter, der sich dessen Schicksal für das Gedicht zu eigen macht und zur Metapher werden lässt, auch ohne explizite Ausgestaltung in der Bilderzählung sichtbar wird.

### 15.2.3 (Um-)Brüche der Umadressierung

Anschließend an die drei Doppelseiten umfassende visuelle Einleitung, die den Dichter Rilke in den Botanischen Garten begleitet, zeigt die vierte Doppelseite des Bilderbuchs die ersten beiden Verse des Gedichts:

> Sein Blick ist vom Vorübergehn der Stäbe
> so müd geworden, daß er nichts mehr hält.

Der Text ist im oberen Drittel der linken Seite in serifenloser dunkelgrauer Schrift auf weißem Grund gesetzt, der übrige Bildraum der Doppelseite wird zu etwa zwei Dritteln durch den Käfig der Raubkatze ausgefüllt. Der Panther wiederum füllt den Käfig, der in seiner Beschaffenheit an einen altmodischen Vogelkäfig erinnert, beinahe aus. Es handelt sich um das Bild, das auch auf dem Buchcover zu sehen ist.

**Zeilenumbruch:** Mit Blick auf das Seitenlayout ist festzustellen, dass Rilkes Vers-Paar auf drei Zeilen aufgeteilt und an die neue Rechtschreibung angepasst wurde:

Sein Blick ist vom Vorübergehn [neuer Umbruch]
der Stäbe so müd geworden,
dass er nichts mehr hält.

Dieser Eingriff in die Textgestalt, der auch an späterer Stelle zu beobachten ist, erinnert in gewisser Weise an Bemühungen von Erstlesebüchern, den Zeileninhalt in semantische Sinnabschnitte zu gliedern. Tatsächlich wirkt sich die neue Gliederung auf die Textwahrnehmung aus (vgl. zu Wirkungsintention/Wirkungspotenzial auch Olsen/Dellwing 2019). Nicht zuletzt, da die gleichförmig jambische Struktur – fünfhebiger Jambus, mit Ausnahme der letzten vierhebigen Verszeile – und damit zentrale Merkmale der metrischen Struktur des Textes aufgelöst und unterlaufen werden. Inwiefern diese Zeilenumbrüche zur Textwahrnehmung als handlungsmotivierte Erzählung beitragen (sollen) oder ausschließlich dem Seitenlayout geschuldet sind, lässt sich an dieser Stelle nicht klären. Ebenso wenig wie die Frage, ob diese formalen Eingriffe nachlässig oder vorsätzlich vorgenommen wurden.

**Neugliederung:** Erwähnt werden muss in diesem Zusammenhang jedoch, dass auch die Aufteilung der zwölf Verszeilen auf sechs Doppelseiten die Rezeption des Gedichts beeinflusst. Da eine Gliederung in je zwei Verse erfolgt und nicht nach Strophen, wird der Kreuzreim der drei Strophen (zumindest optisch) aufgelöst und erst mit und nach dem Umblättern erfahrbar. Die Rezeption des Gedichts wird auf diese Weise verlangsamt, die monotone Gleichförmigkeit der Jamben wie auch der stete Wechsel der männlichen und weiblichen Kadenzen, der die Bewegung des Panthers im Käfig nachvollzieht, tritt in den Hintergrund. Das poetische Moment der ästhetisch verdichten Sprache geht nicht verloren, dennoch ist das Gedicht durch die Neugliederung und das Arrangement im Bildraum auf den ersten Blick nicht mehr als solches zu erfassen. Die äußere Form des Gedichts wird zugunsten der Bildererzählung aufgelöst. Erst der Anhang, der das Gedicht mit Überschrift, Untertitel und den drei Strophen als Ganzes präsentiert, markiert den Text als lyrisches Werk; wobei es auch hier Abweichungen zum Originaltext gibt – beispielsweise ist der Text zentriert gesetzt; ß wird zu ss (Vers 2); der Punkt nach dem Gedankenstrich wird getilgt (Vers 11).

**Visuelle Rahmung:** Begleitet wird das Gedicht im Anhang (Peritext; vgl. Genette 2001) von einer Vignette, die den visuellen Prolog in Farbgebung und Gestaltung als alte Fotografie aufgreift und weiterführt. Der Dichter ist zurück am Schreibtisch und schreibt. Der Panther sitzt – als Miniatur seiner selbst – neben Rilke auf dem Tisch, der Elefant streckt seinen Kopf aus der Melone hervor, die Giraffe beäugt das Geschriebene aus der Brusttasche des Anzugs heraus und der Papageienvogel sitzt auf der Schulter des Schriftstellers. Die Müdigkeit, die dem Gesicht des Dichters zuvor abzulesen war, scheint verschwunden, die mögliche Schreibblockade nach dem Zoobesuch überwunden.

### 15.2.4 Ding, Tier, Mensch: Interpretationsspielräume

In Rilkes Dinggedicht *Der Panther* ist die Personifikation als zentrales rhetorisches Stilmittel auszumachen: Denken und Fühlen der Raubkatze sind menschlich. Das Schicksal des Tieres, dem hier eine Stimme verliehen wird, wiederum kann auf den menschlichen Alltag, dessen Eintönigkeit und Fremdbestimmtheit – beispielsweise durch Beruf und Alltagspflichten – übertragen werden. Nüsch greift beide Aspekte in ihrer bildlichen Umsetzung des Gedichttexts auf. Deutlich wird dies insbesondere in den oben bereits beschriebenen Doppelseiten, die den Untertitel des Gedichts und die ersten beiden Verse bebildern. Dichter und Panther blicken der Welt auf gleiche Weise entgegen: Die Augenlider halb geschlossen, wirkt ihr Blick getrübt, erschöpft, (lebens)müde. Die Parallelität in der Gestaltung von Mensch und Tier wird durch die Gestaltung der beiden Doppelseiten zusätzlich betont, da sie suggeriert, dass sich beide auf Augenhöhe begegnen, einander ansehen. Dieser Eindruck entsteht, da Nüsch den jungen Rilke auf der linken Buchseite mit Blickrichtung nach rechts und den lebensecht wirkenden Panther auf der rechten Buchseite mit Blickrichtung nach links zeigt. Im Moment des Umblätterns treffen sich gewissermaßen die Blicke, wird die Parallelität der Gestaltung der Augen, die bis hin zur gleichen Augenfarbe reicht, offensichtlich. Mensch und Tier teilen dasselbe Schicksal. Was in der Rezeption des unbebilderten oder mit nur einer Illustration versehenen Gedichttexts durch den Interpretationsakt der Lesenden erschlossen werden muss bzw. kann, wird hier im Bild als zentrales Motiv und Gestaltungsmoment sichtbar gemacht.

**Grundstimmung des Bilderbuchs:** Die Müdigkeit, die den Blick des Dichters, des Panthers wie auch aller anderen Zootiere, die in den Bildern zu sehen sind, kennzeichnet, ist Grundstimmung des Bilderbuchs und kann als Anspielung auf das Lebensgefühl des *Fin de Siècle (Décadence)* verstanden werden. Die sichtbare Erschöpfung markiert damit nicht nur einen physisch-psychischen Zustand, sondern als Epochenmerkmal auch eine weitere, in diesem Fall implizite zeitliche Verortung des Lyrik-Bilderbuchs.

Erschöpfung und Resignation des Panthers werden in den naturgetreu gestalteten Bildern, die durch die präzise Modellierung der Farben einen plastischen Eindruck erhalten, deutlich sichtbar. Wie Rilke fokussiert auch Nüsch die schwarze Raubkatze, bildet deren Dasein in Gefangenschaft ab und versucht dabei eine ähnlich distanziert-objektivierende Position wie der lyrische Text einzunehmen. Wobei die Bildideen den Text mal wörtlich zu nehmen, an anderer Stelle durch Anreicherungen ‚frei' zu interpretieren scheinen. Die Bilder der ersten drei Verspaare, die Blick und Gang des Panthers thematisieren, bleiben vergleichsweise nah am Text, während die folgenden sechs Verse, die das Empfinden des Tieres in den Mittelpunkt stellen, eine deutliche Interpretation erfahren.

> Ihm ist, als ob es tausend Stäbe gäbe
> und hinter tausend Stäben keine Welt.

**Symmetrie von Bild und Text:** Diese beiden Verse (3 und 4), die exemplarisch sind für das distanzierte Einfühlen und zudem die Personifizierung des Tieres durch die Schilderung der Empfindung – „Ihm ist, als ob es tausend Stäbe gäbe" – deutlich ausweisen, finden ihre Entsprechung im Bild. Im Vergleich zur vorangegangenen Seite rücken die Betrachter/innen ein Stück näher an die Raubkatze heran. Panther und Gitterstäbe des Käfigs füllen die gesamte linke Buchseite. Zentral ist dabei die Feststellung, dass die Anzahl der Stäbe deutlich höher ist als zuvor – am äußeren linken Bildrand ist das Tier hinter den Stäben nur noch zu erahnen. Der (leere) Blick des Panthers richtet sich durch den undurchdringlich scheinenden Vorhang aus Gitterstäben hindurch in Richtung der rechten Buchseite. Dort ist der Bildraum nicht ausgestaltet – „hinter tausend Stäben keine Welt" –, die Umwelt des Tieres nicht zu sehen. Die Welt außerhalb des Käfigs, die zuvor in Form von Felsformationen und Wasseroberfläche – über der der Käfig des Panthers zu hängen schien – gezeigt wurde, bleibt leer und unbestimmt. Am oberen Bildrand verläuft ein mit wässrig-blauer Farbe gemalter Streifen, darunter sind die beiden Verszeilen gesetzt – dunkelgrau auf hellbeigem Untergrund, die zweite Zeile eingerückt.

Als visueller Kommentar und Ausgestaltung ist die darunter platzierte Silhouette des Panthers zu verstehen, die ebenfalls in verwaschenem Blau gemalt ist. Anders als in den anderen Bildern ist das Raubtier hier nicht naturgetreu gestaltet, sondern auf die Form seines Körpers reduziert. Das Tier, das mit einem Laubblatt spielt, ist dem Panther im Käfig zugewandt; es wirkt im Körperbau kräftig und majestätisch. Und doch sind auch hier die Gitterstäbe des Käfigs dominant: sie zerteilen den Körper des Panthers der Länge nach in Streifen. Auch hierin findet das Empfinden des Tieres seine Entsprechung: als Schatten seiner selbst wird die Brüchigkeit der Psyche und das einschneidende Erleben der Gefangenschaft personifiziert und somit das rhetorische Stilmittel, das die beiden Verse bestimmt, visuell herausgestellt.

**Verbindende Bildelemente:** Das Herbstlaub, das auf dieser Doppelseite erstmals als Bildelement in Erscheinung tritt, fungiert im weiteren Verlauf des Bilderbuchs als roter Faden. Sind es auf dieser und der folgenden Doppelseite (Vers 5 und 6) nur wenige Blätter, die durch die Luft schweben, wirbeln sie auf der nächsten Doppelseite (Vers 8 und 9) hoch durch die Luft (s. Abb. 15.3).

> ist wie ein Tanz von Kraft um eine Mitte,
> in der betäubt ein großer Wille steht.

Die Bewegung der Blätter gleicht einem Tanz, in dessen Zentrum die beiden Verszeilen gesetzt sind und dessen schwungvolle Bewegung auch den Panther umfasst. Dieser ist erstmals nicht liegend hinter Gitterstäben zu sehen, sondern steht inmitten des wirbelnden Laubs, reißt das Maul weit auf und streckt die Zunge heraus. Die Augen sind geschlossen. Das Paradoxon in Vers 8 – „betäubt ein großer Wille" – scheint sich in der Uneindeutigkeit dieser Haltung zu spiegeln. Ist es ein Brüllen, das die Kraft des Tieres zeigt, oder doch ein Gähnen? Das Bild, das durch das Wirbeln der Blätter – unter die sich auch das Zoo-Plakat gemischt

## 15.2 Modellanalyse: *Der Panther* (Rainer Maria Rilke/Julia Nüsch, 2018)

**Abb. 15.3** Doppelseite: Tanz der Blätter (Rilke/Nüsch 2018, S. 21 f.)

hat – sowie die angedeuteten Bewegungslinien des Laubs, die sich um den Hals und Kopf des Panthers legen, eine hohe Dynamik besitzt, gibt keinen Aufschluss darüber. Es grenzt sich aber in der Gestaltung des Bildraums deutlich von den vorangegangenen Doppelseiten ab und legt die These des (letzten) Aufbäumens nahe; einem Aufbäumen, das mit dem Umblättern verklingt und der Müdigkeit weicht (Vers 9 und 10). Das Laub sinkt langsam zu Boden, der Panther ist zurück in seinem Käfig und steckt seinen Kopf durch die Gitterstäbe hindurch, um von dem Wasser unter dem Käfig zu trinken. Die Augen sind halb geschlossen, doch wirkt der Blick durch den Lichteinfall auf der Pupille weniger trüb als zuvor. Der Kopf des Panthers nimmt beinahe die gesamte rechte Seite ein, ihm gegenüber ist auf der linken Bildseite das Zoo-Plakat der visuellen Rahmenhandlung zu sehen. Es schwimmt aufgefaltet auf der Wasseroberfläche.

**Verschränkung der Erzählebenen:** An dieser Stelle vollzieht sich die oben angesprochene visuelle Durchdringung der Erzählebenen: Die Porträts der Zoo-Tiere treten aus dem sepiafarbenen Plakat heraus und interagieren mit dem trinkenden Panther. Der Plakat-Elefant, der deutlich kleiner ist als der Kopf der Raubkatze, streichelt das schwarze Fell. Und auch die Giraffe wirkt durch die Bewegung ihres Kopfes als wolle sie den Panther trösten. Die Verschränkung von visueller Rahmenhandlung und Bebilderung des Gedichts ist an dieser Stelle insofern bemerkenswert, als sie den gestalterischen Bruch, der sich auf der letzten Doppelseite vollzieht, einleitet.

**Neuinterpretation:** Versteht man die Begegnung der Plakat-Tiere mit dem Panther als Fantasie oder Wunschvorstellung, lässt sich das letzte Bild des Panthers (Vers 11 und 12) als Schlaf deuten, bei dem sich die Raubkatze zurück in den Regenwald träumt.

Folgt man jedoch den Spuren, die die Bilderzählung legt, erscheinen alternative Interpretationen möglich; auch, da Rilkes Verse auf der Doppelseite nicht zwei, sondern dreizeilig gesetzt sind und sich so Betonung und Bedeutung verschieben.

geht durch der Glieder [neuer Umbruch]
angespannte Stille –
und hört im Herzen auf zu sein.

Zunächst lässt sich mit Blick auf die Bildgestaltung festhalten, dass das Farbschema von kühlen Blautönen zu sandig warmen Erdtönen wechselt, die gezeigte Szene dadurch insgesamt freundlicher wirkt. Der Panther liegt in seinem Käfig, der sich über den Buchfalz hinweg über beide Buchseiten erstreckt, die Augen sind geschlossen, die Schnauze, die auf einer Vorderpfote ruht, ragt leicht aus dem Käfig heraus. Die Umgebung des Käfigs und damit die Umwelt des Panthers haben sich merklich verändert: Das Wasser unterhalb des Käfigs ist verschwunden, ebenso die Felsformation. Stattdessen ranken sich frische Blätter, Lianen und Blüten um die Gitterstäbe. Der Papageienvogel, der Rilke in der Rahmenhandlung in den Zoo geführt hat, ist auch in diesem Bild als Begleiter des Panthers zu sehen. Er sitzt auf einer Liane und schmiegt sich mit geschlossenen Augen an die Vorderpfote des Panthers.

Im oberen Drittel der rechten Buchseite ist ein kleiner, leicht stilisierter Panther zu sehen, wie er mit geschlossenen Augen aus dem Käfig springt. Wie zuvor (Vers 2 und 3) kann auch dieser springende Panther als Alter-Ego des Zootiers betrachtet werden. In oben beschriebener Lesart wäre es die Verbildlichung des Traums von einem Leben in Freiheit. Denkbar ist auch, ihn als Imagination bzw. Erinnerungsbild Rilkes zu verstehen, welches der Dichter vom Zoobesuch mit nach Hause nimmt und das in oben beschriebener Vignette, die im Anhang zu sehen ist, wieder aufgenommen wird. Zieht man jedoch das Herbst-Laub, das in den vorangegangenen Bildern gezeigt wird, mit in Betracht, lässt das damit verbundene Motiv des Lebensabends wie auch die Grundstimmung der Bilderzählung an den Tod des Tieres denken. Eine Interpretation, die sich in der einschlägigen Sekundärliteratur nicht finden lässt (vgl. auch Müller 2004; Olsen 2019), die im Rahmen der von der Illustratorin etablierten Bilderzählung jedoch schlüssig erscheint. Zu dieser Wahrnehmung trägt in entscheidendem Maß die amplifizierende Rahmung des Gedichts bei, durch die die lyrische Momentaufnahme des Panthers zu einer zeitlich gegliederten Handlungsabfolge wird, die gewissermaßen in ihrer erzählerischen Struktur nach einem Ende der Geschichte verlangt.

## 15.3 Fazit

In seinem Wesen steht das Gedicht mit seiner verdichteten Semantik, seiner Offenheit und Mehrdeutigkeit der Bildenden Kunst sehr nahe. Gedichte zu illustrieren oder in Form von Bilderzählungen zu visualisieren, wie dies im Lyrik-Bilderbuch der Fall ist, bedeutet zunächst jedoch immer Sprachbilder zu konkretisieren und sie zu interpretieren. Das gilt für das Kindergedicht, das den Weg ins Bilderbuch findet, ebenso wie für Gedichte, die aus einem allgemeinliterarischen Kontext übernommen werden.

## 15.3 Fazit

Am hier betrachteten Beispiel *Der Panther*, das auf einem Gedicht von Rainer Maria Rilke beruht, von Julia Nüsch illustriert und von Anna Kindermann gestaltet wurde, lassen sich die grundlegenden Aspekte der Übernahme von Texten in das erzählende Bilderbuch zeigen. Mit Blick auf die Umadressierung, d. h. die wörtliche Übernahme des Basistextes ist dabei festzuhalten, dass im Fall von Gedichten formale Änderungen an der Textgestalt – durch Aufteilung der Verse auf mehrere Seiten, das Setzen neuer Zeilenumbrüche und/oder Anpassungen an gängige sprachliche Normen – die Rezeption des Textes maßgeblich beeinflussen. Auch, da der Text durch die räumliche Ausdehnung über mehre Buchseiten und das damit verbundene Umblättern auf den ersten Blick nicht mehr als Gedicht zu identifizieren ist. Neu gesetzte Zeilenumbrüche, die semantische Zusammenhänge implizieren, können den Rezipient/innen neue Interpretationsangebote machen, ihnen Deutungsoptionen aber auch verschließen. Öffnung und Begrenzung des Interpretationsspielraums hängt dabei auch von der bildlichen und der intermodalen Dimension des Bilderbuchs ab. Hier ist danach zu fragen, ob und inwiefern die poetisch verdichtete Sprache wörtlich genommen und damit die Offenheit und Mehrdeutigkeit des Textes im Bild getilgt wird.

Nüschs bildliche Interpretation des Gedichts, die sich tradierten Lesarten anschließt, arbeitet die Handlungssituation mittels einer weitgehend symmetrischen Bild-Text-Beziehung heraus. Eine Nähe zur lyrischen Vorlage wird dabei auch durch den Verzicht auf erklärende oder ausschmückende Bilddetails, d. h. durch die Konzentration auf wenige Bildinhalte – insbesondere den Panther – sowie das perspektivische Heranrücken an das Tier hergestellt. In der Bebilderung der zweiten Hälfte des Gedichts, in der es gilt, komplexe poetische Sprachbilder und innere Vorgänge, die sich einer symmetrischen Bild-Text-Komposition verschließen, in eine schlüssige Bilderzählung zu übersetzen, sind die interpretatorischen Leistungen weitreichender. Zwar ist Nüsch auch hier um eine symmetrische Bild-Text-Beziehung bemüht, doch provoziert der Text ein erklärendes, komplementierendes Bild. Die Künstlerin adressiert über die Art der Gestaltung ihrer Bilder und die plastische Bildsprache, die um eine naturnahe und mitunter leicht verniedlichende Darstellung bemüht ist, klar ein kindliches Lesepublikum und versucht, die Leerstellen/Uneindeutigkeit des lyrischen Textes durch ihr Bild zu füllen. Sie bietet den Betrachter/innen mit dem Bilderbuch eine von vielen denkbaren Lesarten des Gedichts an. Mit dieser Konkretisierung lenkt sie die Imaginationsleistung der Leser/innen einerseits, andererseits bietet sie durch die visuell eingängige Gestaltung des Gedichts aber auch die Möglichkeit zu einer (ersten) sinn-bildlichen Begegnung mit dem Text, an die sich durchaus eigene Bilder und Interpretationen anschließen können.

## Literatur

## Primärliteratur

Rilke, Rainer Maria/Nüsch, Julia: *Der Panther.* Poesie für Kinder. Berlin 2018.

## Sekundärliteratur

Allen, Graham: *Intertextuality*. New York 2000.
Beckett, Sandra L.: *Crossover Picturebooks. A Genre for All Ages*. London/New York 2012.
Damrosch, David: *World Literature in Theory*. Chichester 2014.
Franz, Kurt/Payrhuber, Franz-Josef (Hg.): *„Und dann und wann ein weißer Elefant..." Alles Lyrik – historisch, didaktisch, medial*. Baltmannsweiler 2012.
Gelberg, Hans-Joachim: „Klopfzeichen der Kinderpoesie". In: Henner Barthe/Inge Pohl u. a. (Hg.): *Aus „Wundertüte" und „Zauberkasten". Über die Kunst des Umgangs mit Kinder- und Jugendliteratur*. Festschrift zum 65. Geburtstag von Heinz-Jürgen Kliewer. Frankfurt a. M. 2000, 77–87.
Gansel, Carsten: „Kinder- und Jugendliteratur als Handlungs- und Symbolsystem – Systemtheoretische Ansätze und gattungstypologische Vorschläge". In: Henner Barthe/Inge Pohl u. a. (Hg.): *Aus „Wundertüte" und „Zaubertüte". Über die Kunst des Umgangs mit Kinder- und Jugendliteratur*. Frankfurt a. M. 2000, 17–37.
Genette, Gérard: *Palimpseste. Die Literatur auf zweiter Stufe*. Frankfurt a. M. 1993 (franz. 1982).
Genette, Gérard: *Paratexte. Das Buch vom Beiwerk des Buches*. Frankfurt a. M. [6]2001 (franz. 1987).
Gien, Gabriele: „Gedicht und Bild – Bild und Gedicht". In: *Grundschule* 39/10 (2007), 40–44.
Kümmerling-Meibauer, Bettina: *Kinderliteratur, Kanonbildung und literarische Wertung*. Stuttgart 2003.
Neuhaus, Stefan: „Wie kommen die Klassiker ins Bilderbuch?". In: Jens Thiele (Hg.): *Neue Impulse der Bilderbuchforschung*. Baltmannsweiler 2007, 129–145.
Nikolajeva, Maria/Scott, Carole: *How Picturebooks Work*. New York 2006.
Müller, Wolfgang: „‚Neue Gedichte / Der Neuen Gedichte anderer Teil'". In: Manfred Engel (Hg.): *Rilke-Handbuch. Leben – Werk – Wirkung*. Stuttgart 2004, 296–318.
Oetken, Mareile: „Klassiker im Bilderbuch. Überlegungen zu Werktreue und Adressierung". In: Gabriele von Glasenapp/Andre Kagelmann/Felix Giesa (Hgs.): *Die Zeitalter werden besichtigt. Aktuelle Tendenzen der KJL-Forschung*. Festschrift für Otto Brunken. Frankfurt a. M., 179–200.
Olsen, Ralph/Dellwing, Anna-Carina: „Ihm ist, als ob es tausend Stäbe gäbe... Anmerkungen zur Problematik der Textauswahl im inklusiven Literaturunterricht". In: *ide – informationen zur deutschdidaktik* 43/4 (2019), 61–72.
O'Sullivan, Emer: „Klassiker und Kanon. Versuch einer Differenzierung nach Funktionszusammenhängen". In: *JuLit* 26/3 (2000), 16–27.
O'Sullivan, Emer: *Kinderliterarische Komparatistik*. Heidelberg 2000.
Rajewsky, Irina: *Intermedialität*. Tübingen 2002.
Rosebrock, Cornelia: „Literarische Erfahrung mit dem ‚Erlkönig': Ein Blick auf die Prozessebene des Lesens". In: Gerhard Härle/Bernhard Rank (Hgs.): *‚Sich bilden ist nichts anders, als frei werden.' Sprachliche und literarische Bildung als Herausforderung für den Deutschunterricht*. Baltmannsweiler 2008, 89–110.
Richter, Karin: „Moderne und traditionelle Intermedialität: Klassische Dichtung und Mythen in Literaturadaptionen, Illustrationen und Hörmedien". In: Kurt Franz/Gabriele von Glasenapp/

Claudia Maria Pecher (Hg.): *Kindermedienwelten: Hören – Sehen – Erzählen – Erleben*. Baltmannsweiler 2017, 65–84.

Richter, Karin: *Lebendige Klassik und verjüngte Antike*. Baltmannsweiler 2019.

Schweikle, Irmgard: „Dinggedicht". In: Günther/Irmgard Schweikle (Hg.): *Metzler Literatur Lexikon. Begriffe und Definitionen*. Stuttgart 1990.

Spinner, Kaspar H.: „Ästhetische Erfahrungen mit Lyrik". In: *Grundschule* 39/10 (2007), 30–31.

Stephens, John: "Retelling stories across time and cultures". In: M. O. Grenby/Andrea Immel (Hg.): *The Cambridge Companion to Children's Literature*. Cambridge 2009, 181–206.

Stephens, John/McCallum, Robyn: *Retelling stories, framing culture: traditional story and metanarratives in children's literature*. New York/London 1998.

Weinkauff, Gina/Dolle-Weinkauff, Bernd: „Bilderbuch und Gedichtadaption". In: Gabriele von Glasenapp/Andre Kagelmann/Felix Giesa (Hg.): *Die Zeitalter werden besichtigt. Aktuelle Tendenzen der KJL-Forschung*. Festschrift für Otto Brunken. Frankfurt a. M. 2015, 93–112.

Wildeisen, Sarah: „Kunst am Bilderbuch. Aspekte einer bildfokussierenden Bilderbuchanalyse". In: *kjl&m* 65/1 (2013), 3–10.

Wilpert, Gero von: *Sachwörterbuch der Literatur*. Stuttgart 1989.

Zöhrer, Marlene: *Weltliteratur im Bilderbuch*. Wien 2011.

Zöhrer, Marlene: "Picturebooks and Adaptations of World Literature". In: Bettina Kümmerling-Meibauer (Hg.): *Routledge Companion to Picturebooks*. London/New York 2018, 485–494.

# Serialität im Bilderbuch

Anne Krichel

**Inhaltsverzeichnis**

| | | |
|---|---|---|
| 16.1 | Theoretische Grundlagen | 295 |
| | 16.1.1 Terminologie | 296 |
| | 16.1.2 Serielle Prinzipien | 298 |
| | 16.1.3 Wimmelbuchserien | 298 |
| 16.2 | Modellanalyse: Die Jahreszeiten-Wimmelbuchserie (Rotraut S. Berner, 2003–2008) | 300 |
| | 16.2.1 Serielle Grundmerkmale | 300 |
| | 16.2.2 Das konstante Figureninventar als serientypisches Merkmal | 301 |
| | 16.2.3 Die Settings als kohäsionsstiftendes Mittel | 303 |
| | 16.2.4 Inter- und intrapiktoriale Bezüge als serielle Konnektoren | 305 |
| | 16.2.5 Schriftsprachliche Verknüpfungselemente der einzelnen Bände | 307 |
| 16.3 | Fazit | 308 |
| Literatur | | 309 |

## 16.1 Theoretische Grundlagen

In Serien publizierte Bilderbücher sind zwar seit den 1950er Jahren populär (s. Kap. 2), doch mangelt es noch immer an Studien, die sich aus ästhetischer und erzähltheoretischer Perspektive mit der Bilderbuchserie auseinandersetzen und ihren Beitrag zu diesen narrativen Expansionsformen untersuchen. Dabei ist anzunehmen, dass besonders Bilderbuchserien über komplexe Erzählstrukturen und -zusammenhänge verfügen, die sowohl auf der Text- als auch auf der Bildebene angelegt sind. Dass serielle Prinzipien wie Wiederholung, Zirkularität und Parallelität bereits in Bilderbüchern für Vorschulkinder vorzufinden sind und auch

---

A. Krichel (✉)
Institut für deutsche Sprache und Literatur II, Universität zu Köln, Köln, Deutschland
E-Mail: anne.krichel@uni-koeln.de

© Springer-Verlag GmbH Deutschland, ein Teil von Springer Nature 2022
B. Dammers et al. (Hg.), *Das Bilderbuch*,
https://doi.org/10.1007/978-3-476-05824-9_16

allein auf der Bildebene funktionieren, soll dieses Kapitel am Beispiel von Rotraut S. Berners (fast) textlosem Wimmelbuch-Kosmos zeigen.

Bevor die fünf Jahreszeitenbücher mit Blick auf ihre seriellen Verknüpfungselemente analysiert werden, wird in einem ersten Schritt der Begriff der Serie definiert und von anderen periodischen Erscheinungsformen abgegrenzt. Anschließend wird geklärt, wodurch sich Serialität im Bilderbuch und insbesondere im Wimmelbuch auszeichnet.

### 16.1.1 Terminologie

**Historie:** Der Begriff ‚Serie' – lateinisch Reihe, Reihenfolge – wird bis heute weitgehend mit periodisch erscheinenden TV- und Film-Produktionen konnotiert, dabei ist Serialität auch in der analogen (Kinder- und Jugend-)Literatur kein modernes Phänomen (vgl. Watson 2004, S. 532–541). Verfolgt man die Geschichte der Serie im Kontext der Literaturwissenschaften zurück, so stößt man zunächst auf zahlreiche Adaptionen von populären Zeichentrick- und Fernsehserien, wie etwa die Comic-Adaptionen von Walt Disneys MICKEY MOUSE aus den 1930er Jahren oder die Romanfolge zur gleichnamigen TV-Serie NESTHÄCKCHEN (Gero Erhardt, 1913–1925). Nur wenige Studien untersuchen die historische Präsenz von autonomen Literaturserien, dabei belegen z. B. die 24teiligen *Children's Tales* von Beatrix Potter (1902–1930) die frühe Verbreitung des seriellen Bilderbuchtyps (vgl. Kümmerling-Meibauer 2018, S. 103; zur Geschichte der Serie s. auch Kap. 2). Inzwischen gibt es Bilderbuchserien in den verschiedensten Genres und mit ganz unterschiedlichen Komplexitätsstufen: Von Dick Brunas 24 *Miffy Books* für Kleinkinder (1964–2007) über Aaron Beckers textlose Triologie *Journey* (2013), *Quest* (2014) und *Return* (2016) für Kinder und Jugendliche bis hin zu Crossover-Bilderbüchern wie die sechs *Journey*-Bücher von Mitsumasa Anno (1978–2003).

**(Bilderbuch-)Serie:** Aus medienwissenschaftlicher Perspektive wird die Serie als narrativer „Fortsetzungs-Zusammenhang aus Folgen fiktionaler Fernseh-Produktionen" (Krah 2007, S. 433) verstanden. Aus einer formal-generischen Perspektive lässt sich die Serie als eine ästhetische Äußerungsform verallgemeinern, die durch Wiederholung von Einzelelementen des gleichen Formats das Ausgangsmuster linear fortsetzt und variiert. Im Falle der Bilderbuchserie handelt es sich strukturell um ein fiktionales und narratives Bild-Text-Korpus, bei dem die relativ selbstständig rezipierbaren Episoden zusammengenommen eine größere narrative Einheit bilden (vgl. ebd.).

**Episode/Band:** Unabhängig vom jeweiligen Medium umfassen Serien mindestens zwei und bis zu 100 oder mehr Episoden bzw. Bände, wobei Bilderbuchserien aus mindestens drei Bänden besonders häufig vorkommen (vgl. Kümmerling-Meibauer 2018, S. 104). Innerhalb einer Serie kann jede Episode bzw. jeder Band als eine in sich geschlossene Einheit betrachtet und rezipiert werden, bildet aber mit den anderen Teilen eine übergeordnete Einheit (vgl. ebd., S. 105). Bei manchen Serien spielt dabei die chronologische Reihenfolge eine

## 16.1 Theoretische Grundlagen

wichtige Rolle, bei anderen können die einzelnen Episoden in beliebiger Reihenfolge rezipiert werden. Typisch sind Anspielungen auf vorherige Ereignisse, die dazu dienen, Erinnerungen an Vorangegangenes wach zu rufen oder um die Erwartungshaltung der Rezipient/innen in eine bestimmte Richtung zu lenken.

**Kohärenz und Kohäsion:** Grundlegend für jedes serielle Format sind kohäsive und kohärente Inhalte und strukturgestaltende Mittel. Als textlinguistische Kategorien, die sich ursprünglich auf den semantisch-thematischen Zusammenhang zwischen einzelnen Textelementen bzw. auf textübergreifende Verknüpfungen beziehen (vgl. Stuck 2007, S. 280), lassen sich Kohärenz und Kohäsion wie folgt auf Bilderbuchserien übertragen: Kohärenz bezieht sich auf alle gestalterischen Mittel, die den inhaltlichen und thematischen Zusammenhang innerhalb einzelner Bild-Text-Sequenzen markieren. Sie kann sowohl durch das Layout oder Design als auch durch motivische Verweisketten hergestellt werden (vgl. Schmitz 2011, S. 35).

Kohäsion wird durch sequenz- und episodenübergreifende Elemente, wie farbliche Übergänge oder die gleichbleibende Anordnung eines Settings, hergestellt und betrifft die visuelle Narration im seriellen Kontext. In Bilderbüchern mit einem reduzierten Textumfang stellt das Finden und Verknüpfen jener Elemente, die sowohl szeneninterne als auch übergeordnete Zusammenhänge herstellen, eine besonders große Herausforderung auf der visuellen Rezeptionsebene dar.

**Definitionen**

- *principle of connection:* Das serielle Prinzip der „Wiederkehr und Ähnlichkeit von Formen und Inhalten" (Anders/Staiger 2016, S. 4) wird auf der Bildebene durch kohärenz- und kohäsionsstiftende Elemente hergestellt. Dabei kann jeder Band sowohl für sich als auch im Kontext der Vorläufer- und Fortsetzungsbücher betrachtet und interpretiert werden. Dem sogenannten "principle of connection" steht das "principle of unity" (Kümmerling-Meibauer 2018, S. 105) gegenüber, das sich auf (Bild-Text-)Narrationen bezieht, die in sich eine geschlossene Einheit bilden.
- **Tetra- und Pentalogie:** Eine Serie, die sich über vier bzw. fünf Episoden bzw. Bände erstreckt, wobei die relativ selbstständig rezipierbaren Einheiten zusammengenommen eine größere narrative Einheit bilden (Anders/Staiger 2016, S. 4). Im Bilderbuch werden innerhalb der einzelnen Bände Figuren, Handlungsmuster, Settingelemente, Objekte oder Motive in immer wieder neuen Kontexten präsentiert, variiert und weiterentwickelt.
- **Leitmotiv:** Spezifische bildliche oder nicht-bildliche Symbole, die innerhalb einer Bild-Text-Narration immer wieder auftauchen und von semantisch unterschiedlicher Relevanz sind (Doonan 1986, S. 160): Sie können die latenten Gehalte und Ambivalenzen der Bilder entschlüsseln, die Leser/in zur kontextgebundenen und detaillierten Auseinandersetzung mit dem visuellen Angebot motivieren und/oder den fiktionalen Gehalt

der dargestellten Welt markieren (vgl. Kleinspehn 1991, S. 166). In detailreichen Bildern kann durch die Integration dieser Motive in die Szenen der Charakter eines Suchbildes entsteht.
- **Spin-Off:** Ein (massen-)mediales Nebenprodukt aus dem Bereich der Unterhaltungsindustrie, das aus einem anderen fiktiven Werk ausgelagert wurde und eine neue organisatorische Einheit bildet. Dies ist häufig bei Serien der Fall, wenn Figuren oder Elemente aus einer erfolgreichen ‚Mutterserie' übernommen und zu einer eigenen Serie, einem eigenen Werk oder Produkt weiterentwickelt werden (vgl. Head/Spann/McGregor 2001, S. 251).

### 16.1.2 Serielle Prinzipien

**Vier serielle Prinzipien:** Laut Bettina Kümmerling-Meibauer (2018) richtet sich der Fokus bei Bilderbuchserien am häufigsten auf die Hauptfiguren und deren Erlebnisse, wobei die Charaktere in den einzelnen Bänden weder älter werden noch eine wesentliche Veränderung erfahren (vgl. die Serie über Petterson und Findus von Sven Nordqvist, 1984–2019). In einigen Fällen spielt die chronologische Reihenfolge der einzelnen Bände eine bedeutende Rolle für die Rezeption, da sich die Hauptfiguren stetig weiterentwickeln (vgl. die Serie über den Jungen Garman von Stian Hole, 2005–2010). Wenige Ausnahmen fokussieren ein spezifisches Thema, wie das Vergehen der Jahreszeiten in Berners Wimmelbüchern oder verschiedene Wahrnehmungsmodi, wie Istvan Banyais Trilogie *Zoom* (1995), *Re-Zoom* (1995) und *REM: Rapid Eye Movement* (1997).

**Serielle Merkmale:** Unabhängig vom jeweiligen Fokus sind allen Bilderbuchserien spezifische inhaltliche Merkmale gemeinsam, die sowohl schrift- als auch bildsprachlich transportiert werden. Neben der Wiederholung, die laut Mavis Reimer et al. (2014) die signifikanteste Eigenschaft des seriellen Erzählens darstellt, zählen hierzu Ähnlichkeit und Variation, Zirkularität und Kontinuität sowie Offenheit, wobei Letztere sowohl durch inhaltliche Leerstellen als auch durch ein offenes Ende evoziert werden kann.

### 16.1.3 Wimmelbuchserien

**Wimmelbuch:** Wimmelbücher setzen sich aus einer Folge von pluriszenischen Panoramabildern mit einem großen Figureninventar zusammen, die aus einer konstanten Vogelperspektive gezeigt werden (vgl. Krichel 2020, S. 51 f.). Thematisiert werden typische Alltagssituationen aus dem städtischen oder ländlichen Leben. Entsprechend sind auch die Schauplätze überwiegend an realistische Institutionen, Einrichtungen oder Landschaften wie etwa Kindergärten, Zoos, Krankenhäuser, Spielplätze etc. angelehnt. Während die Serialität in den ersten

Wimmelbüchern der 1960er Jahre (etwa von Ali Mitgutsch) vor allem der Vermittlung von Alltagswissen galt und sich auf maximal fünf Bände beschränkte, findet man inzwischen auch Werke mit fantastischen Inhalten wie Märchen, sowie Serien, in denen fantastische und real-fiktionale Inhalte miteinander verschmelzen und die über 10 Bände umfassen können (vgl. die 11teilige Wimmelbuchserie über die Stadt Köln im Verlag J.P. Bachem, 2009–2019).

**Narrative Expansion:** Während in frühen Wimmelbüchern jede Panorama-Szene für sich steht und sich keine Figur, kein Setting und keine Geschehnisse wiederholen, findet man seit Beginn des 21. Jahrhunderts zunehmend mehr kohärenz- und kohäsionsstiftende Elemente, die alle Szenen und z. T. Bände sowohl figural als auch formal-gestalterisch und inhaltlich miteinander in Beziehung setzen (vgl. Kümmerling-Meibauer/Meibauer 2015, S. 28). In manchen Fällen geht das narrative Potenzial eines Wimmelbuchs sogar mit einer medialen Expansion einher. Die Spin-Off-Produkte (s. u. Definitionskasten) zu Berners Wimmelbuchserie liefern z. B. Hintergrundwissen über die einzelnen Figuren und Schauplätze.

**Offenheit:** So initiieren viele zeitgenössische Wimmelbuchserien ein narratives Such- und Kombinierspiel, das über mehrere Bände hinweg fortgesetzt und beliebig ausgedehnt werden kann:

> Reading wimmelbooks is an 'open game', lacking a final goal that might end the game when achieved: the challenge is to prolongate the book experience and create a potentially endless, joyful reading activity from the limited resources of one book. Readers who master this challenge are ready to conquer other literary playgrounds as well. (Rémi 2011, S. 134)

Die erste Wimmelbuchserie, die ihre fünf Bände narrativ und chronologisch miteinander in Beziehung setzt und einen übergeordneten Zusammenhang stiftet, sind Berners (fast) textlose Jahreszeiten-Bände, die im Folgenden in Bezug auf ihre kohärenz- und kohäsionsstiftenden Elemente analysiert werden sollen.

---

**Leitfragen zur Analyse von Bilderbuchserien**
- Aus wie vielen Bänden setzt sich die Serie zusammen? Wird die Narration durch Spin-Off-Produkte zusätzlich erweitert?
- Um welches serielle Prinzip handelt es sich?
- Durch welche grafischen und schriftsprachlichen Elemente werden Offenheit, Zirkularität und Parallelität erzeugt?
- Durch welche kohärenz- und kohäsionsstiftenden Mittel folgt die Serie dem *principle of connection* – sowohl auf der Bild- als auch auf der Schrifttextebene?
- Inwiefern tragen das Figuren- und Settinginventar zur seriellen Verknüpfung der Einzelbände bei?
- Durch welche gestalterischen, formalen und inhaltlichen Merkmale stiften die schriftsprachlichen Elemente Kohärenz und Kohäsion?
- Welche Bedeutung haben inter- und intrapiktoriale Bezüge für die Verkettung der einzelnen Bände?

## 16.2 Modellanalyse: Die Jahreszeiten-Wimmelbuchserie (Rotraut S. Berner, 2003–2008)

### 16.2.1 Serielle Grundmerkmale

Rotraut S. Berners *Winter-* (2003), *Frühlings-* (2004), *Sommer-* (2005), *Herbst-* (2005) und *Nacht-Wimmelbuch* (2008) zeichnen sich durch ein konstantes Figuren- und Settinginventar aus und folgen somit dem seriellen Prinzip der „Wiederkehr und Ähnlichkeit von Formen und Inhalten" (Anders/Staiger 2016, S. 4). Dabei kann jeder Band sowohl für sich als auch im Kontext der Vorläufer- und Fortsetzungsbücher rezipiert werden.

Neben der formalen und inhaltlichen Parallelität und Konnektivität der einzelnen Bände wird das *principle of connection* (s. o. Defintionskasten) in Berners Wimmelbüchern außerdem durch ein serientypisches offenes Ende erzeugt, das sowohl Neugierde evoziert als auch zu einer zirkulären Betrachtung der einzelnen Bände und der gesamten Serie motiviert (vgl. Kümmerling-Meibauer 2018, S. 106 f.). Aufgrund der narrativen Geschlossenheit der Serie lassen sich Berners Wimmelbücher als Tetralogie oder – wenn das *Nacht-Wimmelbuch* einbezogen wird – als Pentalogie (s. o. Definitionskasten) bezeichnen. Durch welche formalen, bildgestalterischen und schriftsprachlichen Mittel die einzelnen Settings und Figuren in den verschiedenen Jahreszeiten in Beziehung gesetzt werden, soll im Folgenden näher erläutert werden.

Die serielle Besonderheit des *Winter-* (2003), *Frühlings-* (2004), *Sommer-* (2005), *Herbst-* (2005) und *Nacht-Wimmelbuchs* (2008) besteht vor allem darin, dass die Bände trotz ihrer weitgehend textlosen und bildlich minimalistisch-naiven Gestaltung zusammengenommen narrative Komplexität ermöglichen. Durch das konstante Figureninventar, die zirkuläre Gestaltung des Settings, die Visualisierung der dargestellten Zeit und inter- sowie intrapiktoriale Bezüge gelingt es Berner, die je sieben Szenen ihrer einzelnen Wimmelbücher und auch die insgesamt fünf Bände inhaltlich miteinander zu verknüpfen. Ferner beziehen sich alle Bände auf das gleiche Thema, nämlich Jahres- und Tageszeiten, und stimmen in der visuellen Erzählinstanz und formalen Bildgestaltung überein. So setzt sich jeder Band der Wimmelbuchserie aus sieben doppelseitigen Panoramabildern zusammen, wobei jede Doppelseite das gesamte Setting und die darin agierenden Figuren aus einer konstanten *long shot*-Einstellung präsentiert. Analog handelt es sich um eine nullfokalisierte und nullokularisierte Erzählinstanz, bei der man mehrwissend von außen den Überblick über alle Handlungsstränge und szenischen Zusammenhänge behält. Hierdurch wird eine individuelle Schwerpunktsetzung beim Verfolgen einzelner Figuren und Handlungsstränge ermöglicht.

## 16.2.2 Das konstante Figureninventar als serientypisches Merkmal

Unabhängig von Medium und Erzählmodus ist allen Serien eine gewisse Konstanz innerhalb des jeweiligen Figureninventars gemein. Als Handlungsträger stellen sowohl Haupt- als auch Nebenfiguren das zentrale Verknüpfungsmittel zwischen den Geschehnissen in den einzelnen Bänden bzw. Episoden dar. Auch wenn Berners Wimmelbücher die Betrachter/innen auf den ersten Blick mit einer überschaubaren Fülle an relativ ähnlichen Figuren konfrontieren, lassen sich bei einer komparativen Betrachtung der einzelnen Doppelseiten und Bände bestimmte Haupt- und Nebenfiguren ausmachen, deren Entwicklung sich nicht nur innerhalb eines Buchs, sondern auch von Jahreszeit zu Jahreszeit mitverfolgen lässt (zu der Entwicklung einer jeden Figur vgl. Krichel 2020, S. 249).

**Figurale Individualisierung:** Trotz eines minimalistischen Zeichenstils und der stilisierten Darstellungsformen, die zum Teil an Smileys erinnern, lassen sich die einzelnen Figuren in Berners Wimmelbüchern deutlich voneinander unterscheiden. Die Individualisierung der einzelnen Charaktere gelingt Berner zum einen durch die unterschiedlichen Größen, Körperumfänge und Frisuren, zum anderen durch ihre farblich markanten Kleidungsstücke und spezifischen Accessoires. Keine Figur ist wie eine andere gekleidet und wenn es zu farblichen Kongruenzen kommt, so heben sich die jeweiligen Kleidungsstücke durch einfache Muster, wie Punkte oder Streifen, oder ein zusätzliches Accessoire, wie einen Hut oder eine Tasche, voneinander ab. Indem sich die Figuren und somit die zahlreichen Handlungsstränge mit Hilfe der Farben identifizieren und verfolgen lassen, kommt der farblichen Gestaltung in Berners Wimmelbüchern nicht nur eine dekorative, sondern vor allem eine kohäsions- und kohärenzstiftende Funktion zu.

Verfolgt man eine Figur kontinuierlich durch eine Jahreszeit hindurch, so erhält man Aufschluss über deren Wohnort, Gewohnheiten oder Hobbies, Arbeitsplatz und/oder soziale Kontakte. Je näher man sich mit der spezifischen Figur auseinandersetzt, desto eher erkennt man sie auch in den anderen Wimmelbüchern bzw. Jahreszeiten wieder. Dieser Prozess ist möglich, obwohl Kleidungsstücke, Accessoires und deren farbliche Gestaltung von Jahreszeit zu Jahreszeit variieren.

**Serienimmanente Hauptfiguren:** Die Hauptfiguren der Serie, deren Handlungsstränge durch alle fünf Bände miteinander verknüpft werden, werden im Kontext der verschiedenen Klappentexte namentlich vorgestellt: Manfred und Elke mit ihrem Hund Lorenzo, Tanja und Oliver mit der kleinen Barbara und ihrem Sohn Linus, Thomas und seine Tochter Lene, das junge Pärchen Susanne und Tom, das alte Ehepaar Friedrich und Andrea, die Kinder Ina und Jonas, Peter und sein Hund Struppi, die Autofahrerin Sieglinde, die Klavierschülerin Daniela, die Violinistin Yvonne, der Polizist Hugo, Oskar und seine Gans und die Katzen Monika und Mingus.

Entgegen der Beobachtung, dass die einzelnen Figuren in Berners Wimmelbuchserie für sich betrachtet werden können, „da sie nur sehr selten inhaltlich oder kompositorisch auf die Nachbarfiguren angewiesen sind" (Kurwinkel 2020, S. 100), sind zahlreiche Handlungsstränge parallel angelegt oder ineinander verschränkend montiert: Tanja ist im Winter schwanger, hat im Frühling ein Baby zur Welt gebracht, das in den folgenden Bänden zum Kleinkind heranwächst. Auch die Beziehung zwischen Elke und Manfred reift im Laufe des Jahres heran: Im Winter laufen sie sich nichts ahnend über den Weg, im Frühling lernen sie sich kennen, im Sommer kommen sie sich näher, im Herbst buchen sie eine Hochzeitsreise und im *Nacht-Wimmelbuch* ist deutlich zu erkennen, dass Elke schwanger ist.

**Serienimmanente Nebenfiguren:** Neben den Hauptfiguren stiften zahlreiche Hintergrundfiguren Kohärenz. Dabei gibt es solche, die in das jeweilige Setting integriert sind, z. B. der Tankwart, der Automechaniker, die Busfahrerin, der Gastwirt, alle Verkäufer und die Service-Kräfte, aber auch solche, die sporadisch auftauchen, wie die Kunden im Kaufhaus, die Café-Gäste oder die Besucher/innen des Kulturzentrums.

Zu den konstanten Hintergrundfiguren zählen der Buchhändler Armin, die Bäuerin Irma und ihr Enkel Karlchen, Silvia und die Kindergartenkinder, Sigrid, Frank, Santosh, der lateinamerikanische Straßenmusikant Pedro, die Müllmänner Carlos und Fred, Angelika und die kleine Lotte, die Eis- und Maronenverkäuferin Gabriele, der Musiklehrer Ludwig, die Klavierlehrerin Pia Nola, der Zahnarzt S. Eirak, der Fischverkäufer aus ‚Poseidon', Irmas Kundin, der Frisör, die Verkäufer/innen im Bahnhof und im Kaufhaus, die Kellnerinnen im Park-Café sowie das Mädchen auf jeder Titelseite eines jeden Wimmelbuchs.

**Narrative Expansion:** Wenn man abschließend die Unvollständigkeit dieser Aufzählung in Erwägung zieht, lässt sich festhalten, dass allein die Summe der Figuren in Berners Wimmelbuchserie so groß scheint, dass sie sich beim einmaligen Betrachten mit Sicherheit nicht erfassen lässt. Das Einprägen der unterschiedlichen Figuren und das wiederholte Vergleichen der einzelnen Doppelseiten stellt eine große Herausforderung für die mentale Repräsentation sowie das Lang- und Kurzzeitgedächtnis dar; dies sowohl innerhalb der einzelnen Bände als auch zwischen den einzelnen Szenen in den verschiedenen Jahreszeiten. Gesteigert wird diese Herausforderung durch die Tatsache, dass manche Figuren nicht immer im selben Setting auftauchen. So zeigen sich manche Figuren z. B. im Sommer im Park, im Winter aber an der Tankstelle, im Herbst im Kaufhaus und im Frühling auf dem Marktplatz. Die Herstellung von Kohärenz und Kohäsion durch die Figuren bedingt also eine detaillierte und analytische Betrachtung der einzelnen Szenen und Bände unter Berücksichtigung des jeweiligen Handlungskontextes, der jeweiligen Figurenkonstellation und der jahreszeitlichen Bedingungen.

## 16.2.3 Die Settings als kohäsionsstiftendes Mittel

**Saisonale Entwicklungen:** Alle Bände der Wimmelbuchserie verfolgen die gleiche Route durch das fiktive Dorf ‚Wimmlingen'. Analog zur Entwicklung der einzelnen Figuren lassen sich auch die verschiedenen Settings in Wimmlingen von Jahreszeit zu Jahreszeit miteinander vergleichen. So wird z. B. im Wohnhaus der ersten Doppelseite im Laufe des Jahres renoviert, umgebaut und neu eingerichtet. Hinter dem Bauernhof entsteht eine neue Straße. Die Baustelle neben dem Kulturzentrum entwickelt sich zum neuen Kindergarten und auf dem Marktplatz findet je nach Jahreszeit eine andere Veranstaltung statt.

Betrachtet man die Basiselemente der verschiedenen Settings, die zum Verständnis figuraler Beziehungen und szenischer Entwicklungsprozesse notwendig sind, so lassen sich folgende Schwerpunkte setzen: Die erste Doppelseite zeigt den Querschnitt eines Mehrfamilienhauses. Parterre wohnen Tanja und Oliver mit ihren Kindern Linus und Barbara sowie die Katzen Monika und Mingus. Im ersten Stock wohnt das ältere Ehepaar Friedrich und Andrea und im zweiten Stock wohnt Thomas mit seiner Tochter Lene und dem Papagei Niko. Die zweite Doppelseite bildet ein Bauernhof-Panorama mit einem großen Bauernhaus, einer Scheune, Tierweiden, Irmas Obst- und Gemüsestand sowie einer Tankstelle mit benachbarter Autowerkstatt. Das dritte Setting bildet ein moderner Bahnhof mit Ticket- und Pressestand, Proviantshäuschen, Fahrscheinautomat, Rolltreppe, einem Café und der Fischhandlung ‚Poseidon'. Es folgt der Querschnitt eines Kulturzentrums, neben dem eine Kirche und die Baustelle des neuen Kindergartens zu sehen sind. Im Hintergrund ragen Hochhäuser empor. Der Marktplatz mit einer Apotheke, dem ‚Gasthaus zur Gans', dem Obst- und Gemüseladen, einer Bäckerei, dem Friseursalon, dem Zeitungshäuschen, Armins Buchhandlung, der Zahnarztpraxis von S. Eirak, und der Wohnung der Klavierlehrerin Pia Nola bildet die fünfte Doppelseite. Hier finden immer unterschiedliche, saisontypische Veranstaltungen statt, z. B. ein Sommerflohmarkt oder ein Herbstfest. Die sechste Doppelseite zeigt den Querschnitt eines dreistöckigen Kaufhauses mit Parkgarage. Auch hier kann man den jeweiligen Auslagen und Angeboten die entsprechende Jahreszeit entnehmen. Der Park mit einem See, einer Tierweide, einer hügeligen Spiel- und Liegewiese, einem Spielplatz und dem Wimmlinger Park-Café bildet die letzte Szene eines jeden Bandes. Eine Auflistung aller saisonalen Veränderungen würde an dieser Stelle den Rahmen sprengen und kann in Krichel (2020, S. 253) nachgelesen werden. Ein kleiner Einblick in die jahreszeitbedingten Veränderungen der verschiedenen Setting-Elemente soll hier am Beispiel der Unterhaltungs- und Kommunikationsmedien gegeben werden, deren technische Entwicklung sich innerhalb des Jahres visuell verfolgen lässt.

**Chronologie:** Das Kabeltelefon mit Wählscheibe von Andrea und Friedrich wird im Sommer durch ein schnurloses Telefon ersetzt. Zusätzlich schaffen sie sich einen DVD-Player an, der an den alten Fernseher angeschlossen wird. Wo von Winter bis Herbst ein PC mit Röhrenmonitor in der Bibliothek installiert war, steht im *Nacht-Wimmelbuch* ein moderner Flachbildschirm mit Funktastatur. Tanja und Oliver schaffen im Laufe des Jahres ihren alten Kassettenrekorder ab und schließen eine Musikanlage mit CD-Laufwerk an. Parallel steigt im Verlauf der Jahreszeiten die Präsenz von Mobiltelefonen und Laptops an. Geschäftsmänner arbeiten im Park, in der Bar oder im Café, während die Bewohner/innen von Wimmlingen, wie Elke und Manfred, mit dem Handy am Ohr durch die Straßen laufen.

**Bildverknüpfungselemente:** Der kontinuierlichen Setting-Abfolge und den fest integrierten Setting-Elementen kommt also die gleiche Funktion zu wie den zahlreichen Hintergrund- und Hauptfiguren der Wimmelbuchserie. Ein detaillierter Blick auf die Hintergrundobjekte an den Außenrändern einer jeden Doppelseite zeigt darüber hinaus, dass sich die einzelnen Panoramen durch Backsteinmauern, Zäune, Gebäude oder Bäume nahtlos aneinanderreihen lassen. Diese Erkenntnis wird durch die ab 2006 erschienenen Wimmelbuch-Ausgaben als Leporello bestätigt, in denen die einzelnen Doppelseiten ohne Brüche auf der Bildebene aneinandergereiht sind. Die Rezipient/innen verändern also weder Standpunkt noch Perspektive; die Wahrnehmung des Settings gleicht einer Kamera, die wie auf Schienen einer geraden Linie folgt.

**Zirkularität:** Vergleicht man Anfang und Ende der Wimmlinger Route miteinander, so könnte der halb ins Bild ragende Kirschbaum auf der linken Seite der ersten Doppelseite der gleiche Kirschbaum sein, der auf der rechten Seite des letzten Panoramabildes zu sehen ist (Abb. 16.1). Diese Vermutung wird durch die jeweilige Hügelhälfte entsprechender Standorte verstärkt. In diesem Fall würde es sich um eine geschlossene kreisförmige Rundfahrt durch Wimmlingen handeln. Dem Kirschbaum auf dem Wiesenhügel käme folglich eine rahmende Funktion zu: Er verknüpft den Anfang und das Ende einer jeden Jahreszeit miteinander und deutet so einen unendlichen Kreislauf an. In jener Schlüsselfunktion ist der Kirschbaum auch als zentrales Cover-Motiv auf jedem Wimmelbuch abgebildet und stellt somit einen parapiktorialen Bezug her.

**Abb. 16.1** Doppelseiten: Park und Wohnhaus im Sommer (Berner 2005, S. 1 f. und 13 f.)

## 16.2.4 Inter- und intrapiktoriale Bezüge als serielle Konnektoren

**Selbstreferenzialität:** In fast allen Bänden findet man Hinweise auf Wimmelbücher anderer Jahreszeiten oder Selbstzitate (zur Selbstreferenzialität im Bilderbuch s. auch Kap. 13). So verlässt z. B. Susanne Armins Buchhandlung im Winter mit eben jenem Wimmelbuch in der Hand, in dem sie sich gerade befindet und stellt damit einen selbstreferenziellen Bezug her. Auch im *Frühlings-* und *Nacht-Wimmelbuch* ist bei genauem Hinsehen das analoge Wimmelbuch im Schaufenster der Buchhandlung zu erkennen (für einen Einblick in die Fülle aller Kunst- und Literatur-Zitate der Bilderbuchserie vgl. Krichel 2020, S. 257). Durch die Abbildung ‚des Buchs im Buch' – einer speziellen Form des *mise en abyme* – stellt Berner ihre Wimmelgeschichten auf eine metafiktionale Ebene und verleiht der jeweiligen Szene eine ironische Note. Weitere Formen des *mise en abyme* sind im *Sommer-* und *Herbst-Wimmelbuch* zu erkennen. So zeichnet der Maler im Sommer die Parkszene auf der Leinwand ab und spiegelt diese minimiert im Vordergrund wider. Er schlüpft sozusagen in Berners Rolle und wird – als fiktionale Figur – selbst zum Künstler, der Figuren und Szenen schafft (s. Abb. 16.1, Mitte unten). Im Winter spielt Pedro auf dem Marktplatz Gitarre, während sein Abbild in Form eines Posters am Kiosk nebenan zu sehen ist. Hier erinnert die perspektivische Darstellungsform an einen Spiegel (s. Abb. 16.2). Auch das Bild, welches auf der ersten Herbst-Doppelseite in Barbaras Wohnzimmer zu sehen ist, taucht wenig später als Mikro-Szene erneut auf: Der Rabe sitzt mit einem Stück Käse auf der Mauer, vor welcher der Fuchs ahnungslos vorbeiläuft.

**Intrapiktoriale Bezüge:** Anspielungen auf andere Bände der Serie sind z. B. im Sommer-Band zu finden, wo das *Herbst-Wimmelbuch* sowohl in Thomas Küche als auch im Schaufenster der Buchhandlung zu erkennen ist. Neben dem direkten Zitieren des Wimmelbuchs als Medium taucht im *Frühlings-Wimmelbuch* das Cover des *Winter-Wimmelbuchs* in Form eines Wandbildes in Barbaras Kinderzimmer auf (s. Abb. 16.3) und die Park-Szene aus dem *Sommer-Wimmelbuch* ist im *Herbst-Wimmelbuch* als Gemälde in der Zahnarztpraxis wiederzufinden (s. Abb. 16.4).

**Abb. 16.2** Detail: Pedro im Winter (Berner 2003, S. 10)

**Abb. 16.3** Detail: Barbaras Kinderzimmer im Herbst (Berner 2005b, S. 1)

**Abb. 16.4** Detail: Die Zahnarztpraxis im Herbst (Berner 2005b, S. 10)

**Interpiktoriale Bezüge:** Neben den Wimmelbüchern kommen in Wimmlingen noch weitere Werke von Berner vor: In allen Jahreszeiten-Wimmelbüchern findet man *Apfel, Nuss und Schneeballschlacht* (2001) – ob als Buch in Armins Buchhandlung, als visuelle Anspielung durch das Wandbild in Barbaras Kinderzimmer oder durch die Eisbärenfigur in Lenes Zimmer. Auch *Karlchen-Geschichten: Ein Vorlese-Bilder-Buch* (2003) wird sowohl in Form eines Buchs als auch motivisch im *Winter-, Frühlings-, Herbst-* und *Nacht-Wimmelbuch* zitiert. *Dunkel war's, der Mond schien helle: Verse, Reime und Gedichte* (1999) taucht ausschließlich im *Winter-Wimmelbuch, Karlchen vor, noch ein Tor!* (2006) im *Herbst-Wimmelbuch* und *Gute Nacht, Karlchen* (2001) im *Nacht-Wimmelbuch* auf. Schließlich stehen die Geschichten um die Figur Susanne, die ständig ihren Hut verliert, in unmittelbarem Zusammenhang mit Berners Bilderbuch *Der fliegende Hut* (2002).

**Spin-Offs:** Darüber hinaus ist Berners Wimmelbuchserie nach deren Veröffentlichung in einen Medienverbund expandiert, der – neben weiteren Printbilderbüchern – Hörbücher, Puzzles, (Advents-)Kalender, Haushaltswaren wie Geschirr, Trinkflaschen oder Tischsets, Malbücher, Lampen oder Lesezeichen umfasst. Auf der vom Gerstenberg-Verlag eigens eingerichteten Homepage http://www.wimmlingen.de werden alle Produkte und Informationen rund um ‚Wimmlingen' und seine Autorin zusammengefasst und jahreszeitenspezifische Online-Spiele, Bastel- und Malvorlagen angeboten. Eine narrative Erweiterung der Jahreszeiten-Wimmelbücher findet sich in einer Spin-Off-Serie mit dem Untertitel *Wimmlinger Geschichten*: Hier widmet Berner den Hauptfiguren ihrer Serie je ein eigenes Pappbilderbuch, in dem die wesentlichen Charakteristika der jeweiligen Figur thematisiert und in Form einer kleinen Geschichte dargestellt werden (vgl. *Peter und Struppi,* 2008; *Oskar,* 2008; *Ina,* 2008; *Susanne,* 2009). Durch die Integration eigener Werke, die nicht in unmittelbarem Zusammenhang mit der

Wimmelbuchserie stehen, verknüpft Berner ihre Werke miteinander und stellt thematische Zusammenhänge her. Rezipient/innen, die die zitierten Werke kennen, können ihr Wissen um die spezifischen Figuren oder Handlungskontexte nutzen, um die Szenen in den Wimmelbüchern tiefer zu durchdringen bzw. entsprechend zu interpretieren.

**Leitmotivik:** Eine weitere Methode, um die einzelnen Wimmelbuch-Bände miteinander in Beziehung zu setzen und innerhalb einer Bildfolge Kohärenz zu stiften, ist die Verwendung von Leitmotiven (s. o. Definitionskasten). Hierzu zählen in Berners Wimmelbuchserie das Struppi-, Pinguin-, Hasen-, Katzen-, Gänse-, Bären- und Hut-Motiv. Neben dem spielerischen Suchfaktor und der konvektiven Funktion spielen gewiss auch persönliche Präferenzen der Künstlerin bei der Gestaltung der Leitmotive eine Rolle. So tauchen z. B. Katzen und Hasen besonders häufig in Berners Werken auf. Die individuelle Darstellungsform dieser beiden Tiere kann sogar als Erkennungszeichen der Künstlerin bezeichnet werden. Mit welcher Ausprägung, Häufigkeit und inhaltlichen Bedeutsamkeit diese Motive in den verschiedenen Jahreszeiten begegnen, würde den Rahmen des analytischen Abrisses sprengen (für eine detaillierte Auflistung der verschiedenen Leitmotive und deren Erläuterung vgl. Krichel 2020, S. 258).

### 16.2.5 Schriftsprachliche Verknüpfungselemente der einzelnen Bände

**Intraikonischer Text:** Auch wenn Berners Wimmelbücher auf den ersten Blick „keinen Schrifttext" enthalten (Kurwinkel 2020, S. 100), offenbart eine detaillierte Auseinandersetzung mit den motivreichen Panoramabildern eine Fülle an schriftsprachlichen Hinweisen und Beschriftungen. So findet man zahlreiche Fahrzeug- oder Gebäude-Aufschriften, wie ‚Eis-Wagen', ‚Fahrschule', ‚Bus', ‚Friseur', ‚Apotheke', ‚Tankstelle', die die jeweiligen Institutionen als solche definieren, sowie Namensschilder und Berufsbezeichnungen an Wohnungseingängen wie „Zahnarzt S. Eirak" oder „Klavierlehrerin Pia Nola" (Berner 2003–2008, S. 8). Indem diese Beschriftungen in allen Bänden bestehen und unverändert bleiben, wird das Identifizieren der verschiedenen Instanzen durch alle Jahreszeiten hindurch erleichtert. So gelingt es auch die mobilen Elemente, wie etwa den Eiswagen oder das Fahrschulauto, wiederzuerkennen, auch wenn sie in den verschiedenen Bänden in unterschiedlichen Settings auftauchen.

**Prolepsen und Analepsen:** Die Aushänge und Ankündigungen hingegen dienen als inter- und intrapiktoriale Anspielungen, die auf zukünftige oder vergangene Ereignisse hinweisen und somit die visuelle Narration um Vorausdeutungen oder Rückblenden bereichern können. So findet man z. B. neben dem Kulturzentrum im *Winter-* und *Frühlings-Wimmelbuch* den Hinweis „Hier baut die Stadt einen neuen Kindergarten" (Berner 2003 und 2004, S. 7), während es im Sommer-Band heißt „Eröffnung des neuen Kindergartens im Oktober" (Berner 2005, S. 7) und im *Herbst-Wimmelbuch* „Einweihung des neuen Kindergartens" (Berner 2005, S. 7).

Auf den Buchrückseiten tauchen darüber hinaus sogar vollständige Sätze und Fragen auf. Diese vermitteln den Rezipierenden die Namen der verschiedenen Figuren, fassen einzelne Handlungsstränge zusammen und leiten darüber hinaus zu einer erneuten und reflektierten Betrachtung an (zu Paratexten im Bilderbuch s. auch Kap. 3). Cornelia Rémi (2018, S. 159) weist darauf hin, dass die Klappentexte von Wimmelbüchern allgemein nur einen Vorschlag für mögliche Fokussierungspunkte bilden und nicht als obligatorische Betrachtungsanleitung zu verstehen sind. Häufig machen aber gerade diese Anspielungen auf inhaltliche Verknüpfungspunkte aufmerksam und tragen zur Charakterisierung der Figuren und deren Konstellation bei.

## 16.3 Fazit

Am Beispiel von Rotraut S. Berners Wimmelbuchserie hat das vorliegende Kapitel veranschaulicht, dass Tendenzen zur Serialisierung nicht nur in Film- und Fernsehproduktionen, sondern ebenso in der (bildbasierten) Literatur zu beobachten sind. Dies gilt sowohl für Bilderbücher mit Text, wie etwa die klassische Janosch-Reihe über den kleinen Bären und den kleinen Tiger, als auch für reine Bildnarrationen, wie etwa Wimmelbücher. Serielle Wimmelbücher, die nicht narrativ angelegt sind (wie etwa jene von Ali Mitgutsch), zeigen, dass die Prinzipien der Serialität sowohl im erzählenden, als auch im Sachbilderbuch vorzufinden sind. Ferner findet man Bilderbuchserien der unterschiedlichsten Komplexitätsstufen und Adressatenkreise. Angefangen bei Sachbilderbüchern für Kleinkinder (z. B. die ministeps-Serie aus dem Ravensburger Verlag) bis hin zu Crossover-Bilderbüchern, wie die abstrakte Künstlerbuch-Serie von Warja Honegger-Lavater aus den 1960er Jahren.

Durch ihre multimediale Vermarktung bedarf die Erforschung der Bilderbuchserie einer interdisziplinären Betrachtung, die sowohl die Narrationsforschung und Bilderbuchtheorie als auch die Medienwissenschaft inkludiert und die veränderten Erzählstrukturen sowie die verschiedenen Dimensionen der narrativen Expansion in den Blick nimmt.

Die Analyse der Jahreszeiten-Wimmelbuchserie gewährt einen Überblick über die Fülle an intra- und interpiktorialen Bezügen, selbstreferenziellen Anspielungen, kohärenzstiftenden Gestaltungsmerkmalen und Leitmotiven in Berners (fast) textlosen Werken. Berücksichtigt man die Unvollständigkeit der hier aufgeführten narrativen Zusammenhänge, ergibt sich eine hochkomplexe Struktur, die im Kontrast zu der augenscheinlich bunt-naiven und thematisch-simplen Gestaltung der Wimmelbücher steht.

Ferner bieten die zahlreichen interpiktorialen Bezüge Anlass für einen metakommunikativen Austausch über fiktionale und ironische Gestaltungsmittel. Hierdurch wird insbesondere eine distanzierende Betrachtungsweise angebahnt, die das Dargestellte – über den eigentlichen Handlungskontext hinaus – aus einer Metaebene heraus reflektiert, deren Einnahme für die Rezeption serieller Literatur im Allgemeinen unabdingbar ist.

# Literatur

## Primärliteratur

Banyai, Istvan: *Zoom*. New York 1995.
Banyai, Istvan: *Re-Zoom*. New York 1995.
Banyai, Istvan: *REM: Rapid Eye Movement*. New York 1997.
Berner, Rotraut S.: *Apfel, Nuss und Schneeballschlacht*. München 2001.
Berner, Rotraut S.: *Gute Nacht, Karlchen*. München 2001.
Berner, Rotraut S.: *Der fliegende Hut*. München 2002.
Berner, Rotraut S.: *Karlchen-Geschichten. Ein Vorlese-Bilder-Buch*. München 2003.
Berner, Rotraut S.: *Winter-Wimmelbuch*. Weinheim 2003.
Berner, Rotraut S.: *Frühlings-Wimmelbuch*. Weinheim 2004.
Berner, Rotraut S.: *Herbst-Wimmelbuch*. Weinheim 2005.
Berner, Rotraut S.: *Sommer-Wimmelbuch*. Weinheim 2005.
Berner, Rotraut S.: *Karlchen vor, noch ein Tor!* München 2006.
Berner, Rotraut S.: *Nacht-Wimmelbuch*. Weinheim 2008.
Berner, Rotraut S.: *Wimmlinger Geschichten: Ina*. Weinheim 2008.
Berner, Rotraut S.: *Wimmlinger Geschichten: Oskar*. Weinheim 2008.
Berner, Rotraut S.: *Wimmlinger Geschichten: Peter und Struppi*. Weinheim 2008.
Berner, Rotraut S.: *Wimmlinger Geschichten: Susanne*. Weinheim 2009.
Jacoby, Edmund/Berner, Rotraut S: *Dunkel war's, der Mond schien helle: Verse, Reime und Gedichte*. Weinheim 1999.

## Sekundärliteratur

Al-Yaquot, Ghada: „From Slate to Slate: What Does the Future Hold for the Picturebook Series?". In: *New Review of Children's Literature and Librarianship* 17/1 (2011), 57–77.
Anders, Petra/Staiger, Michael: „Serialität und Deutschdidaktik". In: Petra Anders/Michael Staiger (Hg.): *Serialität in Literatur und Medien. Theorie und Didaktik*, Band 1. Baltmannsweiler 2016, 2–27.
Doonan, Jane: „The Object Lesson: Picturebooks of Anthony Browne". In: *Word and Image* 31/3 (1986), 159–172.
Head, Sidney W./Spann, Thomas/McGregor, Michael A.: *Broadcasting in America. A Survey of Electronic Media*. Boston 2001.
Kleinspehn, Thomas: „‚... die waren sich gar nicht ähnlich'. Bilderbücher aus Psychoanalytischer Sicht. Anthony Browne: ‚Der Tunnel'". In: Jens Thiele (Hg.): *Neue Erzählformen im Bilderbuch*. Oldenburg 1991, 164–186.
Krah, Hans: „Serie". In: Klaus Weimar (Hg.): *Reallexikon der deutschen Literaturwissenschaft*, Band III. Berlin/New York 2007.
Krichel, Anne: *Textlose Bilderbücher. Visuelle Narrationsstrukturen und erzähldidaktische Konzeptionen für die Grundschule*. Münster/New York 2020.
Kümmerling-Meibauer, Bettina: „Seriality in Picturebooks". In: Bettina Kümmerling-Meibauer (Hg.): *The Routledge Companion to Picturebooks*. London/New York 2018, 103–109.
Kümmerling-Meibauer, Bettina/Meibauer, Jörg: „Picturebooks and Early Literacy. How Do Picturebooks Support Early Cognitive and Narrative Development?". In: Bettina Kümmerling-Meibauer/Jörg Meibauer/Kerstin Nachtigäller/Katharina Rohlfing (Hg.): *Learning from Picturebooks. Perspectives from Child Development and Literacy Studies*. New York 2015, 13–32.

Kurwinkel, Tobias (Hg.): *Bilderbuchanalyse. Narrativik – Ästhetik – Didaktik*. Tübingen ²2020.
Nikolajeva, Maria: „Beyond Happily Ever After. The Aesthetic Dilemma of Multivolume Fiction for Children". In: Benjamin Lefevre (Hg.): *Textual Transformations in Children's Literature: Adaptations, Translations, Reconsiderations*. New York 2013, 197–213.
Reimer, Mavis/England, Deanna/Ali, Nyala/Unrau, Melanie (Hg.): *Seriality and Texts for Young People: The Compulsion to Repeat*. Basingstoke 2014.
Rémi, Cornelia 2011: „Reading as Playing. The Cognitive Challenge of the Wimmelbook". In: Bettina Kümmerling-Meibauer (Hg.): *Emergent Literacy. Children's Books from 0 to 3*. Amsterdam 2011, 115–139.
Rémi, Cornelia: "Wimmelbooks". In: Bettina Kümmerling-Meibauer (Hg.): *The Routledge Companion to Picturebooks*. London/New York 2018, 158–168.
Schmitz, Ulrich: „Sehflächenforschung. Eine Einführung". In: Hajo Diekmannshenke/Michael Klemm/Hartmut Stöckl (Hg.): *Bildlinguistik. Theorien – Methoden – Fallbeispiele*. Berlin 2011, 23–42.
Stuck, Elisabeth: „Kohärenz". In: Jan D. Müller (Hg.): *Reallexikon der deutschen Literaturwissenschaft*, Band II. Berlin/New York 2007, 280–282.
Toolan, Michael: „Kohärenz". In: Peter Hühn/Jan Ch. Meister/John Pier/Wolf Schmid (Hg.): *Handbook of Narratology*. Berlin/New York, 44–62.
Watson, Victor: "Series Fiction". In: Peter Hunt (Hg.): *International Companion Encyclopedia of Children's Literature*. London ²2004, 532–541.

# Intermedialität im Bilderbuch

# 17

Marc Kudlowski

## Inhaltsverzeichnis

17.1 Theoretische Grundlagen ........................................... 311
    17.1.1 Terminologie ............................................... 312
    17.1.2 Gestaltungsmittel und narrative Elemente filmischen Erzählens .......... 314
17.2 Modellanalyse: *Die Streithörnchen* (Rachel Bright/Jim Field, 2018) ............ 317
    17.2.1 Filmästhetische Licht- und Bildkomposition ......................... 318
    17.2.2 Dramatische Struktur ......................................... 318
    17.2.3 Genre ...................................................... 319
    17.2.4 Bild, Sound und Editing ....................................... 319
    17.2.5 Temporeiche Jagd à la Scrat .................................... 320
17.3 Fazit ............................................................... 322
Literatur ................................................................ 322

## 17.1 Theoretische Grundlagen

Während Bilderbuchverfilmungen nur einen geringen Anteil an verfilmter Kinder- und Jugendliteratur ausmachen (vgl. dazu Kurwinkel 2018, S. 325; zum Verhältnis von Bilderbuch und Bilderbuchverfilmung vgl. Niklas 2012; Tydecks 2012; Kudlowski 2013), sind Einflüsse des Mediums Film auf das Erzählen im Bilderbuch schon seit über 30 Jahren wesentlich wirkmächtiger. Für die sich verändernde Medialität von Bilderbuchillustrationen durch Einflüsse visueller Medien können die Bilderbücher *Der Polarexpress* (1985) von Chris Van

---

M. Kudlowski (✉)
Institut für Deutsche Sprache und Literatur II, Universität zu Köln, Köln, Deutschland
E-Mail: marc.kudlowski@uni-koeln.de

© Springer-Verlag GmbH Deutschland, ein Teil von Springer Nature 2022
B. Dammers et al. (Hg.), *Das Bilderbuch*,
https://doi.org/10.1007/978-3-476-05824-9_17

Allsburg und *Aufstand der Tiere oder Die neuen Stadtmusikanten* (1989) von Jörg Müller und Jörg Steiner als Auftakt gewertet werden (vgl. Oetken 2017, S. 20). Beide Bilderbücher zeigen beispielhaft, wie mit Ausgang der 1980er Jahre neue Produktionstechniken aufkommen und bis dato noch nicht integrierte oder integrierbare Gestaltungsmittel des Mediums Film ins Bilderbuch einziehen (vgl. ebd., 20 f.) und seine Bildsprache erweitern (vgl. Thiele 2000, S. 50). Bill Thomsons *Chalk* (2010) und Dirk Steinhöfels *Nicht um die Ecke* (2018) sind zwei Beispiele für das Andauern von intermedialen Bezugnahmen. Gleichwohl wurde dem Phänomen innerhalb der deutschsprachigen Forschung zum Bilderbuch bislang nur wenig Beachtung geschenkt (s. Abschn. 1.1.1.; vgl. auch Thiele 2000; Sahr 2005; Bönnighausen 2019; Kurwinkel 2020). Aus diesem Grund soll innerhalb dieses Kapitels den folgenden Fragen nachgegangen werden: Unter welchen Bedingungen kann davon gesprochen werden, dass Bilderbücher in einer filmischen Tradition inszeniert werden? Welche Gestaltungsmittel und narrativen Elemente filmischen Erzählens werden in der Analyse des Bilderbuchs *Die Streithörnchen* (2018) sichtbar?

Der erste Teil dieses Kapitels klärt zunächst, was das Konzept der Intermedialität ausmacht und wie sich dieses in Form intermedialer Bezüge und interpiktorialer Referenzen im Bilderbuch potenziell zeigt. Im Anschluss werden entlang einer Typologie filmwissenschaftlicher Analysekategorien Beispiele gegeben, wie Filmisches in das Medium Bilderbuch integriert wird. Im zweiten Teil wird das Bilderbuch *Die Streithörnchen* (2018) des Künstlerduos Rachel Bright und Jim Field auf Schwerpunkte filmischen Erzählens abgeklopft. Neben Leitfragen, die die Analyse weiterer Bilderbücher mit filmischen Bezügen unterstützen können, beschließt ein Fazit das Kapitel.

### 17.1.1 Terminologie

**Inter- und Intramedialität:** Mit dem Begriff der Intermedialität werden Beziehungen zwischen Medien beschrieben (vgl. Rajewsky 2014, S. 197). Wie diese Beziehungen bzw. Relationen zu definieren sind, ist innerhalb des Diskurses um Intermedialität umstritten und unterliegt einem andauernden Wandel (vgl. ebd.). Konsens besteht allerdings darüber, dass Intermedialität von Intramedialität abzugrenzen ist (vgl. ebd., S. 199). Als intramedial können all jene Phänomene klassifiziert werden, „die nur *ein* konventionell als distinkt wahrgenommenes Medium involvieren" (ebd.). Hierzu gehören beispielsweise Text-Text-, Film-Film- oder Bilderbuch-Bilderbuch-Bezüge. Diese Einordnung führt dazu, dass Text-Text-Bezüge – und damit Intertextualität – von Rajewsky (vgl. ebd., S. 204) in das Konzept der Intramedialität integriert werden.

Für die Analyse intermedialer Phänomene, also all jener Relationen, in „die mindestens zwei konventionell als distinkt wahrgenommene Medien" (Rajewsky 2002, S. 13) involviert sind, lassen sich nach Werner Wolf (2005) und Irina O. Rajewsky (2002) insgesamt vier Subkategorien anlegen: Medienwechsel, Medienkombination, Transmedialität (s. u. Definitionskasten) und intermediale Bezüge.

**System- und Einzelreferenz:** Intermediale Bezüge sind bei der Analyse von filmbezogener Intermedialität im Medium Bilderbuch zu fokussieren. Diese Subkategorie umgreift Phänomene wie die filmische Schreibweise. Wie ab der Literarischen Moderne bzw. Neuen Sachlichkeit Autor/innen versucht haben, das in den 1910er und 1920er Jahren neu aufgekommene und sich rasch verbreitende Medium Film mit schriftliterarischen Mitteln zu imitieren, zeigt Irmgard Keuns berühmter Ausspruch „Ich will schreiben wie Film" aus dem Roman *Das kunstseidene Mädchen* (1932): Die Autorin unternimmt den Versuch, die eigenen subjektiven Filmwahrnehmungen in das schriftliterarische Medium einzuschreiben (vgl. Heller 1986, S. 279 ff.). Neben einer solch gelagerten ‚Systemreferenz', durch die auf ein semiotisches System – hier: auf das System Film – mit dem kontaktnehmenden Medium inhärenten Mitteln Bezug genommen wird, sind ebenso Einzelreferenzen möglich, die lediglich auf ein bestimmtes Werk referenzieren (vgl. Rajewsky 2002, S. 76).

Um zu analysieren, inwiefern filmische Bezüge als System- oder Einzelreferenzen ihren Weg ins Medium Buch gefunden haben bzw. finden und inwiefern diese die Ausdrucksformen desselben umformen bzw. erweitern, müssen nach Joachim Paech (1998, S. 23) die „Figurationen des medialen Differenzials" betrachtet werden. Denn medienspezifische Verfahrensweisen lassen sich nicht direkt von einem Medium auf ein anderes übertragen (vgl. Bönnighausen 2010, S. 505). Stattdessen werden sie nachgebildet, um eine Imitation des distinkten Mediums zu erreichen, die Heinz B. Heller (1986, S. 279) mit dem Terminus der „Als ob"-Illusion kennzeichnet. Auch Martin Leubner, Anja Saupe und Matthias Richter (2012, S. 202) betonen, dass das „Wirkungspotenzial" eines Mediums durch ein anderes Medium „höchstens in ungefährer Entsprechung nachgebildet werden kann". Letztlich bleibt es bei einer Referenz, sodass, noch einmal mit Bönnighausen (2010, S. 505) gesprochen, zwangsläufig „Brüche und Übergänge entstehen", die in der Rezeption eine Distanzierung gegenüber dem Medienprodukt ermöglichen. Mit der Distanzierung geht einher, dass die Illusion von Ganzheit unterminiert wird und Reflexionen zur medialen Verfasstheit angeregt werden (s. Kap. 13).

**Interpiktorialität:** Entgegen der gerade ausgeführten Einordnung bzw. Eingrenzung von Rajewsky (2014, vgl. S. 204) setzen Beatriz Hoster Cabo, María Lobato Suero und Alberto Ruiz Campo (2018) mit ihren Analysen zur "Interpictoriality in Picturebooks" auf einen weiten Text- und Intertextualitätsbegriff, wie ihn Julia Kristeva (1972) maßgeblich geprägt hat. Nach diesem Verständnis umfasst Intertextualität nicht nur Bezüge von Schrifttexten auf vorangegangene Texte, sondern u. a. auch Bezüge von Bildern in Bilderbüchern auf bekannte Filme:

> Generally, intertextual references encompass all cultural artifacts, ranging from folklore and literature – whether for children or adults – to paintings, films, and other art forms. (Hoster Cabo et al. 2018, S. 92)

Interpiktorialität soll daher hier als Analyseebene ebenfalls Verwendung finden, da (a) filmisches Erzählen primär vom Bild her angelegt ist (vgl. Thiele 2000, S. 49) und es (b) als Konzept in besonderer Weise dazu geeignet ist, Bildzitate zwischen distinkten

Medien zu identifizieren. Voraussetzung für das Wiedererkennen von z. B. bekannten Filmbildern oder stilprägenden Filmszenen stellt das Vorwissen des Rezipierenden dar. Dieses werde durch sog. „intertextual markers" aktiviert (Hoster Cabo et al. 2018, S. 92). Wie zugänglich diese intertextuellen bzw. -piktorialen Marker sind, hängt von der Popularität der eingesetzten Zitate, also, ob diese sich im kulturellen Gedächtnis als Standbilder gewissermaßen ‚eingebrannt' haben, bzw. vom Grad des Expertenwissens ab, über den Rezipierende im jeweiligen Gegenstandsbereich, auf den das Bildzitat referenziert, verfügen. Interpiktoriale Referenzen fordern somit die Aktivierung von schon Gesehenem heraus, sodass – je nach Kenntnisstand und Erinnerungsvermögen des Betrachtenden – Bildzitate aus u. a. Malerei, Film, Fotografie oder Videospiel bewusst oder unbewusst in die Wahrnehmung des Bilderbuchbildes einfließen. Sind keine entsprechenden ästhetisch-narrativen Vorerfahrungen gegeben, so entwickelt sich keine ‚Als ob'-Illusion und die zusätzliche Bedeutungsdimension bleibt verschlossen.

> **Definitionen**
>
> - **Medienwechsel:** Transformation eines inhaltlichen Stoffes von einem Ausgangs- in ein Zielmedium, wobei die spezifischen Gestaltungsmittel des Zielmediums zu einer neuen Ausformung des Stoffes auf inhaltlicher und formaler Ebene führen. Ein Beispiel für einen Medienwechsel ist die Literaturverfilmung (vgl. Rajewsky 2002, S. 19).
> - **Medienkombination:** Werden zwei oder mehr „konventionell als distinkt wahrgenommene Medien" punktuell oder durchgehend miteinander in einem Produkt materiell verbunden, so liegt eine Medienkombination vor (vgl. ebd.). Das Bilderbuch stellt durch seine Verbindung aus den Medien Bild und Schrift bzw. Text ein Beispiel für eine Medienkombination dar.
> - **Transmedialität:** Erzähluniversalien, die als „medienunspezifische Wanderphänomene" (ebd., S. 12) bzw. als „querliegende Strukturen" (Bönnighausen 2019, S. 139) durch die verschiedenen Medien unterschiedlich realisiert werden, „ohne daß hierbei die Annahme eines kontaktgebenden Ursprungsmediums wichtig oder möglich ist" (Rajewsky 2002, S. 13), wie es z. B. bei bestimmten Motiven, Ästhetiken oder Erzählstrukturen der Fall ist (vgl. Rajewsky 2014, S. 201).

### 17.1.2 Gestaltungsmittel und narrative Elemente filmischen Erzählens

**Mediale Divergenzen:** Einstellungsgröße, Zoom (*in* und *out*) oder Perspektivwechsel sind Stilmittel des Mediums Film, die im Bilderbuch vielfach genutzt werden (vgl. Oetken 2017, S. 188; Thiele 2000, S. 30 f.), und das, obwohl Bilderbuch und Film sich aufgrund ihrer unterschiedlichen Zeichensysteme grundsätzlich unterscheiden: Während der Film in Bild-Ton-Kombinationen erzählt, wird im Bilderbuch das zu Erzählende über Bild-Text-Kombinationen entfaltet. Verbalsprachliche Codes sind im Film auf visueller Ebene durch im Bild gezeigte Schrift und auf auditiver Ebene durch hörbare Sprache gegeben. Demgegenüber können im Bilderbuch Schrift und gesprochene Sprache ausschließlich über visuelle Zeichen – sowohl auf Bild- als auch auf Textebene – vermittelt werden. Musik und Geräusche werden im Bilderbuch üblicherweise auf der Bildebene, z. B. durch *soundwords*, nachgebildet. Dementsprechend kann das Bilderbuch immer nur ‚Als ob'-Anleihen filmischer Gestaltungsweisen im Rahmen seiner zeichentheoretischen Grenzen tätigen.

**Rezeptive Divergenzen:** Entgegen der Alltagsvorstellung, das Sehen und Verstehen von Bildern vollziehe sich *en passant* und auf diese Weise mühelos, sind bei der Bilderbuchrezeption dem Lesen von Schrifttexten ähnelnde komplexe Konstruktionsleistungen involviert: Auf der einen Seite werden die materiellen Zeichen des Bilderbuchs *bottom up* wahrgenommen. Auf der anderen Seite wird Vorwissen in den Rezeptionsprozess *top down* eingespeist. Wenn sich im Bilderbuch dargestellte Einzelbilder zu kleinen Filmszenen oder -sequenzen im Kopf des Rezipierenden entwickeln und eine filmische ‚Als ob'-Illusion erzeugen, so dann deshalb, weil schon im Medium Film Gesehenes mit dem im Bilderbuch Dargebotenen mental interagiert. Voraussetzung hierfür ist allerdings, dass das materiell Angebotene sich mit entsprechendem Vorwissen auch verbinden kann.

Das Vorwissen speist sich aus filmischen Gestaltungsmitteln und narrativen Elementen (vgl. Mikos 2015, S. 51). Somit ist für das mentale Repräsentationsmodell wichtig, sowohl wie *(discours)* etwas dargestellt wird als auch was *(histoire)* dargestellt wird (vgl. ebd.). Lothar Mikos (2015) weist den gestalterischen Mitteln, also dem wie, eine besondere Bedeutung zu, „denn sie lenken die Aufmerksamkeit der Zuschauer" und „haben […] eine narrative Funktion"; sie sollten „sowohl einzeln […] als auch in ihrem Zusammenwirken untersucht werden" (S. 54), damit präzisere Aussagen darüber gemacht werden können, warum ein Film oder ein filmisches Bilderbuch eine gewisse Wirkung auf die Rezipierenden ausübt.

Zur Bestimmung des filmischen Erzählens im Bilderbuch wird den von Tobias Kurwinkel (2018, S. 327 ff.) vorgeschlagenen filmwissenschaftlichen Analysekategorien weitestgehend gefolgt, die im Wesentlichen an den klassischen filmanalytischen Hauptkategorien visuell, auditiv und narrativ (vgl. u. a. Hickethier 2007; Staiger 2008; Maiwald 2010) orientiert sind. Die Analysekategorien und ihre wesentlichen Mittel werden zunächst losgelöst von *Die Streithörnchen* eingeführt, um sie als Werkzeuge für die Analyse weiterer filmisch gestalteter Bilderbücher den Leser/innen an die Hand zu geben. Bezugnehmend auf die gerade zitierten einschlägigen Veröffentlichungen zur Filmanalyse bietet Tab. 17.1 einen Überblick zu den zentralen filmischen Gestaltungsmitteln im Bilderbuch.

Werden Gestaltungsweisen des Mediums Film vom Bilderbuch imitiert, so muss noch nicht zwingend filmbezogene Intermedialität vorliegen. Kurwinkel (2018, S. 329) empfiehlt ein Bilderbuch erst dann als filmisch einzustufen, wenn

**Tab. 17.1** Filmische Gestaltungsmittel (vgl. u. a. Hickethier 2007; Staiger 2008; Maiwald 2010)

| | |
|---|---|
| Bild | • Einstellungsgröße: Weit, Totale, Halbtotale, Amerikanisch/Halbnah, Nah, Groß, Detail<br>• Kamerabewegung: Schwenk, Fahrt, Zoom<br>• Kameraposition/-perspektive: Untersicht/Froschperspektive, Normalsicht, Aufsicht/Vogelperspektive<br>• Lichtgestaltung: Dunkel *(low key)*, Normal, Hell *(high key)*<br>• Bildformat 4:3, 16:9, *cinemascope*<br>• Farbigkeit: Schwarzweiß, Kolorierung, Virage, Farbe<br>• Bildästhetik: Zeichentrick, Real-und-Trick-Mischung, *computer generated imagery* (CGI) |
| Sound | • Musik und Geräusche können im Bilderbuch sowohl auf Bild- als auch auf Textebene ausschließlich nachgebildet werden und verstärken die dargestellte Handlung atmosphärisch. |
| Sprache | • Verbale und nonverbale Kommunikation von Figuren<br>• Erzähler-Stimme<br>• Im Bild oder zwischen den Bildern eingefügte Schriftzeichen |
| Editing | • Schnitt: Übergang von einer Einstellung zur nächsten<br>– Harter Schnitt: Aneinanderreihung von zwei Einstellungen ohne schrittweises Auf- oder Abblenden<br>– Überblende: Ineinander Übergehen von zwei Einstellungen durch gleichzeitiges Auf- und Abblenden<br>– Trickblende: Sammelbegriff für auffällige Techniken des Bildwechsels, zu denen u. a. Wisch- oder Iris-Blende zu zählen sind<br>• Montage: Arrangiert mehrere Einstellungen zu Szenen, sodass eine Erzählung entsteht. Die Montage gilt in der Filmtheorie als das entscheidende filmische Gestaltungsmittel. Verbunden werden Einstellungen durch sogenannte *cuts*:<br>– *straight cut:* Wahrung der natürlichen Handlungskontinuität durch eine entsprechende Abfolge der einzelnen Einstellungen<br>– *jump cut:* Bewegungen werden nur in Ausschnitten gezeigt<br>– *match cut:* Zwei Einstellungen werden über ein Element verbunden, das in beiden Einstellungen – unabhängig von Zeit und Raum – auftritt<br>– Rückblende *(flashback):* Die Handlung wird unterbrochen und bereits Geschehenes eingefügt<br>– Vorausblende *(flashforward):* Die Handlung wird unterbrochen und noch Zukünftiges eingefügt. Vorausblenden sind im Bilderbuch eher unüblich<br>– Imaginationen: Von einer Figur Erdachtes wird in den unterbrochenen Handlungsgang einmontiert<br>– *split screen:* Unterschiedliche Handlungen laufen in einem Mehrfachbild ab<br>– Schuss-Gegenschuss: Abwechselndes Zeigen von Dialogpartner/innen – zumeist in (halb-)naher Einstellung |
| Narrative Mittel | • Erzähldramaturgische Struktur: Folgt häufig einem dreiaktigen Aufbau aus Exposition (I), Konfrontation (II) und Auflösung (III)<br>• Genres bündeln stofflich-thematische und formal-ästhetische Darstellungskonventionen<br>• Zeiträume können im Film gedehnt, gerafft, ausgelassen oder ergänzt werden<br>• Raum: Vermittels der im Bild lokalisierbaren Dimensionen vorne/hinten, oben/unten und rechts/links werden Beziehungen zwischen Figuren und Objekten semantisiert |

nicht nur einzelne unverbundene Anleihen gemacht werden, sondern verschiedene Aspekte filmischen Erzählens stimmig integriert werden. Kurwinkel folgt damit der Position Jürgen E. Müllers (1998, S. 31), der ein Kunstwerk erst dann als „*inter*-medial" klassifiziert, „wenn es das *multi*-mediale Nebeneinander medialer Zitate und Elemente in ein konzeptionelles Miteinander überführt". An ein in filmischer Tradition gestaltetes Bilderbuch angelegt, können die Analysekategorien neue Sinnschichten freilegen und damit zu einer vertieften Lesart führen.

> **Leitfragen zur Analyse von intermedialen Bilderbüchern**
> - Welche Bedeutung haben die intermedialen Gestaltungsmittel (z. B. filmische Darstellungsmittel) für die Wirkung des Bilderbuchs?
> - Welche Bedeutung haben die narrativen Elemente für die Wirkung des Bilderbuchs?
> - Welche Einzelreferenzen oder interpiktorialen Verweise enthält das Bilderbuch?
> - Wie wirkt sich das Erkennen dieser Zitate auf die Rezeption des Bilderbuchs aus?
> - Zu welchen weiteren kontaktgebenden Medien werden vom Bilderbuch aus Bezüge hergestellt und wie wirkt sich die Wahrnehmung dieser Bezugnahmen auf die Rezeption aus?

## 17.2 Modellanalyse: *Die Streithörnchen* (Rachel Bright/ Jim Field, 2018)

*The Squirrels Who Squabbled* (2017, dt. *Die Streithörnchen*, 2018) ist das dritte von bislang insgesamt fünf Bilderbüchern des Künstlerduos Rachel Bright und Jim Field (s. Abb. 17.1). In diesem jagen die beiden Eichhörnchen Lenni und Finn dem letzten Tannenzapfen des Jahres nach. Diesen verlieren sie letztlich an einen Vogel, einander gewinnen sie jedoch als Freunde.

Die Besonderheit des Bilderbuchs ist der gereimte Text, der an die Bilderbücher von Axel Scheffler und Julia Donaldson erinnert. Deutlich verschieden von z. B. *Der Grüffelo* (1999) ist jedoch das Tempo der Erzählung. Im Stile einer filmischen Action-Komödie wird eine rasante Verfolgungsjagd quer durch den Wald dargestellt, die von slapstickartiger Körperkomik und spektakulären Stunts durchzogen ist.

**Abb. 17.1** Cover: *Die Streithörnchen* (Bright/Field 2018)

### 17.2.1 Filmästhetische Licht- und Bildkomposition

Das Bilderbuch ist von einer Fülle an weiteren intermedialen Bezügen zum Film durchzogen. Schon die Ursache für den Streit der beiden Eichhörnchen, der Tannenzapfen, wird auf der Titelei I (S. 5) durch Führungslicht filmisch in Szene gesetzt. Der filmische Look findet in der Titelei II durch das die Doppelseite rahmende Frontispiz seine Fortsetzung (S. 6 f.): Dort erstreckt sich im Vordergrund ein von gelb-rot-braun leuchtenden Blättern übersäter Waldboden, der, ähnlich der Rahmenhandlung zu Janoschs TRAUMSTUNDE (1986–1990), von Baumstämmen gesäumt wird. Am vorderen linken Bildrand späht ein Eichhörnchen um einen der angeschnittenen Stämme und blickt, wie die Betrachtenden des Bilderbuchs, ins Gegenlicht. Die Bildkomposition erweckt auf diese Weise den Eindruck eines Auswahlscreens, auf dem zunächst einmal die Wiedergabe des Films bzw. Bilderbuchs gestartet werden müsste. Bis es soweit ist, kann – so wirkt es zumindest – der/die Betrachtende kleinere Animationen der Eichhörnchen auf der Fläche nachverfolgen oder sich angesichts des blendenden Gegenlichts fragen, was für eine Geschichte auf ihn/sie zukommt. Sobald der/die Betrachtende die Wiedergabe des zeichentrickfilmähnlichen Bilderbuchs durch Umblättern ‚gestartet' hat, werden die Figur Lenni sowie Zeit und Raum der Erzählung, eine herbstliche Waldkulisse, durch eine Totale-Einstellung eingeführt, die an einen *establishing shot* erinnert (S. 8 f.). Bildästhetik und Farbgebung könnten einem Zeichentrickfilm entstammen.

### 17.2.2 Dramatische Struktur

Die sich im Folgenden entspinnende zeichentrickhafte Erzählung folgt dem 3-Akt-Schema des Drehbuchtheoretikers Syd Field (2006): Die Exposition (S. 8–15) führt die Protagonisten Lenni und Finn vor idyllischer Waldkulisse ein, die im tiefsten Herbst den letzten Tannenzapfen des Jahres nahezu gleichzeitig erspäht haben. Während Lenni keine Vorräte gehortet hat (S. 11), zeigt eine Rückblende, dass Finns Vorratsspeicher wohl gefüllt ist (S. 15). Als beide sich dazu entschließen, dem Zapfen nachzujagen, kommt es zur handlungsauslösenden

Konfrontation (S. 16), dem *point of attack*. Am ersten *plot point* versuchen beide Eichhörnchen den Zapfen zu greifen (S. 17), doch er entgleitet ihnen. Die Eichhörnchen werden zu Streithörnchen, indem sie konfliktreich dem Zapfen durch den Wald nachjagen und ihn letztlich verfehlen (S. 18–29). Den zweiten *plot point* markiert Lennis Entscheidung, den zu ertrinken drohenden Finn aus dem Fluss zu retten (S. 30 f.). Zur Auflösung, dem entlastenden Schluss, kommt es, als die beiden Streithörnchen ihr egozentrisches Verhalten überwinden und zu teilenden Freunden werden (S. 32–36).

### 17.2.3 Genre

Es sind nicht nur die gegensätzlichen Wesenszüge der Protagonisten, sondern auch der komische Plot und die visuellen Gags (vgl. Mikos 2015, S. 139 ff.), die das Bilderbuch dem Filmgenre der ‚Action-Komödie' (s. o.) bzw. ‚Buddy-Komödie' nahe rücken. Konstitutiv für dieses Genre sind ein ungleiches Duo, Actionsequenzen und komische Elemente (vgl. Merschmann/Kaczmarek 2012). Wie in den Kinderfilmen JAGDFIEBER (2008) und YOGI BÄR (2010) übernehmen zwei anthropomorphisiert dargestellte Tierfiguren die Hauptrolle im Handlungsraum Wald. Sie erfüllen die stereotype Figurenkonstellation des Sorgsamen und des Unbedarften und die Handlung folgt einem erwartbaren Ablauf.

### 17.2.4 Bild, Sound und Editing

Die mit 17 von insgesamt 28 Bildern die Erzählung bestimmende Verfolgungsjagdszene erfährt durch unterschiedlich groß dargestellte Figuren oder Objekte, wechselnde Perspektiven auf das Geschehen sowie staccatoartige Bild-zu-Bild-Wechsel Tempo und Dynamik und zeigt exemplarisch auf, wie filmische Actionsequenzen im Medium Bilderbuch potenziell nachgebildet werden können. Im Vergleich zu den übrigen Szenen finden während der Jagd nur kleinere Zeitsprünge statt. So entsteht eine hohe Bildfrequenz, die auch nicht von der achten von insgesamt 17 Einstellungen gebrochen wird (s. Abb. 17.2). Darauf sind sechs dicht aufeinanderfolgende handlungsbezogene Momente in einem pluriszenischen Bild zeitraffend dargestellt und Bewegungslinien verdeutlichen sowohl das Voranschreiten der beiden Streithörnchen im Raum, von links oben nach rechts unten, als auch die Flug- bzw. Sprungkurve des vor ihnen her trudelnden Zapfens. In Großbuchstaben und abweichender Schriftgröße eingesetzte *soundwords* wie „BOING" (S. 20) oder „BAM-BING" (S. 21) imitieren Geräusche visuell. Durch den generell zeitraffenden Aspekt von pluriszenischen Bildern finden Tempo und Dynamik der Jagd auch hier ihre visuelle Fortsetzung. Obwohl Simultanbilder als eher untypisch für das Medium Film einzuordnen sind, bleibt die Illusion einer filmischen Darstellung mittels der drei Hasen, die auf einem Baumstamm sitzend das Spektakel verfolgen, dennoch gewahrt. Von ihnen ist lediglich der Schattenriss erkennbar, so als ob ihre Rücken von der Lichtquelle eines Filmprojektors angestrahlt würden.

**Abb. 17.2** Doppelseite: Verfolgungsjagd mit Zuschauer/innen (Bright/Field 2018, S. 20 f.)

### 17.2.5 Temporeiche Jagd à la Scrat

Wie in *Keiner mag mich!* (1996) von Philippe Corentin, erinnern die Bildfolgen aus Lennis und Finns Wettstreit um den letzten Zapfen des Jahres an einen Zeichentrickfilm (s. Abb. 17.3). Entgegen der sonst oftmals in Bilderbüchern zu beobachtenden Praxis, Szenen als eine Momentaufnahme starr und unbeweglich auf einer Doppelseite darzustellen (vgl. Kurwinkel 2018, S. 330), sind Szenen in *Die Streithörnchen* über mehrere Doppelseiten hinweg als temporale Abfolge miteinander verzahnt. Zwei Doppelseiten (S. 18 f., 30 f.) enthalten darüber hinaus eine dem Comic ähnliche Panelstruktur – jedoch ohne klassische Gutters –, die das visuelle Abtasten der Doppelseite gewissermaßen als „Lesehilfe" (Thiele 2000, S. 73) vorstrukturiert. Das Reimschema auf der Textebene verschränkt die Panels auf der Bildebene miteinander und ausdrucksstarke Bewegungslinien akzentuieren die schnellen Bewegungen von Figuren und Objekten. Insgesamt legt die Beschleunigung der Bildfolgen ein zügiges Rezeptionstempo nahe. Trotz der Verdichtung bleibt zwischen den Bildern aber noch genügend Raum, um eigene filmische Zwischenbilder zu imaginieren.

Als Einzelreferenz wird in Abb. 17.3 auf die Filmreihe ICE AGE (2002–2016) von Regisseur Chris Wedge verwiesen, im Speziellen auf das Rattenhörnchen Scrat. Wie Scrat will auch Finn seinen Vorrat an Nüssen ausbauen. Werden solche intermedialen Verweise bewusst wahrgenommen, so rufen sie nicht nur Erinnerungen an den Prätext wach, auf den referenziert wird, sondern eröffnen einen *frame,* der den weiteren Rezeptionsprozess beeinflusst. Kenner der ICE AGE-Reihe können so noch vor dem Wendepunkt der Erzählung antizipieren, dass keines der beiden Streithörnchen in den Besitz der Nuss kommen wird und noch weitere Slapstickeinlagen, wie die in den Panels 2 bis 4 auf Seite 19 zu sehenden, mit Sicherheit folgen werden.

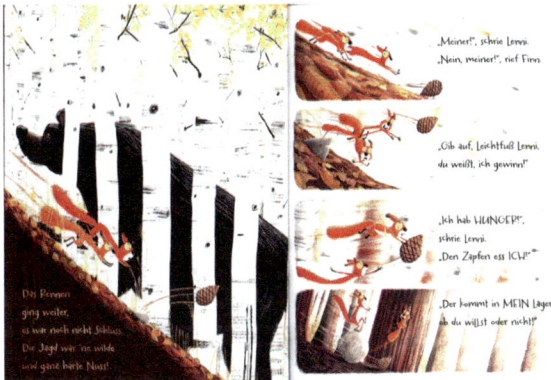

**Abb. 17.3** Doppelseite: Verfolgungsjagd in ICE AGE-Manier (Bright/Field 2018, S. 18 f.)

Doch nicht nur auf Kinder- bzw. All-Age-Filme oder -serien wird durch Einzelreferenzen verwiesen. Interpiktorial wird auf die Eröffnungsszene von MATRIX RELOADED (2003, Min. 00:30–03:26), dem zweiten Teil der MATRIX-Tetralogie (1999–2021) referenziert, in der Trinity u. a. aus einem Hochhaus springt (ebd., Min. 2:22) und in *bullet-time,* einer spezifischen von den Wachowski-Schwestern begründeten Zeitlupenästhetik, in eine Häuserschlucht hinabgleitet. Wie die Gegenüberstellung der Einstellungen in Abb. 17.4 veranschaulicht, werden Lennis und Finns Sprung ebenfalls als *top shot* (vgl. Wulff 2012a) eingefangen, sie ziehen einen *bullet-time* ähnlichen Bewegungsschweif hinter sich her und haben zwar keine Agenten, dafür jedoch einen wütenden Bären, dessen Schlaf sie gestört haben (s. Abb. 17.2), hinter sich gelassen.

**Abb. 17.4** Referenz auf MATRIX RELOADED (Bright/Field 2018, S. 24; Wachowski/Wachowski 2003, Min. 2:22, Detail)

## 17.3 Fazit

Intermedialität ist konstitutives Merkmal des Bilderbuchs, weshalb alle vier Ausprägungsformen – Medienkombinationen, Transmedialität, Medienwechsel und intermediale Bezüge – in die Bilderbuchanalyse einzubeziehen sind. Da das Bilderbuch eine Kombination aus Bild- und Schrifttext darstellt, werden ‚ab Werk' zwei „konventionell als distinkt wahrgenommene Medien" (Rajewsky 2002, S. 19) durchgehend materiell verbunden. Erzähluniversalien, die vom Bilderbuch mit den eigenen medienspezifischen Mitteln auf Text- und Bildebene ausgetragen werden, sind als transmediale Phänomene in den Blick zu nehmen. Darüber hinaus lassen sich seit 1996 regelmäßig Verfilmungen von Bilderbüchern verzeichnen (vgl. Kudlowski 2013, S. 184). Solch ein Medienwechsel ist möglich, aber nicht zwingend. Intermediale Bezüge in Form von Einzel- oder Systemreferenzen lassen sich im Bilderbuch seit den 1990er Jahren zunehmend konstatieren. Das Benennen von z. B. wiedererkannten filmischen Gestaltungsmitteln und narrativen Elementen sowie Zitaten kann bewusst machen, warum ein Bilderbuch wie ein Film wirkt. Anhand ausgewählter filmischer Bezüge aus dem Bilderbuch *Die Streithörnchen* (2018) wurde in diesem Kapitel offengelegt, wie intermediale Bezüge entdeckt und gedeutet werden können, sodass sich zusätzliche Bedeutungsdimensionen im kontaktgebenden Medium Bilderbuch eröffnen.

Intermediale Bezüge bleiben nicht auf das Medium Film begrenzt. Auch auf andere Medien, wie z. B. den Comic (in *Detektiv John Chatterton* von Yvan Pommaux, 1993), die Fotografie (in *Strandgut* von David Wiesner, 2006), die Musik (in *Grododo* von Michaël Escoffier und Kris Di Giacomo, 2017), das Videospiel (in *Ein großer Tag, an dem fast nichts passierte* von Beatrice Alemagna, 2018) oder das Theater (in *Fell und Feder* von Lorenz Pauli/Kathrin Schärer, 2017) kann vom Bilderbuch aus intermedial Bezug genommen werden. Das Bilderbuch ist jedoch erst in einer fremdmedialen Tradition inszeniert, wenn eine ‚Als ob'-Illusion auf Seiten der Rezipierenden erzeugt wird.

## Literatur

## Primärliteratur

Bright, Rachel/Field, Jim: *Die Streithörnchen*. Bamberg 2018.
Edge, Chris/Saldanha, Carlos: Ice Age. Blue Sky Studios, New York 2002–2016.
Müller, Jörg/Steiner, Jörg: *Aufstand der Tiere oder Die neuen Stadtmusikanten*. Düsseldorf 1989.
Scheffler, Axel/Donaldson, Julia: *Der Grüffelo*. Weinheim 1999.
Steinhöfel, Dirk: *Nicht um die Ecke*. Berlin 2018.
Thomsons, Bill: *Chalk*. Boston 2010.
Van Allsburg, Chris: *Der Polarexpress*. Boston 1985.
Wachowski, Lana/Wachowski, Lilly: Matrix Reloaded. Fox Studios, Los Angeles 2003.

## Sekundärliteratur

Bönnighausen, Marion: „Intermedialer Literaturunterricht". In: Volker Frederking/Hans-Werner Huneke/Axel Krommer/Christel Meier (Hg.): *Taschenbuch des Deutschunterrichts.* Bd. 2: Literatur- und Mediendidaktik. Baltmannsweiler 2010, 503–514.

Bönnighausen, Marion: „Transmediales Erzählen im Bilderbuch". In: Klaus Maiwald (Hg.): *Intermedialität. Formen – Diskurse – Didaktik.* Baltmannsweiler 2019, 131–152.

Field, Syd: *The Screenwriter's Workbook.* New York 2006.

Heller, Heinz B.: „Historizität als Problem der Analyse intermedialer Beziehungen. Die Technifizierung der literarischen Produktion und filmische Literatur". In: Albrecht Schöne (Hg.): *Akten des VII. Internationalen Germanisten-Kongresses Göttingen 1985.* Tübingen 1986, 277–285.

Hickethier, Knut: *Film- und Fernsehanalyse.* Stuttgart ⁴2007.

Hoster Cabo, Beatriz/Lobato Suero, María J./Ruiz Campos, Alberto M.: „Interpictoriality in Picturebooks". In: Bettina Kümmerling-Meibauer (Hg.): *The Routledge Companion to Picturebooks.* London/New York 2018, 91–102.

Kristeva, Julia: „Bachtin, das Wort, der Dialog und der Roman". In: Jens Ihwe (Hg.): *Literaturwissenschaft und Linguistik. Ergebnisse und Perspektiven.* Frankfurt a. M. 1972, 345–375 (franz. 1967).

Kudlowski, Marc: „So kann's laufen! Bilderbuch und Bilderbuchverfilmung". In: Christoph Jantzen/Stefanie Klenz (Hg.): *Text und Bild – Bild und Text. Bilderbücher im Deutschunterricht.* Stuttgart 2013, 183–206.

Kurwinkel, Tobias: „Picturebooks and Movies". In: Bettina Kümmerling-Meibauer (Hg.): *The Routledge Companion to Picturebooks.* London/New York 2018, 325–336.

Kurwinkel, Tobias: *Bilderbuchanalyse. Narrativik – Ästhetik – Didaktik.* Tübingen ²2020.

Leubner, Martin/Saupe, Anja/Richter, Matthias: *Literaturdidaktik.* Berlin ²2012.

Maiwald, Klaus: „Grundlegende filmanalytische Begriffe und Kategorien". In: Petra Josting/Klaus Maiwald (Hg.): *Verfilmte Kinderliteratur. Gattungen, Produktion, Distribution, Rezeption und Modelle für den Deutschunterricht.* München 2010, 168–176.

Merschmann, Helmut/Kaczmarek, Ludger: „Buddy-Film". In: *Lexikon der Filmbegriffe* (2012), http://filmlexikon.uni-kiel.de/index.php?action=lexikon&tag=det&id=1041 (8.9.2020).

Mikos, Lothar: *Film- und Fernsehanalyse.* Konstanz/München ³2015.

Müller, Jürgen E.: „Intermedialität als poetologisches und medientheoretisches Konzept. Einige Reflexionen zu dessen Geschichte". In: Jörg Helbig (Hg.): *Intermedialität. Theorie und Praxis eines interdisziplinären Forschungsgebiets.* Berlin 1998, 31–40.

Niklas, Annemarie: „(Trick)Filme und (Bilder)Bücher. Lesewelten öffnen". In: Anja Pompe (Hg.): *Literarisches Lernen im Anfangsunterricht.* Baltmannsweiler 2012, 192–204.

Oetken, Mareile: *Wie Bilderbücher erzählen. Analysen multimodaler Strukturen und bimedialen Erzählens im Bilderbuch.* Oldenburg 2017.

Paech, Joachim: „Intermedialität. Mediales Differenzial und transformative Figurationen". In: Jörg Helbig (Hg.): *Intermedialität. Theorie und Praxis eines interdisziplinären Forschungsgebiets.* Berlin 1998, 14–30.

Rajewsky, Irina O.: *Intermedialität.* Tübingen 2002.

Rajewsky, Irina O.: „Intermedialität, Remediation, Multimedia". In: Jens Schröter (Hg.): *Handbuch Medienwissenschaft.* Stuttgart 2014, 197–206.

Sahr, Michael: „Vom Bilderbuch zum Film". In: Kurt Franz/Günter Lange (Hg.): *Bilderbuch und Illustration in der Kinder- und Jugendliteratur.* Baltmannsweiler 2005, 159–174.

Staiger, Michael: „Filmanalyse - ein Kompendium". In: *Der Deutschunterricht* 60/3 (2008), 8–18.

Staiger, Michael: *Literaturverfilmungen im Deutschunterricht.* München 2010.

Staiger, Michael: „Zur Komplexität des Erzählens im Bilderbuch. Narratologische Desiderate und Ansatzpunkte". In: Iris Kruse/Andrea Sabisch (Hg.): *Fragwürdiges Bilderbuch.* München 2013, 65–75.

Thiele, Jens: *Das Bilderbuch. Ästhetik – Theorie – Analyse – Didaktik – Rezeption.* Oldenburg 2000.
Tydecks, Johanna: „Verfilmte Bilder, verfilmter Text". In: Christian Exner/Bettina Kümmerling-Meibauer (Hg.): *Von wilden Kerlen und wilden Hühnern. Perspektiven des modernen Kinderfilms.* Marburg 2012, 121–146.
Wolf, Werner: „Intermediality". In: David Herman/Manfred Jahn/Marie-Laure Ryan (Hg.): *Routledge Encyclopedia of Narrative Theory.* London/New York 2005, 252–256.
Wulff, Hans J.: „top shot". In: *Lexikon der Filmbegriffe* (2012a), https://filmlexikon.uni-kiel.de/index.php?action=lexikon&tag=det&id=608 (8.9.2020).
Wulff, Hans J.: „Trickblende". In: *Lexikon der Filmbegriffe* (2012b), https://filmlexikon.uni-kiel.de/index.php?action=lexikon&tag=det&id=437 (8.9.2020).

# Anhang: Ausgewählte Ressourcen zur Bilderbuchanalyse und Bilderbuchforschung

Michael Staiger

## Inhaltsverzeichnis

18.1 Bibliografien, Datenbanken und Kataloge ................................. 326
18.2 Online-Rezensionen ...................................................... 326
18.3 Empfehlungslisten und Auszeichnungen .................................... 327
18.4 Zeitschriften ............................................................ 328
18.5 Bilderbuchforschung ..................................................... 328
    18.5.1 Einführungen und Handbücher ......................................... 328
    18.5.2 Einführende Überblicksartikel ....................................... 329
    18.5.3 Geschichte des Bilderbuchs .......................................... 330
    18.5.4 Theorie des Bilderbuchs ............................................. 330
    18.5.5 Illustration und Bilderbuchproduktion ............................... 331

Wer eine Bilderbuchanalyse durchführen möchte, kann auf ein breites Spektrum an Ressourcen zurückgreifen: Unterstützung bei der Auswahl des Untersuchungsgegenstands bieten Bibliografien und Datenbanken aus der Kinder- und Jugendliteraturforschung, Bilderbuch-Rezensionen in Zeitschriften und Online-Portalen sowie Empfehlungslisten und Auszeichnungen. Theoretische Grundlagen für die Analyse liefert die internationale Bilderbuchforschung in Form von Handbüchern und Einführungswerken, Fachzeitschriften sowie zahlreichen Studien zu spezifischen Forschungsfragen. Die hier aufgeführten Titel bilden lediglich eine kleine Auswahl aus dem inzwischen stark ausdifferenzierten Forschungsfeld.

---

M. Staiger (✉)
Institut für deutsche Sprache und Literatur II, Universität zu Köln, Köln, Deutschland
E-Mail: michael.staiger@uni-koeln.de

© Springer-Verlag GmbH Deutschland, ein Teil von Springer Nature 2022
B. Dammers et al. (Hg.), *Das Bilderbuch*,
https://doi.org/10.1007/978-3-476-05824-9_18

## 18.1 Bibliografien, Datenbanken und Kataloge

Arbeitsstelle für Kinder- und Jugendmedienforschung (ALEKI): *Schatzbehalter – Das Portal für historische Kinder- und Jugendliteratur*, https://schatzbehalter.aleki.uni-koeln.de (12.3.2021).

Anker, Martin/Franz, Kurt/von Glasenapp, Gabriele/Mikota, Jana/Pecher, Claudia Maria (Hg.): *Kinder- und Jugendliteratur. Das Online-Lexikon*. Volkach 2020f., https://www.akademie-kjl.de/lexikon/ (12.3.2021).

Bates College: „Diverse BookFinder. Identify & Explore Multicultural Picture Books", https://diversebookfinder.org (12.3.2021).

Cedarville University: „Children's and Young Adult Literature Database", https://www.cedarville.edu/cf/library/childlit/ (12.3.2021).

Dankert, Birgit (Hg.): „Sesam2005 – Fachliteratur der Kinder- und Jugendliteratur ab 2005", https://www.zotero.org/groups/2397002/sesam2005_-_fachliteratur_der_kinder-_und_jugendliteratur_ab_2005/library (12.3.2021).

Deutsches Institut für Internationale Pädagogische Forschung (DIPF): *FIS Bildung Literaturdatenbank*, http://fis-bildung.de (12.3.2021).

Josting, Petra (Hg.): *Projekt KiLiMM. Datenbank zur Kinder- und JugendLiteraturforschung und -didaktik sowie zur Medienforschung und Mediendidaktik*, http://bibadmin.ub.uni-bielefeld.de (12.3.2021).

Internationale Jugendbibliothek München: Online-Kataloge. https://www.ijb.de/de/online-kataloge.html (12.3.2021).

Institut für Jugendbuchforschung der Goethe Universität Frankfurt a. M.: Datenbanken der Bibliothek, https://aspi19.exl.de/alipac/GLMEWZTOBQCAIKJAHFMK-00012/form/find-simple (12.3.2021).

Institut für Jugendliteratur: Fachliteratur Datenbank Kinder- und Jugendliteratur, https://www.jugendliteratur.at/db_fach.php (12.3.2021).

Janshoff, Friedrich: Nachdenken über Bilder-(Bücher). Bibliographische Notizen für den Deutschunterricht. In: *ide – informationen zur deutschdidaktik* 26/2 (2002), 118–127.

*Kinder- und Jugendbuchverlage A-Z. Online-Verzeichnis deutschsprachiger Kinder- und Jugendbuchverlage*, https://www.kinder-jugendbuch-verlage.de (12.3.2021).

*KinderundJugendmedien.de*. ‚Bibliographie: Bilderbuch', http://www.kinderundjugendmedien.de/index.php/bilderbuch (12.3.2021).

Marantz, Sylvia S./Marantz, Kenneth A.: *The Art of Children's Picture Books. A Selective Reference Guide*. London 22013.

Miami University: *Children's Picture Book Database*, https://dlp.lib.miamioh.edu/picturebook/ (12.3.2021).

Volz, Steffen/Wetterauer, Andrea: „Auswahlbibliografie Bilderbuch". In: Gabriela Scherer/Steffen Volz/Maja Wiprächtiger-Geppert (Hg.): *Bilderbuch und literar-ästhetische Bildung. Aktuelle Forschungsperspektiven*. Trier 2014, 339–354.

## 18.2 Online-Rezensionen

Arbeitsstelle für Kinder- und Jugendmedienforschung (ALEKI): *Les(e)bar – Internet-Empfehlungs- und Rezensionszeitschrift für Kinder- und Jugendmedien*, http://www.lesebar.uni-koeln.de (12.3.2021).

Arbeitsgemeinschaft Jugendliteratur und Medien der GEW (AJuM): Besprechungen von Kinder-, Jugendliteratur & Medien. https://www.ajum.de/index.php?s=datenbank (12.3.2021).

*Bilderbuchwegweiser*: Kategorie „Bilderbuch", Blog mit Empfehlungen und Rezensionen, https://buchwegweiser.com (12.3.2021).

*Bremer Bilderbuch-Gespräche*: Podcast von Elisabeth Hollerweger und Marc Kudlowski, https://anchor.fm/bremerbibugespraeche/ (12.3.2021).

*Juli liest*: Kategorie „Bilderbücher", Blog mit Empfehlungen und Rezensionen, https://juliliest.net (12.3.2021).
*Kinderbuch Couch*: Kategorie „Bilderbuch", https://www.kinderbuch-couch.de/kategorien/bilderbuch/ (12.3.2021).
*Kinderbuchfuchs*: Blog mit Empfehlungen und Rezensionen, https://kinderbuch-fuchs.de (12.3.2021).
*KinderundJugendmedien.de*. „Rezensionen: Bilderbücher", http://www.kinderundjugendmedien.de/index.php/bilderbuchkritiken (12.3.2021).
*Kirkus Reviews*: Discover Children's Books, https://www.kirkusreviews.com/discover-books/childrens (12.3.2021).
Österreichisches Bibliothekswerk: „Rezensionen online open", http://www.biblio.at/literatur/rezensionen/expert.html (12.3.2021).
Schweizerisches Institut für Kinder- und Jugendmedien (SIKJM): Rezensionen von Kinder- und Jugendmedien, https://www.sikjm.ch/rezensionen/datenbank/ (12.3.2021).

## 18.3 Empfehlungslisten und Auszeichnungen

American Library Association: „Caldecott Medal", https://www.ala.org/alsc/awardsgrants/bookmedia/caldecott (12.3.2021).
Ammon, Bette De Bruyne/Sherman, Gale W.: *Worth a Thousand Words. An Annotated Guide to Picture Books for Older Readers*. Englewood 1996.
Arbeitskreis für Jugendliteratur (AKJ): „Deutscher Jugendliteraturpreis, Kategorie Bilderbuch", https://www.jugendliteratur.org/deutscher-jugendliteraturpreis/c-62 (12.3.2021).
Baobab Books: „Kolibri – Kulturelle Vielfalt in Kinder- und Jugendbüchern. Leseempfehlungen", https://www.baobabbooks.ch/de/kolibri/ (12.3.2021).
Bartle, Lisa R.: *Database of Award-Winning Children's Literature (DAWCL)*, http://www.dawcl.com (12.3.2021)
Bologna Children's Book Fair: „BolognaRagazzi Award (BRAW)", https://www.bolognachildrensbookfair.com/en/highlights/awards/bolognaragazzi-award/8382.html (12.3.2021).
Breitmoser, Doris/Bernd, Kristina (Hg.): *Das Bilderbuch. Ein Empfehlungskatalog*. München [13]2008.
Bremer Institut für Bilderbuchforschung (BIBF): „Bilderbuchpreis Huckepack", https://www.bibf.uni-bremen.de/index.php/huckepack (12.3.2021).
Burg Wissem Bilderbuch Museum der Stadt Troisdorf: „Troisdorfer Bilderbuchpreis", https://www.troisdorf.de/bilderbuchmuseum/preise_stipendien/Main.htm (12.3.2021).
CILIP – The Library and Information Association: „The CILIP Carnegie and Kate Greenaway Children's Book Awards", https://carnegiegreenaway.org.uk (12.3.2021).
Deutsche Akademie für Kinder- und Jugendliteratur: Buch- & App-Empfehlungen, https://www.akademie-kjl.de/buch-app-empfehlungen/ (12.3.2021).
Edmonton Public Library: „Banned and Challenged Picture Books", https://epl.bibliocommons.com/list/share/69128707/70680896 (12.3.2021).
Fachhochschule Clara Hoffbauer Potsdam: „KIMI – Das Siegel für Vielfalt", https://kimi-siegel.de/ (12.3.2021).
Gemeinschaftswerk der Evangelischen Publizistik (GEP): „Illustrationspreis für Kinder- und Jugendbücher", https://www.gep.de/illustrationspreis.shtml (12.3.2021).
Institut für Jugendliteratur: Datenbank preisgekrönter Kinder- und Jugendbücher, https://www.jugendliteratur.at/bibliothek/preisgekroente-buecher (12.3.2021).
Institut für Jugendliteratur: „DIXI Kinderliteraturpreis", http://www.kinderliteraturpreis.at (12.3.2021).
Internationale Jugendbibliothek München: *White Ravens. A Selection of International Children's and Youth Literature*, https://whiteravens.ijb.de (12.3.2021).

Martin, William P.: *Wonderfully Wordless. The 500 Most Recommended Graphic Novels and Picture Books.* Lanham 2015.
Northrup, Mary: *Picture Books for Children. Fiction, Folktales, and Poetry.* Chicago 2012.
Osberghaus, Monika: *Schau mal! 50 beste Bilderbücher.* München 2006.
Salisbury, Martin: *100 Great Children's Picturebooks.* London 2015.
Schweizerisches Institut für Kinder- und Jugendmedien (SIKJM): „Medientipps", https://www.sikjm.ch/literale-foerderung/medientipps/ (12.3.2021).
Stadt Marktheidenfeld am Main: „Der Meefisch – Marktheidenfelder Preis für Bilderbuchillustration", https://www.der-meefisch.de (12.3.2021).
Stadt Oldenburg: „Oldenburger Kinder- und Jugendbuchpreis", https://www.oldenburg.de/startseite/kultur/bibliothek/kinder-und-jugendbuchpreis.html (12.3.2021).
Stiftung Lesen: „Allgemeine Leseempfehlungen: Bilderbuch-Apps", https://www.stiftunglesen.de/download.php?type=documentpdf&id=884 (12.3.2021).
STUBE Studien- und Beratungsstelle für Kinder- und Jugendliteratur: Themenbroschüren, https://www.stube.at/angebote/thema_index.htm (12.3.2021).
Thomas, Rebecca L.: *A to Zoo. Subject Access to Children's Picture Books.* Santa Barbara [10]2018.
Verein Neues Bilderbuch: „Hamburger Bilderbuchpreis", https://neues-bilderbuch.de/bilderbuchpreis/ (12.3.2021).

## 18.4 Zeitschriften

Kinder- und Jugendliteratur-Zeitschriften:
*1001 Buch | Magazin für Kinder- und Jugendliteratur.*
*Eselsohr* – Fachzeitschrift für Kinder- und Jugendmedien.
*Gecko* – Die Bilderbuchzeitschrift.
*Kind – Bild – Buch.* Zeitschrift des BIBF – Bremer Institut Bilderbuchforschung (2005–2008).
*kjl&m | forschung.schule.bibliothek.*
Einzelhefte mit Themenschwerpunkt zum Bilderbuch:
*1001 Buch | Magazin für Kinder- und Jugendliteratur*: Erzählen in Bildern (H. 1/2006).
*Buch & Maus*: Bilder lesen (H. 1/2019); Das Bilderbuch zwischen Kunst und Leseförderung (H. 4/2007); Bildwelten – Lesewelten (H. 3/2006).
*Deutsch 5–10*: Comics und andere Bildgeschichten (H. 34/2013).
*Grundschule*: Bildwelten für Kinder (H. 9/1996); Bilder. Bücher. Lesen (H. 11/2010).
*Grundschule Deutsch*: Bilderbücher (H. 21/2009); Comic & Co. (H. 35/2012); Bilderbücher entdecken und erleben (H. 63/2019).
*Grundschulunterricht*: Bilder – Buch – Welten (H. 1/2005).
*Grundschulunterricht Deutsch*: Texte mit Bildern und Bilder mit Texten (lesen) (H. 3/2013).
*Die Grundschulzeitschrift*: Bilderbücher im Unterricht (H. 46/1991); Bilderbücher (H. 153/2002).
*ide – informationen zur deutschdidaktik*: Bilder-Bücher (H. 2/2002).
*JuLit*: Wort – Bild – Schrift (H. 2/2014).
*kjl&m | forschung.schule.bibliothek*: Bilderbücher (H. 1/2007); Bilderbücher – Aktuelle ästhetische Bildwelten und ihr didaktisches Potenzial (H. 1/2013).

## 18.5 Bilderbuchforschung

### 18.5.1 Einführungen und Handbücher

Doonan, Jane: *Looking at Pictures in Picture Books.* Exeter 1993.
Graham, Judith: *Pictures on the Page.* Carlton 1990.
Kiefer, Barbara: *The Potential of Picturebooks. From Visual Literacy to Aesthetic Understanding.* Columbus 1995.

Kümmerling-Meibauer, Bettina (Hg.): *Picturebooks. Representation and Narration*. New York/ London 2014.
Kümmerling-Meibauer, Bettina (Hg.): *The Routledge Companion to Picturebooks*. New York/ London 2018.
Kurwinkel, Tobias: *Bilderbuchanalyse. Narrativik – Ästhetik – Didaktik*. Tübingen ²2020.
Lewis, David: *Reading Contemporary Picturebooks. Picturing Text*. London 2001.
Matulka, Denise I.: *A Picture Book Primer. Understanding and Using Picture Books*. Westport, Connecticut 2008.
Nikolajeva, Maria/Scott, Carole: *How Picturebooks Work*. New York 2006.
Nodelman, Perry: *Words about Pictures. Narrative Art of Children's Picture Books*. Athens 1990.
Salisbury, Martin/Styles, Morag: *Children's Picturebooks. The Art of Visual Storytelling*. London ²2020.
Thiele, Jens: *Das Bilderbuch. Ästhetik – Theorie – Analyse – Didaktik – Rezeption*. Oldenburg ²2003.

## 18.5.2 Einführende Überblicksartikel

Anstey, Michèle/Bull, Geoff: „The Picture Book. Modern and Postmodern". In: Peter Hunt (Hg.): *International Companion Encyclopedia of Children's Literature*. London ²2004, 328–339.
Doonan, Jane: „The Modern Picture Book". In: Peter Hunt (Hg.): *International Companion Encyclopedia of Children's Literature*. London 1999, 231–241.
Heimgartner, Stephanie: „Bilder/Buch/Literatur". In: Monika Schmitz-Emans (Hg.): *Literatur, Buchgestaltung und Buchkunst. Ein Kompendium*. Berlin 2020, 459–490.
Hintz, Carrie/Tribunella, Eric L.: „Picturebooks, Graphic Novels, and Digital Texts". In: Dies.: *Reading Children's Literature. A Critical Introduction*. Peterborough 2019, 191–230.
Kümmerling-Meibauer, Bettina: „Bilderbuch". In: Gerd Ueding (Hg.): *Historisches Wörterbuch der Rhetorik*. Berlin/New York 2012, 146–161.
Künnemann, Horst: „Das Bilderbuch". In: Gerhard Haas (Hg.): *Kinder- und Jugendliteratur. Ein Handbuch*. Stuttgart ³1984, 153–176.
Kurwinkel, Tobias: „Bilderbuch". In: Ders./Philipp Schmerheim (Hg.): *Handbuch Kinder- und Jugendliteratur*. Stuttgart 2020, 201–219.
Nikolajeva, Maria: „Picture Books". In: Jack Zipes (Hg.): *The Oxford Encyclopedia of Children's Literature*. Oxford 2006, 247–251.
Nikolajeva, Maria: „Word and Picture". In: Charles Butler (Hg.): *Teaching Children's Fiction*. Basingstoke 2006, 106–151.
Nodelman, Perry: „Illustration and Picture Books". In: Peter Hunt (Hg.): *International Companion Encyclopedia of Children's Literature*. London 1999, 113–124.
Nodelman, Perry/Reimer, Mavis: „Picture Books". In: Dies.: *The Pleasures of Children's Literature*. Boston, Mass. ³2003, 274–301.
Sipe, Lawrence R.: „The Art of the Picturebook". In: Shelby A. Wolf/Karen Coats/Patricia Enciso/Christine A. Jenkins (Hg.): *Handbook of Research on Children's and Young Adult Literature*. New York 2011, 238–252.
Temple, Charles A./Martinez, Mariam/Yokota, Junko: „Picturebooks". In: Dies.: *Children's Books in Children's Hands. An Introduction to their Literature*. New York 2019, 47–84.
Thiele, Jens: „Das Bilderbuch". In: Günther Lange (Hg.): *Taschenbuch der Kinder- und Jugendliteratur*. Baltmannsweiler 2000, 228–245.
Trummer, Eva: „Das Bilderbuch. Zur Bedeutung des Bilderbuchs". In: Internationales Institut für Jugendliteratur und Leseforschung (Hg.): *Einführung in die Kinder- und Jugendliteratur der Gegenwart*. Wien 1992, 9–24.
Trumpener, Kati: „Picture-book Worlds and Ways of Seeing". In: M. O. Grenby/Andrea Immel (Hg.): *The Cambridge Companion to Children's Literature*. Cambridge 2009, 55–75.

## 18.5.3 Geschichte des Bilderbuchs

Bader, Barbara: *American Picturebooks from Noah's Ark to the Beast Within*. New York 1976.
Doderer, Klaus/Müller, Helmut (Hg.): *Das Bilderbuch. Geschichte und Entwicklung des Bilderbuchs in Deutschland von den Anfängen bis zur Gegenwart*. Weinheim/Basel 1973.
Feaver, William: *When We Were Young. Two Centuries of Children's Book Illustration*. London 1977.
Hürlimann, Bettina: *Die Welt im Bilderbuch. Moderne Kinderbilderbücher aus 24 Ländern*. Zürich 1965.
Hurrelmann, Bettina: „Bilderbücher und Bildergeschichten". In: Otto Brunken/Bettina Hurrelmann/Maria Michels-Kohlhage/Gisela Wilkending (Hg.): *Handbuch zur Kinder- und Jugendliteratur. Von 1850–1900*. Stuttgart 2006, 146–202.
Lewis, David: „The Picture Book: A Form Awaiting its History". In: *Signal – Approaches to Children's Books* 26/77 (1995), 99–112.
Lewis, David: „The Jolly Postman's Long Ride, or, Sketching a Picture-Book History". In: *Signal – Approaches to Children's Books* 26/78 (1995), 178–192.
Lewis, David: „Going Along with Mr Gumpy. Polysystemy & Play in the Modern Picture Book". In: *Signal – Approaches to Children's Books* 27/80 (1996), 105–119.
Whalley, Joyce I./Chester, Tessa R.: *A History of Children's Book Illustration*. London 1988.

## 18.5.4 Theorie des Bilderbuchs

Allan, Cherie: *Playing with Picturebooks. Postmodernism and the Postmodernesque*. New York 2014.
Arizpe, Evelyn/Styles, Morag: *Children Reading Picturebooks. Interpreting Visual Texts*. New York ²2016.
Baumgärtner, Alfred C. (Hg.): *Aspekte der gemalten Welt. 12 Kapitel über das Bilderbuch von heute*. Weinheim 1968.
Beckett, Sandra L.: *Crossover Picturebooks. A Genre for All Ages*. New York 2011.
Bieber, Ada: *Kunst im Bilderbuch oder Über die Notwendigkeit einer ästhetischen Kompetenz*. Berlin 2012.
Colomer, Theresa/Kümmerling-Meibauer, Bettina/Sílva-Diaz, Cecilia (Hg.): *New Directions in Picture Book Research*. New York 2010.
Cotton, Penny: *Picturebooks Sans Frontieres*. London 2000.
de Silva Joyce, Helen/Gaudin, John: *Words & Pictures. A Multimodal Approach to Picture Books*. Australien 2011.
Evans, Janet (Hg.): *Challenging and Controversial Picturebooks. Creative and Critical Responses to Visual Texts*. New York 2015.
Franz, Kurt/Lange, Günter (Hg.): *Bilderbuch und Illustration in der Kinder- und Jugendliteratur*. Baltmannsweiler 2005.
Franz, Kurt/Lange, Günther (Hg.): *Bilderwelten – vom Bildzeichen zur CD-ROM*. Baltmannsweiler 2000.
Halbey, Hans A.: *Bilderbuch: Literatur. Neun Kapitel über eine unterschätzte Literaturgattung*. Weinheim 1999.
Hamer, Naomi/Nodelman, Perry/Reimer, Mavis (Hg.): *More words about pictures. Current Research on Picturebooks and Visual/Verbal texts for Young People*. New York 2017.
Handler Spitz, Ellen: *Inside Picture Books*. New Haven/London 1999.
Hopp, Margarete: *Sterben, Tod und Trauer im Bilderbuch seit 1945*. Frankfurt a. M. 2015.
Knopf, Julia/Abraham, Ulf (Hg.): *BilderBücher: Theorie*. Baltmannsweiler ²2019.
Kruse, Iris/Sabisch, Andrea (Hg.): *Fragwürdiges Bilderbuch. Blickwechsel – Denkspiele – Bildungspotentiale*. München 2013.

Kümmerling-Meibauer, Bettina (Hg.): *Emergent Literacy. Children's Books from 0 to 3.* Amsterdam 2011.
Kurwinkel, Tobias/Norrick-Rühl, Corinna/Schmerheim, Philipp (Hg.): *Die Welt im Bild erfassen. Multidisziplinäre Perspektiven auf das Bilderbuch.* Würzburg 2019.
Lacy, Lyn E.: *Art and Design in Children's Picture Books. An Analysis of Caldecott Award-Winning Illustrations.* Chicago 1986.
Oberhaus, Lars/Oetken, Mareile (Hg.): *Farbe, Klang, Reim, Rhythmus. Interdisziplinäre Zugänge zur Musik im Bilderbuch.* Bielefeld 2017.
Oetken, Mareile (Hg.): *Texte lesen – Bilder sehen. Beiträge zur Rezeption von Bilderbüchern.* Oldenburg 2005.
Oetken, Mareile: *Bilderbücher der 1990er Jahre, Kontinuität und Diskontinuität in Produktion und Rezeption.* Oldenburg 2008.
Oittinen, Riitta/Ketola, Anne/Garavini, Melissa: *Translating Picturebooks. Revoicing the Verbal, the Visual, and the Aural for a Child Audience.* New York 2018.
Paetzold, Bettina/Erler, Luis (Hg.): *Bilderbücher im Blickpunkt verschiedener Wissenschaften und Fächer.* Bamberg 1990.
Rau, Marie Luise: *Kinder von 1 bis 6. Bilderbuchrezeption und kognitive Entwicklung.* Frankfurt a. M. 2013.
Ritter, Alexandra: *Bilderbuchlesarten von Kindern. Neue Erzählformen im Spannungsfeld von kindlicher Rezeption und Produktion.* Baltmannsweiler [2]2017.
Rußegger, Arno/Waldner, Tina (Hg.): *Wie im Bilderbuch. Zur Aktualität eines Medienphänomens.* Innsbruck 2016.
Rychener, Ingeborg: *Wie Kinder ein Bilderbuch verstehen. Eine empirische Studie zur Entwicklung des Textverstehens. Schulsynode.* Bern 2011.
Scherer, Gabriela/Heintz, Kathrin/Bahn, Michael: *Das narrative Bilderbuch. Türöffner zu literarästhetischer Bildung, Erzähl- und Buchkultur.* Trier 2020.
Scherer, Gabriela/Volz, Steffen (Hg.): *Im Bildungsfokus. Bilderbuchrezeptionsforschung.* Trier 2016.
Scherer, Gabriela/Volz, Steffen/Wiprächtiger-Geppert, Maja (Hg.): *Bilderbuch und literarästhetische Bildung. Aktuelle Forschungsperspektiven.* Trier 2014.
Schwarcz, Joseph H./Schwarcz, Chava: *The Picture Book Comes of Age. Looking at Childhood Through the Art of Illustrations.* Chicago/London [5]1995.
Schwarcz, Joseph H.: *Ways of the Illustrator. Visual Communication in Children's Literature.* Chicago 1982.
Sipe, Lawrence R./Pantaleo (Hg.): *Postmodern Picturebooks. Play, Parody, and Self-Referentiality.* New York 2008.
Stephens, John/Watson, Ken/Parker, Judith: *From Picture Book To Literary Theory.* Sydney 2003.
Stewig, John W.: *Looking at Picture Books.* Fort Atkinson 1995.
Thiele, Jens (Hg.): *Neue Erzählformen im Bilderbuch. Untersuchungen zu einer veränderten Bild-Text-Sprache.* Oldenburg 1991.
Thiele, Jens (Hg.): *Experiment Bilderbuch.* Oldenburg 1999.
Thiele, Jens (Hg.): *Neue Impulse der Bilderbuchforschung.* Baltmannsweiler 2007.

## 18.5.5 Illustration und Bilderbuchproduktion

Baumgärtner, Alfred C./Schmidt, Max (Hg.): *Text und Illustration im Kinder- und Jugendbuch.* Würzburg 1991.
Bossert, Jill: *Children's Book Illustration. Step by Step Techniques. A Unique Guide from the Masters.* Sussex 1998.
Evans, Dilys: *Show and Tell. Exploring the Fine Art of Children's Book Illustration.* San Francisco 2008.
Gates, Frieda: *How to Write, Illustrate, and Design Children's Books.* Monsey 1986.

Knight, Karenanne: *Picture Book Maker. The Art Of The Children's Picture Book Writer and Illustrator.* London 2014.

Ries, Hans: *Illustration und Illustratoren des Kinder- und Jugendbuchs im deutschsprachigen Raum 1871–1914.* Osnabrück 1992.

Salisbury, Martin: *Illustrating Children's Books. Creating Pictures for Publication.* New York 2004.

Shulevitz, Uri: *Writing with Pictures. How to Write and Illustrate Children's Books.* New York 1985.

Stiftung Illustration (Hg.): *Lexikon der Illustration im deutschsprachigen Raum seit 1945 (LdI). Grundwerk einschließlich der 9. Nachlieferung.* München 2018.

# Sachregister

68er-Bewegung, 41

### A
ABC-Buch, 29, 39
Adaption, 12, 18, 50, 51, 138, 143, 148, 156, 158, 163, 179, 196, 203, 278, 280, 296
Adressat/innen, 31
    erwachsene, 54
    kindliche, 34, 41, 185
Adressatenentwurf
    expliziter, 192
    offener, 197
Adressierung, 5, 11, 104, 203, 215, 278
Akkommodation, 104
All-Age-Film, 321
Alltagswissen s. Sachwissen
Als-ob-Modus, 241
Analepse, 307, 318
Analysekategorie, 8, 24
Analysemodell, 6
Animation, 50, 139
Animationsfilm, 46
Anime, 45
Anreicherung, 86, 88
Anschauungsbuch, 170, 173, 186
Anthropomorphisierung, 73, 87, 91, 106, 186, 193, 198, 229, 265, 319
Aquarell, 283
Ästhetik, 34, 36, 49
Astrid Lindgren Memorial Award, 56, 261
Aufklärung, 32
Augmented Reality, 12
Auszeichnung, 42
Autobiographie, 48
Autor, 257
Autorfunktion, 258
Avantgarde, 35, 36, 41

### B
Ballade, 52
Band, 296
Bauhaus, 35, 39
Bearbeitung, 280
Belehrung, 31, 32
Bewegung, anti-autoritäre, 40, 41, 43, 49, 108
Bewegungslinien, 320
Biennal Illustration Bratislava, 56
Bild, 9, 14, 16, 66, 233, 235, 279, 285
    pluriszenisches, 21, 159, 161, 165, 298, 319
Bild-Schrifttext-Verhältnis, 9, 16, 32, 34, 48, 56, 83, 105, 161, 171, 195, 288
Bild-zu-Bild-Wechsel, 319
Bildästhetik, 15, 318
Bilderbuch
    abstraktes, 35
    antisemitisches, 37
    App, 12, 47, 50, 137
    digitales, 12, 50, 137
    filmisches, 315
    für Erwachsene, 48–50, 54
    interaktives, 47
    modernes, 34, 35, 40, 41
    postmodernes, 5, 22, 42, 47, 49, 53, 86, 243
    textloses, 23, 39, 44, 45, 49, 53, 105, 186
    zeitgenössisches, 34, 47
Bilderbuch für Erwachsene, V
Bilderbuchforschung, 56, 137, 142
Bilderbuchklassiker, 187
Bilderbuchkünstler/in, 22
Bilderbuchmuseum, 57
Bilderbuchrezeption, 5, 85
Bilderbuchserie, 38, 295
Bilderbuchverfilmung, 46, 311
Bildergeschichte, 39
Bildersachbuch, 170

© Springer-Verlag GmbH Deutschland, ein Teil von Springer Nature 2022
B. Dammers et al. (Hg.), *Das Bilderbuch*,
https://doi.org/10.1007/978-3-476-05824-9

Bildfolge, 10, 21, 78, 265, 278
Bildformat s. Format
Bildkomposition, 160
Bildkonvention, 228
Bildnarration, 283
Bildzitat, 47, 197, 215, 265, 314
Bindung, 12
Binnenhandlung, 284
Biografie, 11, 22
Bleistift, 283
Bologna Book Fair, 56
Bologna Ragazzi Award, 56
Bottom up, 315
Buchfalz s. Knickkante
Buntstift, 283

**C**
Caldecott Medal, 44, 56
Cartoon, 34, 45, 261
Challenging picturebook, 50, 54
Chromlithographie, 33
Chronologie, 10, 261, 298, 303
Co-Autorschaft, 259
Code, 120
Code-switching, 55
Collage, 41, 51, 187, 195, 196, 261, 264, 266
Comic, 4, 5, 15, 21, 34, 45, 55, 133, 179, 180, 224, 277, 320, 322
Computer, 46
Computer generated imagery, 316
Computerspiel, 46, 47, 50, 138, 190, 191, 194, 280, 322
Coretta Scott King Medal, 43
Cover, 13, 35, 68, 73, 124, 125, 143, 188, 192, 205, 266, 267, 282
Crossover-Bilderbuch, 49, 278, 296, 308
Crossover-Literatur, 5, 144

**D**
Dadaismus, 35
Deixis, 104, 110
Design, 4, 5, 9, 14, 17, 40, 49
Deutscher Jugendliteraturpreis, 56, 72, 124, 186, 188, 192, 195, 206, 217, 261
Differenz, semiotische, 86
Digital literacy, 139
Digitalisierung, 11, 50, 55, 120, 140
Dinggedicht, 281, 283
Discours, 10, 19, 22, 240, 245, 315

Diskurs, internationaler wissenschaftlicher s. Bilderbuchforschung
Doppeladressierung s. Mehrfachadressierung
Drei-Akt-Schema, 318
Drei-Farben-Druck, 33
Dreidimensionalität, 53, 198

**E**
E-Book, 50
Editing, 316
Eigenschaft, ludische, 140
Einband s. Cover
Einstellung, 147
Einstellungsgröße, 314, 316
Einzelbild, 10
Einzelreferenz, 313, 321
Element
    interaktives, 138, 140
    ludisches, 198
    spielerisches, 47, 49, 55
Ende, offenes, 49, 298, 300
Endpaper s. Vorsatzpapier
Enkulturation, literarische, 41
Episode, 296
Epitext, 11, 13, 22, 67, 71, 261
Erzähldramaturgie, 85, 316
Erzählebene, 284, 289
Erzählen, filmisches, 312, 315
Erzählinstanz, 19, 20, 88, 94, 95, 99, 159, 198, 229, 233, 300
Erzählmodus, 19, 21, 301
Erzählperspektive, 10, 19, 124, 157, 159, 163, 177
Erzählsachbuch, 172, 176
Erzähltextanalyse, 18
Erzähltheorie, transgenerische, 240
Erziehung, 31, 32, 38, 155
    frühkindliche, 30
Ethnie, 40, 43
Expansion
    mediale, 299
    narrative, 299, 302
Expressionismus, 35, 260
Extradiegese, 245

**F**
Fabel, 29, 32, 73, 229
Fachsprache, 171, 172
Faktualität, 173, 175, 178

# Sachregister

Fantastik, 4, 18, 129, 155, 179, 202, 299
Farbe, 14, 34, 76, 122, 126–128, 130, 160, 233, 284, 286
Farbkontrast, 9, 54, 115, 145, 161, 197
Fictio, 246, 254
Fictio-Metafiktion, 246
Figur, 10, 14, 19, 21, 158, 161, 219, 270
Figurenanalyse, 219, 224
Figurencharakterisierung, 7, 87, 197, 223–225, 229, 235
Figureninventar, 298, 301
Figurenkonstellation, 73, 221, 224, 225, 232, 234, 319
Figurenkonzeption, 222, 224, 230, 232, 234
Fiktionalität, 10, 18, 173, 175, 178
Fiktionsbewusstsein, 245, 254
Fiktionsbruch, 241
Fiktionsironie, 241, 252, 253
Fiktionssignal, 240, 244, 254
Fiktionsvertrag, 240
Film, 4, 21, 45, 46, 50, 55
Fin de Siècle, 287
Fingerpuppenbilderbuch, 187
Fokalisierung, 10, 19, 20, 89, 144, 163, 165, 195
Form
   abstrakte, 39
   geometrische, 35, 39
Format, 8, 11, 36, 69, 124, 130, 138, 176, 316
Fotobilderbuch, 36, 38
Fotobuchserie s. Serie
Fotografie, 9, 14, 51, 55, 88, 106, 126, 172, 176, 179, 270, 284, 286, 314, 322
Fotomontage, 36, 41
Fragestellung, 23
Franchise, 46, 179
Frontispiz, 68, 70, 78
Frühe-Konzepte-Bücher, 39, 44, 105, 188, 192
Fühlbilderbuch, 185, 187, 189

## G

Game Studies, V, 142
Gattung, 3, 11, 22, 29, 153, 155, 170, 171, 235
Gattungskonventionen, 5, 249
Gender, 43, 48, 258
Genre, 4, 11, 14, 32, 47–49, 51, 296, 316, 319
Genrebilderbuch, 32
Genreszene, 35
Genretransformation, 165
Golden Apple, 56
Grammatik, 103, 104, 108

Graphic Novel, 5, 45, 53
Gucklochbilderbuch, 185, 186

## H

Handlung, 10, 18, 157
Handlungsmodell, 221, 223
Handlungsraum, 319
Hans Christian Andersen-Medaille, 56
Haptik, 52, 68, 126, 141, 195
Haupttitel, 68, 70, 78
Hell-Dunkel-Kontrast, 147
Hintergrundfigur, 302
Histoire, 10, 18, 240, 245, 315
Holz, 52
Holzschnitt, 30, 31, 261
Hörspiel, 46
Hörtext, 139, 143
Humor, 33, 53, 54, 114, 207, 209, 227
Hybridisierung, 170, 178
Hyperlink, 50
Hypodiegese, 245, 247, 250

## I

Ideologie, 37
Idylle, 35, 38
Illusionsstörung, 251
Illustration, 30, 31, 154
Illustrationstechnik, 171
Immersion, 141, 142, 177, 190, 254
Impressum, 79, 267
Interaktion, 185
Interaktivität, 46, 52, 140, 190
   ludische, 141
   narrativ-ludische, 142
Intermedialität, 4, 11, 15, 22, 35, 45, 225, 260, 279, 312
Intermodalität, 9, 15, 138, 250, 252
Interpiktorialität, 15, 43, 47, 306, 313
Interpunkteme, 147
Intersemiose, 15, 139
Intertextualität, 11, 22, 47, 196, 206, 215, 230, 246, 248, 258, 260, 279, 283, 312
Intradiegese, 245, 250
Intramedialität, 312
Intrapiktorialität, 305
Intratextualität, 208
Involvierung, 141, 142, 191, 193, 194, 198, 241, 253
Ironie, 39, 242, 248, 305

## J
Jugendschriftenbewegung, 34

## K
Kamerabewegung, 45
Kameraperspektive s. Perspektive, 316
Kate Greenaway Medal, 56
Kenntnisse s. Sachwissen
Kinderliteraturforschung, 56
Kinderzeichnung, 36
Kindgemäßheit, 30, 31, 185
Kindheit, 32
Klappbilderbuch, 186, 189
Klappentext, 13, 41, 70, 107, 254, 267
Knickkante, 12, 99, 225, 230, 231, 234, 290
Kohärenz, 13, 104, 197, 297
Kohäsion, 104, 109, 297
Kolorierung, 51, 194, 316
Komik, 93, 209, 242, 251, 319
Kommerzialisierung, 46
Komplementarität, 83, 86, 87, 94
Konstruktivismus, 35
Kontext, 22, 157, 209, 215, 257, 259, 282, 285
Kontextualisierung s. Kontext
Kontextualität, 11, 22
Kontrapunkt, 17, 85, 86, 89, 94, 97, 165
Kontrast, 268
Kontrastpaar, 164
Kulturpolitik, 34
Kunsterziehungsbewegung, 34
Künstlerbuch, 5, 39, 49, 308
Kupferstich, 30, 31
Kurzfilm, 46, 144, 261

## L
Language awareness, 55
Layout, 4, 5, 15, 45, 53, 88, 97, 98, 119, 121, 123, 128, 267, 278, 279, 282, 297
Leerstelle, 5, 21, 77, 85, 88, 93, 97, 129, 264, 291
Leitmedium, 46
Leitmotiv, 18, 263, 297, 307, 308
Lektüremodus, 177
Leporello, 39, 49, 53, 185, 188, 304
Lernen, interkulturelles, 55
Lesealter-Typologie, 31
Leseerwerb, 29
Lesemedium, 12
Leser/in, 12, 95, 106, 193, 246, 249, 278, 280, 291

Leserschaft, kindliche s. Adressat/innen, kindliche
Lesestrategie, 43
Linoldruck, 41
Literaturpreis, 186
Literaturunterricht, 280
Living book, 47
Loop book, 44
Ludologie, 142
Lyrik, 6, 32, 52, 277

## M
Makrotypografie, 123
Manga, 45
Märchen, 4, 7, 18, 22, 23, 32, 39, 47–49, 51, 153, 155, 196, 242, 247, 249, 299
Märchenbilderbuch, 37, 39, 51, 153, 155
Märchenillustration, 155, 156
Märchenton, 160
Massenproduktion, 33
Materialität, 6, 8, 11, 48–50, 52, 53, 68, 120, 124, 143, 189, 197, 225, 231, 235, 246, 279
Medialität, 3, 49, 66, 220, 235, 311
Medienkombination, 312, 314
Medienkonvergenz, 144
Medienpädagogik, 46
Medienverbund, 34, 45, 46, 306
Medienwechsel, 280, 312, 314, 322
Medium, 3, 5, 50, 120, 313
Mehrfachadressierung, 49, 189, 244, 252, 308
Mehrperspektivität, 87
Mehrsprachigkeit, 9, 14, 50, 54, 134
Merchandising, 38, 46
Mesotypografie, 122
Metadiegese, 245, 247
Metafiktion, 47, 48, 53, 267
Metafiktionalität, 11, 22, 239, 240, 242, 305
Metaisierung, 239, 244
Metalepse, 242, 245, 247, 250
Metapher, 53, 84, 107, 116, 144, 147, 235, 281
Metareferenz, 239, 242, 245
Metareflexivität, 240
Mikrotypografie, 122
Minimalismus, 91, 97, 147, 300, 301
Mischtechnik, 283
Mise en abyme, 48, 243, 246, 247, 252, 305
Mitmachbilderbuch, 52, 185, 187, 190, 192
Modernismus, 35
Montage, 4, 51, 85, 172, 197, 264, 266, 316
Moral, 31, 33, 49, 116, 155, 272

Morphologie, 103
Motiv, 10, 18, 22, 155, 157, 201, 203, 209, 278, 282
Multiliteracies, 139
Multimedialität, 35, 38, 46, 308
Multimodalität, 4, 13, 120, 134, 138, 140, 224, 243
Multiperspektivität, 10, 22, 47, 48
Mündlichkeit, konzeptionelle, 194
Musik, 35, 139, 144, 315, 322

**N**
Nachkriegszeit, 38
Narrativität, 10, 18, 207, 278
Navigation, 141
Neue Sachlichkeit, 35, 36, 41, 313
Non-Linearität, 138, 244

**O**
Œuvre, 258, 260, 261
Okularisierung, 10, 20, 88, 89
Onomatopoesie, 45, 197
Oscar (Academy Award), 46

**P**
Pädagogik, 30, 34, 41
Page break, 6, 21
Page turn, 21, 97, 114, 225, 247, 253
Panel, 5, 45
Panoramabild, 300
Pansophismus, 30
Papier, 12, 13, 52, 68, 121, 123, 126, 190, 197
Pappbilderbuch, 12, 185, 186, 306
Pappe, 52
Parallelität, 85
Parapiktorialität, 304
Paratext, 8, 11, 13, 48, 65, 67, 157, 205, 225, 233, 245, 279, 282
Paratextualität, 143, 189, 241, 247
Paratypografie, 123
Parodie, 33, 47, 48, 51, 247, 249
Pentalogie, 297, 300
Peritext, 13, 23, 67, 107, 197, 210, 214, 258, 266
Personifikation, 281, 287
Perspektive, 45, 54, 175, 178, 181
Perspektivenübernahme, 191
Perspektivenwechsel, 188, 191, 314
Philanthropismus, 30, 32
Phonologie, 103

Phraseologismus, 107
Pictorial turn, 172, 174
Plot point, 319
Point of attack, 319
Point of view, 19, 94
Politik, 35–37, 41, 43, 55, 278
Polyvalenz, 34, 80, 86, 290
Pop Art, 42, 43, 49
Pop-Up, 55, 189, 197
Pop-Up-Bilderbuch, 52, 185, 187
   abstraktes, 53
Pragmatik, 103, 104, 110
Principle of connection, 297, 300
Prolepse, 10, 95, 307
Prolog, visueller, 283
Propaganda, 36
Prosodie, 134
Protagonist, 107, 128, 134, 143, 192, 252, 319

**R**
Radierung, 31
Rahmenerzählung, 22, 128
Rahmenhandlung, 284, 318
Raum, 9, 10, 15, 18, 19, 87, 91, 99, 147, 157, 159, 176, 179, 181, 194, 198, 219, 220, 225, 230, 231, 269, 283, 316
Reading literacy, 139
Realismus, 240
Realitätssignal, 245
Redewiedergabe, 109
Referenz s. Intertextualität
Referenzobjekt, 239
Reim, 14, 32, 33, 87, 105, 175, 186, 317, 320
Remediation, 46, 141
Rezeptionsästhetik, 220, 267
Rezipient/in, V, 4, 21, 70, 86, 121, 185, 194, 244, 258, 265, 297, 307
Romantik, 32, 154, 203
Rotkäppchen, 51, 54, 141, 162, 164, 250
Rückblende s. Analepse

**S**
Sachbilderbuch, 23, 38, 50, 54, 170–176, 179–182, 206, 308
Sachbuch, 170–173, 176, 177, 179–182
Sachwissen, 30, 31, 299
Satztyp, 108
Scherenschnitt, 51
Schlüsselwort, 13
Schmutztitel, 68, 70, 76, 77, 283
Schnitt, 220, 316

Schrift, 66, 121, 127, 131, 193, 198, 209, 240, 265, 285, 315
Schriftart, 74, 119, 123, 127, 131, 134
Schriftbildlichkeit, 14, 121
Schwarzweiß, 147, 316
Sehgewohnheit, 180, 278
Selbstreferenzialität, 47, 240, 305
Selbstreflexivität, 11, 22, 242, 243, 254
Selbstverlag, 41
Semantik, 78, 103, 104, 290
Semiotik, 5, 15, 16, 66, 84, 99, 120, 245, 253, 313
Sequenzialität, 4, 10, 21, 76, 87, 144, 180
Serie, 36, 38, 43, 193, 295, 296
Simultanbild, 10, 319
Situierung, 175, 181
Sound, 8, 50, 316
Sound Book, 12, 187
Soundwords, 315, 319
Sozialisation, literarische, 41
Sozialkritik, 41, 43
Spielbilderbuch, 32, 35, 39, 52, 185
  ludisches, 190
Spielform, 189
Spielfunktion, 186
Spielkonzept, 190, 193, 197
Spielzeug, 46, 52
Spin-Off, 298, 299, 306
Sprache, 9, 13, 16, 103, 279
Spracherwerb, 30, 50, 104, 109
Sprachhandlung, 175, 178
Sprachspiel, 32
Sprechakttyp, 112
Sprechblase, 4, 45, 90, 133
Stahlstich, 33
Stereotyp, 111, 161, 203, 229, 250
Stil, 9, 14, 104, 105, 261, 279, 287, 314
  bildnerischer, 160
Stoff, 18, 156, 201, 202, 213, 250, 314
Struwwelpetriade, 33
Suchbilderbuch, 44
Suprematismus, 35
Surrealismus, 9, 35, 41, 47, 197, 258, 261, 262
Swipen, 141
Symbol, 18, 19, 35, 45, 53, 128, 141, 212, 213, 249, 268, 297
Symbolismus, 281
Symmedialität, 244
Symmetrie, 86, 87, 96, 214, 288
Syntax, 103, 147
Systemreferenz, 313

**T**
Tablet, 12, 47, 50, 141
Tabuthema, V, 40, 41, 43, 50, 53
Tempus, 14, 21
Tetralogie, 297, 300, 321
Text, intraikonischer, 307
Textadventure, 138
Theater, 4, 13, 22, 92, 97, 220, 225, 322
Thema, 18, 22, 201, 202
Tierbilderbuch, 34
Titel, 13, 69, 115, 162, 204, 254
Titelbild, 13, 69, 107
Titelei, 48, 70, 193, 318
Top down, 16, 315
Topik, 226, 229, 235
Transformation, 157, 196, 279, 280
Transmedialität, 240, 243, 245, 312, 314, 322
Travestie, 33
Trilogie, 48, 51, 91, 163, 298
Trivialliteratur, 198
Typografie, 10, 14, 17, 35, 36, 49, 92, 119, 123, 161, 188, 193, 198, 209, 253, 266, 278

**U**
Umblättersymbol, 139
Unterhaltung, 31, 32, 298

**V**
Verfremdung, 226, 241
Verlag, 12, 37, 42, 43, 54, 70, 71, 187, 258
Vermarktung, 38, 46, 56, 71, 261
Vignette, 250, 281, 284, 286
Visual literacy, 39, 104, 139
Vorlesen, 6, 108, 193
Vorsatzpapier, 13, 68, 70, 75, 95, 267
Vorstellungsbildung, 154, 193, 241

**W**
Weißraum, 9, 15, 127, 129, 147, 161, 165, 194, 247
Weltliteratur, 50, 51, 202
Werk, 66, 69, 257, 259
Widerspruch, 17, 86, 89
Widmung, 68, 71, 79, 246
Wimmelbild, 44, 174, 176, 177, 271
Wimmelbilderbuch, 12, 39, 43, 55, 296, 298
Wirklichkeit, 18, 94, 171–173, 180, 253
Wissensvermittlung, 50, 84, 172, 173

## Z

Zeichenmodalität, 4, 5, 14, 15, 97, 120
Zeichenstil, minimalistischer, 39
Zeichentrick, 296, 316, 318, 320
Zeichnung, 9, 32, 51, 106, 125, 147, 158, 172, 188, 194, 247, 283
Zeit, 10, 18, 21, 159, 193
Zeitdehnung, 87, 93
Zeitraffung, 92, 159, 319
Ziehbilderbuch, 186
Zoom, 45, 147, 314
Zopf, geflochtener, 17, 85, 87

# Personenregister

**A**
Aladjidi, Virginie, 174
Albertine, 54
Alemagna, Beatrice, 322
Allsburg, Chris Van, 46, 311
Altés, Marta, 89
Anno, Mitsumasa, 296
Arnim, Achim von, 154
Asquith, Ros, 204
Aufderhaar, Laura Momo, 175
Awdry, Wilbert, 38

**B**
Baltscheit, Martin, 134
Bang, Molly, 71
Banyai, Istvan, 45, 298
Bartolozzi, Salvador, 35
Basile, Giambattista, 154
Bauer, Erika, 37
Bauer, Jutta, 56
Baumann, Adrienne, 175
Baumgarten, Fritz, 35
Becker, Aaron, 296
Berner, Rotraut Susanne, 43, 56, 187, 227, 296, 299, 300, 305, 308
Bertuch, Friedrich Justin, 30
Blake, Peter, 42
Blake, Quentin, 44
Blake, William, 32
Blau, Aljoscha, 56
Bloch, Serge, 50, 138, 143
Böer, Friedrich, 36
Boreman, Thomas, 31
Brentano, Clemens, 154
Briggs, Raymond, 45
Bright, Rachel, 45, 312, 317
Brooks, Ron, 54, 72
Brown, James, 173
Browne, Anthony, 47, 48, 68, 88
Bruna, Dick, 39, 296
Brunhoff, Jean de, 36
Brunhoff, Laurent de, 36
Burningham, John, 43
Busch, Wilhelm, 34
Byrne, Richard, 247

**C**
Caldecott, Randolph, 34
Calì, Davide, 50, 124, 138, 143
Carigiet, Alois, 37
Carle, Eric, 39, 187
Carrigiet, Alois, 56
Carroll, Lewis, 243
Carter, David, 53
Chalatbarie, Farideh, 55
Cho, Seungyeion, 174
Cole, Babette, 48
Comenius, Johann Amos, 30, 54, 170, 186
Crane, Walter, 34
Crowther, Kitty, 53, 56, 226

**D**
Dahle, Gro, 54, 204, 210, 216, 217
Dahle Nyhus, Kaja, 54
Darbois, Dominique, 38
Dehmel, Paula und Richard, 34
Deineka, Alexander, 35
Délessert, Etienne, 43
Dirks, Rudolphe, 34
Diterlizzi, Angela, 175
Donaldson, Julia, 186, 249, 317
Dong-Seong, Kim, 55
Dubois, Claude, 53
Duda, Christian, 204

© Springer-Verlag GmbH Deutschland, ein Teil von Springer Nature 2022
B. Dammers et al. (Hg.), *Das Bilderbuch*,
https://doi.org/10.1007/978-3-476-05824-9

Dumon Tak, Bibi, 173
Duvoisin, Roger, 56

**E**
Edelmann, Heinz, 42
Ehmcke, Susanne, 37
Ellis, Carson, 88
Ende, Michael, 243
Ensikat, Klaus, 56, 280
Erlbruch, Wolf, 53, 56, 89, 226, 281

**F**
Fatio, Louise, 56
Ferri, Giuliano, 188, 189
Field, Jim, 45, 312, 317
Fischer, Hans, 37
Fontane, Theodor, 277, 279
Foreman, Michael, 48
Fried, Erich, 277
Friese, Julia, 204
Frisch, Aaron, 54
Funke, Cornelia, 246

**G**
Gág, Wanda, 35
Gaiman, Neil, 51, 54, 124, 129
Gallazs, Christophe, 43
Gidal, Sonia und Tim, 38
Gleich, Jacky, 204
Goes, Peter, 174
Goethe, Johann Wolfgang von, 52, 277, 279
Gravett, Emily, 53
Greenaway, Kate, 34
Grimm, Jacob und Wilhelm, 51, 154, 155, 158, 160, 163, 208
Grimm, Ludwig Emil, 154

**H**
Haacken, Frans, 37
Handford, Martin, 44
Heidelbach, Nikolaus, 56, 89
Heine, Helme, 54
Hellsing, Lennart, 37
Henn, Astrid, 247
Hiemer, Ernst, 37
Hofer, Karl, 34
Hoffman, Mary, 204
Hoffmann, Felix, 37
Hoffmann, Heinrich, 33, 206

Hole, Stian, 51, 298
Holst, Adolf, 35
Honegger-Lavater, Warja, 39, 49, 308
Hosemann, Theodor, 32
Hughes, Shirley, 44
Hutchins, Pat, 39

**I**
Innocenti, Roberto, 43, 54, 56
Ionesco, Eugène, 43
Isol, 56, 188

**J**
Janosch, 308, 318
Janssen, Susanne, 51
Jansson, Tove, 38
Jeffers, Oliver, 50, 53
Jeong, Haseop, 174
Jianghong, Chen, 45
Joyce, James, 280
Junge, Norman, 56

**K**
K., Oscar, 54
Kaléko, Mascha, 277
Karrebæk, Dorte, 54
Kästner, Erich, 35, 38
Kaulbach, Hermann, 32
Keats, Ezra Jack, 40
Kehr, Karoline, 54, 106, 115
Killi, Anita, 217
Kindermann, Barbara, 280
Klassen, Jon, 48, 69, 91, 99
Kleberger, Ilse, 38
Klemke, Werner, 37
Kling, Marc Uwe, 247
Koch-Gotha, Fritz, 35, 87
Kopisch, August, 241
Krause, Ute, 204
Kreidolf, Ernst, 34
Krejtschi, Tobias, 227
Kuhl, Anke, 88, 192, 204–206, 216

**L**
Laibl, Melanie, 174
Lebedev, Vladimir, 35
Lecœuvre, Claire, 174
Lee, Jimi, 186
Lee, Suzy, 68

Lefrançois, Markus, 158–161
Lepman, Jella, 38
Lindgren, Astrid, 38, 46
Lindgren, Babro, 56
Lionni, Leo, 39
Lippelt, Reinhard, 41
Lissitzky, El, 35

**M**
Maar, Paul, 277
Mabire, Grégoire, 53, 249
MacAfee, Annalena, 47
Macaulay, David, 48
Mahé, Vincent, 174
Mai, Manfred, 277
Mari, Iela und Enzo, 49
Maruki, Toshi, 43
Mathieu, Marc-Antoine, 69
Matthiesen, Egon, 38
Max, Peter, 42
Maxeiner, Alexandra, 204–206, 215
Mayer, Mercer, 47
McKean, Dave, 51, 54, 124, 129, 130, 133
Meggendorfer, Lothar, 32
Meschenmoser, Sebastian, 51, 158, 162
Miró, Joan, 35
Mitgutsch, Ali, 43, 299, 308
Moritz, Carl Philipp, 169
Mühle, Jörg, 52, 191
Müller, Gerda, 175
Müller, Jörg, 44, 48, 56, 312
Munari, Bruno, 39, 49

**N**
Nadareischwili, Tatia, 134
Neuhaus, Julia, 50, 80
Newbery, John, 31
Nordqvist, Sven, 87, 298
Nöstlinger, Christine, 277
Nüsch, Julia, 52, 281, 287, 291
Nyhus, Svein, 54, 204, 210, 216, 217

**O**
Oberendorff, Medy, 174
Orgel-Köhne, Liselotte und Armin, 38
Outcault, Richard Felton, 34

**P**
Pacovská, Květa, 49, 52, 195

Parain, Nathalie, 35
Pauli, Lorenz, 322
Penzek, Till, 80
Perrault, Charles, 154
Pfüller, Volker, 56
Platt, Richard, 173
Pletsch, Oskar, 32
Pocci, Franz von, 32
Pommaux, Yvan, 322
Potter, Beatrix, 34, 296

**Q**
Quarello, Maurizio A.C., 124
Quist, Harlin, 42

**R**
Reinicke, Werner, 38
Richter, Jutta, 277
Richter, Lili, 174
Richter, Ludwig, 32
Rilke, Rainer Maria, 52, 281, 283, 287, 291
Riwkin-Brick, Anna, 38
Robberecht, Thierry, 53, 249
Rossel, Bart, 174

**S**
Salariya, David, 50
Sanna, Francesca, 53
Sasek, Miroslav, 38
Sauvant, Henriette, 51
Say, Allen, 45
Schamp, Tom, 44
Schär, Brigitte, 204
Schärer, Kathrin, 53, 226, 228, 233, 247, 322
Scharrelmann, Heinrich, 170
Scheffler, Axel, 186, 249, 317
Schencker, Sybille, 51
Scheper-Berkenkamp, Lou, 37
Schneider, Liane, 87
Schroeder, Binette, 56
Schubiger, Jürg, 227
Schulz, Hermann, 227
Schwitters, Kurt, 35
Scieszkas, Jon, 48
Scrace, Carolyn, 50
Seidmann-Freud, Tom, 35
Sendak, Maurice, 40, 45, 56, 87, 230
Senkblei, Corinne, 41
Shelley, Mary, 179

Sís, Peter, 48
Sixtus, Albert, 87
Smith, Lane, 48, 244
Söll, Florian, 54
Sougez, Emmanuel, 36
Speckter, Otto, 32
Steichen Martins, Mary, 36
Steichen, Edward, 36
Steiner, Jörg, 312
Steinhöfel, Dirk, 312
Stickland, Paul, 105
Stürenberg, Adi, 38

**T**
Tae-Jun, Lee, 55
Tan, Shaun, 46, 53, 56, 70, 87, 105, 258, 261–263, 265, 273
Tchoukriel, Emmanuelle, 174
Teckentrup, Britta, 246
Tenniel, John, 243
Tharlet, Eva, 188
Thomson, Bill, 312
Toepffer, Rudolphe, 34
Torres, Leyla, 55
Torseter, Øyvind, 69, 243
Trier, Walter, 35, 38
Trpak, Heidi, 175
Tullet, Hervé, 53, 187, 190

**U**
Ubbelohde, Otto, 160
Ungermann, Arne, 35, 38

**V**
Vaugelade, Anaïs, 55, 176, 182

**W**
Waechter, Friedrich Karl, 281
Waechter, Philipp, 192
Wagner, Ilse, 38
Wagner, Urs, 52
Ward, Lynn, 35
Warhol, Andy, 42
Wengoborski, Brigitte, 41
Wenz-Viëtor, Else, 35
Wenzel, Brendan, 87, 89, 175
Wenzel-Bürger, Eva, 87
Wiesner, David, 44, 89, 243, 322
Wild, Margaret, 54, 72
Willems, Mo, 50, 223, 246

**Z**
Zemeckis, Robert, 46
Zullo, Germano, 54
Zwerger, Lisbeth, 56

GPSR Compliance

The European Union's (EU) General Product Safety Regulation (GPSR) is a set of rules that requires consumer products to be safe and our obligations to ensure this.

If you have any concerns about our products, you can contact us on ProductSafety@springernature.com

In case Publisher is established outside the EU, the EU authorized representative is:

Springer Nature Customer Service Center GmbH
Europaplatz 3
69115 Heidelberg, Germany

**Batch number: 09704036**

Printed by Printforce, the Netherlands